权威·前沿·原创

皮书系列为

“十二五”“十三五”“十四五”时期国家重点出版物出版专项规划项目

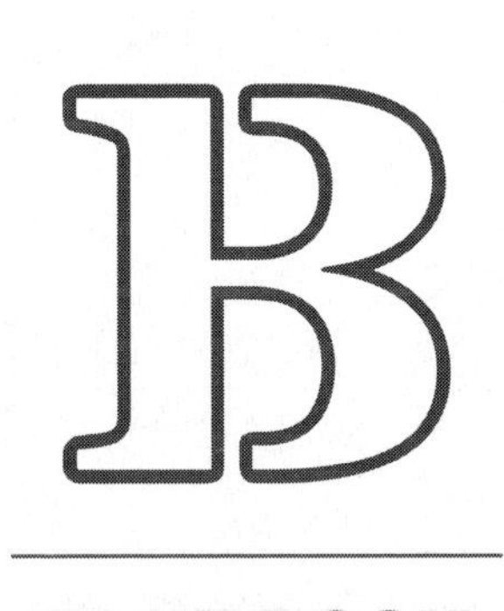

智库成果出版与传播平台

中国培训事业发展报告（2022）

ANNUAL REPORT ON THE DEVELOPMENT OF TRAINING IN CHINA (2022)

主　编 / 余兴安
副主编 / 刘文彬

社会科学文献出版社
SOCIAL SCIENCES ACADEMIC PRESS (CHINA)

图书在版编目(CIP)数据

中国培训事业发展报告.2022／余兴安主编.--北京：社会科学文献出版社，2023.3
（培训蓝皮书）
ISBN 978-7-5228-1212-0

Ⅰ.①中… Ⅱ.①余… Ⅲ.①职业培训-研究报告-中国-2022 Ⅳ.①F249.233

中国版本图书馆CIP数据核字（2022）第232580号

培训蓝皮书
中国培训事业发展报告（2022）

主　　编／余兴安
副 主 编／刘文彬

出 版 人／王利民
责任编辑／宋　静　张　超
责任印制／王京美

出　　版／社会科学文献出版社·皮书出版分社（010）59367127
地址：北京市北三环中路甲29号院华龙大厦　邮编：100029
网址：www.ssap.com.cn
发　　行／社会科学文献出版社（010）59367028
印　　装／三河市东方印刷有限公司

规　　格／开　本：787mm×1092mm　1/16
印　张：28.5　字　数：427千字
版　　次／2023年3月第1版　2023年3月第1次印刷
书　　号／ISBN 978-7-5228-1212-0
定　　价／198.00元

读者服务电话：4008918866

《中国培训事业发展报告（2022）》
编　委　会

主要编撰者简介

余兴安 全国政协委员，中国人事科学研究院院长、研究员。历任中国人事科学研究院研究室主任、人事部人才流动开发司副司长、人力资源和社会保障部人力资源市场司副司长、山东省日照市副市长。兼任中国人才研究会常务副会长、中国行政管理学会副会长等。主要从事行政管理体制改革、人事制度改革与人才资源开发等研究。

刘文彬 中国人事科学研究院教育培训与能力建设研究室主任、副研究员，主要研究领域为人力资源开发与管理、公共管理理论与实践。主持或参与研究的国家级、部级、院级和社会委托课题60余项，曾获全国人事科研成果一等奖、二等奖、三等奖，合著、参与撰写的著作7部。

中国人事科学研究院简介

中国人事科学研究院（简称“人科院”）隶属于中华人民共和国人力资源和社会保障部，是我国干部人事改革、人才资源开发、人力资源管理和公共行政学研究的唯一国家级专业研究机构，是中央人才工作协调小组办公室命名的“人才理论研究基地”。

人科院肇端于1982年6月劳动人事部成立的人才资源研究所、1984年11月成立的行政管理科学研究所及1988年9月人事部成立的国家公务员研究所，在经多次机构改革与职能调整后，于1994年7月正式成立。历经近四十年的发展，人科院积累了丰富的科研资源，培养了一支素质优良的科研队伍，形成了较完备的学术研究体系，产生了一大批具有较大影响的科研成果，发挥了应有的参谋智囊作用，同时也成为全国人才与人事科学研究的合作交流中心。王通讯、吴江等知名学者曾先后担任院长之职，现任院长为全国政协委员余兴安研究员。

多年来，人科院围绕大局、服务中心，研究领域涉及行政管理体制改革、人才队伍建设、公务员制度、事业单位人事制度改革、企业人力资源管理、收入分配制度改革、就业与创业、职业能力建设、人才流动与人力资源服务业发展等方面。曾参与《公务员法》《事业单位人事管理条例》《国家中长期人才发展规划纲要》等重大政策法规的调研与起草工作，推动了相关领域诸多重大、关键性改革事业的发展。人科院每年承担中央单位和各省区市下达或委托的数十项课题研究任务，出版十余部著作，发表百余篇学术论文，并编辑出版《中国人事科学》（月刊）、《国际行政科学评论》（季刊)、《中国人力资源发展报告》(年度出版)、《中国事业单位发展报告》(年度出版)、《中国人力资源市场分析报告》(年度出版)、《中国企业人力资源发展报告》(年度出版)、《中国人事科学研究报告》(年度出版)等学术期刊和年度报告。

人科院是我国在国际行政科学学术交流与科研合作领域的重要组织与牵头单位，是国际行政科学学会（IIAS）、东部地区公共行政组织（EROPA）及亚洲公共行政网络（AGPA）的中国秘书处所在地。通过多年努力，人科院在国际行政科学研究领域的作用与地位不断提升，2016年承办了国际行政科学学会（IIAS）联合大会，余兴安院长当选为国际行政科学学会副主席。

人科院注重与国家部委、地方政府、高等院校和科研院所的交流与合作，积极搭建学术交流平台，成立了“全国人事与人才科研合作网”，建立了十余家科研基地，每年举办多场有一定规模的学术研讨会，组织科研协作攻关。还与中国人民大学、首都经贸大学等院校联合招收硕士、博士研究生，设有公共管理学科博士后工作站。

摘要

《中国培训事业发展报告（2022）》是培训蓝皮书系列的第二本。本书承继2021年度培训蓝皮书的内容、结构和体例，从党政干部教育培训、企业管理人员培训、专业技术人员继续教育、职业技能培训等业态和培训理论、技术、实践角度，以2021年各类培训实践和数据为基础，对中国培训事业发展的政策、制度、体系建设以及理论、技术、实践创新状况等进行分类梳理和总结分析。全书分为总报告、分报告、专题报告、地方与区域篇、实践与探索篇、培训技术篇和附录等七部分，共27个研究报告和1个大事记。

总报告《2021年中国培训事业发展报告》分析总结了中国党政干部教育培训、企业管理人员培训、专业技术人员继续教育、职业技能培训等领域的新进展，发现2021年中国的培训政策不断健全，制度建设取得新进展，专业技术人才继续教育和职业技能培训有新发力，各种培训新技术得到创新应用，培训数字化进程加速，培训行业投融资与会展活动仍然活跃。报告认为，培训行业出现了一些新的发展趋势，包括：职业教育培训成为培训行业新风口、数字技术工程师培训与评价迎来新模式、企业培训数字化转型成为重要发展方向、教学场景化构建与体验持续升级、元宇宙成为培训技术布局新高地。

分报告《2021年中国职业技能培训发展报告》系统分析了2021年中国职业技能培训的发展状况，发现职业技能提升行动超额完成各项任务，层次分明、各有侧重的“十四五”规划频频出台，互联网+职业技能培训实现新

突破，中国特色企业新型学徒制全面推行，全民数字技能提升行动加快推进，适应新产业、新就业形态的新职业培训不断完善丰富。报告建议，要在有关规划的引领下，增强政策举措的整体性、系统性和协调性，积极更新完善职业技能标准，加快提升职业技能培训体系建设，逐步完善评价监督机制。

分报告《2021年中国继续医学教育发展报告》总结分析了2021年中国继续医学教育在政策与制度、培训对象、培训实践、发展研究等方面的新进展，发现中国继续医学教育政策与制度不断健全，培训对象总人数逐年增长，国家级继续医学教育项目培训稳步推进，专科能力建设得到加强，中央财政资金在卫生健康人才继续教育中发挥了重要作用。报告建议，要优化顶层设计，改革创新继续医学教育管理模式；深化供给侧改革，科学规划指引继续医学教育资源建设；强化信息化管理与服务，建设完善继续医学教育信息化管理体系与学习资源库。

分报告《2021~2022年中国科技培训创新发展报告》分析了2021年1月至2022年8月中国科技培训发展情况，发现中国科技培训政策制度体系不断完善，培训规模效应显著提升，区域创新发展特征逐渐显现。报告建议，要提高认识，强化科技培训实践理论研究；要转化思路，建设科技培训实践精细化服务机制；要加大资源投入，完善科技培训实践基础设施；积极开拓，扩大科技培训实践的市场影响。

第三部分为专题报告。两个专题报告分别聚焦专业技术人才知识更新工程和疫情背景下的企业在线学习，对中国专业技术人才知识更新工程的十年实施进行了系统的总结、评估，对疫情下的企业尤其是大型国有企业的在线学习状况和发展趋势进行了分析。

第四部分为地方与区域篇。6个报告分别聚焦天津市和上海市的专业技术人员继续教育、江苏省的职业技能培训、湖南省的事业单位工作人员培训、深圳市的人工智能公益培训、东部地区的技术转移人才培训，对相应区域的相关培训情况进行了分析，对成绩、经验和问题进行了总结，提出了相应对策建议。

第五部分为实践与探索篇，共 11 个报告。中国建设银行、中国银行、中国石化、中国航天科技国际交流中心、成都大学、上海市干部培训中心、临沂市人力资源和社会保障局等单位，分别介绍了各具特色的培训实践，对培训创新探索中的相关问题开展了深入研究，为企业、事业单位开展人力资源开发和培训创新提供了颇具价值的借鉴。

第六部分为培训技术篇。4 个报告分别聚焦企业数字化学习转型、中国企业场景化培训模式、职业技能培训全过程控制、基于业务场景敏捷构建学习地图等，对部分技术与方法在培训工作中的创新应用进行了研究与探索。

第七部分为附录。附录中收录了 2021 年培训事业大事记，其中包括我国在党政干部教育培训、企业管理人员培训、专业技术人员继续教育、职业技能培训等方面的主要事件和政策举措。

关键词： 培训事业　培训政策　培训实践　培训技术

目录

Ⅰ 总报告

Ⅱ 分报告

Ⅲ 专题报告

Ⅳ　地方与区域篇

Ⅴ　实践与探索篇

Ⅵ 培训技术篇

Ⅶ 附录

皮书数据库阅读使用指南

总 报 告

General Report

B.1 2021年中国培训事业发展报告

刘文彬　刘 晔　葛 婧　邢 蓉　谢 晶　郝 丽　冯惠霞*

摘　要： 2021年，中国的培训事业在规范中稳步发展。在党政干部教育培训、企业管理人员培训、专业技术人员继续教育、职业技能培训等领域，培训政策不断健全，制度建设取得新进展，专业技术人员继续教育和职业技能培训有新发力，各种培训新技术得到创新应用，培训数字化进程加速，培训行业投融资与会展活动仍然活跃。从2021年的培训实践可见，职业教育培训成为培训行业新风口、数字技术工程师培训与评价迎来新模式、企业培训数字化转型成为重要发展方向、教学场景化构建与体验持续升级、元

* 刘文彬，中国人事科学研究院教育培训与能力建设研究室主任、副研究员，主要研究方向为人力资源开发与管理、公共管理理论与实践；刘晔，中国人事科学研究院助理研究员，主要研究方向为人力资源开发与管理、人事人才政策；葛婧，人力资源和社会保障部教育培训中心副研究员，主要研究方向为人力资源开发与管理、人事人才政策；邢蓉，中国人事科学研究院研究实习员，主要研究方向为人力资源开发与管理、人事人才政策；谢晶，中国人事科学研究院副研究员，主要研究方向为人力资源开发与管理、人事人才政策；郝丽，中国人事科学研究院职员；冯惠霞，中国人事科学研究院研究实习员，主要研究方向为人力资源开发与管理、人事人才政策。

宇宙成为培训技术布局新高地。

关键词： 培训事业　培训政策　培训实践　培训技术

2021 年，中国的培训事业在各个领域、各个层面，都有了新的发展。中国在党政干部教育培训、企业管理人员培训、专业技术人员继续教育、职业技能培训等方面的政策不断创新，制度逐步健全，培训工作进展顺利，培训技术的应用也涌现众多创新型场景，培训行业的投融资活跃，各种重大活动层出不穷。

一　培训政策与制度建设的新进展

（一）党政干部教育培训领域

2021 年是中国共产党成立 100 周年，为庆祝党的百年华诞，党中央决定举行一系列活动。2021 年党政干部教育培训领域最突出的特点就是围绕中国共产党成立 100 周年这条主线，出台了一系列主题鲜明、重点突出、富有针对性的政策。

1. 把握建党百年契机，以制度化保障党史学习常态化

2021 年，在庆祝建党百年华诞的重大时刻，在“两个一百年”奋斗目标历史交汇的关键节点，中央部署了全年的党史学习教育，推动党史学习制度化、常态化。2 月，中共中央印发《关于在全党开展党史学习教育的通知》，指出要面向全体党员，以县处级以上领导干部为重点开展学习教育实践，从党的百年伟大奋斗历程中汲取继续前进的智慧和力量。这次学习教育贯穿全年，要求是做到学史明理、学史增信、学史崇德、学史力行。5 月，中共中央办公厅印发《关于在全社会开展党史、新中国史、改革开放史、社会主义发展史宣传教育的通知》，对在中国共产党成立 100 周年之际开展“四

史”宣传教育作出安排部署。7 月，中共中央办公厅发出通知，要求把学习“七一”重要讲话精神作为当前理论武装工作的重中之重，作为党史学习教育的核心内容，要求组织专题学习和研讨，吃透精神实质，把握核心要义。

在部署安排党史学习教育的同时，2021 年的党史学习教育也把教材建设放在更加突出的位置。2 月，中共中央宣传部、中共中央组织部发布《关于认真组织学习〈习近平新时代中国特色社会主义思想学习问答〉的通知》，要求各级党组织将《习近平新时代中国特色社会主义思想学习问答》纳入学习计划，开展多形式、分层次、全覆盖的学习培训。

2. 推进领导干部法治培训，提升依法行政能力

法治教育培训是提升领导干部依法行政能力的重要手段，也是党政干部教育培训的重要主题。随着中国开启全面建设社会主义现代化国家新征程，国家迫切需要提升干部队伍的法治素养。2021 年 6 月，中央宣传部、司法部印发《关于开展法治宣传教育的第八个五年规划（2021～2025 年）》，提出强化对各级普法主管部门工作人员的系统培训，5 年内省级普法主管部门对县级以上普法办人员轮训 1 次。8 月，中共中央、国务院印发《法治政府建设实施纲要（2021～2025 年）》，强调健全领导干部学法用法机制，国务院各部门根据职能开展本部门本系统法治专题培训，县级以上地方各级政府负责本地区领导干部法治专题培训，地方各级政府领导班子每年应当举办两期以上法治专题讲座，市县政府承担行政执法职能的部门负责人任期内至少接受一次法治专题脱产培训。

（二）企业管理人员培训领域

1. 制订年度培训计划，推动各项培训工作有序开展

为推动全年培训工作有序开展，2021 年 3 月 3 日，国务院国资委干部教育培训中心印发《国务院国资委干部教育培训中心（中央党校国资委分校）2021 年度培训计划》（简称《培训计划》），明确了 2021 年培训工作的核心内容，即学习贯彻习近平新时代中国特色社会主义思想，同时强调以培养造就忠诚干净担当的高素质专业化干部队伍为目标，围绕“国企党建、

国企改革、国企发展、国资监管”四条主线设置班次，聚焦国企改革三年行动、对标世界一流管理提升行动、培育世界一流企业、庆祝建党一百周年重点任务开展专题系列培训。

此后，按照《培训计划》，国资委部署安排了一系列企业管理人员培训工作。其中，关于国企党建的包括《关于举办“加强党的领导，完善中国特色现代企业制度”培训班的通知》《关于举办“继承和发扬国企精神，新时代国有企业文化建设”网络培训班的通知》《关于举办2021年国有企业新闻宣传工作网络培训班——新媒体实战训练营的通知》《关于举办“加强党的领导 完善中国特色现代企业制度”网络培训班的通知》《关于举办“传承延安精神，奋进开启新征程”党史学习教育专题培训班的通知》《关于举办学习贯彻习近平总书记“七一”重要讲话精神网络培训班的通知》《关于举办2021年国有企业党建工作网络培训班的通知》《关于举办学习贯彻党的十九届六中全会精神网络培训班的通知》《关于举办2021年第二期国有企业新闻宣传工作网络培训班——短视频运营专题培训的通知》；关于国企改革的包括《关于举办2021年“深化国企改革 高质量推进产业布局优化和结构调整”培训班的通知》；关于国企发展的包括《关于举办第四期中央企业高级法律管理人员履职能力培训班的通知》《关于举办2021年“对标世界一流管理提升行动”系列培训（第二阶段）之战略领导力建设高级研修班（第二期）的通知》《关于举办“学习习近平生态文明思想，提升绿色低碳可持续发展能力”网络培训班的通知》《关于举办2021年国有企业私募股权基金培训班的通知》《关于2021年国有企业私募股权基金培训班的补充通知》《关于举办国有企业助力乡村振兴网络培训班的通知》；关于国资监管的包括《关于举办2021年国有企业纪检工作网络培训班的通知》。

2.推进国有企业法治建设，提升依法合规治理能力

国有企业法治建设是国有企业经营管理人员培训的重要内容。2021年6月，中央宣传部、司法部印发《关于开展法治宣传教育的第八个五年规划（2021~2025年）》，提出深化依法治企，深化“法律进企业”，落实经营管

理人员学法用法制度；加强企业法治文化建设，提高经营管理人员依法经营、依法管理能力；推动企业合规建设，防范法律风险，提升企业管理法治化水平。为进一步深化依法治企，10 月 17 日，国资委发布《关于进一步深化法治央企建设的意见》，提出优化董事会知识结构，通过选聘法律专业背景人员担任董事、加强法律培训等方式，提升董事会依法决策水平。

（三）专业技术人员继续教育领域

1. 加强顶层设计，印发《专业技术人才知识更新工程实施方案》

组织实施专业技术人才知识更新工程是深入实施人才强国战略、加强专业技术人才队伍建设的重要举措。2021 年 7 月，《人力资源和社会保障事业发展“十四五”规划》提出，要实施专业技术人才知识更新工程，加快开发新职业标准，开展新职业人才培养培训，壮大高水平工程师队伍。为持续推进全国专业技术人才队伍建设，促进专业技术人才能力提升，9 月 15 日，人力资源和社会保障部、财政部、工业和信息化部、科技部、教育部、中国科学院印发《专业技术人才知识更新工程实施方案》，计划在战略性新兴产业领域开展大规模知识更新继续教育，开发数字技术工程师培育项目，围绕人工智能、物联网、大数据等数字技术技能领域，组织制定颁布国家职业标准，开发培训大纲和培训教程，实施规范化培训、社会化评价，提升从业人员数字技术水平。方案要求，2021~2030 年继续实施专业技术人才知识更新工程，实施大规模、广覆盖、高质量的知识更新继续教育，每年培养培训各类专业技术人才 90 万人左右。

2. 推动品牌建设，印发《专业技术人才知识更新工程2021年高级研修项目计划》

专业技术人才知识更新工程高级研修项目水平高、特色强，是专业技术人才知识更新工程的品牌项目。2021 年 4 月 16 日，为继续做好专业技术人才知识更新工程高级研修项目工作，人力资源和社会保障部办公厅印发《专业技术人才知识更新工程 2021 年高级研修项目计划》，提出要培养造就一批创新型、应用型、技术型人才，并提出落实研修计划、保证研修质量、组织结业考核、严守财务规定、加强总结宣传五条具体要求。文件要求各有关单位严格按照计划实施高级研修项目，在2021年11月30日前完成办班；人社部将择优选取具有推广价值的研修课程制作成网络课件，在工程服务平台上公开发布，供广大专业技术人员免费学习。

3. 助力数字经济，印发《专业技术人才知识更新工程数字技术工程师培育项目实施办法》

为加快数字技术技能人才培养，支持战略性新兴产业发展，促进数字经济和实体经济深度融合提供人才支撑，2021年10月8日，人力资源和社会保障部办公厅印发《专业技术人才知识更新工程数字技术工程师培育项目实施办法》，就目标任务、组织领导、职业培训与评价、培训机构和评价机构的遴选、政策保障、服务和监管等作了详细规定，提出2021～2030年，围绕人工智能、物联网、大数据、云计算、数字化管理、智能制造、工业互联网、虚拟现实、区块链、集成电路等数字技术技能领域，每年培养培训数字技术技能人员8万人左右，培育壮大高水平数字技术工程师队伍。文件提出，要按照统一领导、分工负责、分类指导、分级组织的原则，实施规范化培训、社会化评价，探索建立数字技术工程师培育认证制度。

（四）职业技能培训领域

2021年，职业技能培训领域政策密集出台，为职业培训的高质量发展奠定了坚实的政策和制度基础。

1. 科学规划统筹，推动职业教育培训高质量发展

2021年，职业技能培训领域政策与制度建设更加注重科学规划统筹。6月8日，人力资源和社会保障部、财政部、国务院国资委、中华全国总工会、全国工商联发布《关于印发〈关于全面推行中国特色企业新型学徒制 加强技能人才培养的指导意见〉的通知》，提出面向企业全面推行新型学徒制培训，创新中国特色技能人才培养模式，进一步扩大技能人才培养规模，为实现高质量发展提供有力的人才和技能支撑。6月30日，人力资源和社会保障部印发《“技能中国行动”实施方案》，计划“十四五”时期，

大力实施“技能中国行动”，以培养高技能人才、能工巧匠、大国工匠为先导，形成一支规模宏大、结构合理、技能精湛、素质优良，基本满足我国经济社会高质量发展需要的技能人才队伍。10 月，中共中央办公厅、国务院办公厅印发《关于推动现代职业教育高质量发展的意见》，提出到 2025 年，职业教育类型特色更加鲜明，现代职业教育体系基本建成，技能型社会建设全面推进；到 2035 年，技术技能人才社会地位大幅提升，职业教育供给与经济社会发展需求高度匹配，在全面建设社会主义现代化国家中的作用显著增强，职业教育整体水平进入世界前列，技能型社会基本建成。10 月 22 日，人力资源和社会保障部发布《关于职业院校毕业生参加事业单位公开招聘有关问题的通知》，落实党中央、国务院关于积极推动职业院校毕业生在参加事业单位招聘等方面与普通高校毕业生享受同等待遇的要求，促进职业教育事业发展和技能人才队伍建设。12 月，人力资源和社会保障部、教育部、国家发改委、财政部联合印发《“十四五”职业技能培训规划》，提出了“十四五”时期加强职业技能培训工作的指导思想、基本原则、主要目标、重点任务和保障措施，要求健全完善终身职业技能培训体系、提升职业技能培训供给能力、提高职业技能培训质量、加强职业技能培训标准化建设、完善技能人才职业发展通道。

2. 以培训促就业，职业技能培训对就业的促进作用进一步增强

2021 年，受新冠肺炎疫情和国内外环境变化等多重因素的影响，促进就业任务更加艰巨。为实现稳就业、保就业，提升劳动者就业能力，国家出台了多项促进职业技能培训发展的政策文件，包括《关于做好人民群众就地过年服务保障工作的通知》《关于开展“迎新春　稳岗留工送培训”专项工作的通知》《关于 2021 年组织开展职业技能提升行动质量年活动的通知》《关于做好 2021 年全国高校毕业生就业创业工作的通知》《关于深入推进职业技能提升行动　全面推广职业培训券有关工作的通知》《关于扩大院校毕业年度毕业生参加职业技能培训有关政策范围的通知》《关于开展 2021 年高校毕业生就业服务行动的通知》《关于实施提升就业服务质量工程的通知》等。

3. 助力乡村振兴，为乡村振兴提供技能人才支撑

2021 年，职业技能培训在助力乡村振兴方面发挥的作用更加突出。2 月，中共中央办公厅、国务院办公厅印发《关于加快推进乡村人才振兴的意见》，提出加快发展面向农村的职业教育，加强农村职业院校基础能力建设，建设一批实习实训基地，采取学制教育和专业培训相结合的模式对农村“两后生”进行技能培训；发挥好党校（行政学院）、干部学院主渠道、主阵地作用，分类分级开展“三农”干部培训。为加强高技能人才和乡村工匠培育，助力乡村振兴，6 月 28 日，人力资源和社会保障部、国家乡村振兴局印发《国家乡村振兴重点帮扶地区职业技能提升工程实施方案》，提出“十四五”期间，重点支持国家乡村振兴重点帮扶县、西藏自治区、新疆维吾尔自治区和新疆生产建设兵团，累计开展职业技能培训不少于 300 万人次，培养 5 万名左右高级工以上高技能人才和乡村工匠，更好地服务乡村振兴。

4. 适应新发展需要，加强新职业培训

新发展阶段带来了新需要，新职业应运而生。2021 年 4 月，人社部制定《提升全民数字技能工作方案》，从完善政策措施、加强人才培养、加强职业技能培训、推进人才评价工作、开展职业技能竞赛、提升人才培养基础能力建设等 6 个方面提出具体举措；要求各地面向新技能新职业，重点开展人工智能、大数据、云计算等数字技能培训。4 月 30 日，人力资源和社会保障部办公厅印发《关于加强新职业培训工作的通知》，要求加快新职业标准开发、组织开展新职业培训、加强新职业培训基础建设、有序开展新职业评价、强化政策待遇落实，对新职业的培训评价工作进行了部署。9 月 2 日，人力资源和社会保障部、财政部印发《关于拓宽职业技能培训资金使用范围提升使用效能的通知》，提出进一步扩大职业培训补贴政策覆盖范围、加强新职业培训、强化职业培训补贴政策执行落实、进一步加强职业培训基础工作、强化培训质量和资金监管力度。

5. 加强师资教材建设，促进职业教育科学发展

为加强党对教材工作的全面领导，建立健全技工院校和职业培训教材管

理制度，切实提高教材建设水平，2021 年 2 月 19 日，人力资源和社会保障部印发《技工院校教材管理工作实施细则》。为进一步加强技工院校教师综合管理水平，提升专业（课程）、一体化和数字技能教学能力，4 月 8 日，人力资源和社会保障部办公厅印发《关于开展 2021 年技工院校师资能力提升活动的通知》。11 月 23 日，人力资源和社会保障部办公厅印发《关于组建技工教育和职业培训教学指导委员会的通知》，以国家职业分类和技工院校专业分类为依据，分批组建若干个教指委，各教指委下设若干个工作组。

2021 年，中国培训政策与制度建设继续取得新进展，并呈现以下发展趋势。一是秉持系统观念，加强制度建设和顶层设计。《专业技术人才知识更新工程实施方案》《“技能中国行动”实施方案》《“十四五”职业技能培训规划》《关于开展法治宣传教育的第八个五年规划（2021~2025 年）》等规划计划和方案的出台，既是对相关培训工作的系统规划设计，也加强了对全年培训工作的指导。二是坚持问题导向，响应新发展需要。面对数字经济的快速发展，出台《关于加强新职业培训工作的通知》《专业技术人才知识更新工程数字技术工程师培育项目实施办法》《关于拓宽职业技能培训资金使用范围提升使用效能的通知》等文件，促进新职业培训。三是培训与经济社会发展联系更加紧密。培训对就业、乡村振兴的支撑作用更加突出，培训政策和制度是实现全年就业目标的重要手段，是服务乡村振兴战略的重要抓手。

二　培训实践的新发展

（一）各地方各部门根据干部管理权限开展党政领导干部培训

1. 各地方各部门根据干部教育培训规划开展党政领导干部调训和培训

一是党中央定期举办省部级主要领导干部专题研讨班。例如，2021 年 1 月11 日，中共中央党校举办省部级主要领导干部学习贯彻党的十九届五中全会精神专题研讨班，习近平总书记发表重要讲话，指出要把握新发展阶段，贯彻新发展理念，构建新发展格局，加强党对社会主义现代化建设的全面领导。

二是中组部对县处级以上，尤其是司局级、省部级干部开展组织调训。例如，2021 年 3 月 1 日，中共中央党校举办春季学期中共中央党校（国家行政学院）中青年干部培训班。2021 年 9 月 1 日，中共中央党校举办秋季学期中共中央党校（国家行政学院）中青年干部培训班。习近平总书记在两个培训班的开班式上都发表重要讲话。

三是各地方各部门认真落实中组部调训，每年安排不少于 1/5 的领导班子成员参加培训，在年度培训计划中将党政领导干部培训放在首位，围绕中心工作开展各类专题培训。

2. 各级各类干部教育培训机构开展党政领导干部培训新进展

（1）中共中央党校（国家行政学院）不断优化教学安排，提高教学质量

中共中央党校（国家行政学院）坚持以党的理论教育和党性教育为主课，突出以习近平新时代中国特色社会主义思想为教学中心内容，把习近平总书记在庆祝中国共产党成立 100 周年大会上的重要讲话精神、党的十九届六中全会精神及时体现在教学中，加强党的历史教育，深化教学改革，创新和加强教学管理，不断提高教学质量。具体包括：一是优化课程体系和教学讲题，充实完善习近平新时代中国特色社会主义思想课程体系；二是优化部分主体班次理论教育和党性教育专题课；三是深化教学改革，改进教学方式方法；四是提高青年教师的教学能力；五是加强教材建设；六是强化对分校教学工作的领导和地方党校业务的指导等。①

（2）三大干部学院扎实推进党政领导干部培训工作

中国浦东干部学院在设计实施上下功夫，着力办好“新、特、大”班次：全年完成 150 多个班次的教学设计与组织实施任务；新开设“践行民

① 根据“中共中央党校（国家行政学院）”微信公众号中“中央党校（国家行政学院）2021 年春季学期教学意见安排”（2021 年 3 月 3 日）和“中央党校（国家行政学院）2021 年秋季学期教学意见安排”（2021 年 9 月 3 日）相关内容汇总而来。

主集中制，提高政治能力”和“加强党性修养，提高改革攻坚能力”2个专题共4期培训班；顺利举办“提高城市治理水平”进修班，这也是疫情以来的首个长学制班次；严格按照疫情防控标准工作流程规范组织现场教学，共开展现场教学321次，实施4次跨城市调研。在统筹管理上下功夫，着力推动教学管理创新：强化任务统筹，集体破题攻关，持续全程决咨，健全教学规范，注重支撑服务，搭建教学平台。在队伍建设上下功夫，着力打磨队伍、提升能力：坚持党建引领，深耕“民生访谈”，注重专兼结合。从中组部教学质量评估结果来看，2021年秋季学期达99.49分，全年平均99分以上，创历史新高。①

中国井冈山干部学院全面深入开展习近平新时代中国特色社会主义思想教育培训，推动理论教育、党性教育和专业化能力培训进一步融合。例如，举办县处级以上领导干部专题培训班，持续开展“井冈论坛”，加强与省内大学战略合作等，不断提升学习宣传贯彻习近平新时代中国特色社会主义思想的能力和水平。②

中国延安干部学院在扎实推动习近平新时代中国特色社会主义思想“三进”、抓好党史学习教育、全力推进三项重点工作等十二个方面取得新进展。例如，举办县处级以上领导干部专题培训班等主体班次，聚焦党史学习教育设置中研院大讲堂议题，举办学术报告，首次以视频方式开展在线现场教学，努力推动办学取得新突破、新提升。③

（3）其他各级各类干部教育培训机构认真开展党政领导干部培训

除中共中央党校（国家行政学院）和其他三个国家级干部学院，从中央到地方各部门各级干部教育培训机构，包括省、市、县等不同层级的党校（行政学院、社会主义学院），行业性干部教育培训机构，党性教育基

① 中国浦东干部学院教学研究部：《培训质量再创历史新高　教学管理不断改革创新　2021年教研工作巡礼》，中国浦东干部学院网站，2022年1月4日，https：//www.celap.org.cn/art/2022/1/4/art_ 129_ 48030.html。

② 根据中国井冈山干部学院门户网站相关培训信息汇总。

③ 根据中国延安干部学院门户网站相关培训信息汇总。

地以及被纳入中组部和各地区各部门干部教育培训基地的大学等，积极落实上级主管部门统一安排和部署，紧紧围绕本部门党政领导干部培训的职责，严格遵守疫情防控有关要求，推动相应层级的党政领导干部培训。主要有如下做法：一是将习近平新时代中国特色社会主义思想的宣传、贯彻和学习放在首位；二是围绕当地党委和政府中心工作，推进党的基本理论教育和党性修养教育等培训工作；三是根据当地干部教育培训规划和计划要求，大力开展党政领导干部专业化素质提升教育培训和知识培训工作；四是结合疫情防控工作，创新线上培训模式，推进党政领导干部培训工作的落实落地。

（二）各地方各部门各单位开展企业管理人员培训

1. 中央对企业领导人员开展组织调训

中央组织部根据干部教育培训规划，每年安排不少于 1/5 的中管金融企业、中管企业领导班子成员和国务院国资委管理领导班子的中央企业主要负责人，到国家级干部教育培训机构培训。定期举办中管金融企业和中管企业党委（党组）书记专题研究班。中共中央党校（国家行政学院）、中国浦东干部学院、中国井冈山干部学院、中国延安干部学院等“一校三院”分别根据中组部的部署要求，开展国有企业领导人员培训。例如，中国延安干部学院 2021 年举办了中管金融企业和中央企业领导人员“弘扬延安精神，提高政治能力和改革攻坚能力”专题培训班。①

2. 国务院国资委围绕中心任务开展国企领导人员培训

国务院国资委紧紧围绕党中央国务院决策部署，以学习贯彻习近平新时代中国特色社会主义思想为核心内容，以培养造就忠诚干净担当的高素质专业化干部队伍为目标，开展思想和专业教育培训。一是加强党的基本理论和党性修养教育培训，包括：精心组织实施、有力有序推进党史学习教育工作；举办学习贯彻习近平总书记“七一”重要讲话精神研讨班暨提高政治

① 根据国家干部学院门户相关培训信息汇总。

能力专题培训班；部署开展深入学习贯彻党的十九届六中全会精神培训，不断巩固拓展党史学习教育成果，扎实推动党史学习教育常态化、长效化。二是根据年度重点业务工作开展国企领导人员培训，包括中央企业网络安全培训班、中央企业违规经营投资责任追究工作研讨班暨国有资产监督追责信息系统应用培训班、国企改革“双百行动”专题培训、中央企业财务工作专题培训班、中央企业改革三年行动重点任务考核实施方案专题视频培训会等。①

3. 中国大连高级经理学院积极推进国企领导人员培训

一是调训班次首次突破 20 期，调训班次数量、高层次学员人数等关键指标均创历史最好水平，服务建设世界一流企业，“国家级”学院培训“高层次”学员的战略定位初步彰显，国际化办学开创新局面。二是实施“质量提升三年攻坚行动”，推动教学质量上新台阶。三是贯彻落实中组部工作部署，积极应对疫情影响，积极探索远程直播教学新模式，创新建设“两网三端”数字化学习体系，全力推进网络培训跨越式发展。②

4. 国资委干部教育培训中心深入推进企业管理人员培训

以国务院国资委干部教育培训中心（中央党校国资委分校）2021 年培训计划为例，其面向央企、国有重点企业高级管理人员以及地方国资委监管企业各级负责人和有关管理人员，开展如下培训。一是中央党校国资委分校培训，将中央企业 45 岁以下处级干部纳入国资委分校 2021 年春季直属青年干部培训班，举办国有企业中青年领导干部网络培训班、国资委分校 2021 年理想信念党性教育专题培训班以及国资委分校 2021 年秋季直属局处级干部进修班；二是“对标世界一流管理提升行动”第二阶段系列培训，涵盖运营管理、战略管理、组织管理、财务管理、科技管理、风险管理、人力资源管理、信息化管理等专题；三是“国企改革三年行动方案”第一阶段系

① 根据国务院国资委门户网站相关培训信息汇总。

② 《为打造具有中国特色、国企特点、国家级干部教育培训机构勇于担当不懈奋斗——中国大连高级经理学院召开 2022 年工作会议》，中国大连高级经理学院网站，2022 年 1 月 21 日，http：//www. cbead. cn/info/4454/5862. htm。

列培训；四是国有企业创新发展专题培训；五是国企党建专题培训；六是干部任职履职能力培训。①

5. 各级国有企业积极开展管理人员培训

中央企业及各级国有企业紧紧围绕国家“十四五”规划、“十四五”央企发展规划纲要、中央及地方国资委年度重点工作任务，认真落实各项组织选调培训任务，结合本企业工作实际，围绕“国企党建、国企改革、国企发展、国资监管”等培训主题，聚焦国企改革三年行动、对标世界一流管理提升行动、培育世界一流企业、庆祝建党一百周年重点任务开展企业领导人员和管理干部培训，强化党的基本理论和党性修养培训，深入推进各级各类领导和管理人员的专业化培训，不断提高各级各类干部的岗位履职能力。

（三）围绕重点项目开展专业技术人员教育培训

1. 顺利实施专业技术人才知识更新工程

专业技术人才知识更新工程每年培训高层次、急需紧缺和骨干专业技术人才 100 万名左右。其中，人力资源和社会保障部全年举办 300 期高级研修班，培训高层次专业技术人才 2 万余人次。据专业技术人才知识更新工程十年实施总结评估显示，国家层面举办的高级研修班平均每年能够带动开展省级高研班、行业研修班 700 余期，培训 5 万人次左右，形成纵向联动、横向同频的研修体系。②

新疆、西藏少数民族专业技术人才特殊培养工作深入实施，全年选拔培养 400 名新疆特培学员和 120 名西藏特培学员，组织 4 期赴新疆、西藏特培专家服务团活动。

---

① 《关于印发国务院国资委干部教育培训中心（中央党校国资委分校）2021 年度培训计划的通知》，http：//www. sasac. gov. cn/n2588035/n2588325/n4516906/c17386094/content. html。

② 人力资源和社会保障部：《2021 年度人力资源和社会保障事业发展统计公报》，人力资源和社会保障部网站，http：//www. mohrss. gov. cn/xxgk2020/fdzdgknr/ghtj/tj/ndtj/202206/t20220607_ 452104. html。

2. 加快培训培养高水平数字技术工程师

为了加强数字技术人才的培养工作，2021 年 6 月，中国就业培训技术指导中心、人力资源和社会保障部职业技能鉴定中心组织专家研究编制了《新职业信息与培训项目（专业）对应指引》，将新职业与专业（项目）具有强或较强对应关系的本科层次、专科层次和中职层次的专业代码与专业名称进行了对应，其中 8 个专业技术类数字技术新职业对应了 61 个不同层次的专业。此后，人社部会同工业和信息化部及有关单位，先后颁布人工智能、物联网、大数据、云计算、数字化管理、智能制造、工业互联网、虚拟现实、区块链、集成电路等 10 个数字技术领域国家职业技术技能标准。人社部同时启动了数字技术工程师培育项目培训机构和评价机构的遴选工作。2021 年底出版智能制造、大数据、区块链工程技术人员等 3 个新职业初级培训教程，切实为培养壮大高水平数字技术工程师队伍发挥支撑作用。新一轮专业技术人才知识更新工程启动后，专门设立了“数字技术工程师培育项目”，计划未来 10 年，每年培养培训数字技术人员 8 万人左右，培育壮大高水平数字技术工程师队伍。

在国家职业技术技能标准出台前，部分行业协会学会、高等院校、职业技术院校、技工院校、社会培训机构等，针对数字技术类新职业，制定相关技能标准，开发相关培训课程，探索开展培训与评价工作；国内部分企业尤其是超大型企业如华为、阿里巴巴、三一重工等，根据企业发展的需要，自行制定职业技能标准，开发培训课程，开展企业内部认证。厦门市人力资源和社会保障局探索设立了“大数据”这一新的职称专业，为本地区大数据工程专业队伍建设提供了有力支撑。

3. 积极开展专业技术人员全员培训

各行业各系统根据人社部有关专业技术人员继续教育的有关规定积极开展全员教育培训，并在工作中不断加强培训管理。例如，安徽省专业技术人员继续教育管理平台正式上线运行，全面推行学习网络化、操作规范化、信息采集实时化、管理标准化、服务平台化；甘肃省通过加强省级继续教育基地管理，切实发挥继续教育基地对行业、区域专业技术人员继续教育培训的示范带动作用，为专业技术人才提高综合素质、增强创新能力提供优质高效的继续教育服务。

4. 根据干部管理权限开展组织调训

中央组织部会同有关部门，组织1300名左右高层次专家到国家级干部教育培训机构培训。中央宣传部会同有关部门，选派700名左右哲学社会科学教学科研骨干、部分新闻和文化工作骨干到国家级干部教育培训机构培训。各省（自治区、直辖市）党委组织部组织开展各自联系的高级专家培训以及本地区哲学社会科学教学科研骨干、新闻和文化工作骨干的培训。

（四）深入推进职业技能培训

1. 持续开展职业技能提升行动，努力提质增效

中国持续开展职业技能提升行动，强化质量建设，努力实现提质增效。一是各级人社部门制定出台技能人才培养、评价、使用等政策，形成上下联动、左右链接的“1+N”政策框架体系。二是会同发展改革、财政、教育、工业和信息化、退役军人、应急、原扶贫办及工青妇等21个部门协同推进，形成各方面齐抓共管、联动发力的工作格局。三是充分发挥企业主体作用，积极开展岗前、在岗和转岗转业培训，聚焦围绕重大战略、重大项目、重点产业，积极开展装备制造等急需紧缺和“高精尖”高技能人才培训，组织实施安全技能提升行动计划，全面开展中国特色企业新型学徒制培训。四是制定《提升全民数字技能工作方案》，重点开展人工智能、大数据、云计算等数字技能培训，稳步扩大技能人才总量，不断优化队伍结构。五是实施以工代训政策，对新吸纳劳动者就业的企业、困难企业和重点行业给予支持，企业留岗人员培训可按规定享受培训补贴，鼓励企业职工在学中干、在干中练，确保就业和用工形势的稳定。六是技能帮扶有效带动，促进乡村振兴和共同富裕，持续加强重点帮扶地区高技能人才和乡村工匠培养，进一步筑牢防止返贫致贫防线。

2021年末，全国共有技工院校2492所，面向社会开展培训600.7万人次。全国共有就业训练中心940所，民办培训机构29832所。全年共组织补

贴性职业技能培训 3218.4 万人次和以工代训 1501.8 万人。其中，培训农民工 1174.2 万人次，培训脱贫人口及脱贫家庭子女 211.2 万人次，培训失业人员 100.7 万人次，培训毕业年度高校和中职毕业生 131.7 万人次。[①]

2. 加强基础性工作，推进职业技能培训质量建设

2021 年，人社部在以下基础性工作方面有了新进展：一是加快职业技能标准研发，人社部颁发或会同相关行业主管部门颁布职业技能标准 94 个；二是组建技工教育和职业培训教学指导委员会；三是人社部中国就业培训技术指导中心联合阿里钉钉推出“新职业在线学习平台 3.0 版”，积极助推“互联网+职业技能培训”新模式，助力提升全民数字技能；四是公布江苏省常州技师学院等五家国家级（康养）高技能人才培训基地，有效期为五年。

3. 举办各类行业职业技能竞赛，培养高技能人才

2021 年，人社部主办或与其他部门合办各类全国行业职业技能竞赛，通过技能竞赛培养更多高技能人才和大国工匠。例如，人社部主办了全国新职业技术技能大赛，与其他部门合办全国乡村振兴职业技能大赛、全国工业设计职业技能大赛、第二届全国人工智能应用技术技能大赛、全国养老护理职业技能大赛以及第四届全国智能制造应用技术技能大赛等。职业技能大赛是贯彻落实习近平总书记对技能人才工作的系列重要指示，更好地在全社会大力弘扬劳模精神、劳动精神、工匠精神，激励更多劳动者特别是青年一代走技能成才、技能报国之路，培养更多高技能人才和大国工匠的重要举措。

4. 全面推广职业培训券

职业技能电子培训券是人社部门依托电子社保卡，为符合条件的劳动者发放的具有认证、结算、管理等功能，精准对接培训资源与培训需求的电子凭证。目前，在职业培训券的使用上，人社部已打通参训人、培训机构、人社经办机构的完整闭环。截至 2021 年 12 月底，全国共发放职业培训券

---

① 人力资源和社会保障部：《2021 年度人力资源和社会保障事业发展统计公报》，人力资源和社会保障部网站，http://www.mohrss.gov.cn/xxgk2020/fdzdgknr/ghtj/tj/ndtj/202206/t20220607_452104.html。

1926.72 万张，用券 500.72 万张。以职业培训券、以工代训为抓手，人社部于 2021 年开展职业技能提升行动质量年活动。

（五）创新应用培训新技术

2021 年，党政机关、企事业单位内部培训和各类市场化培训服务与互联网、大数据、人工智能、虚拟现实等新一代信息技术广泛融合，这些新技术也不断被创新应用到培训活动与培训管理中。

1. 培训活动与培训管理数字化、智能化进程加速

在强大的政策助推和巨大的市场需求下，线上线下培训成为时代潮流。培训活动数字化和智能化加速体现在面向各个年龄段、各类组织的各细分培训赛道，包括面向 K12 的学科类和素质类培训、面向劳动年龄人群的职业技能培训、面向学生等各类人群的考试类培训，以及成人继续教育和公务员培训等。根据艾瑞咨询和腾讯课堂联合发布的《中国综合性终身教育平台大数据报告——腾讯课堂数据篇》，2021 年中国综合性终身教育市场规模达到 3000 亿元左右，未来三年的年均复合增长率约为 16%，其中，在线综合性终身教育市场规模占比近 40%，近 1200 亿元。

2021 年，培训市场成为数字技术快速迭代应用的产业领域。互联网、人工智能、大数据、云计算、虚拟现实（VR）、增强现实（AR）、区块链等技术被加速应用于培训活动与培训管理中。新兴的元宇宙技术，也有望成为培训事业发展的强大工具，成为众多培训机构的重要布局领域。为了满足市场需要，应对疫情冲击，提供更多培训产品与服务，增强培训效果，很多培训机构借助多种数字技术，在资源建设、课程教学、督学互动、用户运营、营销推广等环节上全面升级，不断提高培训活动与培训管理的数字化、智能化水平。

2. 企业数字化学习服务持续进化

由于新商业格局对企业人才开发数字化转型的助推，以及疫情的持续影响，中国企业的数字化学习程度进一步加深。根据艾瑞咨询《中国企业数字化学习行业研究报告》，企业数字化学习服务是指为企业提供学习与人才

发展的数字化工具、平台和解决方案等。2021 年，中国的企业数字化学习市场规模已达 34 亿元，其中，51%的在线学习机构和 16%的培训供应商的业绩增长 20%以上，31%的在线学习机构和培训供应商业绩增长在 20%以内。从融资方面看，企业数字化赛道的亿元级融资近 10 起，已成教育培训行业最热细分赛道之一。

3. 培训平台化运作成就斐然

随着中国社会整体上“互联网+”程度的加深，培训领域的数字化产品加速迭代，互联网平台企业入局各细分培训领域，推动中国培训领域的平台化发展。领军的互联网培训平台不仅提供自主知识产权的产品和服务，还与其他培训内容生产者（机构或个体）形成连接、赋能、共生关系，允许其他内容提供者在培训平台上开展培训服务，赋能培训内容创作者开展内容创作以及内容变现的能力，构建共生生态。根据国内最大的在线终身教育平台——腾讯课堂的统计，截至 2022 年 5 月，超过 13 万家机构和 2 万多名知识内容创作者在腾讯课堂开展在线教学与运营，为全国学习者提供 40 万门系统性、专业化的知识课程，以及超过 100 万条免费自学内容；2021 年每月访问和学习人数超过 2600 万人。①

在社会培训平台建设取得突出成就的同时，公务员培训、专业技术人员继续教育、企业管理人员培训平台建设也取得积极进展。不少中央部委系统内部建立了党政干部培训平台，部分行业领域的专业技术人员建有继续教育平台，大型企业尤其是央企大多建有自身的内部培训平台，为系统、行业、企业内部人员提供丰富多样的在线培训服务。

4. 泛在学习和教育推动建设终身学习社会

疫情常态化下，一方面，职场人群更注重与工作能力相关的培训投入，另一方面，对高品质生活的追求使人们更关注工作与生活的平衡以及个人兴趣的满足。图文并茂的知识社区和种类丰富的内容平台，也就是泛在学习

---

① 参见艾瑞咨询和腾讯课堂联合发布的《中国综合性终身教育平台大数据报告——腾讯课堂数据篇》，http：//xw. qq. com/cmsid/20220110A01IQ000。

（U-Learning，无处不在的学习）内容和教育，越来越成为人们有效利用碎片化时间提升、满足自己生活和兴趣需求的重要渠道。除了各大传统互联网平台，B站、头条系、百度系、快手、知乎等也加快布局泛在学习，各细分领域的培训头部企业更加注重对学习社区的构建。在企业数字化学习服务产品中，为各类组织定制泛在学习和教育板块也成为重要内容之一。

三 培训行业投资与中大型会议新情况

（一）培训行业投资情况

1.“双减”政策重塑教育格局，职业教育培训行业投资热度攀升

2021年7月，《关于进一步减轻义务教育阶段学生作业负担和校外培训负担的意见》（简称“双减”）发布，文件旨在进一步减轻义务教育阶段学生作业负担和校外培训负担。在“双减”政策的影响下，原来围绕K12教育、学科教育的大量资本开始转换赛道，密集流向非学历教育培训领域。

2016年至今，中国职业培训机构数量呈持续上升趋势。2021年5月，国内存续的职业培训机构数量为164678家，较2020年新增8920家。① 2017年起，国内每年新增职业培训机构数量，维持在年注册量1.5万家以上的水平（见图1）。

2021年中国培训行业投资金额为36.92亿元（见图2）。中国培训行业投资金额在2016年达到峰值，为81.18亿元，后续呈现下降趋势。2021年市场回暖，行业投资金额较2020年增长38.2%。从投资数量来看，2021年培训行业投资事件数为50起，较2020年减少4起，为近五年最低值。②

① 艾媒新经济产业研究中心：《2021年中国职业培训市场研究报告》，艾媒网，2021年6月7日，https://www.iimedia.cn/c400/79089.html。

② 根据清科研究数据库数据绘制。

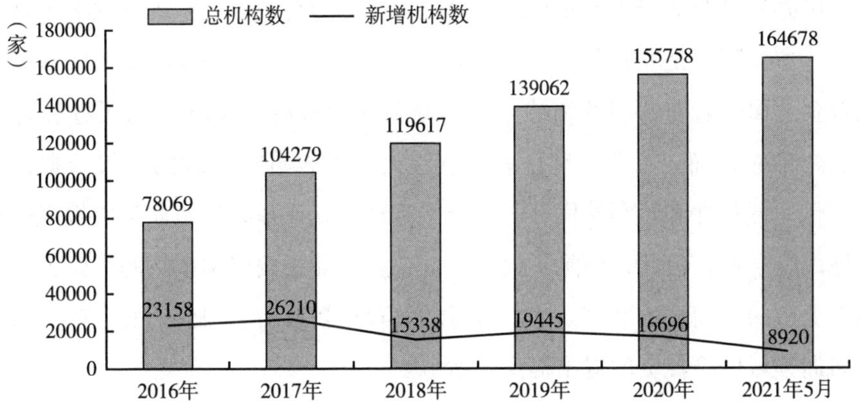

图 1　2016 年至 2021 年 5 月中国职业培训机构数量

资料来源：艾媒咨询。

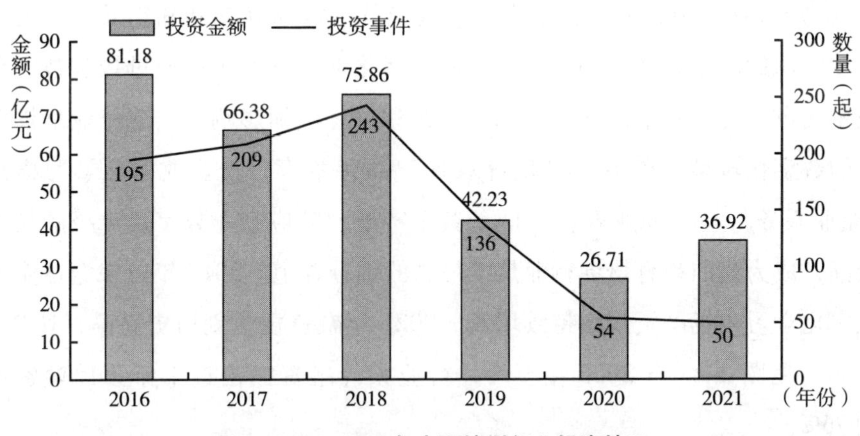

图 2　2016~2021 年中国培训行业投资情况

注：投资金额和投资事件的统计口径为职业教育、专业培训、其他教育与培训。

资料来源：清科研究。

2. 企业管理培训行业高速发展，首家民办教育机构上市

中国经济正面临结构性转型升级，服务企业高质量发展的企业教育培训行业得到更多关注。2021 年 4 月 21 日，上海行动教育科技股份有限公司在上海证券交易所主板挂牌上市，成为挂牌 A 股主板的企业管理教育企业，被称为“中国管理教育第一股”。上海行动教育科技股份有限公司的上市为

整个民办教育企业资本市场呈现新景况，民办教育企业在中国境内上市难度较大，主要障碍是非营利性、非企业单位法人性质和财务税收等政策，民办教育企业面临着非营利性和社会资本逐利性的矛盾。2016 年《民办教育促进法》的颁布确立了非营利性和营利性民办学校分类管理的法律依据，明确实行非营利性和营利性民办学校分类管理，允许举办实施非学历教育的营利性民办学校。由此，消除了民办教育企业登陆国内资本市场的障碍，民办教育上市的空间将不断打开。上海行动教育科技股份有限公司的上市，为教育培训领域风险投资的退出提供了示范。

3. 全球资本流向企业数字化学习

数字化学习已经成为一种必然趋势，企业数字化学习融资规模持续攀升。企业数字化学习是指发生在企业内部或企业之间，围绕教、学、练、测（考）、评环节，通过数字化技术赋能员工群体互动和知识共享，实现企业知识的应用、转换和创造。企业数字化学习强调企业通过构建数字化技术支撑环境，对组织学习目标、主题和过程施加影响，实现企业培训开发的数字化转型。在中国“教育双减”的背景下，企业数字化学习横跨“企业服务”与“职业教育”两条黄金赛道，顺应产业数字化升级的技术浪潮，成为当前教育培训行业热度最高的细分赛道。2017 年以来全球企业数字化学习市场融资规模持续增长，2021 年融资规模创历史新高，达 277 亿元（见图 3）。自 2020 年至今，行业累计融资额占近十年累计融资额的 76%。①

（二）培训行业主要会议展览活动

1. 企业管理培训活动关注数字化学习，助力人才创新发展

2021 年 5 月，由《培训》杂志主办的 2021（第十七届）中国企业培训与发展年会在深圳举办。年会以“新起点、新征程、新人才”为主题，紧

① 艾瑞咨询：《2022 年中国企业数字化学习行业研究报告》，艾瑞网，2022 年 7 月 18 日，https：//report. iresearch. cn/report/202207/4030. shtml。

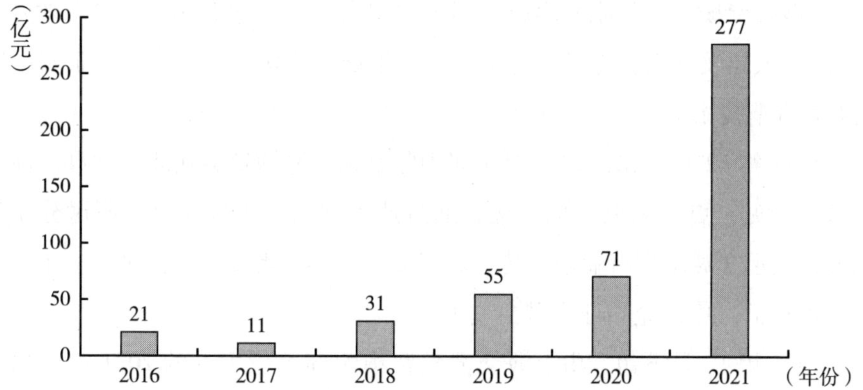

图 3 2016~2021 年全球企业数字化学习行业融资规模

资料来源：艾瑞咨询。

扣人才发展主旋律，聚焦组织发展与变革、领导力、数字化学习、人才发展、企业大学、学习技术、学习设计、内容开发与知识管理、内训师培养、绩效管理与绩效改进、教练与导师制、产教融合、测量与评估等十余个议题。围绕主题，本次年会举办了 110 多场演讲，内容包括数字化学习、混合式学习、游戏化学习、新技术等。

2021 年 10 月，由数字化学习专业媒体平台 online-edu（在线教育咨询网）主办的第 13 届中国企业数字化“学习与人才”大会（CEFE）在北京召开。大会以“数字中国 · 数据驱动 · 人才发展”为主题，设计了主论坛、10 个主题分论坛及“数字化学习技能系列大赛”专场。同时还发布《中国企业数字化学习黑皮书》系列丛书第三册，发布 2021 企业数字化学习成熟度调研报告《中国企业数字化学习白皮书》，为企业数字化学习行业发展提供参考。

2021 年 10 月，2021（第十七届）中国企业教育百强论坛在成都举办。中国企业教育百强论坛由全国 22 个省区市的企业教育培训主管部门联合发起，本届论坛由中国企业教育百强组委会、四川日报报业集团人力资源报社联合主办，主题为“数智时代　赋能人才发展”。论坛设置了中国教育企业百强年度盛典主会场，以及“国企党建专场”“数字化发展新态势发展专场”“微吼专场”“培训创新实践专场”“智能化人才发展专场”“产教融合专场”“人才发展创新专场”等七个专场论坛。论坛发布了第十三册《中国企业培训蓝皮书》。

2021 年 12 月中旬，2021 第十届国际培训产品博览会在北京举办。博览会以“看见，更有远见”的主题，通过博览交易、主旨演讲、研讨分享等形式，展示全球培训行业新趋势、新产品，为参与者提供交流平台。本届博览会发布了《中国企培业发展白皮书》。

2021 年 12 月下旬，由上海交大教育集团等单位主办的 2021 第十届中国企业标杆学习平台暨第十一届企业学习发展论坛在线上举办。在论坛上，来自国家电投党校、建行研修中心、方正证券培训学院、联想全球学习中心、中银研修中心等 17 家企业的学习平台分享了学习项目。论坛发布了《2021 年度中国企业标杆学习平台研究报告》。

2. 职业技能培训活动聚焦新职业新技术，培养高素质技术技能人才

2021 年 1 月 28 日，人力资源和社会保障部与德国联邦劳动和社会事务部以视频连线方式联合举办中德职业培训研讨会。人力资源和社会保障部副部长汤涛、德国劳动和社会事务部国务秘书比约恩·波宁出席并致辞，各自介绍了在开展职业技能培训、推进技能人才评价制度改革、加强职业技能竞赛体系建设等方面的举措和成效。

2021 年 4 月 12~13 日，全国职业教育大会在北京召开。会上传达了习近平总书记重要指示和李克强批示。习近平总书记的重要指示为提高技术技能人才社会地位、培养更多高素质技术技能人才、形成“人人出彩、技能强国”的发展局面提出了要求、指明了方向。

2021 年 6 月 1 日，由中国教育发展战略学会产教融合专业委员会、浙江省人力资源服务协会主办的“组织赋能与人才发展”2021 年中国（浙江）技能培训教育博览会高峰论坛在杭州举行。本次大会主题为“人力资本提升之路——全民普及技能”，主要内容分为论坛及展览两部分。其中共设置了组织赋能与人才发展、数字推动产教融合、提升全民数字技能等 6 场主题高峰论坛。大会采用线上线下相结合的方式。据不完全统计，当天线下

专业观众人数突破 5000 人次，线上直播流量逾千人次。

2021 年 11 月 20 日，“2021 高技能人才发展论坛”在成都举办。论坛由重庆市人力资源和社会保障局发起，是全国首个围绕高技能人才、高质量发展，开展理论研究、信息发布、人才奖励、项目签约、演讲交流的综合性活动。本次活动以“新职业、新技能、新梦想”为主题，聚焦“新职业”，旨在通过主题论坛、人才颁奖、发布人才热力地图、宣介人才政策、推广新职业培训机构、举行合作签约、分享研究成果和实务经验，以更加开放的思维和举措促进高技能人才发展的交流合作，推动高技能人才高质量发展、高品质生活，助力“一带一路”共建、长江经济带绿色发展和西部大开发。本次论坛还发布了 2021 年全国技能劳动者、技能人才、高技能人才以及国家高技能人才培训基地、国家技能大师工作室、世界技能大赛国家集训基地等情况。

四　中国培训事业发展的新趋势

从 2021 年中国培训事业的发展情况来看，培训行业出现了一些新的发展趋势。

（一）职业教育培训成为培训行业新风口

2021 年，职业教育培训行业的发展面临诸多催化因素。第一，在全国职业教育大会于 4 月中旬召开之际，习近平总书记作出重要指示，要求深化产教融合、校企合作，深入推进育人方式、办学模式、管理体制、保障机制改革，建设一批高水平职业院校和专业，加快构建现代职业教育体系；要求各级党委和政府加大制度创新、政策供给、投入力度。第二，围绕推动职业教育培训高质量发展，国家出台了许多政策。2021 年，中共中央办公厅、国务院办公厅印发了《关于推动现代职业教育高质量发展的意见》，人力资源和社会保障部先后出台了《关于贯彻落实习近平总书记对职业教育工作重要指示精神的通知》《提升全民数字技能工作方案》《关于加强新职业培训工作的通知》《“技能中国行动”实施方案》《国家乡村振兴重点帮扶地区职业技能提升工程实施方案》《技工教育“十四五”规划》《“十四五”职业技能培训规划》等文件，《职业教育法（修订草案）》也面向社会征求意见，教育部、国家发改委也出台了相关政策。第三，义务教育“双减”政策推动许多培训机构转型职业教育与职业培训。7 月 24 日，为了有效减轻义务教育阶段学生过重作业负担和校外培训负担，中共中央办公厅、国务院办公厅印发《关于进一步减轻义务教育阶段学生作业负担和校外培训负担的意见》。很多面向中小学生群体的校外培训机构向职业教育与职业培训转型，不少互联网平台企业跨界布局职业教育培训，职业技能培训也成为资本市场追逐的对象，职业教育培训成为新风口。2021 年，中国职业教育一级市场共发生融资 61 笔，占教育行业全年投融资的 25.3%，创下近 5 年新高，61 笔的融资数量甚至超过了前两年的 K12 和素质教育，融资总金额超 78 亿元。[①] 在市场需求和国家政策的引导下，职业教育与职业培训面临前所未有的发展机遇。

（二）数字技术工程师培训与评价迎来新模式

2019~2021 年，人力资源和社会保障部分四批发布了 56 个新职业，其中专业技术类数字技术新职业 10 个。这 10 个新职业属于人工智能、物联网、大数据等产业，都是中国重点发展的战略性新兴产业。按照原有制度，专业技术人才培训和评价主要有两个通道，一个是职称评审序列，一个是职业资格或水平考试序列。但是，这 10 个专业技术类数字技术新职业的评价标准开发进度远远落后于职业发展本身，传统的评价方法也难以满足新职业评价需要；在培训上，新职业培训严重滞后于新职业和新产业发展的需要，在培训标准、师资队伍、课程体系、培训设施、培训能力等方面均处于起步阶段，此外，新职业仍在不断演化中，边界不清晰，缺乏典型工作任务，具体培训内容无法固定，难以建立完善的培训体系。因此，这些专业技术类数

① 《2022 中国职业教育行业报告》，“多鲸”公众号，2022 年 1 月 5 日。

字技术新职业既不适合采用职称评审序列的培训与评价方式，也不适合采取职业资格或水平考试序列的培训与评价方式。

为了加快数字技术技能人才培养，支持战略性新兴产业发展，助力数字经济和实体经济深度融合，人力资源和社会保障部办公厅印发了《专业技术人才知识更新工程数字技术工程师培育项目实施办法》，实施规范化培训、社会化评价，探索建立数字技术工程师培育认证制度。根据该办法，中国就业培训技术指导中心负责组织开发国家职业标准、提供专业技术等级证书信息网络查询服务；经遴选、认定的市场培训机构负责规范开展线上、线下培训，进行结业考核，颁发培训合格证书；社会评价机构组织专业技术等级考核，制作并颁发专业技术等级证书，谁评价、谁发证、谁负责。具备相应条件的独立法人机构，均可向人力资源和社会保障部门申请开展数字技术技能人员职业培训或评价工作。

专业技术类数字技术工程师这一培训与评价制度，是专业技术人才培训与评价制度的重大创新，是职称评审与职业资格或水平考试之外的第三条通道，既符合政府职能转变、市场化规范化培训与社会化评价的总体要求，又为未来更多新职业的培训与评价、人才队伍建设提供有益经验。

（三）企业培训数字化转型成为重要发展方向

2020 年新冠肺炎疫情来袭后，部分大型和特大型企业为了应对疫情影响，建立或者委托培训服务机构搭建在线培训平台，把部分线下培训转移到线上进行。在线培训具有传统线下培训所不具备的诸多优点，它可以降低成本、节省时间、扩大范围、提供更多个性化学习体验，也符合当前学习者移动、时间碎片化、需求个性化的特征，对于企业来说，培训数字化也有利于降低员工培训成本、解决工学矛盾、应对疫情冲击。2021 年，在信息技术飞速发展和新冠肺炎疫情的背景下，部分新建和多年前已经建成在线培训平台的企业，开始从有平台“可用”“能用”转向追求“好用”，员工培训由课程资源、视频点播、直播课堂等初步的数字化，走向课程发布、资源管理、在线学习、直播课堂、自动学习决策、群组管理、考试测评、培训档案、结果评估等环节全面的数字化、智能化。大数据、云计算、人工智能、虚拟现实等技术的快速发展，也为企业培训的数字化转型提供了有力支持。学术界对于企业培训数字化的研究也显著增多，在中国知网上以“企业+培训+数字化”为主题搜索，相关文章2019年为24篇，2020年96篇，2021年143篇，2020年、2021年的相关文章增幅明显。

（四）教学场景化构建与体验持续升级

2020年以来，因为疫情等原因，全球在线教育、远程办公、网络娱乐等出现爆发式增长。在线教育与培训的快速发展，一方面推动了相关技术的发展与广泛应用；另一方面，市场对在线教育培训产生了更多的需求。场景化学习的兴起，对场景化教学提出了更多、更高的要求。如何以学员为中心，立足学员在工作中面临的问题，设计和实施与实际工作场景接近的教学活动，成为在线教育培训平台竞争力的重要来源，也是企业内部在线培训平台增强培训效果的重要动力。在教学场景化构建过程中，新技术发挥了重要作用。直播技术的发展掀起了“直播+教育”“直播+培训”的热潮，带动了在线教育培训行业的洗牌，推动了场景化学习的扩展。大数据、人工智能、VR/AR等技术的发展与成熟，尤其是将VR/AR技术应用到教育培训领域，更能创造和提供更多高质量的学习场景。行业产业链上游通信技术、云计算等技术的发展，为场景化教学的构建、实施和体验提供了基础保障。在线场景化教学是以学员为中心的教学方式，随着各类在线教育培训平台和企业内部在线培训平台善用新技术推进教学场景化，学员的学习体验获得持续升级。

（五）元宇宙成为培训技术布局新高地

元宇宙（Metaverse）是指利用科技打造的一个虚拟世界，人类可以和这个虚拟世界产生互动，可以在这个虚拟世界中生活、工作。在元宇宙里，现实中的人类以数码身份或化身的形式，进入虚拟时空生活、工作，打造自己的空间。这一概念由美国科幻作家尼奥·斯蒂文森1992年撰写的《雪崩》提出，书里描写了一个与现实世界平行的虚拟世界——元宇宙，又称“元界”，它拥有现实世界的一切形态。

2021 年 10 月，美国社交媒体公司脸书（Facebook）更名为 Meta，宣称要在五年内转型成为一家元宇宙公司，从而掀起了元宇宙投资热潮。因此，2021 年也称为“元宇宙元年”。元宇宙是互联网技术的重大变革，被认为是下一代互联网或者 Web3.0，将深刻改变人类生活与工作方式。元宇宙将与不同产业深度融合，以新模式、新业态带动相关产业跃迁升级。普华永道预计，2030 年元宇宙市场规模将达到 1.5 万亿美元，摩根士丹利预计未来元宇宙潜在市场空间将超 8 万亿美元。在海外科技巨头纷纷大力投资元宇宙的同时，字节跳动、腾讯、华为、百度、阿里巴巴等国内科技巨头也布局元宇宙软硬件开发。在国家和地方政策方面，国家经济社会发展“十四五”规划和工信部等部委的相关规划，都强调要大力发展数字经济；2021 年 12 月，上海市、河南省在相关规划中，率先提出要大力发展元宇宙产业。VR/AR 是元宇宙的入口技术，VR 和 AR 技术目前覆盖医疗、交通、驾驶、飞行、装配、安全、安保等众多培训领域，因此，基于 VR、AR 等技术打造“元宇宙+教育培训”的强大工具，成为有较强实力培训机构重点布局的前沿技术。

参考文献

陈李翔：《数字时代的大培训》，《中国培训》2022 年第 2 期。

费燕：《企业培训如何实现数字化转型及实施策略》，《现代企业》2022 年第 8 期。

郭欣悦、吴峰、邵梁：《职业教育虚实融合场景化学习活动设计研究》，《中国电化教育》2021 年第 2 期。

人力资源和社会保障部：《2021 年度人力资源和社会保障事业发展统计公报》，人力资源和社会保障部网站，http://www.mohrss.gov.cn/xxgk2020/fdzdgknr/ghtj/tj/ndtj/202206/t20220607_452104.html。

肖叶枝：《数字化时代企业在线培训发展方向》，《中国电力教育》2021 年第 2 期。

奚利强：《企业数字化培训的构建》，《杭州金融研修学院学报》2022 年第 1 期。

袁凡、陈卫东、徐铷忆、葛文硕、张宇帆、魏荟敏：《场景赋能：场景化设计及其教育应用展望——兼论元宇宙时代全场景学习的实现机制》，《远程教育杂志》2022年第1期。

中国职工教育和职业培训协会：《2021年职业能力建设领域十件大事》，《中国培训》2022年第1期。

周万亮、丁雪峰、于志仁、方永飞、徐华、陈蕴萱、李旋：《2021中国企业培训行业8大热点回溯》，《培训》2021年第12期。

国家统计局社会科技和文化产业统计司：《中国社会统计年鉴2021》，中国统计出版社，2021。

人力资源和社会保障部：《中国人力资源和社会保障年鉴2021》，中国劳动社会保障出版社、中国人事出版社，2021。

赵国栋、易欢欢、徐远重：《元宇宙》，中国出版集团，中译出版社，2021。

分报告

Sub Reports

B.2
2021年中国职业技能培训发展报告

谢　晶*

摘　要： 2021年是党和国家历史上具有里程碑意义的一年，职业技能培训工作在稳步推进的同时，加强顶层规划，积极提质增效。2021年，职业技能培训工作保持稳中有进的态势，职业技能提升行动超额完成各项任务，层次分明、各有侧重的“十四五”规划蓝图频出台，互联网+职业技能培训实现新突破，中国特色企业新型学徒制全面推行，全民数字技能提升行动加快推进，适应新产业、新就业形态的新职业培训不断完善丰富。面向“十四五”，职业技能培训作为职业技能提升的重要抓手，急需加快适应技术进步、产业升级对劳动者技能素质提出的新要求，积极应对结构性就业矛盾和培训供需矛盾，不断提升职业技能培训的针对性、精确性和有效性，全面推进劳动者就业创业能力提升。基于此，研究提出，在规划引领下，增强政策举措的整体性、系统性和协

* 谢晶，中国人事科学研究院教育培训与能力建设研究室副研究员，主要研究方向为人力资源开发。

调性，积极更新完善职业技能标准，加快提升职业技能培训体系建设，逐步完善评价监督机制，以期为职业技能培训工作的顺利推进打好基础。

关键词： 职业技能　职业培训　高技能人才

开展大规模职业技能培训，是提升劳动者能力素质、提高就业创业能力、缓解结构性就业矛盾、促进扩大就业的重大举措，是推动我国经济社会高质量发展的重要支撑。[①] 2021 年是党和国家历史上具有里程碑意义的一年，也是人力资源和社会保障部（简称“人社部”）确定的职业技能提升行动质量年，职业技能培训工作在稳步推进的同时，加强顶层规划，积极提质增效。

一　2021年职业技能培训工作推进情况

2021 年是职业技能培训工作飞跃发展的一年，职业技能培训年度工作保持稳中有进的态势，职业技能提升行动超额完成各项任务，层次分明、各有侧重的“十四五”规划蓝图频出台，互联网+职业技能培训实现新突破，中国特色企业新型学徒制全面推行，全民数字技能提升行动加快推进，适应新产业、新就业形态的新职业培训不断完善丰富。

（一）职业技能培训年度工作整体稳中有增

截至 2021 年末，全国技工院校数量达到 2492 所，在校学生规模达 426.7 万人，相较上一年分别增长了 2.8%和 7.9%。[②] 2021 年全国技工院校

① 人力资源和社会保障部、教育部、国家发改委、财政部：《“十四五”职业技能培训规划》，2021 年 12 月。

② 数据来源：《2020 年度人力资源和社会保障事业发展统计公报》《2021 年度人力资源和社会保障事业发展统计公报》。

新招学生数为167.2万人，毕业生规模为108.7万人，相较上一年分别增长4.4%和7.2%。2021年技工院校开展的社会培训服务达600.7万人次，比上一年增长23.7%。截至2021年末，全国的就业训练中心共有940所，相较上一年减少64%；民办培训机构规模达到29832所，相较上一年增长15.4%。2021年全年共计组织补贴性职业技能培训达到3218.4万人次，相较上一年增长19.2%；以工代训规模达到1501.8万人，相较上一年减少32%。其中，农民工的培训规模达1174.2万人次，比上一年增长12.2%；脱贫人口及脱贫家庭子女的培训规模达211.2万人次，比上一年减少21.9%；失业人员培训规模达100.7万人次，比上一年增长25.1%；毕业年度高校和中职毕业生的培训规模达131.7万人次。截至2021年末，全国的职业资格评价机构数量为6894个，比上一年减少16.0%；职业技能等级认定机构数量为13431个，比上一年增长227.2%；从事职业资格评价或职业技能等级认定考评工作的人员达41.2万人，比上一年增长58.5%。全年参加职业资格评价或职业技能等级认定的规模达1078.4万人次，比上一年减少9.8%；取得职业资格证书或职业技能等级证书的规模为898.8万人次，比上一年减少6.6%；其中取得技师、高级技师职业资格证书或职业技能等级证书的规模达30.2万人次，比上一年增长17.1%。

（二）职业技能提升行动超额完成各项任务

2019年，习近平总书记在对我国技能选手在第45届世界技能大赛上取得佳绩做出的重要指示中强调，要“大力发展技工教育，大规模开展职业技能培训，加快培养大批高素质劳动者和技术技能人才”。中央决定实施“职业技能提升行动”，提出“三年开展各类补贴性职业技能培训5000万人次以上，到2021年底技能劳动者在就业人员总量中的比例实现25%以上，高技能人才在技能劳动者中的占比达到30%以上”① 的目标任务。人力资源和社会保障等部门深入贯彻落实党中央、国务院的决策部署，积极推动各地

① 国务院办公厅：《职业技能提升行动方案（2019~2021年）》，2019年5月。

全面开展职业技能行动，截至2021年底，共计使用1000多亿元资金，组织实施了8300多万人次的补贴性职业技能培训、3600多万人的以工代训。全国技能人才总量超过2亿人，占就业人员总量的比例超过26%，高技能人才超过6000万人，占技能人才的比例达到30%。[①] 行动目标圆满实现，为劳动者技能素质的有效提高、就业的稳定扩大提供了有力支撑。

（三）“十四五”规划蓝图频出台

2021年，人力资源和社会保障部决定在“十四五”时期，以“技能中国行动”为引领[②]，加快推进技能人才队伍建设，着力培养高技能人才、能工巧匠、大国工匠，打造规模宏大、结构合理、技能精湛、素质优良的技能人才梯队，以满足我国经济社会高质量发展的需求。年底，人社部又相继出台《“十四五”职业技能培训规划》和《技工教育“十四五”规划》两个规划，明确了“十四五”期间关于职业技能培训、技工教育发展的总体指导思想、基本原则和具体目标任务。2021年12月28日，人社部在京召开贯彻实施两个规划动员部署电视电话会议，强调在“十四五”期间，要多渠道筹措资金，提升职业技能培训层次，做好就业重点群体的技能培训工作，持续发挥好促就业、稳就业功能，高质量完成各项目标任务；同时强调，要继续加强党对技工教育的全面领导，办好技师学院和技工学校，完善工学一体化技能人才培养模式，将其作为充分发挥技工院校作用、突出办学特色的主线抓紧抓实，进一步强化技工院校开展职业培训功能。

（四）互联网赋能职业技能培训实现新突破

新冠肺炎疫情发生以来，为确保职业技能提升行动实施开展，稳定就业

① 张璇：《淬炼中国制造中国创造的技能大军——党的十八大以来技能人才队伍建设》，《中国组织人事报》2022年7月18日。

② 参见《“技能中国行动”实施方案》。

和促进就业，国家鼓励支持广大劳动者参加线上职业技能培训。① 在人社部领导下，“中国职业培训在线”“中国国家人事人才培训网”“技能大师在线培训”“就业创业和职业培训在线”“新职业在线学习平台”“人力资源和社会保障部教育培训网”等六家平台紧紧围绕各自职能，充分发挥优势，大胆开拓创新，形成了鲜明特色，受到各地人社部门、培训机构、企业等的广泛认可。为加速职业培训工作的信息化、便捷化，人社部在全国进行全面使用职业技能电子培训券（以下简称“职业培训券”）推广工作，组织以电子社保卡为主要载体的职业培训券试点。截至 2021 年底，全国累计发放 1800 多万张职业培训券，其中被使用的培训券将近 500 万张，使用率接近 30%。

（五）全面推行中国特色企业新型学徒制培训

2018 年 10 月，人社部会同财政部印发文件②，在企业及拥有技能人才的其他用人单位全面推行企业新型学徒制，其主要内容是“招工即招生、入企即入校、企校双师联合培养”。2021 年 6 月，五部委联合发文③，明确企业新型学徒制培养工作的具体思路：主要培养对象是至少签订 1 年劳动合同的技能岗位新招用和转岗等人员；培训主体是企业；培训载体采取“双基地”模式，即企业实训基地和院校培训基地有机结合；培训师资采取“双导师”形式，即企业导师和院校导师联合培养。据统计，2019～2020 年，全国累计培养企业新型学徒超 80 万人。④

（六）加快推进全民数字技能提升

当前，全球经济数字化转型不断加速，数字技术深刻改变着生产、生

① 人力资源和社会保障部、财政部：《关于实施职业技能提升行动“互联网+职业技能培训计划”的通知》，2020 年 2 月。

② 人力资源和社会保障部、财政部：《关于全面推行企业新型学徒制的意见》，2018 年 10 月。

③ 人力资源和社会保障部、财政部、国务院国资委、全国总工会、全国工商联：《关于全面推行中国特色企业新型学徒制加强技能人才培养的指导意见》，2021 年 6 月。

④ 《人力资源社会保障部对十三届全国人大四次会议第 5032 号建议的答复》，2021 年 7 月 17 日。

活、学习、思考等方式，推动着世界格局的深度变革，影响着政治、经济、科技、文化、安全等各个领域，全民数字素养与技能逐渐成为国际竞争力和软实力的关键性指标。因此，提升全民的数字技能，是顺应数字时代对国民素质的要求，是弥合数字鸿沟、促进共同富裕的关键举措，是促进人的全面发展的战略任务，也是我国从网络大国迈向网络强国的必由之路。[①] 党的十九届五中全会提出“提升全民数字技能”要求，为落实这一要求，结合全国职业教育大会有关精神，人社部研究制定了《提升全民数字技能工作方案》，聚焦加强全民数字技能的教育培训，公民数字素养的普及提升，从政策支持、院校培训、职业培训、技能评价、技能竞赛、基础建设等方面提出了六项具体措施。

（七）加强新职业培训工作

伴随着“四新”经济（新技术、新产业、新业态、新模式）的不断发展，众多新职业快速涌现。截至 2021 年底，人社部会同有关部门分四批向社会发布了 56 个新职业信息。为推动新一代信息技术革命、新工业革命以及制造业与服务业的融合发展，适应战略性新兴产业需求，加快培养高素质专业化劳动者和技术技能人才，改善人才供给质量结构，满足新职业从业人员的培训评价需求，人社部发文[②]提出加快新职业标准开发、组织开展新职业培训、加强新职业培训基础建设、有序开展新职业评价和强化政策待遇落实等五项具体措施。人社部中国就业培训技术指导中心联合阿里钉钉于 2020 年 3 月开通新职业在线学习平台，专注于新职业数字资源培训，立足培育新型数字技能人才，促进相关行业完成数字化转型，2021 年 7 月推出 3.0 版，注册人数达 809 万，学习人数 2757 万。

① 中央网络安全和信息化委员会：《提升全民数字素养与技能行动纲要》，2021 年 11 月。
② 人力资源和社会保障部办公厅：《关于加强新职业培训工作的通知》，2021 年 4 月。

二　深入开展职业技能培训工作面临的形势任务

立足新时代，职业技能已经成为就业创业的硬通货。面向“十四五”，职业技能培训作为职业技能提升的重要抓手，有利于加快适应技术进步、产业升级对劳动者技能素质提出的新要求，积极应对结构性就业矛盾和培训供需矛盾，不断提升职业技能的针对性、精确性和有效性，全面推进劳动者就业创业能力提升。

（一）适应产业转型升级和技术进步的客观要求

随着人工智能、云计算、大数据等高新技术的快速发展和广泛应用，产业结构不断迭代升级，由此产生了新的业态，催生了大量新职业。据世界经济论坛《未来职业报告 2020》估计，到 2050 年，机器生产在整个产业中的占比将会达到 52%，8500 万个岗位会因人类和机器劳动分工的改变而消失。但是，同时也会产生多达 9700 万个新岗位，增加的岗位所涉及的领域包括关怀经济、人工智能以及内容生产等。此外，报告还预测了职业技能结构发生的显著变化，到 2025 年全球就业市场最需要的 10 类能力①。该报告还指出，要获得这些技能，平均约 40%的劳动者需要接受小于或等于 6 个月的技能培训；对于现有工作岗位的劳动者来说，未来几年，40%的核心技能将会改变，50%的劳动者需要接受技能培训。因此，职业技能培训作为应对产业升级和技术进步的有效措施，亟待“扩面提质”，提升职业技能培训供给能力，提高职业技能培训质量。

（二）解决结构性就业矛盾的客观要求

就业是民生之本，也是经济发展最基本的支撑。② 然而随着我国经济社

① 分析思维与创新能力，主动学习和学习策略能力，复杂的问题解决能力，批判性思维与分析能力，创意、主动性与原创能力，领导力和社会影响力，技术的使用与监测能力，技术设计与编程能力，弹性、灵活性和压力承受能力，推理、解决问题和构思能力。

② 《国务院关于印发“十四五”就业促进规划的通知》，2021 年 8 月 23 日。

会的不断发展、产业结构的不断升级、部分行业技术技能水平从跟跑到领跑状态的加速转变，劳动力具备的技能结构与岗位所需技能不匹配造成的结构性就业矛盾持续加剧，“就业难”“招工难”两难并存问题突出，如传统型劳动力的简单化、操作性的技能正在加速被机器所替代，新兴智能化、信息化的岗位存在大量用工缺口；在高等教育大众化和普及化过程中，人才培养不适应市场需求的现象进一步加剧；新产业催生大量新职业，现有的职业培训尚无法满足新职业从业人员技能提升的需求。《“十四五”就业促进规划》指出，要“更加重视日益凸显的结构性就业矛盾，聚焦劳动者技能素质提升，突出抓好技术技能人才培养培训，推动形成劳动力市场更高水平的供需动态平衡”。因此，职业技能培训作为解决结构性就业矛盾的有力抓手，“十四五”期间将会处在更加突出的位置，发挥更加重要的作用。

（三）解决培训供需矛盾的客观要求

技能是强国之基、立业之本。[①] 职业技能培训作为实施就业优先战略、推行技能提升行动的重要举措，已经成为国家建设技能型社会的重要支持力量。伴随着经济社会高质量发展，劳动者通过培训提升人力资本和专业技能的内在动力日渐增强，相关调查显示，受访者在职业发展方面，83%的“80后”曾遇到过职业危机或职业瓶颈，“90后”的比例为82%；相对于其他年龄群体，“90后”受访者最担心失业；95%的受访者认为通过新职业培训提升自身发展潜力是走出职业危机的关键因素。[②] 但从目前的职业技能培训的规模质量来看，与建设技能型社会需求仍有较大差距。如大量新职业在不断出现和演化的进程中，技术技能边界模糊，缺乏典型的工作任务，还没有建立其相对完善的培训体系；一些新兴领域需要的劳动技能往往涉及多个学科专业，而具备交叉学科和复合专业知识的高质量师资和课程体系仍处于稀缺状态；“理论+实操”的线下传统培训形式也无法满足劳动者的多元培训

---

① 人力资源和社会保障部：《“技能中国行动”实施方案》，2021年6月。

② 参见中国就业培训技术指导中心联合阿里巴巴钉钉发布的《新职业在线学习平台发展报告》。

需求。因此，“十四五”期间需要尽快落实党和国家对职业技能培训实施的规划举措，加快推进培训供给侧改革。

（四）提升劳动者就业创业能力的客观要求

职业技能培训是以劳动者为特定对象的人力资源开发活动，是以直接满足经济发展的某些特定需求为目的的定向性培训，是按照国家职业分类和职业技能标准进行的规范性培训。这种培训是直接服务于经济和社会发展对劳动者能力素质的要求，以就业者素质和能力提升为目的的专业知识教育和技能训练活动。通过职业技能培训，劳动者可以基本掌握某个领域或行业内完成特定工作的技能和工作方法。职业技能培训涉及的对象范围广泛、层次水平差异很大，企业员工、大学毕业生、农村转移劳动力、城镇不能继续升学劳动力、下岗失业人员等均在职业技能培训对象之列。在立足新发展阶段、贯彻新发展理念、构建新发展格局的新形势下，不同层次不同范围劳动者的就业创业能力需求也有所不同，职业技能培训也亟待分层分类，提高针对性、精确性和有效性。

三　进一步推进职业技能培训工作的对策建议

面向“十四五”，如何按照规划蓝图推进职业技能培训工作，以实现劳动者技能素质的全面提升，形成劳动力市场更高水平的供需动态平衡，是下一步工作的重点。在规划引领下，要增强政策举措的整体性、系统性和协调性。工作推进重在强基础、扩规模、提质量、建机制。通过积极推动职业技能标准的更新完善、加快完善职业技能培训体系、逐步健全职业技能培训评价监督机制等举措，为职业技能培训工作的顺利推进打好基础。

（一）协同推进政策举措的落地实施

在《“技能中国行动”实施方案》《“十四五”就业促进规划》《“十四五”职业技能培训规划》《技工教育“十四五”规划》引领下，以提升劳

动者能力素质水平、促进劳动者就业创业为核心，以增强职业技能培训政策举措的整体性、系统性和协调性为中心，推进职业技能标准体系、培训体系和能力认证（水平评价）体系同步建设。建立以职业分类为基础的职业技能需求调查和动态调整机制，定期调查科技进步、产业转型升级对每一职业的技能结构的影响，实现职业技能标准的动态更新。积极推进培训体系建设，完善培训标准、规范课程设计、拓展评价方式、强化基础设施建设。按照劳动者的职业生涯周期，持续完善终身职业技能培训制度体系，加大职业技能培训公共产品供给，提高劳动者培训和评价的选择权和参与权，实现供需有效对接。

（二）积极推动职业技能标准的更新完善

职业技能标准是职业技能培训的基本依据。它是指在职业分类的基础上，通过对工种的科学划分，对工种涉及内容的分析及评价，进而形成各工种对知识和技能水平的要求，在此基础上对这些要求进行概括和描述，最终形成各工种的职业技能准则。2012 年我国出台了《国家职业技能标准编制技术规程》，2018 年进行了修订。从修订情况来看，2018 年版在职业技能培训方面主要有两点变化：一是突出强调工匠精神和敬业精神，将其内涵作为职业道德要求之一，融入国家职业技能标准中；二是在职业标准中标注涉及安全生产或操作的关键技能要求。目前正式出版的国家职业技能标准约 1200 个，其中依据《中华人民共和国职业分类大典（1999 年版）》规定的职业（工种）制定颁布并正式出版的近 900 个，依据《中华人民共和国职业分类大典（2015 年版）》规定的职业（工种）制定颁布并正式出版的近 300 个。[①] 因此，建议以职业分类为基础、以职业活动为导向、以职业能力为核心，根据国家职业标准技术规范和程序规则，积极推进国家职业技能标准的更新完善。同时以学习者的学习成果为导向，以通用职业技能标准为核

① 《数说国家职业技能标准查询系统》，人力资源和社会保障部网站，2022 年 1 月 6 日，http：//www. mohrss. gov. cn/SYrlzyhshbzb/rdzt/zyjntsxd/zyjntsxd _ zxbd/202201/t20220107 _ 432382. html。

心，借鉴国际经验，并结合我国国情，设计劳动者能力素质水平等级框架和对应标准，体现不同职业发展阶段对其知识技能、能力素质和情感价值观等维度的不同要求。

（三）加快完善职业技能培训体系

坚持需求导向、市场导向、就业导向，以能力建设为核心，加大职业技能培训力度，加快完善职业技能培训体系。建立职业技能培训机构认可管理制度，健全认可标准，完善备案机制。加强培训基础建设，优化整合政府、企业、社会等各类培训资源，增强培训供给能力。职业培训不仅具有教育性，更有很强的职业性，要转变以“教”为主的培训观念，树立以“职业发展”为核心的培训理念，根据职业培训自身的规律和需求，开展职业培训理论研究和教学方法创新，充分考虑课程设置与职业活动的结合。转变固定的培训模式，及时根据产业结构的调整趋势和交叉学科、前沿技术的发展进程，创新职业培训活动，以灵活多样的方式满足专业人才对职业培训的需要。转变传统的讲授型培训方式，以知识转化为目标，以社会需要为依据，坚持学习与实践相结合、培训与需求相结合，拓展实践性培训方式，综合运用案例教学、技术模拟、实地调研等方式，构建涵盖以专业知识更新、技术水平提高、能力素质提升为驱动的复合职业培训体系。转变传统课程开发模式，建立多方利益相关者参与的课程开发过程，面向不同层次、不同需求的培训对象设计具有针对性和创新性的培训课程与技能训练。提高职业培训教师教学能力，整合挖掘高等院校、行业组织和龙头企业中的师资力量，加强教师在互动性授课技巧、实际操作经验和在线、虚拟环境下授课技巧方面的提升。运用信息技术和新媒体等现代技术手段，提供更加人性化、互动性强的职业技能培训，如大规模开放在线课程（MOOC）、O2O、翻转课堂，注重通过游戏化、模拟化、视频化等多种方式，提升培训的互动性和体验感。借助互联网技术，搭建职业技能培训课程评价体系和培训对象反馈平台，形成职业技能培训的良性互动机制。

（四）逐步健全职业技能培训评价监督机制

评价是“指挥棒”、是“风向标”。坚持遵循规律、科学评价、以用为本、激励创新原则，健全职业技能认证体系，完善认证标准，创新认证机制，促进培训认证有效衔接。制定承接能力认证职能的机构资质标准（具体包括：从业人员状况、职业专业化程度、行业组织成熟度以及国家或社会对该职业活动的呼应度等）以及备案管理办法，建立认证机构综合评估、动态调整机制。建立与培训制度相适应的职业技能认证制度，依据国家职业技能标准，分别制定培训标准和评价标准，建立标准联动开发机制。健全认证程序，创新“互联网+人才评价”的认证模式，加强认证专业人员队伍建设，完善证书管理体制。建立健全职业培训质量保障体系，遵循“培评分离”原则，即从事培训的机构与从事评价的机构不能是同一或关联机构，加强对培训机构、培训过程的全方位监管，建立以培训合格率、就业创业成功率为重点的职业培训绩效评估体系，以模块化、单元化和学分化为导向，研究制定培训课程设置办法和水平评价办法，探索建立专业化、社会化的第三方评价监督机制。实施培训机构和评价机构目录清单制度，完善公示、备案和退出机制。推动构建职业资历框架体系，涵盖所有劳动者在职业活动中经过权威机构评估所确认达到既定标准的学习成果，包括职业资格证书、经认可的继续教育和职业技能培训证书以及其他社会化资格评价证书等。建立职业资历标准和认证单元，以及推进开发各职业标准，以职业标准和认证单元为基础开发继续教育证书、职业技能培训证书、经认可的社会培训组织证书等体系。不断完善职业技能培训评价公共服务平台功能，为劳动者建立终身学习成果档案，细化量化职业资历“学习成果”考核认定办法，实现其“学习成果”可追溯、可查询、可积累、可携带、可转换、可认证。

参考文献

陈玉杰：《推动职业技能培训扩容提质　筑牢经济社会发展人才之基》，《职业》2022 年第 3 期。

韩永强、刘晨、邹琦：《终身职业技能培训发展困境及其推进策略》，《中国成人教育》2021 年第 6 期。

吴燕、曾绍玮：《技能型社会建设背景下我国职业技能培训实施的价值、难点与对策》，《教育与职业》2022 年第 17 期。

赵为：《打破职业发展通道的“天花板”》，《中国劳动保障报》2022 年 1 月 8 日。

人力资源和社会保障部：《2021 年度人力资源和社会保障事业发展统计公报》，人力资源和社会保障部网站，http：//www. mohrss. gov. cn/xxgk2020/fdzdgknr/ghtj/tj/ndtj/202206/t20220607_ 452104. html。

国家统计局社会科技和文化产业统计司：《中国社会统计年鉴 2021》，中国统计出版社，2021。

人力资源和社会保障部：《中国人力资源和社会保障年鉴 2021》，中国劳动社会保障出版社、中国人事出版社，2021。

B.3
2021年中国继续医学教育发展报告

杨爱平　郇　骋　马新明　鞠　博　席　彪*

摘　要： 本文重点总结分析2021年我国继续医学教育在政策与制度、培训对象、培训实践、发展研究等方面的新进展，并以此为依据，分析我国继续医学教育的发展现状，探讨发展趋势，提出对策与建议，为我国继续医学教育的进一步发展与创新提供借鉴。报告认为，进一步发展中国继续医学教育，要优化顶层设计，改革创新继续医学教育管理模式；要深化供给侧改革，科学规划指引继续医学教育资源建设；要强化信息化管理与服务，建设完善继续医学教育信息化管理体系与学习资源库。

关键词： 继续医学教育　医疗卫生人员　卫生技术人员　可验证自学

在全面推进健康中国建设的新征程上，继续医学教育在提高医疗服务水平、深化医药卫生体制改革、加强健康人力资源队伍建设、构建学习型社会中发挥了重要作用，担负着提高卫生健康人才队伍医疗服务能力和持续改善医疗卫生服务质量的双重任务。既面向高端，追踪医学科学前沿，提供医学

* 杨爱平，国家卫生健康委能力建设和继续教育中心主任；郇骋，国家卫生健康委能力建设和继续教育中心远程医学教育中心办公室项目负责人；马新明，国家卫生健康委能力建设和继续教育中心远程医学教育中心办公室主任；鞠博，国家卫生健康委能力建设和继续教育中心远程医学教育中心办公室干部；席彪，河北医科大学教授，河北省健康发展中心首席专家。

最新进展，反映医学科学发展的最新成果，体现医学发展的新理论、新知识、新技术和新方法，提高先进性、前瞻性，培养医疗卫生人员严谨求实的科学态度、精益求精的学习作风和开拓创新精神，为高层次人才和学科学术带头人的培养奠定基础；又积极面向基层，推广普及适用理论、方法和技术，扩大覆盖面，让广大农村和城市社区医疗卫生人员共享继续医学教育资源，提高针对性和实用性，加强基层医学紧缺人才的培养培训。同时重视将思想政治、职业道德、医学伦理、人文素质、沟通技巧和团队精神等教学内容贯穿于继续医学教育活动之中，旨在培养德才兼备的高素质卫生健康人才队伍。

一　2021年我国继续医学教育的进展与成效

（一）继续医学教育政策与制度的新进展

1. 立法明确继续医学教育相关要求

《中华人民共和国医师法》（简称《医师法》）于2021年8月20日由第十三届全国人大常委会第三十次会议表决通过，自2022年3月1日起施行。《医师法》中明确了对继续医学教育的要求：一是完善继续医学教育继院校教育和毕业后医学教育的三阶段医学教育体系；二是制订医师培训计划，采取多种形式对医师进行分级分类培训，为医师接受继续医学教育提供条件；三是加强基层和艰苦边远地区医师队伍建设，采取有力措施，优先保障基层、欠发达地区和民族地区的医疗卫生人员接受继续医学教育，提高其医学专业技术能力和水平；四是加强组织管理和支持保障，医疗卫生机构应合理调配人力资源，按照规定和计划保证本机构医师接受继续医学教育，有关行业组织应为医师接受继续医学教育提供服务和创造条件。

2. 出台政策进一步指引继续医学教育创新发展方向

根据2020年国务院办公厅《关于加快医学教育创新发展的指导意见》

和国家卫生健康委办公厅《关于认真贯彻落实国务院办公厅加快医学教育创新发展指导意见的通知》的精神和要求，2021 年湖南、江西、宁夏等省、自治区相继制定本地区《关于加快医学教育创新发展实施方案》，对本地区深化医学教育改革、推进继续医学教育创新发展提出了明确要求，突出强调创新发展继续医学教育。一是创新继续医学教育必修课内容，将医德医风、法律法规、急诊和重症抢救、感染和自我防护，以及传染病防控、健康教育等公共卫生知识与技能作为医疗卫生人员必修课，全面提升突发新发传染病防控能力。二是创新继续医学教育方式，逐步推广可验证的自学模式。三是大力发展远程教育，健全远程继续医学教育网络，推进“互联网+医学教育”，扩大继续医学教育覆盖面，推动继续医学教育公平、可及，缓解基层医疗卫生人员工学矛盾。

（二）全国参加继续医学教育人员总体情况

1. 继续医学教育培训对象总人数逐年增长

我国继续医学教育培训对象是包含执业（助理）医师、注册护士、药师（士）、技师（士）在内的卫生技术人员和乡村医生。随着卫生健康人才队伍的逐年增长，具有权利和义务接受继续医学教育的卫生健康人才也相应增长。据《2021 中国卫生健康统计年鉴》的最新数据统计，至 2020 年我国卫生技术人员数量达到约 967. 12 万人，较 2019 年增长约 51. 33 万人。其中执业医师约 340. 17 万人，较 2019 年增长约 19. 12 万人；执业助理医师约 68. 40 万人，较 2019 年增长约 2. 76 万人；注册护士增速最快，2020 年达到约 470. 87 万人，较 2019 年增长约 26. 37 万人；药师（士）约 49. 68 万人，较 2019 年增长约 1. 34 万人；技师（士）约 56. 06 万人［其中检验师（士）约 38 万人］，较 2019 年增长约 2. 46 万人。2020 年乡村医生和卫生员共约 79. 55 万人，较 2019 年减少约 4. 68 万人，由于国家开通乡村全科执业助理医师资格考试渠道，越来越多乡村医生通过考试成为乡村全科执业助理医师，乡村全科执业助理医师数量逐年增加（见图 1）。

2020 年卫生技术人员中，从职称构成来看，按专业技术资格分正高占

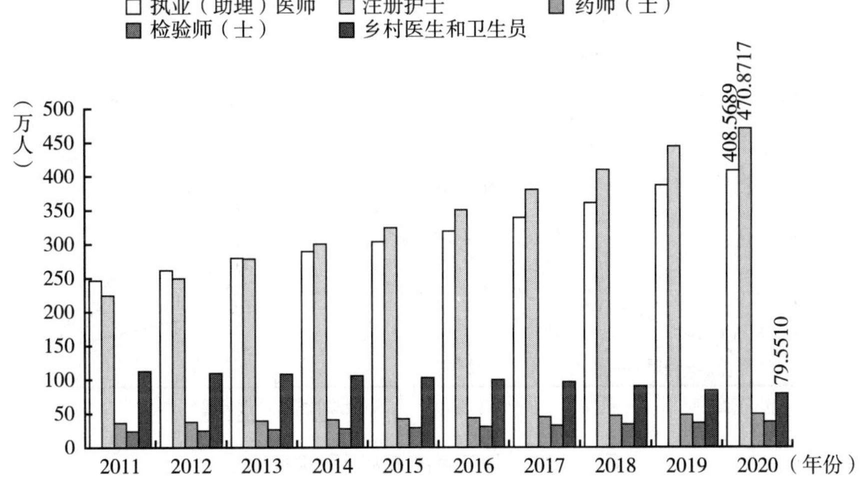

图 1　2011~2020 年我国卫生技术人员数量

资料来源：《2021 中国卫生健康统计年鉴》。

比 2.2%，副高占比 6.7%，中级占比 19.8%，师级/助理占比 31.1%，士级占比 31.2%，资格不详占比 9.0%。其中在执业（助理）医师中师级/助理占比最高为 38.1%；注册护士中士级占比最高为 46.7%；药师（士）中师级/助理占比最高为 35.8%；技师（士）中士级占比最高为 32.3%。由此职称构成数据可以看出，我国卫生技术人员以中级及以下人员为主，约占卫生技术人员总人数的 91.1%，因此，中级及以下卫生技术人员也是目前我国继续医学教育应重点服务的对象（见图 2）。

2. 基层卫生技术人员数量增长

《医师法》及继续医学教育相关政策中明确提出加强基层医师队伍建设，优先保障包括基层卫生技术人员和乡村医生在内的基层医疗卫生人员接受继续医学教育。据《2021 中国健康卫生统计年鉴》最新数据统计，2020 年我国基层医疗卫生机构卫生技术人员总数达到约 312.40 万人，占总卫生技术人员数比约为 29.3%，较 2019 年增加约 20.30 万人。其中基层执业（助理）医师增速最快，2020 年达到约 153.64 万人，占总执业（助理）医师比约为 37.6%，较 2019 年增加约 9.98 万人；注册护士约 105.74 万人，

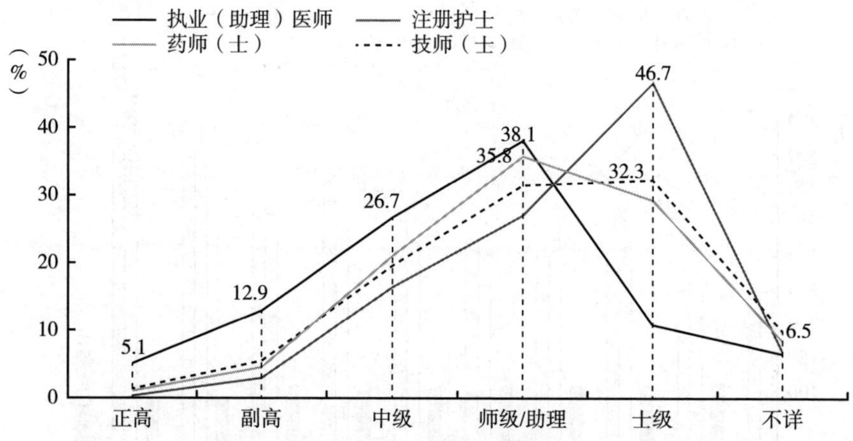

图 2　2020 年卫生技术人员职称构成

资料来源：《2021 中国卫生健康统计年鉴》。

占比约为 22.5%，较 2019 年增加约 9.7046 万人；药师（士）约 15.70 万人，占比约为 31.6%，较 2019 年增加约 4981 人；技师（士）约 11.85 万人，占比约为 21.1%，较 2019 年增加 5371 人（见图 3）。

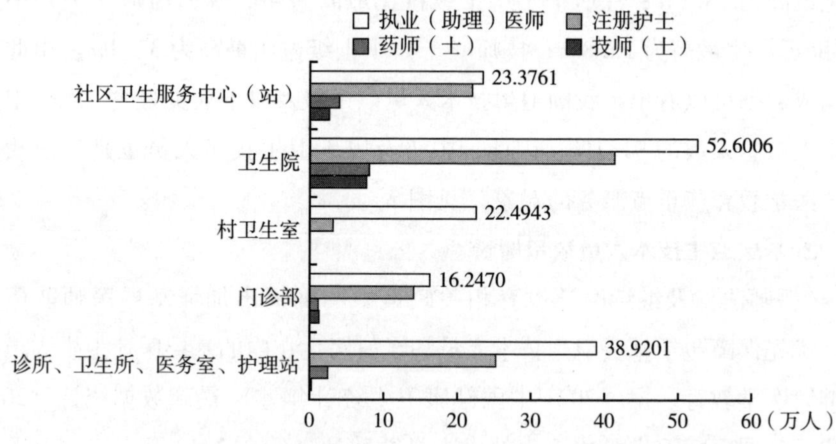

图 3　2020 年基层各类医疗卫生机构卫生技术人员数量

资料来源：《2021 中国卫生健康统计年鉴》。

3. 执业（助理）医师各类别人数增长情况

在具有权利和义务接受继续医学教育的医疗卫生人员中，执业（助理）医师和注册护士人数占比最大。2020 年，执业（助理）医师总人数已达 408. 6 万人，占我国卫生技术人员总数比约为 42. 25%。其中临床类别人数最多，约为 300. 7 万人，较 2019 年增长 12. 5 万人；中医类别 68. 3 万人，较 2019 年增长 5. 8 万人；口腔类别 27. 8 万人，较 2019 年增长 3. 3 万人；公共卫生类别 11. 8 万人，较 2019 年增长 3000 人（见图 4）。

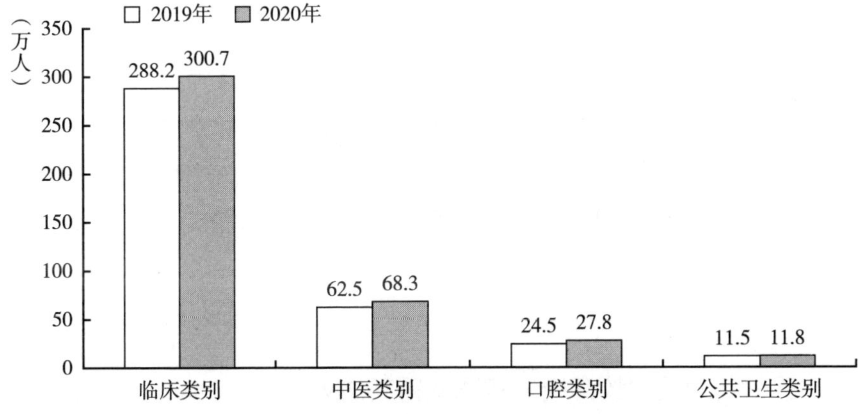

图 4　2019~2020 年各类别执业（助理）医师数

资料来源：《2021 中国卫生健康统计年鉴》。

2020 年，执业（助理）医师从职称构成来看，按专业技术资格分正高级职称占比约 5. 1%，副高级职称占比约 12. 9%，中级职称占比约 26. 7%，初级职称（师级/助理）占比约为 38. 1%，士级占比 10. 8%。在执业（助理）医师中临床、中医、口腔、公共卫生四个类别的职称构成中均为初级职称（师级/助理）级别占比最高。在临床医师中职称构成按专业技术资格分正高级职称（主任医师）占比 5. 9%，副高级职称（副主任医师）占比 14. 9%，中级职称（主治医师）占比 29. 0%，师级/助理（住院医师）占比 36. 6%，士级占比 8. 6%。由此职称构成数据可以看出，我国执业（助理）医师以副高及以下人员为主，约占执业（助理）医师总人数的 94. 1%，因此临床（助理）医师中副高及以下人员是目前我国继续医学教育应重点服务的对象（见图5）。

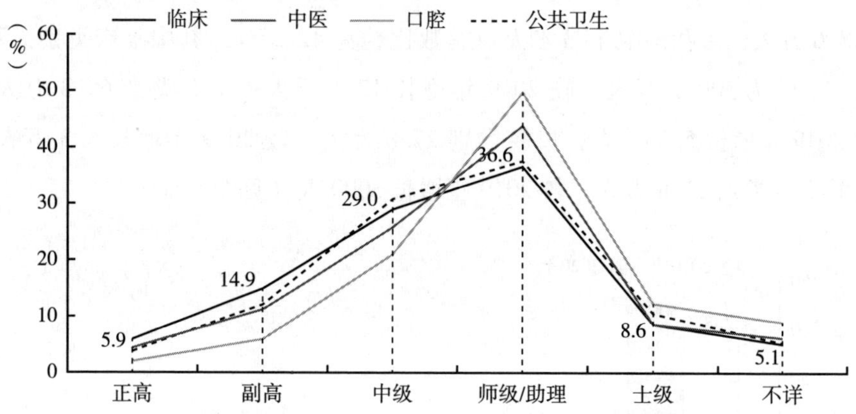

图5　2020年执业（助理）医师各类别职称构成

资料来源：《2021中国卫生健康统计年鉴》。

（三）继续医学教育培训实践取得新成效

1. 国家级继续医学教育项目培训稳步推进

国家级继续医学教育项目以现代医学科学技术发展中的新理论、新知识、新技术和新方法为主要内容，重点包含各学科国内外发展前沿、边缘学科和交叉学科的新进展、国内外先进技术和成果的推广、有显著社会或经济效益的技术和方法，以及当前医药卫生体制改革、重大传染病防控或突发应急事件等重点工作领域的研究成果。

（1）国家级继续医学教育项目数量稳步增加

2021年，国家级继续医学教育申报项目总数达到18799项，比2020年增加4620项。其中面授项数达15269项，比2020年增加3629项，增幅约为31.18%；远程项目数为3530项，比2020年增加991项，增幅约39.03%（见图6）。

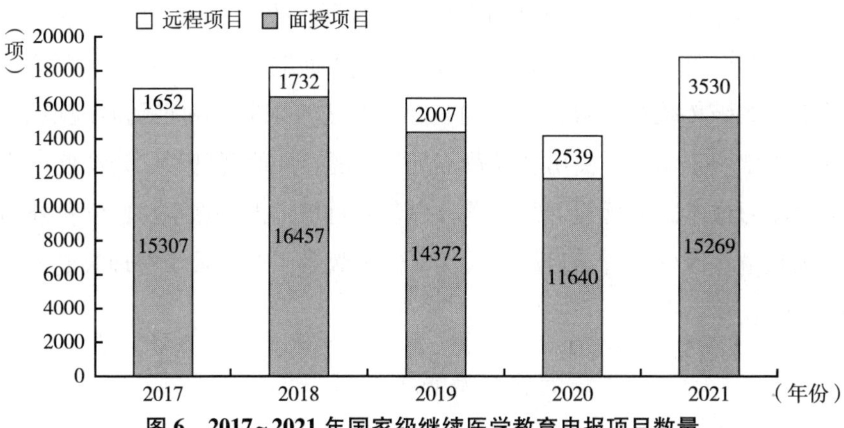

图6　2017~2021年国家级继续医学教育申报项目数量

资料来源：国家级CME项目网上申报及信息反馈系统。

（2）国家级继续医学教育项目培训人次数整体增多

2021年，国家级继续医学教育项目培训总人次数约为909.22万人次，较2020年增加约59.62万人次。其中面授项目共培训约269.24万人次，较2020年增加约71.83万人次；远程项目培训639.98万人次，比2020年减少12.21万人次。自2020年起，因新冠肺炎疫情影响，一大部分面授项目转为远程项目，2020~2021年远程项目培训人次数远高于面授项目培训人次数（见图7）。

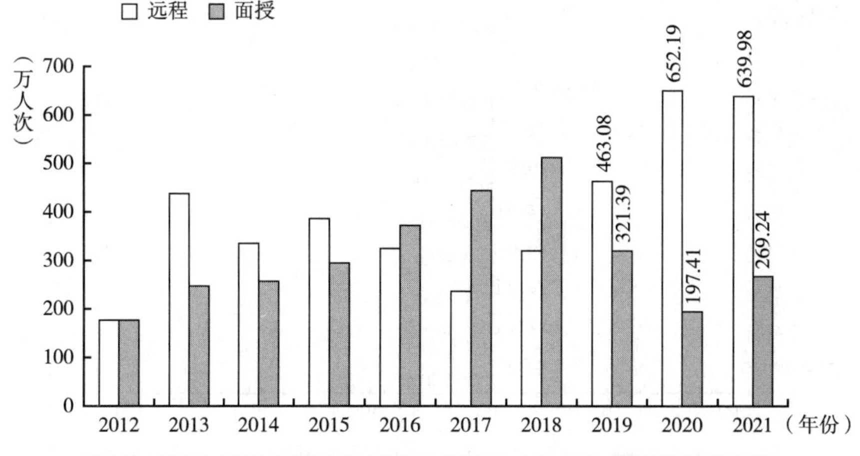

图7　2012~2021年国家级继续医学教育（CME）项目培训人次数

资料来源：国家级CME项目网上申报及信息反馈系统后台数据统计。

（3）远程继续医学教育在培训形式中发挥优势

在继续医学教育培训形式中，由于远程培训形式的超时空性、广覆盖性等特点，突破传统线下教育的时间、空间、区域限制，满足随时随地学习、解决线下学习工学矛盾突出和经费不足等问题，同时降低教学资源使用成本和学员学习成本，故远程继续医学教育各专科培训人次除重病医学科外均远高于面授继续医学教育项目培训人次，促进教学服务与教学管理效能最大化（见图 8）。

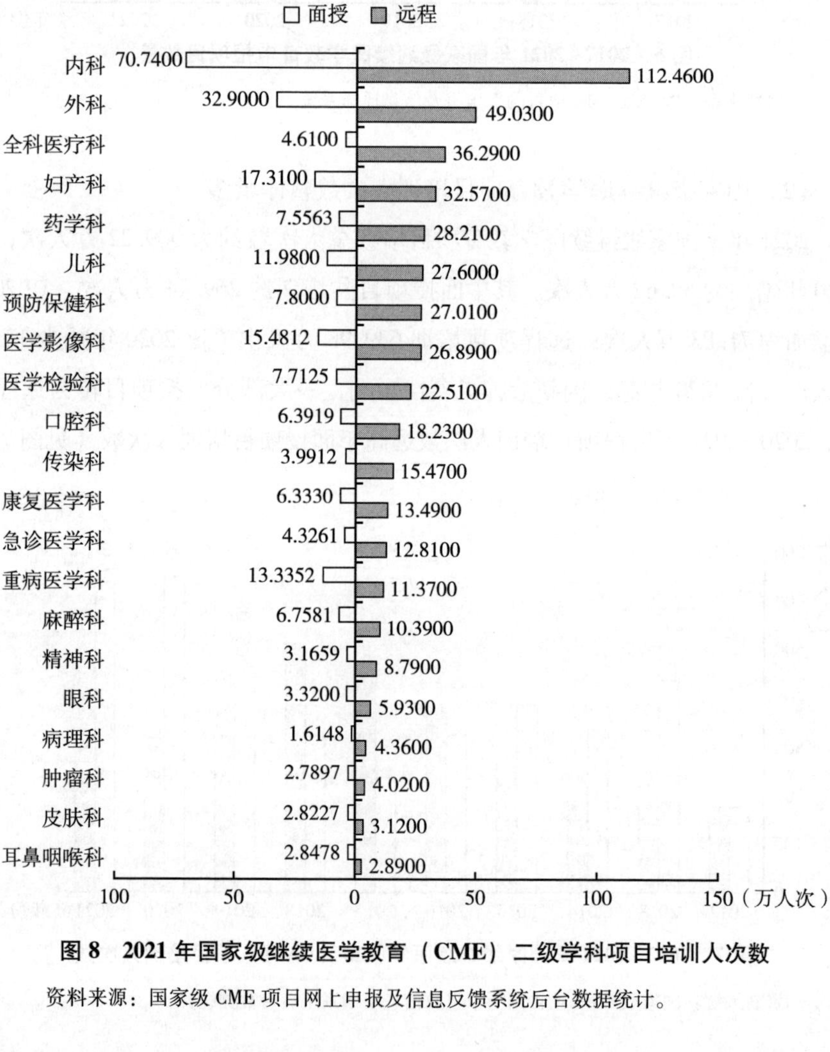

图 8　2021 年国家级继续医学教育（CME）二级学科项目培训人次数

资料来源：国家级 CME 项目网上申报及信息反馈系统后台数据统计。

（4）国家级继续医学教育项目全面启用电子学分

2021 年 1 月 1 日起，根据全国继续医学教育委员会办公室于 2020 年 12 月印发的《关于国家级继续医学教育项目全面启用电子学分证书的通知》，各类国家级继续医学教育项目均统一采用电子学分证书，为广大学员查询、打印学分提供了便利，进一步规范了继续医学教育管理，提升了信息化管理与服务水平。

2. 国家级继续医学教育项目专科能力建设进一步加强

（1）新增 11 个继续医学教育项目学科

为贯彻落实 2020 年国务院办公厅《关于加快医学教育创新发展的指导意见》和国家卫生健康委办公厅《关于认真贯彻落实国务院办公厅加快医学教育创新发展指导意见的通知》要求，2021 年起国家级继续医学教育项目新增 11 个三级学科，具体包含老年医学、重症医学、医学人文与医德医风、医患沟通、科研伦理、卫生法规、医学心理学、临床与咨询心理学、其他心理学、医院感染（管理）学和核医学，共新增项目 516 项。其中卫生法规与医学伦理学（医学人文与医德医风、医患沟通、科研伦理、卫生法规）面授项目共培训 1. 35 万人次，远程项目培训 9. 81 万人次；心理学（医学心理学、临床与咨询心理学、其他心理学）面授项目共培训 600 人次，远程项目培训 3. 21 万人次；医院感染（管理）学面授项目培训 9300 人次，远程项目培训 5. 29 万人次。

（2）各专科继续医学教育项目数量增加情况

2021 年，国家级继续医学教育项目共涵盖 24 个二级学科，申报项目数量整体呈增加趋势。其中项目数量最多为临床内科学与临床外科学，2021 年内科学项目总数为 4312 项，较 2020 年增加 1115 项，其中面授 3530 项，较 2020 年增加 931 项；远程 782 项，较 2020 年增加 184 项。外科学项目总数为 3241 项，较 2020 年增加 813 项，其中面授 2721 项，较 2020 年增加 660 项；远程 520 项，较 2020 年增加 153 项（见图 9）。

（3）临床重点专科内科与外科学项目分布情况

2021 年临床内科学中心血管病学、神经内科学等重点三级学科申报国

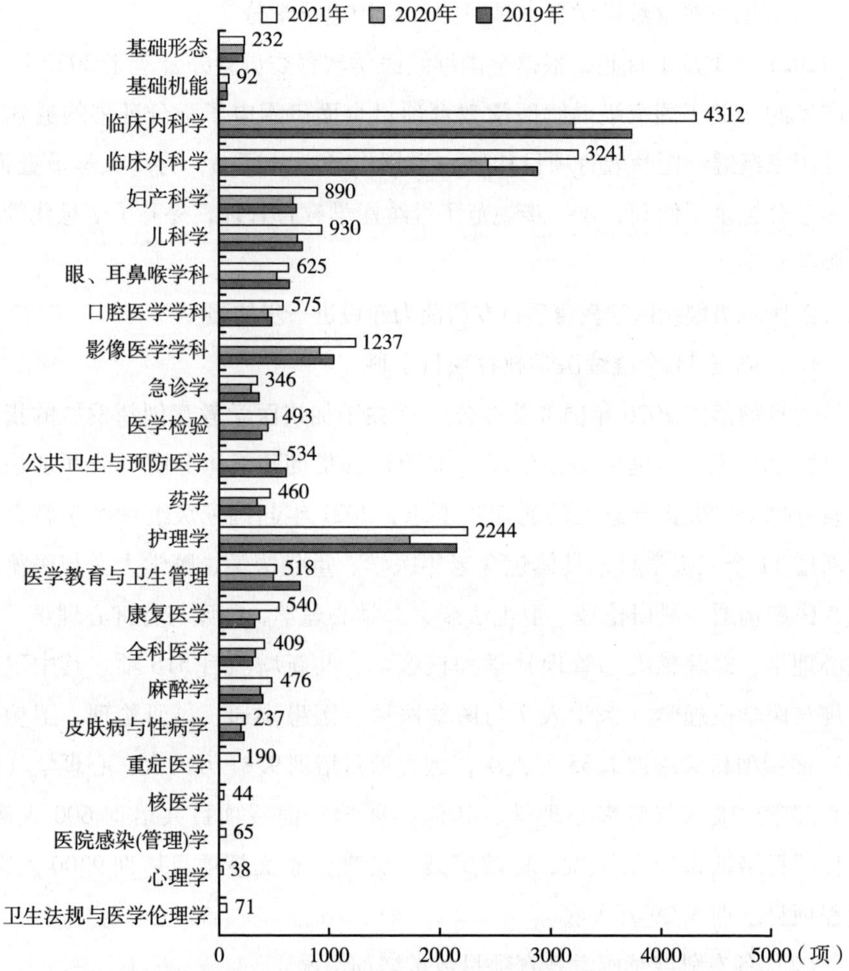

图 9　2019~2021 年国家级继续医学教育二级学科项目数量

资料来源：国家级 CME 项目网上申报及信息反馈系统。

家级继续医学教育项目较多，其中心血管病学 645 项、呼吸病学 363 项、消化病学 432 项、内分泌学 509 项、神经内科学 541 项、感染病学 327 项、精神卫生学 353 项。

2021 年临床外科学中普通外科学、骨外科学等重点三级学科申报国家级继续医学教育项目较多，其中普通外科学 717 项、心胸外科学 263 项、神经外科学 390 项、泌尿外科学 429 项、骨外科学 706 项、肿瘤外科学 257 项（见图 10、图 11）。

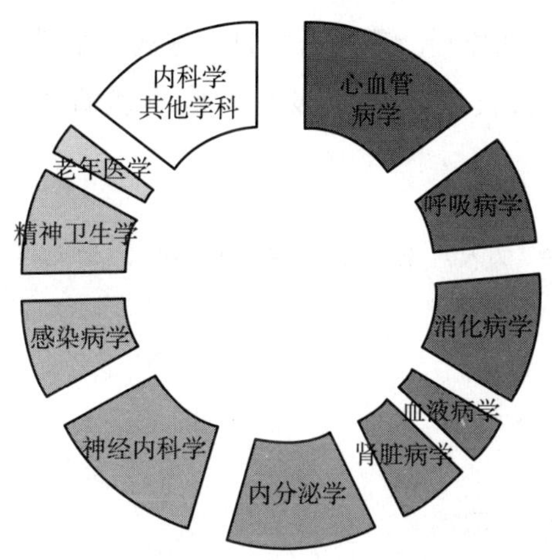

图 10　2021 年临床内科三级学科项目分布

资料来源：国家级 CME 项目网上申报及信息反馈系统。

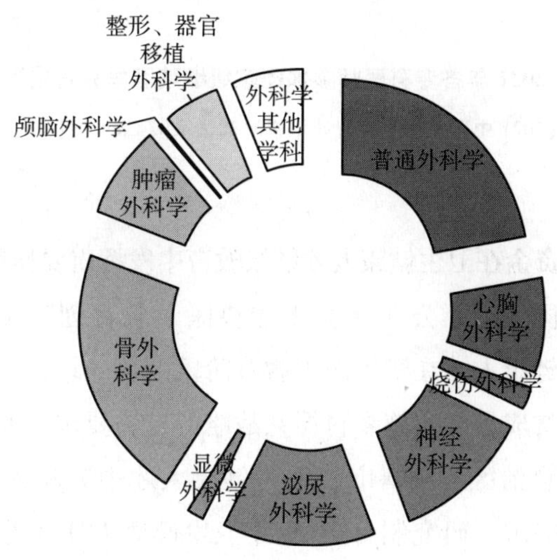

图 11　2021 年临床外科三级学科项目分布

资料来源：国家级 CME 项目网上申报及信息反馈系统。

(4) 各专科卫生技术人员参与继续医学教育培训情况

2021 年国家级继续医学教育各专科项目培训人次数总体上远高于各专科医师人数，其中预防保健科、全科医疗科、内科、外科、儿科、眼科、精神科、传染科、急诊医学科、康复医学科、重病医学科、医学检验科、病理科等科室医疗卫生人员参与国家级继续医学教育项目积极性较高（见图 12）。

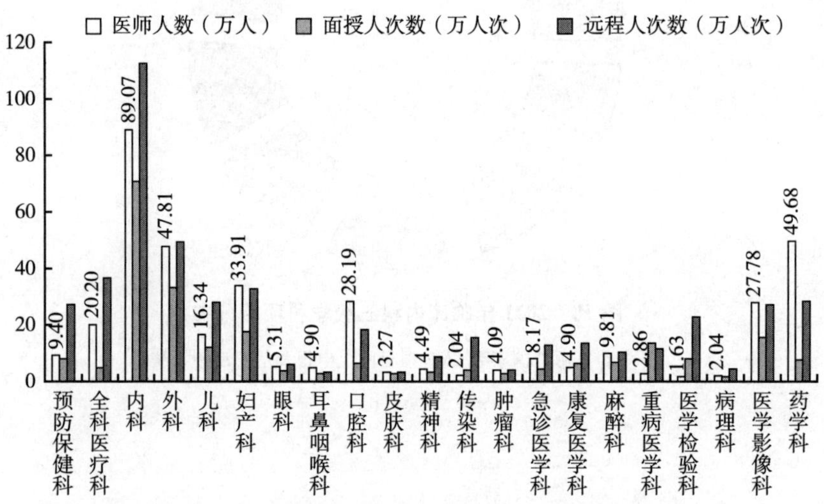

图 12　2021 年各专科医师参加国家级继续医学教育培训人次数

资料来源：《2021 中国卫生健康统计年鉴》和国家级 CME 项目网上申报及信息反馈系统后台数据统计。

3. 中央财政资金在卫生健康人才继续教育中发挥重要作用

为贯彻落实国务院办公厅《关于加快医学教育创新发展的指导意见》精神，加强卫生健康人才在继续医学教育阶段的培养培训，国家卫生健康委按照巩固健康扶贫成果和实施乡村振兴战略的有关要求，通过围绕行业需要统筹全国各省（自治区、直辖市）卫生健康人才中紧缺人才和基层县乡村卫生人才的培训需求，研究制订 2021 年卫生健康人才培养培训计划，由中央财政经费以“先预拨后结算”的方式予以支持。优先满足“三区三州”等地区的培训需求，对来自脱贫地区的培训对象，在同等条件下优先招收；

加大对口帮扶力度和新疆、西藏等西部欠发达地区支持力度，加快提升西部地区临床医师能力水平。

（1）持续加强紧缺人才培训

2021 年，紧缺人才培训项目共包含 12 个子项目，为全科医生转岗培训、儿科医师转岗培训、精神科医师转岗培训、康复科医师培训、麻醉科医师培训、临床药师培训、出生缺陷防治人员培训、院前急救医务人员培训、癌症早诊人员培训、基层产科医师培训、疾控机构骨干培训、老年医学人才培训项目，总计划培训人数约为 4.09 万人，其中面向新疆、西藏培训总人数为 1439 人。紧缺人才项目中全科医生转岗计划培训人数最多，约为 1.97 万人。2021 年较 2020 年新增疾控机构骨干培训和老年医学人才培训两个子项目，其中疾控机构骨干培训人数为 873 人；老年医学人才培训项目包含老年医学骨干医师、医养结合机构医生、老年医学科和医养结合机构护士三个子项目，计划培训 3291 人（见图 13）。

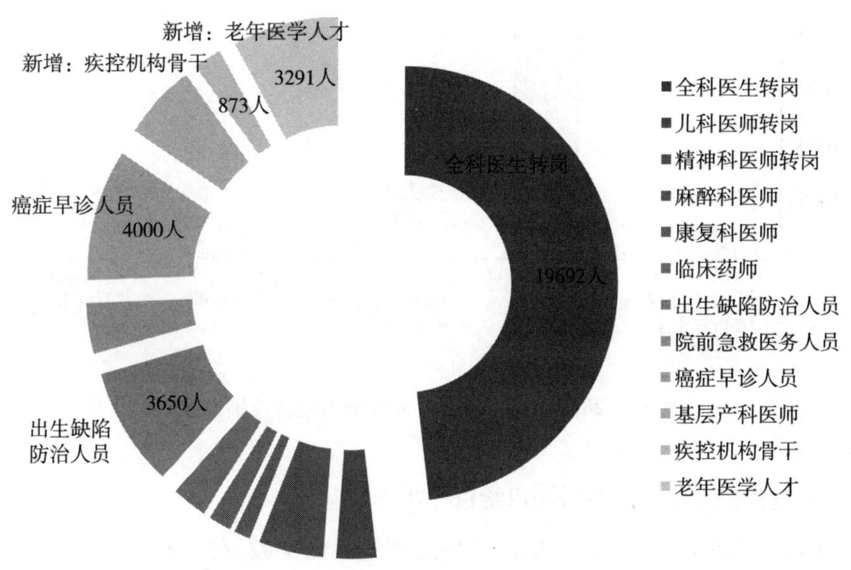

图 13　2021 年紧缺人才培训计划人数

（2）大力支持基层县乡村卫生人才能力提升培训

2021 年，县乡村卫生人才能力提升培训项目共包含 5 个子项目，为县级医院骨干专科医师培训，中西部地区县级儿童保健人员培训，乡镇卫生院和社区卫生服务中心骨干全科医生培训，乡村医生培训，乡镇卫生院、社区卫生服务中心骨干人员培训，按需求计划培训总人数约为 6.47 万人，其中面向新疆、西藏培训总人数约为 3953 人。乡村医生培训计划人数最多，约 5.04 万人；县级医院骨干专科医师培训涉及 7 个专业，为呼吸与危重症医学、心血管病学、妇产科学、超声诊断学、普通外科学、重症医学和新生儿医学，共计划培训人数约为 0.11 万人。2021 年较 2020 年新增中西部地区县级儿童保健人员培训，计划培训人数为 200 人（见图 14）。

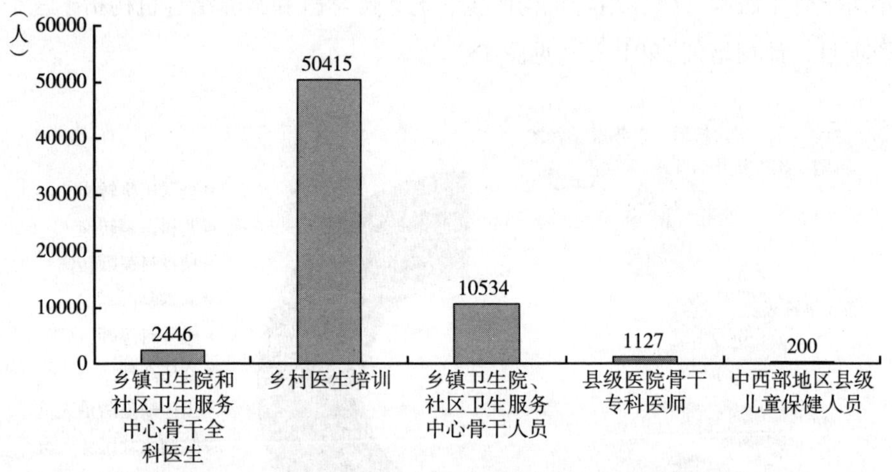

图 14　2021 年县乡村卫生人才能力提升培训人数

4. 远程继续医学教育资源供给进一步丰富

（1）新增 4 家疫情防控期间开展远程继续医学教育机构

为贯彻落实 2020 年印发的《国家卫生健康委办公厅关于进一步做好新冠肺炎疫情防控期间继续医学教育有关工作的通知》要求，进一步丰富优质远程医学教育资源供给，通过开展远程机构申报和评估工作，在原 8 家远程继续医学教育机构的基础上，2021 年新增 4 家疫情防控期间开展远程继续医学教育机构，分别为人民卫生出版社、中国医师协会、北京举名继续教育咨询有限公司和北京亿和博嘉教育科技有限公司。远程机构自 2021 年 7 月公布之日起，试点开展工作 2 年，满 2 年后经复评合格的机构正式成为远程继续医学教育机构。

原 8 家具有开展全国远程继续医学教育资质的远程机构，如图 15 所示。

图 15　具有开展全国远程继续医学教育资质的远程机构

新增 4 家疫情防控期间开展远程继续医学教育机构网站，如图 16 所示。

图 16　2021 年新增疫情防控期间开展远程继续医学教育机构网站

（2）远程继续医学教育在疫情期间发挥重要作用

自2020年起，国家卫生健康委远程医学教育中心协同远程继续医学教育机构积极开展“新冠肺炎”培训项目，在远程继续医学教育机构学习平台分别设立“新冠肺炎疫情”培训专栏，面向全国一线医护人员、医院管理人员和基层卫生健康人员开展疫情防控相关培训。2021年，12家远程继续医学教育机构累计上线疫情防控相关项目172项，上线课件数467节，培训全国卫生人员约1969.4万人次，为全国范围内积极开展疫情防控提供必要教学保障。

（四）继续医学教育研究取得新突破

为了加强继续医学教育的基础理论研究，为改进和完善我国继续医学教育提供理论依据，开展了17个国家和地区的继续医学教育特点、问题、政策等重点问题的研究。在国家卫生健康委科教司的指导下，国家卫生健康委能力建设和继续教育中心设立国际继续医学教育发展研究项目，根据世界医学教育联合会划分的全球六大区域（欧洲地区、美洲地区、西太平洋地区、东南亚地区、东地中海地区、非洲地区），挑选美国、英国、俄罗斯等17个代表性国家和地区，在深入了解其继续医学教育发展历程基础上，通过开展继续医学教育比较研究，深入分析、全面总结、学习借鉴其他国家继续医学教育在管理机制、机构认证、内容建设、学分审验、评价评估、经费来源等方面的管理经验，以及其促进继续医学教育工作适应医学科学和卫生健康事业发展的要求，适应医疗卫生人员对继续医学教育活动内容、形式、质量等多层次、个体化需要的有效做法，形成《继续医学教育创新发展报告》，为完善我国继续医学教育管理政策、推动我国继续医学教育机制创新、适应医药卫生体制改革发展提供借鉴。

二　我国继续医学教育存在的主要问题

随着社会经济的发展、医学科技的进步和卫生健康人才学习需求的不断变化，继续医学教育工作在取得长足进展的同时，还存在如下主要问题。

（一）继续医学教育制度和管理体系有待进一步完善

一是顺应时代发展做好新时期继续医学教育顶层设计。2019 年，国家卫生健康委出台《国家卫生健康委办公厅关于落实为基层减负措施改进继续医学教育有关工作的通知》，各地区相继调整省、市级继续医学教育相关规定，进入为基层医务人员减负、改进继续医学教育转型期，但各地做法存在一定差异。目前，国家层面需加大新时期继续医学教育政策的研究力度，针对继续医学教育组织管理、内容形式、项目、基地、评价手段、质量控制等方面提出统一规范性要求。二是完善继续医学教育评价激励机制。受制于区域发展不平衡、工学矛盾、人才评价机制等因素，部分学员参与继续教育学习以获取学分为主要目标，忽视了理论知识和实践技能的学习，趋向被动化和形式化，造成时间与资源的浪费，亟须创新继续医学教育方式方法，采取有效模式激发学员学习积极性，充分发挥人才评价机制的正向激励作用，进一步促进知识更新与能力提升。

（二）继续医学教育供给侧改革有待进一步深化

一是基层和边远地区继续医学教育资源有限。受各地区社会经济发展和卫生健康事业发展水平的影响，继续医学教育工作开展存在区域不平衡现象，尤其是针对基层有效、实用的内容较少，难以满足广大基层和边远地区医疗卫生人员对医疗服务能力提升的需求。二是部分学科教育资源供给不足。例如临床医学等重点学科的学习资源比较丰富，口腔、公共卫生等学科的学习资源相对较少，学习内容覆盖面存在一定差距，不能有效满足相关医疗卫生人员更有针对性的学习需求，亟待加强继续医学教育资源统筹规划与协同建设。

（三）继续医学教育信息化管理有待进一步加强

一是部分地区继续医学教育信息化管理水平较低，尚未实现全国范围内学分互认与数据互联互通。尤其是在边远地区学分登记、学分互认等手续仍需纸质材料证明，工作效率较低，亟待强化继续医学教育信息化管理水平，实现全方面需求分析、监督管理与质量控制。二是远程继续医学教育学习资源供给不足，尚不能精准满足各专科医疗卫生人员更加个性化、碎片化和精细化的学习需求，内容和形式有待进一步丰富。

三　我国继续医学教育发展的对策建议

随着医药卫生体制改革的不断深化，医疗卫生人员作用取得充分共识，大力加强卫生健康人才队伍建设的需求越来越迫切，医学的实践、继续医学教育成为医疗卫生人员发展的助推器，也是卫生健康事业高质量发展的坚实保障。

（一）优化顶层设计，改革创新继续医学教育管理模式

一是加快完善继续医学教育政策制度。以服务大局、分类施策为原则，以实现卫生健康人才队伍能力建设与健康中国建设深度融合为目标，科学制定新时期我国继续医学教育政策规定和管理细则，明确各级部门职责与权利，规范继续医学教育组织管理、基地建设、项目实施、评估认证、经费保障等各方面新制度，推动卫生健康人才队伍能力建设更高质量地服务于我国不断发展的卫生健康事业。二是探索开展继续医学教育可验证自学模式。“自学”即医师从自身能力提升的需求出发，结合专业发展要求和科室及岗位胜任力需求，提出个人的学习计划并开展学习，旨在促进继续教育学习对象的自发性与主动性；“可验证”即学习计划制定可验证、学习过程管理可验证、学习效果评价可验证，通过对学习过程、学习效果采取相应的验证方式并授予相应学分，以评价自学活动是否合格或达标，从而优化继续医学教育学习方式，进一步落实为基层减负，促进继续医学教育管理模式改革创新，不断提高继续医学教育的针对性和有效性。

（二）深化供给侧改革，科学规划指引继续医学教育资源建设

一是战略性规划并制定年度继续医学教育资源建设指引。基于医疗卫生

人员、医疗机构、卫生健康行业、患者和社会责任的需求评估，结合国家层面高度关注的工作重点、基层紧迫需要和专科短板弱项等，以服务需求为导向，以补短板、强弱项、固根基为目标，以资源共建为抓手，对继续医学教育开展的重点专科、重点领域、重点方向及重点支持地域，做出年度性整体化资源建设规划与指引，引导继续医学教育供给侧科学、合理、精准地设计开发继续医学教育培训项目，更有针对性和实效性地优化完善继续医学教育内容与形式。二是规划构建专业化继续医学教育资源供给协作体。遵循继续医学教育按需施教原则和成人学习规律，加强继续医学教育协作体建设，联合医疗卫生机构、继续医学教育项目提供方同继续医学教育基地和远程继续医学教育机构合作创新，开展“远程+面授+实操+进修”的四级系统化培训，打造规范化、流程化、专业化的继续医学教育资源供给体系，增强继续医学教育的针对性、系统性和实效性，进一步推进医学教育和卫生健康事业的创新发展。

（三）强化信息化管理与服务，建设完善继续医学教育信息化管理体系与学习资源库

我国继续医学教育应紧跟时代步伐，重视并加强信息化在继续医学教育管理与服务中的应用。一是建设完善全国统一的继续医学教育综合管理平台。实现多元信息化管理功能，及时掌握全国各地区继续医学教育管理数据和医疗卫生人员学习信息，使信息化在继续医学教育管理领域互通，提升管理效率，规范管理质量，提高继续医学教育管理水平，并起到推动促进医疗卫生人员持续进行知识更新和能力提升的作用。二是逐步构建国家远程继续医学教育精品课程资源库。组织全国范围内继续医学教育重点专科课程申报与遴选，强化课程选用管理，建立课程质量审查和运行保障制度，入选课程通过国家远程继续医学教育机构学习平台面向全国推广，使广大基层和边远地区同等享受优质继续医学教育学习资源。同时实施大数据监测，提高教学管理与服务质量，推动继续医学教育高质量创新发展。

参考文献

国务院办公厅：《国务院办公厅关于加快医学教育创新发展的指导意见》，中华人民共和国中央人民政府网站，2020 年 9 月 23 日，http：//www.gov.cn/zhengce/content/2020-09/23/content_ 5546373.htm。

国家卫生健康委员会：《2021 中国卫生健康统计年鉴》，中国协和医科大学出版社，2021。

B.4

2021～2022年中国科技培训创新发展报告

成瑶瑶　陈修高　吴青云　顾玲琍*

摘　要： 科技培训服务科技人才驱动创新，助力科技产业高质量发展，为实现高水平科技自立自强提供智力支撑。报告基于国家各部委、各省科学技术厅及直辖市科学技术委员会等36家单位的官方网站公开资料，梳理了2021年1月至2022年8月中国科技培训发展情况，展现了科技培训在政策制定、发展规模、区域特征及全民科学素养提升方面的创新发展成果，总结了科技培训发展趋势特征。同时，为进一步推动科技培训向制度化、精准化、多样化、系统化发展，助力"十四五"发展开好局，提出了转化发展思路、加大资源配置等发展建议，为进一步扩大科技培训规模、提高科技培训效能、完善科技培训体系等提供决策参考。

关键词： 科技培训　培训管理　科技创新管理

科技立则民族立，科技强则国家强。我国科技改革进入全面拓展的重要时期，在广度和深度方面不断丰富发展。以习近平同志为核心的党中央高度重视科技发展，围绕建设创新型国家和世界科技强国目标，加强科技创新和制度创新"双轮驱动"。党的十九届五中全会提出了坚持创新在我国现代化

* 成瑶瑶，上海科技管理干部学院助理研究员，主要研究方向为科技管理、人才培训；陈修高，上海科技管理干部学院助理研究员，主要研究方向为科技培训、人才培训、党务培训；吴青云，上海科技管理干部学院助理研究员，主要研究方向为科技管理、科技人才培训；顾玲琍，上海科技政策研究所副所长，研究员，主要研究方向为科技人才、科技政策。

建设全局中的核心地位，把科技自立自强作为国家发展的战略支撑。强化科技培训是实现高水平科技自立自强的关键举措，是推动创新科技产业高质量发展、推动科技人才创新驱动发展的现实需要。

科技培训一般是指以科技管理干部、科技人员、社会劳动者等为对象的，以科学知识、前沿科技、科技管理知识、科技服务知识等为内容的，以提高科技管理干部管理能力、科技人员服务能力、社会劳动者技术能力为目的的一种有计划、有组织、有纪律的教育活动。主要分为科技管理培训、科技知识培训、科技行业培训、科技素养培训、科技人才培训等内容。2022 年新修订实施的《中华人民共和国科学技术进步法》明确提出，要为农民提供科学技术培训和指导、要结合技术创新和职工技能培训开展科学技术普及活动、要为科学技术人员提供便利的培训条件和环境。2021 年 7 月 9 日发布的《全民科学素质行动规划纲要（2021~2035 年）》，对新科技知识和技能培训、农民教育培训、高技能科技人才培训、职业科技培训、科学素质教育培训、科普传播能力培训等均提出了明确的要求。完善科技培训方法，加强科技培训力度，丰富科技培训内容势在必行。面对科技改革新趋势，需要不断加强科技培训的内涵建设，用科学的方法指导科技人才能力提升、科技产业规模扩大、科技社会效益最大化。

一 中国科技培训创新实践新进展

随着科技改革的步伐，科技培训实践在经历了起步、建立、发展、优化四个基本阶段后，以科技人才的培训为主体，辅以科技知识的培训、科技素养的培训、科技管理的培训、科技行业的培训及与科技有关的培训，已经形成了科学的方式、内容及体系。2021 年是“十四五”规划的开局之年，也是奔向 2035 年远景目标的新起点，科技培训创新实践发展迎来崭新的局面，呈现培训政策制度体系建设不断完善、培训总量不断增加、同区域创新发展同步同频、科学助力全民科学素质提升等特征。

（一）培训政策制度体系不断完善

从立法和政策情况来看，国家各部委、地方科技管理部门日益重视科技培训在推动当地科技产业经济、实现科技发展战略布局中的重要推动作用。课题组统计分析了国家各部委、各省科学技术厅及直辖市科学技术委员会共36家单位官方网站关于科技培训的相关报道资料，包括政策公开、科技工作政务公开、地县市科技动态等资料，作为本报告数据分析的主要来源。根据统计，2021年1月至2022年8月，各单位主体共出台102条政策及规范性文件①，内容涉及科技管理培训（规划）、科技知识培训（科普）、科技知识培训（成果转化）、科技行业培训（农业）、科技行业培训（企业）、科技素养培训（非科技人员）、科技人才培训（科技人才队伍）、科技人才培训（科技特派员）等8个方面，为科技培训创新发展提供了政策依据和目标定位（见图1）。

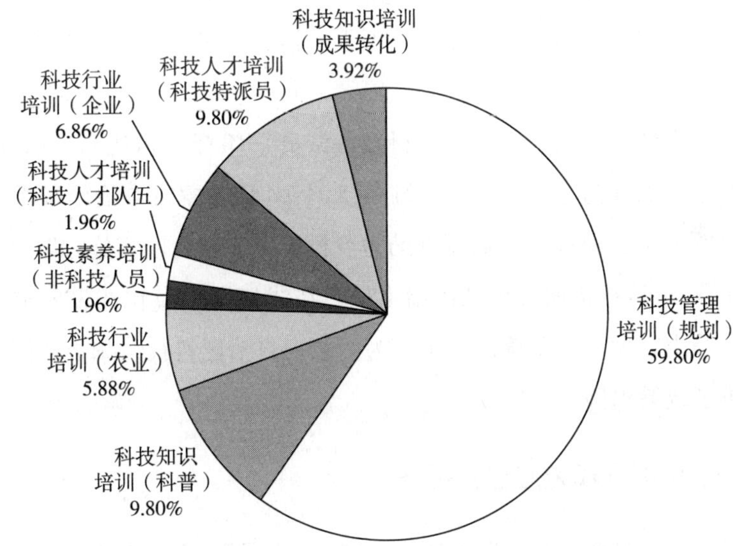

图1　2021年1月至2022年8月科技培训相关政策分类（按内容）

① 数据来源：国家各部委、各省科学技术厅及直辖市科学技术委员会等36家单位官方网站政务公开板块汇总整理。

其中，政策内容涉及科技管理培训（规划）61 条，占比 59.8%，以科技创新行动方案、科技创新“十四五”发展规划、行动计划（2021～2025 年）为主。其中，2021 年 12 月 24 日全国人民代表大会常务委员会通过的《中华人民共和国科学技术进步法》对农业科技培训、科普知识培训、科技人员培训等进行了具体的描述，并通过健全科技创新保障措施，完善国家创新体系，破除自主创新障碍因素等，为走中国特色自主创新道路、促进实现高水平科技自立自强提供法治保障。

政策内容涉及科技知识培训（科普）10 条，占比 9.8%，以科学技术普及条例、科学技术普及“十四五”规划等为主。其中，2022 年 2 月 18 日上海市第十五届人民代表大会常务委员会通过的《上海市科学技术普及条例》对职工技能科普培训的重点内容、科普人员专业培训、科普培训体系建设、科普志愿服务培训等做出了明确的要求，《上海市科学技术普及条例》填补了上海科普立法的空白，同时也为上海下一阶段的科普工作的高质量发展，提供了坚实的制度保障。

政策内容涉及科技人才培训（科技特派员）10 条，占比 9.8%，以科技特派员管理制度等为主。其中，2021 年 5 月 20 日内蒙古自治区科学技术厅发布的《深入推行科技特派员制度助力乡村振兴三年行动实施方案（2021～2023 年）》对科技特派员培训供给主体、在线培训信息化建设要求、培训基地建设等内容做出了明确的要求，为内蒙古自治区科技特派员队伍素质的提升提供了政策保障。

（二）培训规模效应显著提升

根据统计，在培训班次总量方面，2021 年 1 月至 2022 年 8 月，国家各部委、各省科学技术厅及直辖市科学技术委员会、市县科技系统及相关委办局等培训供给主体共组织 8287 场培训（包含培训班、培训会、工作培训会）①，

① 数据来源：国家各部委、各省科学技术厅及直辖市科学技术委员会等 36 家单位官方网站政务公开板块、地县市科技动态板块汇总整理。

培训主题涉及社会科学知识普及培训、科技政策宣讲、科技人才高级研修、专业技术人才知识更新和继续教育、科技特派员专项培训、科技管理人员业务能力提升、高素质农民培训、农业科技知识普及培训、科技企业业务培训会、科技成果转化培训、科研诚信管理培训、技术经纪人专项培训、知识产权培训等。在培训人次规模方面，累计培训51余万人次，培训对象涉及农民、科技管理人员、科技服务专业人员（科技专家、服务科技投融资专家等）、企业科技人员、科技管理干部、科技特派员、科普服务专业人员、继续教育人才、技术经纪人等。在培训组织方式方面，以线下为主，线上为辅，其中传统的培训项目如高素质农民培训、农业科技知识普及培训、科技企业业务培训会、技术经纪人专项培训、知识产权培训、科技特派员专项培训等因授课内容的要求，以线下为主，占比约55.4%，一般培训周期为3~5天；"新生"主题如科研诚信管理培训、科技政策宣讲、社会科学知识普及培训等以线上为主，占比约21.63%，一般培训周期为1~2天（见图2）。

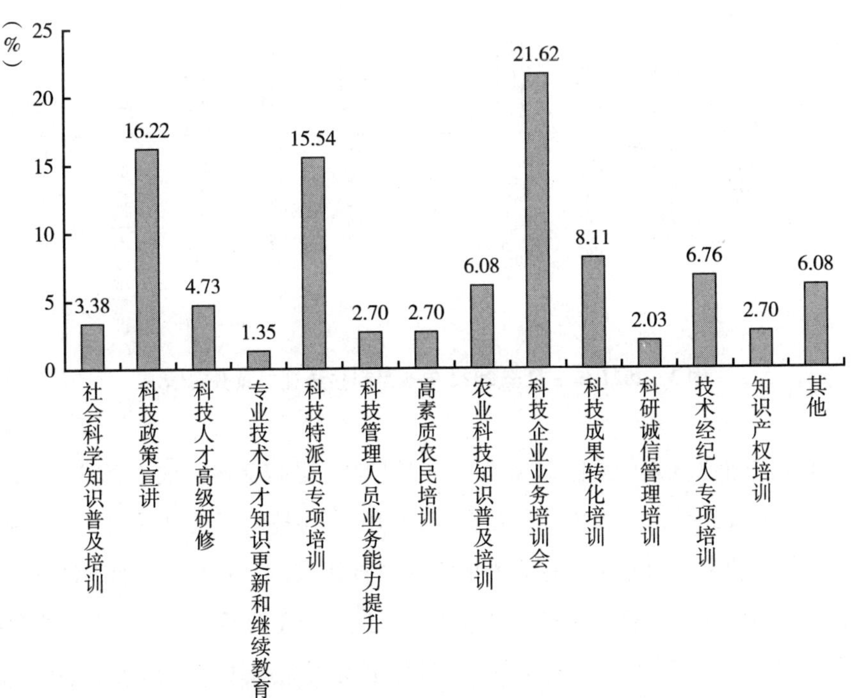

图2　2021年1月至2022年8月科技培训班次主题分布情况

其中，农业相关培训主题（科技特派员专项培训、高素质农民培训、农业科技知识普及培训）占比 24.29%。参训人数方面，农民、科技特派员占比 41.64%（见图 3），成为 2021~2022 年科技培训主体构成，科技兴农政策的出台有力地推动了农业科技培训的发展。2021 年，陕西省组织科技人社三部门联动实施“百名科技特派员助力百村振兴行动”，积极组织多种形式的科技特派员培训与观摩，8 个省级科技特派员产业技术服务团，围绕省“3+X”产业组织开展活动，科技服务覆盖渭北葡萄、陕南魔芋食用菌、秦巴山片区中药材、陕北小杂粮等区域特色产业，举办各类活动 50 余场次，线上线下培训人数超 2 万人次。

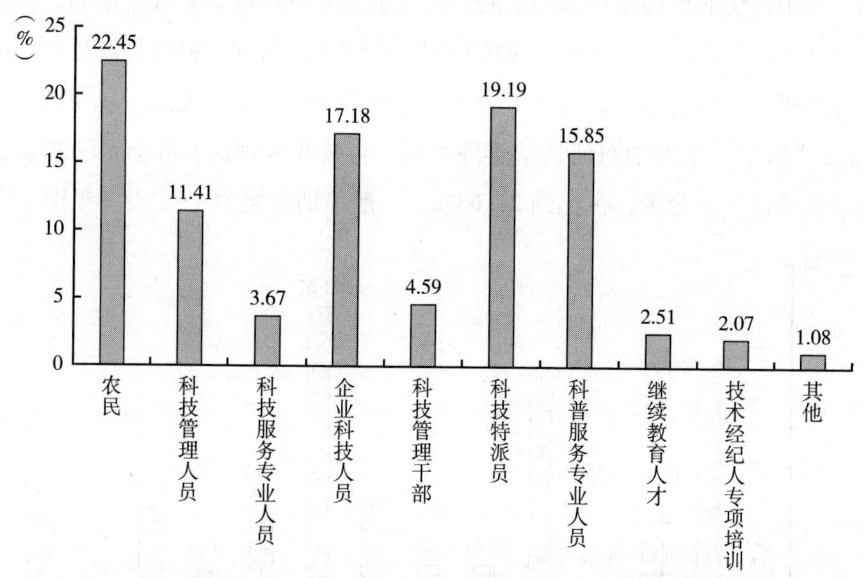

图 3　2021 年 1 月至 2022 年 8 月科技培训对象分布情况

科技企业业务培训占比 21.62%，参训人数占比 17.18%，成为 2021~2022 年科技培训重要组成。一方面，科技企业作为国家科技创新主力军之一，涌现出一大批具有世界先进水平的标志性的重大科技成果，一大批具有前瞻性、突破性的科技创新引领了行业和产业的发展，各地政府十分重视科技企业、高科技园区的发展；另一方面，科技企业可持续发展必须加强科研技术的培训和交流，科技培训对科技企业的知识更新、体系完善具有重要的指导作用。山西省晋城市科技局多措并举促进科技企业高质量发展，2021 年围绕前沿领域和战略产业集群，开设“科技大讲堂”活动为企业送政策助发展，坚持每月一讲，全年共开展专题讲座 10 次，线上线下共 600 余名科技管理人员、企业科技人员参加，举办全市科技成果转化和知识产权交易服务平台应用培训与高新技术企业专题培训，组织企业学习高新技术企业申报认定、科技型中小企业评价入库、研发费用加计扣除等相关政策，提升企业科技创新能力和组织管理水平。

（三）区域创新发展与培训特征逐渐显现

20 世纪末，科技创新主体主要集中在广东、浙江、上海、江苏等华东沿海省市，且伴随着科技发展进程的不断加快及科技创新资源的集聚分布，地区之间逐渐拉大了差距。技术进步区域化差距的持续扩大进一步加大了区域科技创新发展水平差距，对科技培训创新实践的区域化特征起决定性推动作用。依据《中国科技统计年鉴 2021》，用专利申请数近似地测度区域技术创新水平，可以看出，中南区域、华东区域技术创新水平较高，其次是西南区域、华北区域。在培训班次总量方面，华北区域、中南区域科技培训创新实践活动较为活跃，其次是华东区域和东北区域（见图 4）。结合区域技术创新水平情况，通过对各区域培训主题和内容的分析，对科技培训创新实践区域特征进行了总结。

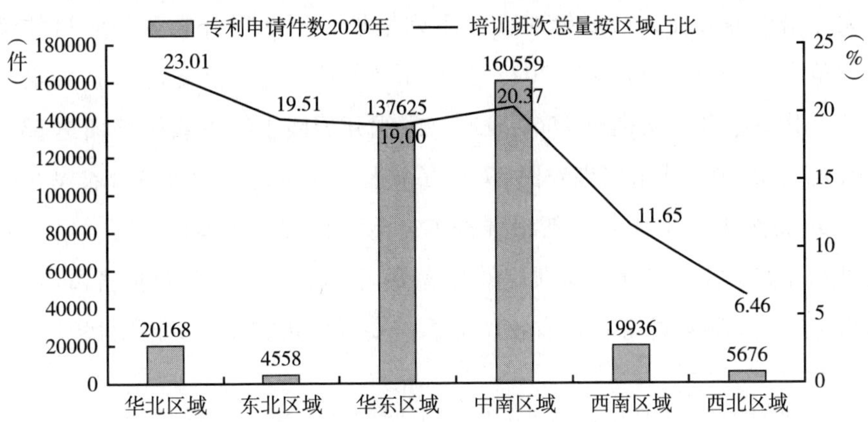

图 4　2020 年专利申请件数区域分布及 2021 年 1 月至 2022 年 8 月培训班次总量区域分布

1. 重视战略性新兴产业科技培训，华北区域、华东区域加速推进产业转型

华北、华东区域充分发挥高新区集聚、辐射和带动作用，促进产业布局的进一步优化，加速传统产业向新兴产业的转型。北京市科学技术委员会、中关村科技园区管理委员会于2021年5月在北京工业大学成功举办国际科技创新中心建设专题培训班。该培训班为期5天，各区科技管理干部、科技园区科技专员等65人参加培训，重点学习国际科技创新中心建设进展情况和经验、最新科技前沿、科技政策解读等①。2021年9月，首届长三角科技资源共享与协同创新管理研修班在上海举办，研修班深入贯彻习近平总书记关于推进长三角一体化国家战略的重要指示精神，落实《长三角科技创新共同体建设发展规划》关于推动创新资源开放共享和高效配置的要求，进一步提升区域科技创新资源开放共享的管理和服务水平，增进区域间科技资源管理工作的交流和协同，加快构建长三角科技资源创新共同体。

2. 重视农业与农村科技创新创业培训，东北区域、西北区域加速推动农业产业科学化发展

东北、西北区域在围绕农业产业关键技术、农村科技能力建设、农村科技成果转化与产业化、科技特派员农村科技创业行动、农村实用科技人才培训等方面，开展针对性、系列培训，不断提升农业产业科技综合竞争力。2021年11月至2022年3月，吉林全省开展冬春科技大培训活动，共举办各类培训班1660班次，组织开展线上线下农民培训达83.6万余人②，其中：线下培训农民27.6万余人，利用线上学习平台农民在线学习56万余人。2021年，新疆维吾尔自治区科技厅在和田贫困地区开展农村庭院养殖技术培训，培训对象覆盖10个村，内容主要包括畜禽养殖、动物防疫、饲料调配等各种农牧民迫切需要的实用技术，针对村民现实需

---

① 《国际科创中心建设专题培训班在北京工业大学开班》，http：//school. freekaoyan. com/bj/bjpu/dongtai/2021/12-25/1640437364l495407. shtml。

② 《全省冬春农民科技培训如期开展，累计培训83.6万人》，https：//www. cailianxinwen. com/manage/homePage/getNewsDetail？newsid=315287。

求、帮助解决实际问题，实实在在给村民办好事，成为科技兴农、科技扶贫新模式。

3. 重视科技创新创业人才培训，中南区域、西南区域不断提升地区科技工作能力

中南、西南区域围绕技术经纪人专项培训、科技孵化器在孵企业管理人员培训、科技创新领军人才培训、科技管理干部培训等，以能力提升为目的，不断加强科技人才队伍建设。湖北省仙桃数据谷通过“学院+培训机构+创新人才”的培养体系，已经实现了梯级人才培育管理，截至 2022 年初已聚集 1114 家企业，吸引各类科技创新人才 5000 余人，发展成为大数据产业生态谷①。2022 年 3 月，青海省科学技术厅成功举办 2022 年度科技领域财务专家培训班，就新旧管理办法的对照与应用、省级科技计划项目经费会计核算和预算评审、财务验收审核要点及方法进行了重点学习。

（四）为全民科学素质提升注入不竭动力

一是面向社会全民素养提升。《全民科学素质行动规划纲要（2021～2035 年）》指出，要以深化科普供给侧改革为重点，着力打造社会化协同、智慧化传播、规范化建设和国际化合作的科学素质建设生态，营造热爱科学、崇尚创新的社会氛围，为社会面科普知识培训、科普人才队伍培训指明发展方向。2022 年 8 月 16 日，科技部、中央宣传部、中国科协印发《“十四五”国家科学技术普及发展规划》，明确提出要建立健全科普培训体系，研究制定科普工作者能力提升培训大纲，广泛开展面向科普从业人员的培训。依据《中国科技统计年鉴 2021》，全国共开展 109011 次科普专题活动，参加人数 48891 万人次②，其中社会面科普知识培训约 3289 次，参加人数约 23176 万人次，主要培训对象为农民、学生；科普人才队伍培训约 2095 次，参加人数约 11 万人次，主要培训对象为科技辅导员、科普讲解员、科普场

① https：//baijiahao. baidu. com/s？ id＝1707582697208282613&wfr＝spider&for＝pc.

② 数据来源：《中国科技统计年鉴 2021》。

馆基地管理者、科普工作者等。在区域分布方面，华东区域、中南区域科普培训活跃（见图5）。

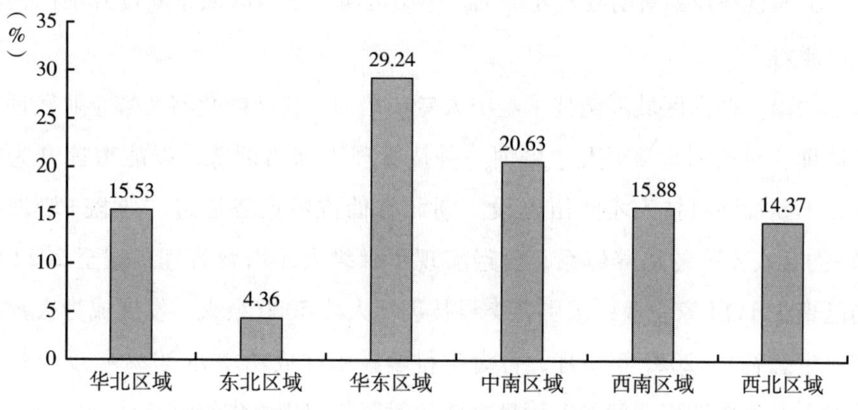

图5　2021年1月至2022年8月区域科普培训活动分布

二是面向社会全民健康生活。面对突如其来的新冠肺炎疫情，2022年5月上海启动百万市民防疫知识科普培训行动，培训以线上讲座形式开展，邀请上海市疾病预防控制中心、市健康促进中心专家，从防控疫情角度，持续宣传科学规范开展预防性消毒、消毒剂选择及使用、个人防护知识等，为清洁城市环境，营造浓厚社会氛围，助力全市生产生活恢复进程。通过“百万市民防疫知识科普培训行动”，持续倡导健康文明生活习惯，逐步固化各类单位、市民群众的清洁消毒和“三件套”“五还要”的防护意识，推动全社会卫生防病和健康素养水平明显提升，为常态化疫情防控进一步筑牢群防群控基础。2022年7月，云南省科学技术厅2022年科普讲解员培训班成功举办，来自云南省99家科普基地及相关单位的160名科普讲解员参加了培训[①]。通过培训，进一步提升了科普场馆、科普基地的科普服务能力，加大了科普讲解人才培养力度，提高了科普讲解人员的专业技能和综合素质，推动了科普讲解工作科学化、规范化、专业化建设，促进了科技资源科普化。

① 《云南省科技厅2022年科普讲解员培训班顺利举办》，http://kjt.yn.gov.cn/html/2022/gongzuodongtai_0727/5913.html。

二　中国科技培训创新实践发展趋势特征

随着科技管理体制改革的不断深化，我国科技治理能力进一步加强，整体效能也有了显著的提升，国家创新能力的全球排名由第 34 位上升至第 12 位，成功迈进创新型国家行列。未来，科技管理体制改革发展形势聚焦科技宏观治理机制建设，聚焦科技创新活动的干预性，聚焦颠覆性创新和未来技术的研发，聚焦科技人才培养与引进力度，聚焦开放科学与科技安全的平衡。科技管理体制改革的未来趋势对科技培训发展方向起战略指导意义，呈现实践理念更具前瞻性、实践环境更具优越性、实践内容更有针对性、实践协同发展更具规模化等发展形势。

（一）科技培训创新实践理念更具前瞻性

一是关注未来具有国家战略意义的关键核心科技的系统培训，通过系统化的科技培训，进一步提高原创的突破和竞争力，提高科研团队的综合素养，对关键核心科技攻关提供强大的智力支持。以上海为例，2022 年上海将围绕国家重大战略，着力突破人工智能发展面临的痛点难点问题，系统推进人工智能创新迭代发展，加快向具有全球影响力的人工智能创新策源、应用示范、制度供给和人才集聚“四个高地”进军。二是关注科技顶尖人才的培养和管理。科技顶尖人才的创新活动具有思维特异化、需求高阶化、峰值年轻化、积累持续化四大规律。培养造就顶尖人才，要从顶尖人才创新规律出发，通过针对性的培训满足科技顶尖人才自我实现和自我超越的需求。以苏州为例，苏州肩负着建设世界一流创新型城市、打造高水平产业创新集群的使命和重任，紧扣产业创新需求靶向引入全球顶尖科创人才，实现以产聚才、以才兴产。2020 年，苏州出台《关于加快人才国际化引领产业高端化发展若干政策措施》，着力从优化政策环境、强化金融支持、加大奖励力度、提供至高服务等方面同向发力，为顶尖人才的针对性培训奠定了坚实的基础。三是关注科技金融，通过培训不断优化科技投入结构。通过培训，强化科技投入产出比、多元化科技投入机制的知识学习，引导企业资金、金融资本和各类社会资金投入科技创新，引导企业加大基础研究投入。以吉林省为例，其十分重视科技金融培训，曾成功举办金融助力科技创新暨吉林省企业资本运作专题培训班、“专精特新”企业科技融资专场培训会等班次，不断深入推进创新型省份建设，积极探索科技金融服务企业新模式，促进科技金融的深度融合。

（二）科技培训创新实践环境更具优越性

党的十九届五中全会审议通过的《中共中央关于制定国民经济和社会发展第十四个五年规划和二〇三五年远景目标的建议》，把科技创新工作摆在了在前所未有的重要位置。新一轮的区域竞争、城市竞争，更是把科技创新作为高质量发展和弯道超车的最佳选择。各地政府十分重视科技创新，对科技创新发展工作提出了一系列新定位、新要求、新任务，对科技培训工作的开展也制定了完善的规划。

在推动科技产业经济发展方面，各地政府大力推进新型研发机构建设，促进科技与产业深度融合。设立专项财政支持经费，推动与一流高校院所、知名科技企业、新型研发机构等合作共建，重视科技企业孵化器、众创空间等“双创”平台建设，重视对企业科技专员的培养。2022 年 5 月，面向科技企业、孵化器、众创空间，沈阳市开展“资源共享　赋能创新”培训活动，针对科技文献查阅、创新服务平台建设等内容，帮助企业提升自身科技资源利用效率。

在社会发展层面，各级政府、社会组织等越来越重视面向普通民众的科普培训，如社区科普培训、青少年科普培训、老年人科普培训等。科普培训是一项基础性和全民性的工作，有利于广大群众科学素质的提升，群众性是科普的基本属性。科普培训需要随着科技进步体系的不断完善进一步地创新表达方式，对培训内容的时代性、科学性和群众性具有较高的要求。2022 年 3 月，上海市浦东新区“健康知识进社区”系列科普讲座正式启动，深入推进健康知识普及行动。2022 年 8 月，武汉市江岸区二七街道上滑社区开展应急安全科普培训，为社区工作人员、辖区物业、居民代表共30余人进行应急安全科普。

（三）科技培训创新实践内容更有针对性

在现有农业与农村科技创新创业培训体系的基础上，农业数字科技相关内容培训需求旺盛。农业农村部与中央网信办联合印发的《数字农业农村发展规划（2019~2025年）》文件中，对推进数字农业农村发展作出顶层设计和系统谋划。全面贯彻落实该规划的部署要求，需要强化数字农业农村科技创新，打造农业农村现代化新引擎和新动能；需要深化实施数字乡村战略，加强农业科技设施装备的应用培训，推动传统农业农村数字化转型升级。

一是更加重视科普场馆科技辅导教师培训。随着国家对科普工作的大力支持，我国的科技馆事业进入了飞速发展的时期。全国各地大力兴建各类主题的科技场馆，形成了全方位、多层次、多元化的建馆格局。科技辅导教师是科技场馆的主要员工构成之一，是面向公众开展科普教育的“第一窗口”，承担着向公众普及科学知识、弘扬科学精神、传播科学思想和科学方法的重任，其自身的科学素养、业务能力和综合素质对于科普工作来说至关重要。越来越多的科技辅导教师培训倾向于前沿科技知识的学习、科学研发体系的建设等。

二是更加重视科技管理信息系统使用培训。科技管理信息化在科技档案管理中具有举足轻重的地位，在企事业单位科技工程项目管理的地位不可撼动，因此，针对科技管理信息系统使用的专题培训越来越具有战略意义。安徽省科学技术情报研究所组织开展了“2022年省科技管理信息系统使用培训”工作，对科技情报分析系统、科研管理系统的使用进行了全面的培训。

（四）科技培训创新实践协同发展更具规模化

协同创新是科技发展的加速器，为科技培训资源最大化提供了广阔的发展空间。党的十九大报告中明确提出：深化科技体制改革，建立以企业为主体、市场为导向、产学研深度融合的技术创新体系。必须进一步强化各级各部门和社会组织的协同创新，强化以产业链为基础的产学研协同创新，强化企业、高校院所深度合作的协同创新。2019 年 9 月，长三角科普场馆联盟举办首次教育人员课程研发培训班。此次培训是面向长三角联盟三省一市中的各市、地、县科技馆的科教人员进行课程研发培训，为科普场馆的科教辅导员搭建学习交流平台，提升科普教育人员课程研发能力，以培训促交流、以交流促反思、以反思促发展。2019 年 10 月，“泛珠三角”区域科技企业孵化器管理及从业人员联合培训在湖南长沙成功举办，对提升“泛珠三角”区域科技企业孵化器管理人员能力水平、促进孵化器行业间交流合作、助力孵化器行业持续良性发展将起到很好的推动作用。2020 年 11 月，长三角农民教育培训联盟启动，加快推进长三角乡村人才振兴协同发展、共享发展，探索研究农民教育培训协同共建、区域合作等工作交流机制。

（五）科技培训创新实践发展面临新挑战、新动力

数字化科技培训是未来趋势，对培训硬件条件配置提出了更高的要求。数字化科技培训是指参训学员在数字化的培训环境中，利用数字化培训资源，以数字化培训独有的方式和手段接受培训的过程。数字化培训的教学模式主要以点播学习或录播课程学习为主，这种模式使参训学员在学习时间和空间的选择上更具灵活性，是对传统单一线下集中培训模式的一种重要改进。数字化科技培训可以节省时间成本，更加适合后疫情时代对科技学习的要求，但对网络硬件环境、学员互动性内容的硬件设置等提出了更高的要求。

针对高精尖科技人才的系统培训需求越来越旺盛。近年来，世界各国越来越重视基础研究支持及相应的高精尖科技人才队伍建设。如英国放宽高端人才签证要求，吸引世界上最顶尖的科学家、研究人员、技术人员到英国定居。美国政府于 2022 年优化 EB-2 高级人才申请“国家利益豁免”流程，为顶尖人才流入提供制度便利。日本围绕“诺贝尔奖计划”目标，不断增加面向青年研究人员的研究资金，营造青年研究人员独立研究的环境，培养和留住具有专业知识且不拘泥于常规思维的人才，打造具备世界最高教育和

研究水平的研究生院等。国内各省市也在不断出台支持政策吸引高精尖科技人才，如苏州市委办公室、市政府办公室印发《苏州市引进顶尖人才（团队）“一人一策”实施办法（试行）》。大量的高精尖科技人才涌入后如何进一步加强培养，需要对培训内容及培训体系做更加系统的规划。

三　中国科技培训创新发展建议

加强科技培训是加快建设世界重要人才中心和创新高地的客观需要，是推进科技体制改革、形成支持全面创新的基础制度的需要，是加强科技部门职能转变和自身建设的需要。随着科技创新改革进程的不断加快，科技培训创新发展在面临新动力的同时，在创新意识、体系标准、资源配置、市场开拓等方面也面临更大的挑战。需要进一步增强意识，转化传统科技培训的思路，加大对硬件及软件配套的投入，积极开拓市场，为培训注入新活力。

（一）提高认识，强化科技培训实践理论研究

不同于教育培训，科技培训在结果产出方面要求较高，需要参训的学员在培训结束后能够真正做到学有所获、学有所用。这就对培训的内容及课堂效果、培训的模式、各省市政府对于科技培训的设计框架等提出了更高的要求。通过访谈调研发现，部分科技培训供给主体受政策引导影响较大，在完成政策鼓励的培训任务后，没有再根据产业及社会发展所需的培训需求组织相应的培训。在培训的创新意识方面明显不足，未能独立设计、策划具有普适性、针对性的培训，尤其是越来越受到重视的社会健康卫生科普培训、高新技术产业企业创新能力提升培训等。此外，尚未意识到数字化科技培训对当地经济、社会发展的重大战略意义，往往是被动式地接受上级主管单位或是供给主体的安排，相应的硬件和软件配套也未进行科学布置。

从培训供给主体管理角度，要进一步提高科技培训能够大幅度提升当地经济社会发展综合竞争力的认识，不断完善各类科技培训支持政策和管理办

法，通过有效的途径将各类培训、参训主体组织起来，提高市场化的组织程度。目前，农业科技培训理论研究丰富，农业实操技术层面、农民教育层面、科技特派员系统教育层面等均达到了较高的研究水平，且在理论指导实践方面取得了较丰硕的成果。近几年，随着科技人才培训需求的不断增加，越来越多的单位及组织也开展了相应的理论研究，但在科技管理干部培训、成果转化专项培训、专业技术人才知识更新培训等方面的研究则相对较少。需要进一步强化各培训供给主体的责任意识，通过理论指导、综合协调，实现科技人才培训及成果转移转化培训内涵建设的不断提升。

（二）转化思路，建设科技培训实践精细化服务机制

培训服务管理是培训内涵建设的重要组成部分，贴心、用心、细心的服务质量能够有效提升培训整体满意度，促进培训效果吸收转化。大部分的科技培训供给主体是伴随着科技改革逐步发展起来的，以政府主导为主，科学技术部、中国科学院、中国科协、各部委及下属事业单位中心等部门负责目前近70%的科技培训的落实。科技培训对培训的组织者和服务人员的综合素质要求较高，不仅要掌握当前科技前沿知识、科技发展最新动向，还需要了解其他专业领域的知识。据了解，现有的管理服务人员多数是从行政单位、大学等转化来的，在服务经验、服务内容、市场观念、管理观念上均较为缺乏，在忙于业务的同时未能及时地提升自我，在管理的过程中同参训学员的交流较少，导致参训满意度较低。

为保证培训服务工作的高质量完成，各培训供给主体要切实重视这项工作，并出台相应的管理制度和服务人员激励制度保证服务过程。如在培训班级管理过程中，设置专员进行服务质量监督，并同参训学员保持高频率的交流，随时获取服务需求，提高服务的针对性，以调动参训学员参加培训的积极性。用标准的服务体系完成培训服务工作，正确面对和处理当前培训服务工作开展过程中出现的不规范、不科学问题，不断发现新问题，研究新问题，总结新经验，形成新思路，广泛收集信息，找到一套适合科技培训特点和本地区工作实际的培训服务体系来支撑科技培训的发展。

（三）加大投入，完善科技培训实践基础设施

一方面，科技培训专业师资缺口较大。目前师资的来源以高校、科研院所院士、专家等为主，但是这部分师资肩负较多的教学、科研任务，自身科技知识的更新速度较慢，且教授的内容偏理论性。除科技特派员专项培训外，科技培训师资队伍的专业化培训较少，专职科技培训教师在职业发展定位方面不明晰，同科技培训的发展存在严重的供需不平衡。另一方面，软硬件配套同科技培训高端化发展目标存在一定的差距。除数字化培训要求外，在科技培训管理系统的开发、应用和维护方面投入明显不足。尚未有统一的科技培训指导教材及培训效果评价标准和评价指标，在学员管理、师资管理、课堂管理、评价管理、服务管理方面依旧以传统的表格化统计为主，效率较低且不利于科技培训未来集成化的管理目标。

因此，应根据实际发展需求，合理规划布局现有科技培训基地、场所，不断提高使用效率。调动市场资源积极参与科技培训网络资源建设，建设数字化培训体系，不断丰富数字培训内容，促进优质培训教学资源广泛共享。鼓励高校、科研院所、科技场馆、职业学校、成人教育培训机构、社区学校等各类公共机构积极参与到科技培训工作中。加大对科技培训专业师资队伍的培训力度，转变培训思路，丰富培训内容，提高培训的效率。

（四）积极开拓，扩大科技培训实践市场影响

计划性是科技培训主要特征之一，培训市场同样受国家政策计划的制约，市场份额的大小也会随国家政策、科技发展形势的波动而波动。考虑到培训供给主体的单位性质，对科技培训市场需求的敏锐度不够，缺乏市场开拓专员，市场开拓激励不够，对外宣传也主要依赖于传统手段，如单位转介绍、参训者衍生班次等。近年来，一些社会机构和单位在利益驱使下，以“高薪挂靠”“短期速成”“市场短缺”等名义诱骗参训者，发放各类“山寨证书”，违规开展科技培训，严重扰乱培训市场，侵害参训者的合法权益。

科技培训市场开拓旨在进一步扩大社会服务效益，提升社会综合素养；建立规范的市场开拓流程，进一步明确科技培训市场开拓的主体责任。在现有培训体系的基础上，开设培训市场管理专员职务，主要围绕科技发展最新趋势，发掘培训新需求，并对需求进行梳理，对培训的内容进行概括，有清晰的招生来源方向，有专业的培训师资团队，最终形成培训方案。通过积极的市场开拓，不断丰富科技培训类型，扩大培训的社会影响力。

参考文献

姜英华：《探析农业科技教育培训存在的问题及对策》，《农业开发与装备》2021 年第 9 期。

贺德方、汤富强、刘辉：《科技改革十年回顾与未来走向》，《中国科学院院刊》2022 年 5 期。

王晓丽、范婷：《乡村振兴视阈下做好农民农业科技培训工作的“三个转向”》，《中北大学学报》（社会科学版）2022 年 3 期。

国家统计局社会科技和文化产业统计司、科学技术部战略规划司：《中国科技统计年鉴 2021》，中国统计出版社，2021。

专题报告

Special Reports

B.5 专业技术人才知识更新工程十年实施总结评估报告*

王晓初　程　超　刘敏超　徐　梅　张婷婷　李倩南　陈新义**

摘　要： 本报告旨在总结评估2011~2020年我国专业技术人才知识更新工程的实施情况。报告分析了工程实施的总体情况和取得的成效，研究了工程实施的经验和部分典型案例，梳理了工程实施存在的问题与不足，提出了工程下一步推进实施的政策建议。报告建议，继续深入组织实施新一轮专业技术人才知识更新工程，高质量开展高层次、急需紧缺和骨干专业技术人才培训，

* 本报告为专业技术人才知识更新工程指导协调小组办公室、人力资源和社会保障部事业单位人事服务中心联合组织撰写的评估报告。本报告中的数据，均由专业技术人才知识更新工程指导协调小组办公室与中国继续工程教育协会提供。

** 王晓初，人力资源和社会保障部原副部长，中国继续工程教育协会理事长；程超，人力资源和社会保障部事业单位人事服务中心主任；刘敏超，人力资源和社会保障部事业单位人事服务中心副主任；徐梅，人力资源和社会保障部事业单位人事服务中心继续教育和国际合作处处长；张婷婷，人力资源和社会保障部事业单位人事服务中心继续教育和国际合作处副处长；李倩南，人力资源和社会保障部事业单位人事服务中心继续教育和国际合作处主任科员；陈新义，人力资源和社会保障部事业单位人事服务中心继续教育和国际合作处主任科员。

不断提高继续教育课程和教材体系建设现代化水平，构建形成上下贯通、广泛覆盖的全国继续教育网络培训工作格局，支持鼓励开展多形式、多层次的继续教育对外交流。报告对各地、各部门、企事业单位开展专业技术人才知识更新工作具有重要参考意义。

关键词： 专业技术人才　知识更新工程　高级研修项目　继续教育基地

一　绪论

（一）课题背景和目的

2011 年，为更好实施人才强国战略，加快建设人才强国，推动专业技术人才队伍建设，促进专业技术人才能力素质提升，根据《国家中长期人才发展规划纲要（2010～2020 年）》，人力资源和社会保障部会同财政部、科技部、教育部、中国科学院启动实施专业技术人才知识更新工程，旨在围绕我国经济结构调整、高新技术产业发展和自主创新能力提高，在装备制造、信息、生物技术、新材料、海洋、金融财会、生态环境保护、能源资源、防灾减灾、现代交通运输、农业科技、社会工作等 12 个重点领域和现代物流、电子商务、法律、咨询、会计、工业设计、知识产权、食品安全、旅游等 9 个现代服务业领域，以及互联网、大数据、人工智能等战略性新兴产业领域，开展大规模的知识更新继续教育，每年培训 100 万名高层次、急需紧缺和骨干专业技术人才；依托高等院校、科研院所、大型企业现有施教机构，建设一批国家级专业技术人员继续教育基地。根据《专业技术人才知识更新工程实施方案》，工程设有四个重点项目。

一是高级研修项目。按照高水平、小规模、重特色的要求，由中央财政予以经费支持，每年举办 300 期左右国家级高级研修班，培养 1 万名左右高层次人才，建设一支素质优良、创新能力强、具有较强竞争力的专业技术人才队伍。

二是急需紧缺人才培养培训项目。在 12 个重点领域和 9 个现代服务业领域，以更新知识、掌握先进技术、提升专业技术水平为主要内容，实施短期培训项目，培养培训急需紧缺人才，全国每年培训 80 万名。

三是岗位培训项目。针对有关重点领域具有中高级职称的骨干专业技术人才职业发展和工作需要，以专项培训、综合培训、集中授课、在线学习、专题研修等多种方式，分类组织开展能力提升训练，重在完善知识结构，增强综合素质，提升岗位适应、职业发展能力。全国每年培训 19 万人。

四是国家级专业技术人员继续教育基地建设项目。十年内，依托高校、科研院所、大型企业现有施教机构，分期分批确定 200 家左右的基地，中央财政给予每家获批基地一次性补助约 300 万元。推进培训项目、专家师资、教材资源、数据库开发、施教机构和研究课题等建设。加强在线学习平台建设，促进专业技术人才培养培训国际交流。

专业技术人才知识更新工程是《国家中长期人才发展规划纲要（2010~2020 年）》确定的 12 项国家重大人才工程之一，是横跨“十二五”和“十三五”的国家重大示范性人才工程。2016 年，专业技术人才知识更新工程指导协调小组办公室对工程进行了中期评估，阶段性总结了工程实施情况和成效，研究提出了改进意见和建议。2020 年是知识更新工程实施的最后一年，及时总结工程实施十年来的成果和经验、评估工程实施以来的社会影响力和示范效应、找准找实工程实施中存在的问题和不足、提出有针对性建设性操作性的措施建议，特别是科学谋划新一轮专业技术人才知识更新工程，意义重大。为此，受专业技术人才知识更新工程指导协调小组办公室委托，特开展知识更新工程十年总结评估工作。本课题旨在围绕《国家中长期人才发展规划纲要（2010~2020 年）》和《专业技术人才知识更新工程实施方案》确定的目标任务，全面总结工程十年工作，科学评估各重点项目和工程实施总体情况，形成工程汇编和评估总结报告，为 2021~2030 年工程实施提供实践依据和政策建议，进一步推进新时代我国专业技术人员继续教育工作深入发展。

（二）研究方法

本课题主要采用文献研究、专家访谈、实地调研与座谈等方法。

文献研究。通过文献研究，全面总结知识更新工程 2011~2020 年实施情况。主要包括阅读分析专业技术人员继续教育与工程的相关政策、规划和文件；教育部、科技部、人力资源和社会保障部的政策文件；各省（区、市）人社厅（局）、中央部委、各行业领域、国家级专业技术人员继续教育基地的工程总结报告、统计资料等。

专家访谈。访谈对象主要以知识更新工程主管部门、指导协调小组成员单位、各省（区、市）人社厅（局）、中央部委、大型央企和有关行业协会负责工程实施的相关负责人，在工程推进中有示范作用的典型国家级继续教育基地负责人。访谈依照访谈提纲进行谈话并进行摘要记录，根据对象不同，访谈内容有所侧重。

实地调研与座谈。根据疫情防控情况，赴相关省市实地调研座谈，座谈对象主要是知识更新工程的主管部门、各省（区、市）人社厅（局）、中央部委、大型央企和有关行业协会负责工程实施的相关负责人，在工程推进中有示范作用的典型国家级继续教育基地负责人等。座谈依照不同的对象、主题和访谈提纲进行。

本报告中的数据，除有单独说明外，均由国家专业技术人才知识更新工程指导协调小组办公室与中国继续工程教育协会提供。

二 工程实施的总体情况

继续教育是加强专业技术人才队伍建设的重要手段，是提高专业技术人员专业素质和职业能力的基本途径。长期以来，党和政府高度重视专业技术人员继续教育工作。党的十八大报告提出“要积极发展继续教育”。党的十九大报告提出“要办好继续教育”。国家“十三五”规划进一步明确“大力发展继续教育，构建惠及全民的终身教育培训体系”。党的十九届四中全会提出“要完善职业技术教育、高等教育、继续教育统筹协调发展机制”。2010年，《国家中长期人才发展规划纲要（2010~2020年）》将专业技术人才知识更新工程确定为国家重大人才工程，引领和示范开展重点领域专业技术人员继续教育。2015年，人力资源和社会保障部颁布《专业技术人员继续教育规定》，对专业技术人员继续教育的基本原则、基本要求、基本制度、管理体制等作出明确规定，规范了专业技术人员继续教育中各主体的权利和义务关系。2018年，党中央印发的《2018~2022年全国干部教育培训规划》要求人力资源和社会保障部加大专业技术人员继续教育组织实施力度，推动各地区各行业大力开展专业技术人员全员教育培训。

自2011年启动实施以来，知识更新工程作为近年来专业技术人员继续教育工作的首要任务以及推进专业技术人才队伍建设的重要举措，在各地各部门的大力支持和推动下，工程进展顺利，圆满完成确定的目标任务，取得了丰硕成果。十年来，各地区各行业深入组织实施专业技术人才知识更新工程，通过高研班、基地建设、急需紧缺人才培训和岗位培训、网络培训、特殊培养、学术研讨、国际交流、产学研合作等多种方式，广泛开展分级分类的继续教育活动。数据显示，知识更新工程已累计投入中央专项经费约11.5亿元，举办实施2764期国家级高级研修项目，培训高层次专业技术人才18.3万人次，开展急需紧缺人才培训和岗位培训累计超过1246万人次，分十批次建设了200个国家级专业技术人员继续教育基地，带动一大批区域性和行业性继续教育基地建设，圆满并超额完成了各年度确定的工作目标任务。可以说，知识更新工程的组织实施，示范带动了各地区各行业专业技术人员继续教育工作的全面开展，普遍提升了我国专业技术人才的能力素质，有效改善了经济社会发展重点领域的人才供给，有力促进了我国专业技术人才队伍建设。

（一）科学组织，畅通继续教育工作新机制

从国家层面，根据2010年中共中央、国务院印发的《国家中长期人才发展规划纲要（2011~2020年）》精神，人力资源和社会保障部会同财政

部、科技部、教育部、中国科学院等部门共同印发《专业技术人才知识更新工程实施方案》。从地方层面，各地人社部门也联合相关部门制定本地特色的工程实施方案，进一步强化组织领导、细化工作任务、完善保障措施。“多方协同、上下联动”的工程运行管理机制逐步形成。通过十年的不断探索与实践，工程的组织体系、协调沟通机制和监督机制逐步形成。

1. 部门协同，统筹规划部署

2012 年，人力资源和社会保障部印发《关于成立国家专业技术人才知识更新工程指导协调小组的通知》，牵头成立了由 24 个单位组成的专业技术人才知识更新工程指导协调小组，建立会议制度和联络机制，明确各自职责，负责知识更新工程的统筹规划、指导协调和监督工作。每年结合工作实际提出实施专业技术人才知识更新工程的总体思路，广泛征求意见后，印发年度知识更新工程任务计划。全国大部分省（区、市）成立了本地区的专业技术人才知识更新工程指导协调机构，相关省（区、市）还结合地方实际情况配套出台了本地区知识更新工程的具体实施方案。在信息技术、交通运输、金融财会等重点领域，专业技术人员继续教育培训任务较大，相关的行业主管部门成立了本行业的工程指导协调机构，交通运输部、民政部、知识产权局等部门还专门出台了本行业落实专业技术人才知识更新工程的实施方案。各地各部门充分发挥各自职能优势，分类指导、分级推进，培养了一大批高层次、急需紧缺和骨干专业技术人才，加强了各领域专业技术人才队伍建设。多部门协同参与，打破了专业技术人员继续教育各自为政、自我循环的模式，建立了跨地区、跨部门、跨领域、相互贯通的继续教育新机制，为知识更新工程的深入实施提供了有力的组织保障。

2. 规范管理，完善配套政策

2011 年，人力资源和社会保障部等五部门印发《专业技术人才知识更新工程实施方案》，全面部署工程的各项任务。随后出台了《专业技术人才知识更新工程高级研修项目管理办法》《专业技术人才知识更新工程急需紧缺人才培养培训项目和岗位培训项目实施办法》《国家级专业技术人员继续教育基地管理办法》，细化了工程重点项目的组织框架、任务要求、管理监督等工作任务。《专业技术人才知识更新工程国家级继续教育基地补助经费管理办法》和《专业技术人才知识更新工程培训证书管理办法》明确了经费保障、证书管理、登记统计等各项配套制度。同时，重点领域牵头部门结合行业领域实际，不断创新完善继续教育政策措施。交通运输部制定《关于公路水路交通运输行业落实五部委专业技术人才知识更新工程实施方案的意见》，对交通运输行业开展多形式、多层次、多渠道、全方位的专业技术人才培训作出了部署。民政部制定了《国家专业技术人才知识更新工程社会工作急需紧缺人才培养培训项目和岗位培训项目实施方案》，指导各地民政部门协调本级人力资源和社会保障部门大力开展社会工作领域人才培训。各部门以实施专业技术人才知识更新工程为契机，充分发挥行业职能作用，结合工程实践，不断创新完善政策措施，为工程实施和行业继续教育工作开展奠定了制度基础。

3. 夯实基础，优化服务体系

一是开通运行知识更新工程公共服务平台，实现政策信息发布、项目申报审核、培训登记统计、动态数据分析等服务管理功能，提高知识更新工程组织实施的信息化水平。天津、广西、新疆、四川、内蒙古等大部分地区依托专业施教机构的资源优势，建设了具备教学、管理、互动功能的继续教育网络平台，形成了覆盖全地区专业技术人员的继续教育网络。二是加强工程教材体系建设，会同相关部门编辑出版了《专业技术人员职业道德读本》《专业技术人员创新能力建设读本》《专业技术人员创业能力建设读本》《专业技术人员权益保护读本》《当代科学技术前沿知识读本》等一批公需科目教材，2020 年结合新形势任务对公需科目教材进行了重新修订。信息、交通、农业、民政等部门组织开发了各自领域内的专业科目教材，为专业技术人员提供了可选择的、高质量的培训教材。三是围绕继续教育重难点问题开展政策咨询研究，在中国工程院的支持下连续开展了继续教育、远程教育、产学研合作等课题研究，为推进工程实施提供了理论支撑。四是加强国际交流与合作，与国家外国专家局共同实施出国培训项目，选拔了一批有领军作用的高层次、急需急缺专业技术人才，赴国外进行短期进修和培训；先后组

织4期知识更新工程管理骨干赴国外学习培训，组织了一批地方、部门继续教育工作骨干赴国外学习借鉴有益经验。

（二）注重质量，打造高级研修项目新品牌

高级研修项目是我国培养高层次专业技术人才的重要抓手，是我国专业技术人才队伍建设的知名品牌，在加强专业技术人才能力建设、培养高层次专业技术人才、促进高端学术技术交流方面发挥了重要作用。工程实施以来，国家层面累计举办高级研修班2764期，培养培训高层次专业技术人才18.3万人次。

1. 坚持高水平、小规模、重特色

按照“高水平、小规模、重特色”的要求，人力资源和社会保障部每年从各地各部门申报选题中遴选300期左右具有较强针对性、前瞻性和实效性的选题列入年度计划，分配到各承办单位。各地各部门注重提高办班针对性，主动围绕我国经济结构调整、高新技术发展和自主创新能力的提高，将高级研修班的选题与国家重大发展战略密切结合，与地区、行业的发展需要密切结合，创新方式方法，充分发挥高研班在创新发展理念、破解发展难题、提升发展潜力方面的作用，努力把高研班办成精品。根据选题要求，各地各部门综合采取讲座、研讨、实地考察、个别指导等手段，促进教学相长，促进高层次人才在短时间内有效更新知识、提高水平。根据重点领域的不同特点，丰富办班模式，将举办高研班与项目建设、科研攻关、解决技术难题等结合起来，通过工作实践引导人才培养，通过人才培养带动事业发展，建设理论与实践相结合、人才培养与工作发展双促进的一流平台。

2. 以需求为导向，服务重大战略

近年来，特别是知识更新工程中期评估后，工程组织实施在原有21个领域基础上，将人工智能、大数据、“互联网+”、脱贫攻坚等纳入实施范围，加大对当前国家重点领域高层次、骨干专业技术人员的培训力度。根据国家重大战略实施和经济社会发展重点任务，2019年，按照人社领域脱贫攻坚工作部署要求，高级研修项目计划中单列50期扶贫开发专项，专门支

持以服务脱贫攻坚为主题或在艰苦边远贫困地区举办的国家级高级研修项目，加强扶贫开发、乡村振兴、农林畜牧等领域专业技术人才培养培训，提升扶贫开发人才能力素质，为贫困地区脱贫攻坚提供人才和智力支撑。2020年，高级研修项目计划中除了继续以服务脱贫攻坚、乡村振兴、农林畜牧为主题单列50期扶贫开发专项外，为积极应对疫情影响，对各地各部门申报的疫情防控、医疗卫生、心理调适等相关主题班次加大支持力度，单列25期疫情防控专项，专门支持以新冠肺炎防疫知识、医卫科研为主题的班次。

3. 强化过程管理，注重质量效益

在工程组织实施过程中，为确保高研班组织实施质量，不断加强和优化对高级研修项目的流程管理，形成了一套有效的质量控制措施。高研班申报单位和承办单位要严格按照计划实施高级研修项目，不得随意调整变更研修选题、内容、对象、举办时间和地点。如有关事项发生变化，需提前向主管部门报送情况说明。每期项目开班举办前，需登陆工程服务平台提交开班通知和实施方案电子版，按要求完成开班审核。办班结束后，须登陆工程服务平台提交研修总结报告、学员名单、经费结算表、学员满意度测评统计表等材料，按要求完成结业上报。严格结业考核，加强证书管理，学员结业时，高研班承办单位根据实际培训安排对学员进行结业考核，经考核合格方可获得专业技术人才知识更新工程高级研修项目结业证书，并可通过工程公共服务平台查询和打印结业证书。长期以来，各地各部门的高研班申报和承办单位，充分利用高研班财政经费支持的有利条件，加强质量管理，精心设计、精心组织、精心实施，提高经费使用效率，确保了高研班的质量和水平。

（三）示范引领，开创继续教育基地新格局

根据《专业技术人才知识更新工程实施方案》明确的培养培训任务和质量要求，主要依托高等院校、科研院所、大型企业现有施教机构，分期分批推动国家级专业技术人员继续教育基地建设。基地的主要任务是推进培训项目、专家师资、教材资源、数据库开发、施教机构和研究课题等建设；加强在线学习平台建设，促进专业技术人才培养培训国际交流。截至2020年

8月，人力资源和社会保障部已分十批有计划、有步骤、有重点地建设了200家国家级继续教育基地。国家级继续教育基地已经成为各行业领域高层次、急需紧缺专业技术人才培养培训的重要平台。各地各部门以国家级继续教育基地为龙头，普遍建立了区域性、行业性的基地，上下衔接、分层分类、优势互补的专业技术人员继续教育基地体系逐步建立。

1. 规范程序，严密组织开展基地申报评审

国家级继续教育基地实行三级管理的体制。人力资源和社会保障部是国家级继续教育基地的综合管理部门，负责国家级继续教育基地的设立、调整和撤销，制定基地建设管理的政策、规章和规划，组织国家级继续教育基地交流，监督指导基地的运行管理；省级人社部门、行业主管部门是所推荐国家级继续教育基地的管理单位，负责国家级继续教育基地的使用和管理，制定实施具有本地区、本部门和本行业特点的基地建设管理政策措施；获准设立国家级继续教育基地的高等院校、科研院所和其他施教机构是基地的建设单位，负责建立健全基地建设管理机构，配备专门人员，制定本基地的建设管理办法，承担本基地建设管理的具体工作。为了规范申报工作，保证国家级继续教育基地建设质量，《国家级专业技术人员继续教育基地管理办法》从师资队伍、管理机制、经费保障、培训设施、培训能力等五个方面细化了申报标准，明确规定了自愿申报—副省级以上人社部门择优推荐—工作审核—专家评审—人力资源和社会保障部公布的工作程序。国家级继续教育财政经费补助额度高、社会关注度高。从实践来看，严密科学的工作程序有力确保了每年国家级基地申报遴选工作的稳步开展。此外，《国家级专业技术人员继续教育基地管理办法》对国家级专业技术人员继续教育基地的运行工作提出了11条要求，涉及遵守法规政策、紧跟发展前沿、制定发展规划、承担培训任务、主动提供服务、体现公益性、师资队伍建设、培训模式、在线培训和远程教育、国际交流等方面。

2. 优化布局，科学设立继续教育基地

在200个基地中，主要有四种类型的单位：一是清华大学、北京大学、浙江大学等高等院校；二是中科院北京分院、中国农科院等科研机构；三是

水利部人才交流中心、中央文化管理干部学院等部委所属培训机构；四是中国航天科工集团公司培训中心、中国中车大学等央企所属的培训机构。地方与中央单位各设立 120 个和 80 个基地，比例为 3∶2。从地方设立基地的地域分布看，每个省份都设立了 3～5 个国家级基地，覆盖东部（43 个，占 35.8%）、中部（30 个，占 25%）、西部（47 个，占 39.2%）31 个省（区、市）和新疆生产建设兵团。从基地重点培训领域分布看，既有综合性基地，又有专业性基地，基本涵盖了工程实施的所有重点领域（见图 1）。从性质上分，行业组织 33 个（16.5%）、企业 17 个（8.5%）、高校 132 个（66%）、科研单位 18 个（9%）。同时，大部分地区、部门启动了区域性、行业性的专业技术人员继续教育基地建设。比如，浙江建设省级基地 41 个、四川建设省级基地 142 个、山东建设省级基地 60 个，广东建设省级 72 个、北京建设市级基地 14 个等。民政部已建成 50 个社会工作专业人才培训基地，为社会工作人员培养培训搭建了平台；农业农村部在全国认定了 69 个部级培训基地，各省（区、市）农业农村部门认定了 245 个培训基地，促进了基层农技推广人员知识更新。专业技术人员继续教育基地的建设丰富完善了我国专业技术人才公共服务体系，为推动专业技术人员继续教育工作发挥了重要作用。

3. 突出特色，强化基地自身建设

国家级继续教育基地作为专业技术人员继续教育工作的国家队，突出急需紧缺导向，培养培训本地区、本行业急需紧缺和骨干专业技术人才。国家级基地在开展培训项目时注重特色化，以优势定方向，以特色促发展，创新培训内容，结合本单位培训资源特点，根据本地区、本行业发展需要，突出培训重点、强化专业特色，开发针对性高、实效性强的精品培训项目和培训课程，逐步形成了有自己特色的教学模式和人才培养模式。从 2015 年开始，每年由人力资源和社会保障部专业技术人员管理司组织国家级继续教育基地负责人能力建设高研班，从往年获批的基地选择一批，连同当年获批的新基地共计 40 家，针对基地负责人的能力建设开展研修培训。同时，为了加强基地建设和管理，促进基地间的交流与合作，每期研修班也邀请负责基地工作的相关主管部门负责人，通过以班代会的形式，共同交流研讨，进一步提

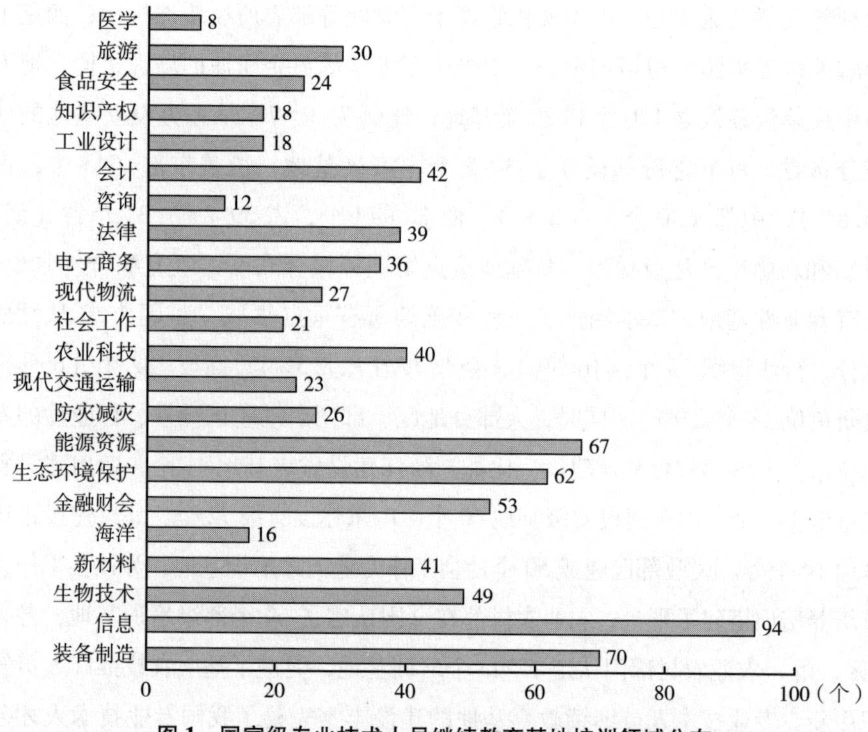

图 1　国家级专业技术人员继续教育基地培训领域分布

资料来源：国家专业技术人才知识更新工程指导协调小组办公室。

升基地负责人的工作能力和水平。截至 2020 年 9 月，已经先后在浙江工业大学、苏州市高级人才太湖培训中心、重庆大学、广西大学与人力资源和社会保障部事业单位人事服务中心举办了 5 期基地负责人培训班，为促进基地间交流合作搭建了示范性沟通平台。

（四）突出重点，培训千万紧缺新人才

急需紧缺人才培养培训和岗位培训工作是知识更新工程的重点工作，涉及行业领域广、培训人员数量多。按照知识更新工程实施方案的要求，每年面向 12 个经济社会发展重点领域和 9 个现代服务业领域，培养培训 80 万急需紧缺人才，并开展 19 万人次中高级骨干专业技术人才岗位培训。各地各部门在统筹现有专业技术人才培训培养工作的基础上，拓展思路，

统筹兼顾，采取多种方式，推动急需紧缺人才培养培训项目和岗位培训项目深入实施。十年来，工程已累计开展急需紧缺人才培养培训和岗位培训1246万人次。

为做好专业技术人才知识更新工程急需紧缺人才培养培训项目和岗位培训项目实施工作，人力资源和社会保障部根据《专业技术人才知识更新工程实施方案》，制定工程急需紧缺人才培养培训项目和岗位培训项目实施办法，结合工作实际，每年研究制定《专业技术人才知识更新工程任务计划》，确定两个项目年度培养培训任务，由地方人社厅局和重点领域牵头部门将任务进行分领域分解，分级组织实施。

各行业牵头部门按照工程的年度任务计划培养了一大批高层次、急需紧缺和骨干专业技术人才，加强了各领域专业技术人才队伍建设。重庆市充分发挥人社部门牵头抓总作用，围绕汽车摩托车、装备制造、农业科技等14个重点领域和电子商务、工业设计、知识产权等9个现代服务业领域的急需紧缺人才和岗位培养培训计划将任务细化分解到各行业主管部门。中国科协积极组织相关方面专家，采用层层递进的课程设置、循序渐进的课程内容，精心设计急需紧缺和岗位培训研修班课程体系。农业农村部依托现代农业产业技术体系、重点实验室、转基因生物新品种培育重大专项、农业生态环境保护项目、农业资源环境保护项目、农村能源建设项目等财政专项，不断强化农业科技急需紧缺人才的培养，连续稳定支持50位首席科学家、1424位科学家、1252位综合试验站站长，围绕产业发展开展科学研究、技术攻关和试验示范，引领高层次农业科技人才培养。

三　工程实施取得的成效

工程实施十年来，紧紧围绕创新、协调、绿色、开放、共享的新发展理念，各地区各部门以人才能力建设为核心，以高层次、急需紧缺和骨干专业技术人才培养为重点，积极创新培养培训机制，有力推进继续教育工作和专业技术人才工作，取得显著成效。

（一）知识更新常态化，凝聚形成了全社会重视继续教育的广泛共识

专业技术人才知识更新工程是专业技术人员接受继续教育、进行知识更新的重要手段。深入实施专业技术人才知识更新工程，对于建设高素质、创新型的专业技术人才队伍，增强自主创新能力，建设创新型社会具有重要意义，也是构建终身教育体系和学习型社会的迫切需要。工程启动实施后，各行业部门、各地方从国家人才队伍建设的高度推进专业技术人员继续教育工作，在人员配备、经费保障、项目设立等方面都加大支持力度。“知识更新”“继续教育”概念得到社会广泛认可和重视，有力促进了终身学习和学习型社会建设，党和政府在推进知识更新工程、继续教育工作的示范性、引导性和公益性形象得到极大提升。

部分用人单位过去存在的“重学历教育、轻知识更新、轻能力培养”现象也有所扭转，无论是国有大型企业还是中小民营企业，都积极通过选派学员参训、开展专题培训、实践考察、国际交流等方式，为本单位的专业技术人员继续教育提供平台和机会。专业技术人员从把继续教育当成“软任务”“说起来重要、干起来次要、忙起来不要”的认识已经转变成“以参加专业技术人才知识更新工程培养培训为荣”的思想自觉。以国家级高级研修项目为例，在各地各部门举办高研班过程中，很多副省级以上领导干部出席开班式并为学员讲授第一课。专业技术人员参训积极性较高，很多班次学员远超 70 人，有的热点班次达到近 200 人，部分专题班次一年内举办多期。除承担国家级高级研修项目外，各省份还积极主动举办省级高研班，如安徽省每年举办 60 期省级高研班，浙江省十年共举办 731 期省级高研班，内容涵盖装备制造、信息技术、金融、农业、社会工作等领域，以满足本省专业技术人员继续教育需求。据调查了解，参训的专业技术人员都把参加工程培训作为职业生涯的重要经历，十分珍惜和重视。他们普遍认为，通过接受继续教育和参加培训活动，开阔了眼界，更新了知识，交流了经验，专业能力和职业素养得到了极大提升。

（二）管理服务高效化，健全完善了继续教育工作体制机制

根据工程实施方案要求，人力资源和社会保障部联合财政部、科技部、教育部、中科院等部门，成立了由 24 个单位组成的专业技术人才知识更新工程指导协调小组，人力资源和社会保障部分管部领导担任工程指导协调小组组长。人力资源和社会保障部先后制定出台了四个重点项目的具体管理办法、知识更新工程培训证书管理办法和国家级继续教育基地补助经费管理办法，从制度层面规范了工程运行管理机制。“多方协同、上下联动”的工程运行管理机制逐步形成，以知识更新工程实施为基础的继续教育工作体制机制基本建立。

工业和信息化部成立了部知识更新工程协调小组，指导部机关各司局、各地工业和信息化主管部门、企业和行业协会开展专业技术人才知识更新工作。建立责任落实机制，健全以分管副部长为协调小组组长、部人事教育司司长为副组长、部机关各业务司局领导为成员的责任落实体系。充分调动部属单位、高校、大型国企等参与培训积极性，形成党组统一领导、司局分工负责、部属单位和企业为主体、社会各方积极参与的工作格局。

（三）人才培养有序化，促进提升了专业技术人才队伍整体能力素质

知识更新工程围绕我国经济结构调整、高新技术产业发展和自主创新能力的提高，在 12 个重点领域和 9 个现代服务业领域开展大规模专业技术人员继续教育培训工作，有力加强了我国专业技术人才队伍建设。日益广泛深入的继续教育全面提升了专业技术人才队伍的整体素质，创造了良好的人才、科技、经济和社会效益，受到各地区、各部门、各行业、各用人单位和广大专业技术人才的普遍欢迎。工程在高研班的选题上，注重聚焦经济社会发展重点热点问题；急需紧缺人才培养培训项目注重结合重点领域实际情况，突出高层次骨干人才培养；在岗位培训项目方面，突出贴近岗位需求和

生产实际，注重完善知识结构，提升职业发展能力；在国家级专业技术人员继续教育基地遴选上，强化产学研结合，向重点领域龙头企业倾斜等。

江苏省紧紧围绕本省经济社会发展的重点领域、重点行业和重点产业，每年进行5.62万人次急需紧缺人才培养和4.38万人次岗位培训。四川省启动实施“四大片区扶贫攻坚行动”，围绕“四大片区”特色优势产业发展需要，以培养急需紧缺专业技术人才为切入点，每年遴选并下达10期“四大片区”急需紧缺专业技术人才研修项目。十年来，四川省累计举办38期“四大片区”急需紧缺专业技术人才研修项目，培训当地急需紧缺专业技术人才3800余名，有效促进了“四大片区”专业技术人员业务水平和整体素质的提高。

（四）培训方式多样化，优化完备了继续教育公共服务体系

继续教育公共服务体系建设是专业技术人才知识更新工程的重要任务之一。近年来，继续教育公共服务体系不断健全完善，以国家级专业技术人员继续教育基地为依托，配套建设了一大批区域性、行业性的专业技术人员继续教育基地，形成了上下衔接、优势互补的继续教育基地网络，构建了为全体专业技术人员提供大规模继续教育服务的培训平台。

一是加强课程和教材体系建设。人力资源和社会保障部会同有关部门组织开发了当代前沿科技知识、专业技术人员创新能力建设、职业道德、权益保护等公需科目教材，此外还组织信息、交通、农业、民政等部门开发了一系列专业科目教材，为专业技术人员提供了高质量培训教材。二是大力发展网络远程教育，逐步实现现代化网络管理。开通运行知识更新工程公共服务网上平台，实现信息发布、项目审核、培训登记、数据分析、证书查询等在线服务管理功能，加强政策解读、经验做法宣传、典型案例推介、优质资源共享，逐步扩大工程的影响力。三是推进国家级继续教育基地资源共享、相互协作。人力资源和社会保障部事业单位人事服务中心（中国继续工程教育协会）牵头搭建了国家级专业技术人员继续教育基地资源共享服务平台，旨在依托和联合国家级继续教育基地等单位，通过系统整合、交互优化、集

成展示，面向全体继续教育机构和专业技术人员，共建、共享、共用以课程、师资、项目、基地为核心的优质资源，为精准对接各类继续教育需求提供多元化服务。截至 2020 年 10 月，平台已整合各类专业课程 1600 多门，联合开发 10 多个专业类培训项目，为 8 家入驻基地搭建了在线培训平台，提供了 11 场直播服务，帮助多家入驻基地的共享课程实现了课程收益增值。

（五）经费投入多元化，推动建立了继续教育可持续发展模式

知识更新工程经费主要由政府、社会、用人单位和个人等多元投入构成，政府经费投入对工程发挥着支持和引领作用。工程实施以前，经费不足一直是制约专业技术人员继续教育发展的瓶颈。据统计，工程深入实施以来，中央财政十年累计投入专项经费 11.5 亿元，有效发挥了中央财政的资金杠杆作用，带动了地方、部门对专业技术人才培养培训的经费投入。从评估效果来看，中央对知识更新工程的经费投入大大增加，较好保障了工程项目的高水平实施，推动了全国继续教育工作健康持续开展。以 2018 年为例，知识更新工程年度预算约 1.17 亿元，其中：高级研修项目 5700 万元，继续教育基地建设项目 6000 万元。中央财政给予每个高级研修项目 19 万元全额资助，每个新建国家级专业技术人员继续教育基地 300 万左右的补助经费。2018 年全年实施高级研修项目约 300 期，培养高层次专业技术人才约 2.1 万人次；指导各地各部门开展急需紧缺人才培养培训和岗位培训工作，培训急需紧缺和骨干专业技术人才约 100 万人次；新建国家级继续教育基地 20 个。

从地方层面看，各地普遍加强了继续教育工作投入，在保证高质量实施国家级工程重点项目的同时，创造性开展了具有地方特色的继续教育活动。十年来，上海市人力资源和社会保障局累计投入 6500 余万元专项经费，用于支持高级研修等市级示范性工程项目和市级基地建设。河南省共建立国家级专业技术人员继续教育基地 5 个，省级专业技术人员继续教育基地 60 个，市县级继续教育基地 230 个，承办国家级高研班 62 期，举办省级高研班 115 期，举办市县级和行业高研班 300 余期。北京市对设立的 14 家市级继续教育基地各资助 200 万元。贵州省对设立的省级 30 家省级继续教育基地

各资助 100 万元。从部委、行业方面看，如司法部急需紧缺人才培养培训项目中仅司法行政干警依法履职、依法行政能力培训，2011 年至今已举办双语培训 31 期，累计培训监狱、戒毒干警人才近 1600 人次，部本级累计投入经费近 900 万元。

四　工程实施的经验与典型案例

（一）服务国家重大战略，为经济社会发展提供有力人才支撑

专业技术人员继续教育工作作为我国干部教育培训体系的重要组成部分，主动服务党和国家的工作大局，主动服务人才事业发展，为国家经济社会发展提供人才支撑和智力保障。作为专业技术人才工作的龙头工程，知识更新工程是中央着眼于解决重点领域人才短缺问题而提出的国家专项人才培养项目。在实施过程中，工程以国家中长期人才发展规划纲要确定的重点领域人才需求为中心，围绕社会热点需求有的放矢，大力培养培训高层次、急需紧缺高端人才和骨干专业技术人才，并充分借助研修成果，破解技术难题，推广先进技术，服务经济发展大局，促进经济结构转型升级接轨。北京市结合首都城市战略定位及北京市政府工作报告，制定市级高级研修班选题指导目录，在服务科技创新、模式创新、机制创新方面不断探索，助力京津冀协同发展，对面向津冀地区，特别是北三县招收学员的高级研修班给予倾斜支持。十年来，共组织市级高级研修班近 500 期，累计培训人数 2.5 万人次。商务部配合“一带一路”电子商务能力建设有关工作，与俄罗斯、葡萄牙、巴西、墨西哥、哥伦比亚、卢旺达等 25 个国家举办 2 场电子商务经验交流会，100 余名代表参会交流，助力共建“一带一路”国家提升电子商务的发展能力。

（二）聚焦“高精尖缺”，全面提升专业技术人才能力素质

培养培训高精尖缺专业技术人才是工程实施的出发点和落脚点，目的在

于加强专业技术人才能力建设，培养专业技术人才的学习能力、实践能力和创新能力，全面提高专业技术人才素质。很多行业部门和地方政府在推进工程的过程中，都能结合自身行业特点和发展需要，紧紧围绕能力建设开展工作，采取举办专家论坛、学术研讨、国际交流、网络培训、远程教育等多种形式，紧密结合专业技术人员继续教育与专业技术人才培养，加强专业技术人才队伍的能力水平建设，取得良好成效。天津市结合全球经济发展和世界科技前沿热点问题，定期邀请两院院士以及商务部、国家行政学院等专家学者，累计开设了10余期人才大讲堂活动，全市5000余名高层次专业技术人员和管理人员从中受益，全面提升了专业技术人才的科学素养和创新精神。中国国家铁路集团有限公司为适应高铁快速发展需要，根据线路投产和装备升级进度安排逐年进行人才规划，确定高铁调度员、动车组运用维修技术专职等11个高铁一线紧缺急需关键专业技术岗位，建立准入制度，统一教学大纲和课程设置，明确考核方式和管理要求，由国铁集团直接组织培训，十年来共培养急需紧缺关键人才2.9万名，为高铁快速发展积蓄了一批“种子选手”。

（三）突出针对性实效性，构建分级分类的继续教育培训体系

工程实施坚持学用结合、学以致用的目标，以满足专业技术人才职业发展需求为根本，以提高专业技术人员灵活解决工作实际问题的能力为导向。在各地各行业实际工作中，通过各种途径，掌握经济社会发展对专业技术人才队伍能力和素质的需要和了解专业技术人员自身发展的需要，保证工程推进方向的正确性，提升培养培训的针对性和实效性。司法部针对司法行政系统具有中高级职称的骨干专业技术人才职业发展和工作需要，分类对律师、公证员、仲裁员、司法鉴定人、人民调解员、司法行政高职院校教师等人员进行培训，不断完善知识结构，增强综合素质，提升职业发展能力。云南省针对具有中高级职称的骨干专业技术人才，细化明确各领域急需紧缺人才培养培训和岗位培训任务，开展以提升岗位适应能力和职业发展能力为重点的岗位培训。每两年组织召开一次云南国际智慧旅游大会，开展云南国际智慧

旅游专题展览、数字文旅与科技创新高峰论坛、国际旅游目的地城市创新发展高峰论坛等形式多样的培训活动，全省旅游领域2.4万余名专业技术人员参训。

（四）创新培训方式方法，推动“互联网+”与继续教育深度融合

新修订的《干部教育培训工作条例》和《专业技术人员继续教育规定》都把“远程教育”明确为培训方式之一。为此，在工程指导协调小组的推动下，人社部开发建设了国家专业技术人才知识更新工程公共服务平台。该平台于2015年1月正式投入使用，已建成信息发布系统、高级研修项目管理系统、国家级专业技术人员继续教育基地建设项目管理系统、急需紧缺人才培养和岗位培训项目管理系统、专业技术人员公需科目公开课堂等模块，基本实现信息发布、申报审核、登记统计、数据分析、证书查询、在线学习、意见反馈等功能。结合各地各行业操作使用平台的情况及反馈意见，平台的投入使用，大大提高了工程重点项目的运行效率和信息化管理水平，已经成为推进工程实施和全国专业技术人员继续教育管理工作的重要业务平台。在此基础上，各部委和各省也在积极探索，推动“互联网+”与继续教育深度融合。生态环境部为解决专业技术人员工学矛盾较为突出、优质培训资源难到达基层的问题，建成全国网上学习平台，通过运用“互联网+”的思维和技术，覆盖全国生态环境系统23万人，提供全时空的网上学习和人才交流平台，并建立课件实时更新机制。山东省探索“互联网+”模式，济南市针对专业技术人员继续教育高峰时段日均服务量大等问题，打造了全国第一例继续教育客服机器人，梳理形成包括政策类通知、继续教育学习等六类答疑信息，机器人可智能识别用户咨询的问题，直接提供答案。

（五）加强沟通协调联络，形成推动继续教育协同发展的工作合力

实践证明，继续教育离不开政府、社会、用人单位、施教机构、行业组织、个人等多元化主体的共同参与。因此，知识更新工程的组织实施注重兼顾各方需求，充分发挥各自的职能优势。综合各地工作座谈会反馈的意见，我们认为：对于政府部门，发挥主导作用，加强制度建设和方向引领，形成

各方有序参与、分工配合的协作机制；对用人单位，尊重其主体地位，吸收其参与确定继续教育的内容方式，使继续教育助力用人单位人才使用和技术创新；对施教机构，积极培育继续教育市场，提供优质的继续教育服务；对行业协会，明确行业组织在行业人才队伍建设方面的职责，努力使行业组织成为提供服务、反映诉求、规范行为的主体；对专业技术人员，体现和保障个人选择权，使继续教育成为加快个人职业发展的重要途径。

文化和旅游部通过党组会等多种形式研究工程实施，部长和分管部领导在开展高级研修、建设国家级继续教育基地等方面多次作出重要批示，人事司作为责任部门，对符合条件的高级研修项目和继续教育基地严格审核把关，好中选优、优中选强，确保申报质量。通过统筹结构布局、行业资源、社会需求和培训渠道，将部内相关业务司局、直属单位、行业协会等培训资源纳入工程体系，形成长效机制，高效推动工程实施。上海市建立由市人力资源和社会保障部门统筹、行业部门牵头、各企事业单位具体实施的项目运行模式，注重发挥行业主管部门、各区、龙头企事业单位等各自的优势和作用，加强沟通协调，共同推进知识更新工程。同时，依托上海继续工程教育协会以及各行业协（学）会，广泛联系、宣传发动会员单位，积极参与各类继续教育活动。

五　工程实施存在的问题与不足

（一）激励约束机制不够健全，工程的示范效应和抓手作用有待深化

尽管各地都成立了知识更新工程领导协调组织，但由于人员、机构的时常调整，目前牵头抓总的作用发挥还不充分。有些部门虽然建立了继续教育基地，但继续教育仅仅是其工作任务的一小部分，或仅仅挂牌需要，现行体制内培训机构的编制、人员、职责、经费等分别由组织、科技、经信、教育、卫生、财政等部门进行管理，人社部门非主管部门，从培训教育角度难以统筹协调。同时，工程缺乏培训成果推广应用机制，由于宣传推广工作做得不够，沉淀的大量课程资源、专家资源等缺少专门的梳理、归纳和再推

广，资源再利用效率较低，没有发挥相关培训成果的最大价值。贫困地区和非公领域组织对继续教育重视程度不够，对继续教育政策法规深入学习不够，未充分建立本单位继续教育与使用、晋升相衔接的激励机制。部分单位专业技术人员参加继续教育的培训时间和培训经费得不到保障。

（二）有的项目缺乏经费支持，工程实施的精准性和针对性有待加强

目前，各地各行业主管部门在实施知识更新工程中，普遍存在缺乏人才培养中长期规划，抑或规划与实际执行偏离较远，临时决定多，长远考虑少，分层次、有侧重地系统培训专业技术人才仍有不足。除了国家级高研班和基地建设有专项经费外，急需紧缺人才培训与岗位培训经费投入不足，影响人社部门在知识更新工程实施中发挥牵头作用。工程对于高级研修项目资助经费 16 万~25 万元，继续教育基地资助经费 300 万元，就目前使用情况来看，经费标准相对较低。承办单位因经费不足需要再另募资金或自己补贴，在一定程度上影响了培训积极性和培训质量。由于经费限制，市县、各行业部门参与工程实施的积极性和主动性不够，企业自主组织开展知识更新工程的热情还不高。因地方财政预算有限，缺乏同级财政专项经费支持，省级继续教育基地建设和省级高级研修项目暂未得到有效开展。对大规模实施高层次、急需紧缺人才培养和骨干人才培训经费保障不足，与培训需求存在一定差距。尤其是偏远省份的知识更新工程实施经费主要依靠本级财政，比如西藏由于自身财力不足，用于知识更新工程的经费相对较少或没有固定投入，在很大程度上影响了工程实施的计划性、整体性。

（三）国家级继续教育基地发展不平衡，评估考核等配套政策措施有待完善

截至 2020 年，全国已成立 200 家国家级继续教育基地，覆盖东、中、西部地区和工程各重点领域，在承接国家级高级研修班、开发专业技术人员继续教育学习资源、打造精品课程方面发挥了良好的示范作用。由于各国家

级继续教育基地在区域空间分布、资源条件禀赋、项目任务承接、示范作用发挥等方面存在较大差异，重复性建设、同质化竞争、粗放型发展等问题不同程度存在，影响和制约了知识更新工程整体效益的发挥。尽管数量较多，但有相当一部分基地作为职业院校或社会培训机构，师资力量薄弱，场地设施陈旧，教学权威性不够，很难满足日益壮大的专业技术人才队伍培训需求。相对落后的偏远省份，地方性的继续教育基地建设都相对落后，如新疆、西藏等自治区，地域辽阔，点多线长，交通不便，现有基地已不能满足专业技术人才的集中培训需要，与当地专业技术人员需求还有较大差距；同时也存在经费投入不足、师资力量薄弱、师资队伍不稳定、培训方式单一等问题，导致基地的作用发挥不充分。

（四）网络化继续教育资源供给不足，工程实施的信息化水平有待提高

各地各部门知识更新工程实施的信息化水平相对滞后，信息化人才紧缺，加之平台开发维护投入大，部门间资源数据共享、协作培养人才机制不健全、渠道不畅通等问题，既影响了相关数据的及时准确全面统计分析，又影响了相关政策的制定和落地。随着“互联网+”与继续教育深度融合，线上培训平台越来越多，但是有针对性的网络培训课程开发不足，尤其是专业课程资源与需求差距较大，课程种类及资源都需要及时更新。目前知识更新工程大多采用集中授课和交流研讨形式，实践和实训比例较低，影响了知识更新效果，迫切需要创新知识更新方式。网络培训对师资调配、教学方案、培训成本等方面都提出新挑战，在培训计划制订、课程内容设计上还需进一步精细优化，与授课师资的交流沟通等方面还需要进一步强化，对培训目标人群的定位、需求和培训模式的探索尝试还需要进一步创新。

（五）示范性国际交流活动中断，工程助力国际化人才培养的模式有待探索

知识更新工程曾设有继续教育专题出国培训项目，广受地方和部门欢

迎，后因政策调整导致国家层面示范性基地继续教育国际交流活动中断。此外，与周边国家及“一带一路”等地区、国家开展合作交流较少，未能建立“走出去、引进来”的长效机制，对国际优质资源引入不足，国际化人才培养模式有待进一步探索。同时，急需畅通基地国际化人才培养通道，尤其是高精尖技术研发和生产企业的国际化交流需求程度越来越高，而目前我国这方面的平台建设相对缓慢，在实施国际化人才培养项目中遭遇现实障碍。国家交流合作作为国家级继续教育基地的重点建设任务，也没有得到充分实施。

六　工程下一步推进实施的政策建议

（一）高位谋划、聚力推进，继续深入组织实施新一轮专业技术人才知识更新工程

近年来，我国专业技术人才总量迅速增长，已达7328万人，广泛分布于经济社会发展各个行业领域，为我国现代化建设各项事业的繁荣发展发挥了重要的引领和支撑作用。专业技术人才知识更新工程是纳入国家中长期人才发展规划、国民经济社会发展“十三五”规划的国家级重大人才工程之一，是涉及领域最广、培训人数最多、培训任务最重的一项工程。总的来看，十年来，专业技术人才知识更新工程作为各地方各部门推动专业技术人才继续教育的有效抓手，已发展成为专业技术人才队伍建设的龙头工程，在培训规模、项目推动、行业发展、制度建设、基础服务、国际交流等多领域取得显著发展成效。面对中华民族伟大复兴战略全局和世界百年未有之大变局，迎接国内外环境深刻复杂变化下的新挑战，我国“十四五”时期以及更长时期的发展，无论是推动高质量发展、实现人民高品质生活，还是构建国内国际双循环发展格局、聚焦“卡脖子”领域核心技术攻关，都对加快科学技术创新、加大专业技术人才供给保障等提出了更为迫切的要求。党的十九届五中全会提出，要深入实施知识更新工程，壮大高水平工程师队伍。

知识更新工程将被列入国家“十四五”规划，继续为国家重点领域培养高层次急需紧缺人才，全面提升我国自主创新能力。鉴于知识更新工程十年来取得的成绩和当前经济社会发展的现实需要，为贯彻党的十九届五中全会精神，我们建议 2020 年后继续实施新一轮专业技术人才知识更新工程。

专业技术人才知识更新工程由人力资源和社会保障部会同财政部、科技部、教育部、中国科学院牵头实施，围绕 21 个重点领域，涉及 23 个行业牵头部门，每年有 100 万人次的培训任务。新一轮知识更新工程的推进实施，在组织领导方面，要发扬工程实施十年积累的上下互动、部门联动的有益经验，充分发挥知识更新工程指导协调小组在凝聚智慧力量、加强沟通协作、反映需求建立、推动工作实施等方面的职能作用，要充分吸收地方和部门征集的意见需求，主动加强与中组部、财政部等相关职能部门的沟通对接，创造有利条件，积极支持将新一轮知识更新工程纳入国家重大发展规划。在目标规划方面，要以习近平新时代中国特色社会主义思想为指导，深入贯彻落实习近平总书记关于人才工作的重要论述，突出政治引领，加快知识更新，注重提高质量，强化公共服务保障，健全完善体制机制，不断增强专业技术人员继续教育的针对性、时效性和吸引力。

（二）突出重点、示范引领，高质量开展高层次、急需紧缺和骨干专业技术人才培训

专业技术人才知识更新工程要为党和国家工作大局服务，充分发挥人才对经济社会发展的支撑作用。当前，我国正处在由高速增长向高质量发展转变的关键阶段，但我国科技自主创新能力不足、关键核心技术受制于人的局面尚未得到根本性扭转，给经济优化升级带来不少困难。创新驱动实质上是人才驱动，高质量发展关键要靠人才作支撑。下一阶段，要以知识更新工程引领带动各行业各系统开展全员教育培训，着力提高专业技术人才队伍的专业水平、创新能力和整体素质。

新一轮知识更新工程，要聚焦国家重大战略、重大工程项目和重点产业领域，围绕建设规模宏大、结构合理、素质优良、具有国际竞争力的专业技

术人才队伍，面向装备制造、数字信息、新能源、新材料、生物医药等重点领域和战略性新兴产业，以提升思想政治素质和职业素养、创新创造创业能力为重点，以新理论、新知识、新技术、新方法为主要内容，以高精尖缺和骨干专业技术人才为主要对象，加强专业技术人才培训，推进专业技术人才队伍规模、素质、结构更好适应高质量发展需求。要加强与疫情防控、乡村振兴等当前国家重点发展任务以及围绕京津冀协同发展、雄安新区、海南自由贸易港、长三角区域一体化、粤港澳大湾区等区域性国家重大战略的衔接，开展专题继续教育活动，为国家重大战略、重大工程项目和重大科技专项提供更加精准、科学、高效的人才供给。

（三）突出品牌、精准定位，优化设置新一轮专业技术人才知识更新工程重点项目

十年来，专业技术人才知识更新工程超额完成了每年 100 万人次的培训任务，建设了一批覆盖各省（区、市)、各重点领域的国家级专业技术人员继续教育基地，有力改善了我国经济社会发展重点领域的急需紧缺人才供给，取得了显著发展成绩，得到了各地各部门和广大专业技术人员的广泛好评。但客观总结知识更新工程重点项目的实施情况，确实存在诸如行业领域发展不平衡、重点项目财政经费支持不够、项目资源统筹整合不够、国家级专业技术人员继续教育基地网络体系整体功效发挥不够等现实问题。着眼于新的发展阶段和更高层次培训需求，需要对工程重点项目进行优化调整。

高级研修项目已成为我国专业技术人才队伍建设的知名品牌，在加强专业技术人才能力建设、培养高层次专业技术人才、促进高端学术技术交流方面发挥了重要作用。新一轮知识更新工程实施，要延续好发展好高级研修项目，按照高水平、小规模、重特色的要求，在提高办班针对性上下功夫，高研班选题与国家重点发展战略、地区行业发展需要密切结合；要在创新研修手段上下功夫，完善疫情期间探索的线上线下相结合的办班模式等。

国家级专业技术人员继续教育基地是实施知识更新工程的重要依托，在培训高层次、急需紧缺和骨干人才方面发挥了重要作用。十年来，国家级继

续教育基地的布局已覆盖各地区和各重点行业领域，下一阶段不宜再大规模新建基地，基地工作思路由批准建设调整为监督管理，探索建立退出机制，重点加强对已有的200家基地的动态管理。要引导各基地加强横向交流，促进培训资源整合，推进培训项目、专家师资、教材课程、课题研究等培训资源共建共享共用；对承担专业技术人员培养培训任务量大、培训效果好、发挥作用明显的基地，在绩效评估基础上，实行以奖代补的办法，分档给予后续经费支持。

急需紧缺人才培养培训作为知识更新工程的重要组成部分，在大规模培训重点领域专业技术人才方面作出了突出贡献。下一阶段，要破解缺少财政经费支持、工作抓手不足等问题。可以考虑，依托国家级专业技术人员继续教育基地带动各级各类继续教育基地，开展专业技术人员能力提升和新职业专业技术人员培养培训项目，充分利用现有政策资源，加强统筹整合，面向国家经济社会发展重点领域和新兴领域，特别是面向人工智能、大数据、区块链、物联网、量子信息、集成电路、新能源、新材料、生命健康等关键领域，开展大规模的知识更新继续教育活动。

（四）创新内容、强化供给，不断提高继续教育课程和教材体系建设现代化水平

以深入贯彻落实《专业技术人员继续教育规定》为抓手，围绕公需科目和专业科目两大类别，加大国家级专业技术人员继续教育内容体系建设和供给。新一轮知识更新工程实施，要把提高国家级继续教育课程和体系建设作为重要方面，以内容建设的科学化、规范化和先进化，带动继续教育培训的精准化。

一是突出专业技术人员政治引领，要把学习贯彻习近平新时代中国特色社会主义思想摆在专业技术人员继续教育的最突出位置，把提升思想政治素质和职业素养贯穿于专业技术人员继续教育全过程，坚定爱国奉献的价值追求、筑牢报国奋斗的理想信念。二是牵头开展课程和教材体系建设，面向重点领域、新兴产业领域、新职业等研制精品课程，并从各地人社部门、各国

家级继续教育基地等推荐的课程中遴选优质课程资源。分批开发专业技术人员继续教育公需科目和专业科目教材，配套开发电子版教材，扩大教材的使用度、受益面、影响力。坚持从源头入手加强课程的研发和设计，做好需求调研、量身定制、专题开发。三是开发专业技术类新职业教材课程，对标行业专业国际先进水平，按照初级、中级、高级工程技术人员应具备的专业技术水平，设计新职业专业技术人员培训大纲和培训内容，开发培训教材和课程，设置考核题库和合格标准，并遴选推荐一批现有实用教材。四是建立来源广泛的国家级专兼职师资库，精准配备授课教师，满足个性化、差别化的培训需求。

（五）线上线下、融合发展，构建形成上下贯通、广泛覆盖的全国继续教育网络培训工作格局

大力发展"互联网+"继续教育，顺应互联网与传统业态融合发展新趋势，推进网络培训，完善网络课程，促进继续教育资源共享，构建广覆盖、开放式的网上继续教育和在线学习平台，为广大专业技术人员更新知识、提高能力提供更加便捷高效的服务。优化完善国家专业技术人才知识更新工程公共服务平台，提高全国继续教育管理工作信息化水平，加强数据互联互通和统计分析，支持指导各地人社部门、各国家级继续教育基地建设完善继续教育公共服务网络培训，构建形成全国上下贯通、广泛覆盖的继续教育网络体系。依托"金保"工程二期，建设全国专业技术人员继续教育系统，汇总、统计、分析、查询全国继续教育有关数据。

鼓励各行业部门和各地方根据需要，建设具有自身特色的行业性、区域性的学习平台。同时，促进区域性、行业性在线学习平台与国家级在线学习平台相互衔接，使得扩大国家级优质平台资源覆盖面与吸收各地各行业有益探索良性互动。倡导优质继续教育网络课程资源多元供给，坚持自主开发与合作共享相结合、政府引导和市场化运行相结合。各级继续教育主管部门要加强公需科目等基础性、示范性课件资源供给，扩大普惠性继续教育资源的覆盖面。鼓励行业协会和相关企事业单位的施教机构结合自身优势领域，自主开发或更新社会急需、形式多样的专业科目学习资源。

（六）开放共享、国际合作，支持鼓励开展多形式、多层次的继续教育对外交流

当前，专业技术人才自发在国际流动，继续教育资源自发寻求优化配置，世界各国间的继续教育交流日益频繁。在科技进步日新月异、经济社会快速发展、全球化趋势日益明显的今天，技术创新不再局限于独立的内部研发，技术运用也不再局限于一隅之地，而是在更大范围内整合全球资源、共享发展成果。当前国内国际大循环相互促进的背景下，继续教育作为与经济社会发展需求结合最紧密的人才培养方式，迫切需要进一步加强在各国间、区域间开展交流与合作。新一轮知识更新工程实施，要继续坚持国际优质资源“引进来”与我国发展经验成就“走出去”相结合，朝着高水平的国际化方向发展，既注重学习借鉴国际继续工程教育领域的新理念、新技术、新方法，引进国内急需、在国际上具有先进性的课程、教材和项目，又注重宣传和推介我国专业技术人员继续教育的发展成就，大幅度提升国际继续工程教育事务的参与程度和水平。

一是继续发挥好国际继续工程教育协会副主席、亚太继续工程教育协会执委等职能作用，积极组织参加理事会、执委会以及线上研讨会等相关活动，努力扩大在国际继续教育领域的影响力。二是继续组织专业技术人员继续教育管理人员赴国境外短期培训团组，学习国外先进管理经验，争取共享优质资源，提升我国专业技术人员继续教育专业化、国际化水平。三是积极申报面向共建“一带一路”国家专业技术人员继续教育领域的援外合作项目，组织沿线国家专业技术人员及其管理人员来华培训，分享中国经验，传播中国声音。四是积极组织线上、线下多种形式的国际交流研讨活动，就专业技术人员继续教育管理领域的相关问题开展研讨，促进经验和资源共享。

B.6

疫情背景下企业在线学习现状与趋势分析

——基于知学云在线学习平台的调研报告

唐福国　黄观祯　王立娟*

摘　要：　新冠肺炎疫情背景下传统的线下培训严重受挫，企业培训的刚性需求催生移动端加速在线学习泛在化趋势，在线学习供应商需要在产品开发、运营管理及服务增值等方面着手提升自身的竞争优势。

关键词：　泛在学习　智能学习　技术赋能　运营管理　服务增值

2021年，受新冠肺炎疫情的持续影响，我国企业仍处于易变、不确定、复杂和模糊（VUCA）的商业环境之中，疫情成为影响企业培训的最大变量。一方面，人员大量聚集的线下培训不符合疫情防控政策要求；另一方面，企业对培训的刚性需求迫使企业寻求专业培训厂商为其量身定制培训课程，这就为广大在线学习培训供应商带来了机遇。本报告以知学云（北京）科技股份有限公司学习平台数据为基础，分析疫情背景下的企业在线学习现状与趋势，以期为在线学习的供需双方提供有益参考。知学云是为政企客户提供数字化学习整体解决方案的服务商，以基于 PaaS（Platform as a Service）架构的学习平台、丰富优秀的数字化学习资源和专业化运营服务，帮助客户实现培训的数字化转型。以下分析主要基于知学云统计2021年使用一年以上的232家企业用户数据。

* 唐福国，中共北京市丰台区委党校副教授；黄观祯，知学云（北京）科技股份有限公司研究院副院长；王立娟，北京市委农工委党校助理研究员。

一　不同规模、不同行业及不同性质企业的培训需求

（一）各种类型的企业对培训都有旺盛需求

从企业性质看，232 家企业中，民营企业 122 家，占 53%；国有企业 85 家，占 37%；中外合资企业 16 家，占 7%；外资企业 8 家，占 3%（见表 1）。

表 1　2021 年用户企业性质分布

单位：家，%

企业性质	企业数量	占比
国有企业	85	37
民营企业	122	53
中外合资企业	16	7
外资企业	8	3
港澳台独资企业	1	0
总计	232	100

从企业规模来看，10000 人及以上的企业 32 家，占企业总数的 14%；5000~10000 人的企业 24 家，占 10%；2000~5000 人的企业 36 家，占 16%；1000~2000 人的企业 45 家，占 19%；500~1000 人的企业 56 家，占 24%；500 人以下的企业 39 家，占 17%（见表 2）。分析可知，各种规模的企业对于在线学习都有强烈的需求。

表 2　2021 年用户企业规模结构

单位：家，%

企业规模区间	企业数量	占比
10000 人及以上	32	14
5000~10000 人	24	10
2000~5000 人	36	16
1000~2000 人	45	19
500~1000 人	56	24
500 人以下	39	17
总计	232	100

（二）制造业对于培训的需求较其他行业更为强烈

从行业领域看，232 家企业涵盖制造业、商务服务、高新技术、金融、零售批发、房地产业、消费品、建筑业、交通运输、石油能源、教育培训、影视传媒、环保业、通信服务等领域。制造业、商务服务、高新技术、金融、零售批发行业位列前五名，对在线学习表现出强劲需求。其中，制造业数量达到了 69 家，占企业总数的 30%；商务服务及高新技术企业分别占到 13%和 11%；金融、零售批发行业均占 7%（见表 3）。2018 年 10 月 22 日，习近平总书记在考察横琴新区粤澳合作中医药科技产业园时指出，制造业的核心就是创新，就是掌握关键核心技术，必须靠自力更生奋斗，靠自主创新争取，希望所有企业都朝着这个方向去奋斗。作为实体经济的中坚力量，制造业发展的根本是自主创新，培训是企业实现创新的重要途径。从数据分析可以看出，制造业对于培训的需求较其他行业更为强烈。

表 3　2021 年企业用户行业分布

单位：家，%

行业	企业数量	占比
制造业	69	30
商务服务	29	13
高新技术	26	11
金融	16	7
零售批发	16	7
房地产业	15	6
消费品	14	6
建筑业	12	5
交通运输	12	5
石油能源	7	3
教育培训	6	3
其他	4	2
影视传媒	3	1
环保业	2	1
通信服务	1	0
总计	232	100

二　企业学习整体运营情况

（一）企业对培训的期望值越来越高

从人均登录情况来看，2021 年，人均登录 30 次以上的人员比例增至 39%，较上年提高了 8 个百分点。从登录方式看，移动端登录人次增至 80%，较上年提高了 26 个百分点；PC 端登录人次占 20%，较上年下降了 26 个百分点（见图 1）。这表明，5G 技术的日益普及为企业员工的泛在学习提供了可能，员工在移动中学习已成趋势。企业对员工培训工作的期望值越来越高，希望通过在线学习真正为员工赋能。

（二）学员在线学习时长较上年大幅增长

从整体学习时长情况看，2021 年员工的人均在线学习时长达 14 小时，较上年（10 小时）增长 40%。从学习时长区间来看，学习 0~2 小时的员工占 17%，较上年提高了 10 个百分点；学习 2~5 小时者占 17%，学习 5~10 小时者占 22%；学习 10~20 小时者占 20%，较上年提高了 15 个百分点；学习 20~50 小时者占 19%，较上年提高了 12 个百分点；学习 50 小时及以上者占 5%（见图 2）。

（三）各行业学习时长有升有降

从行业看，交通运输、消费品、影视传媒、制造业、石油能源、金融、建筑业以及其他行业的人均学时较上年都有明显的增长。其中，交通运输行业人均学时增至 27. 1 小时，较上年增加了 13. 1 个小时；消费品行业由上年的 14. 4 小时增至 24. 1 小时；影视传媒行业人均 21. 1 小时；制造业由上年的 8 小时增至 17. 3 小时；石油能源行业由上年的 11. 7 小时增至 14. 7 小时；金融业由 4 小时增至 13. 9 小时；建筑业由 0. 7 小时增至 8. 5 小时；高新技术行业基本持平，维持在 8. 2 小时的水平。其他行业人均学时都呈现了不同

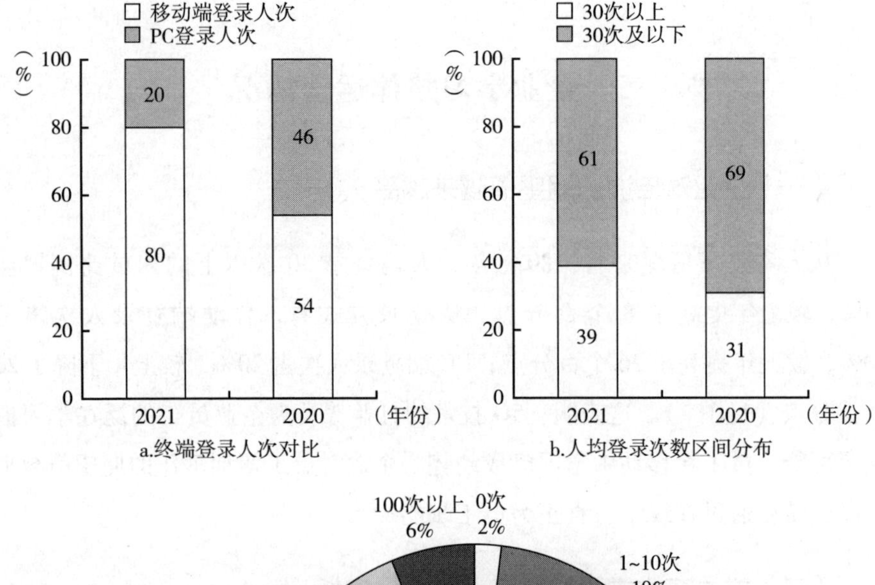

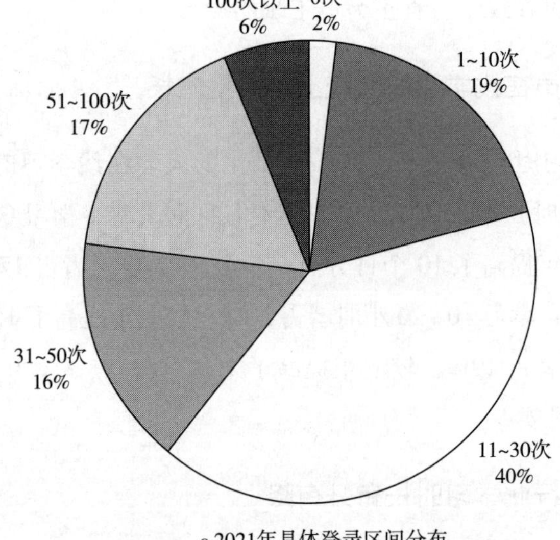

图 1　2021 年人均登录频次与登录方式

程度的下降趋势。比如，商务服务业从上年的 18. 8 小时降至 8. 6 小时，零售批发业从上年的 16. 4 小时降至 12. 5 小时，房地产业由上年的 9 小时降至 6 小时，通信服务业由上年的 7. 1 小时降至 0. 4 小时，教育培训业由上年的 6. 2 小时降至 5. 3 小时（见图 3）。

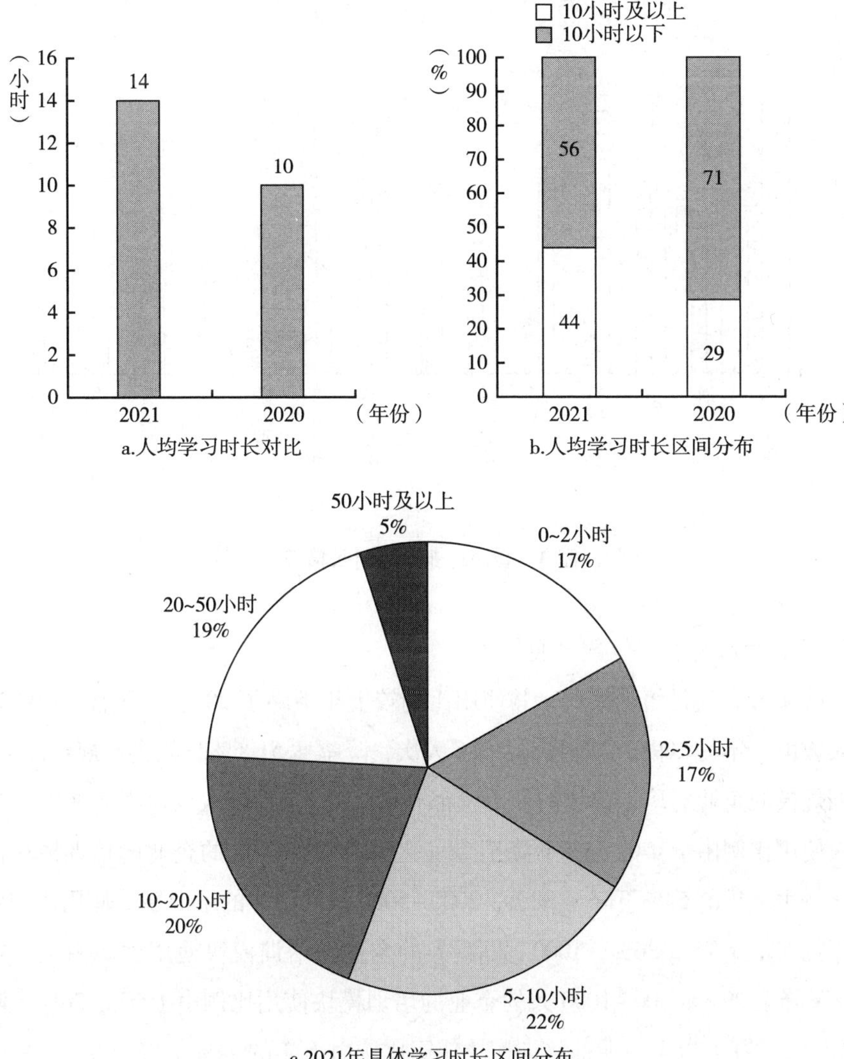

图 2　2021 年员工学习时长及区间

（四）各学习模块使用率有增有减

从各模块使用情况看，受总体培训需求下降的影响，自建课程、专题、考试、培训、直播、分享以及知识等模块较上年都有所下降，有些模块使用

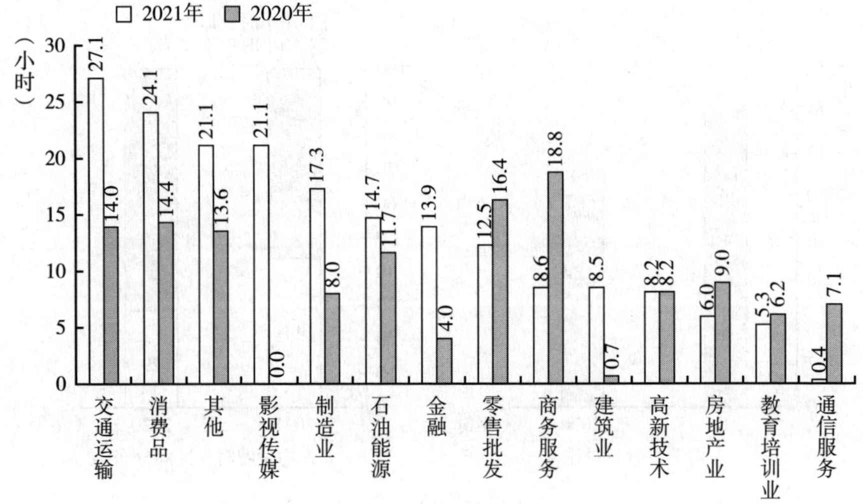

图 3　客户行业学习时长情况

率下降幅度超过了两位数（见图 4）。

降幅最大的是培训模块，其使用比例较上年下降了 28 个百分点。在线培训人数由上年的 10913 人次降至 5286 人次，降幅达 51.6%。就企业规模而言，不同规模的企业对培训模块的使用率都有所下降。10000 人及以上企业的培训模块使用比例由上年的 53%下降至 28%，5000~10000 人的企业的培训模块使用比例由上年的 54%下降至 38%，2000~5000 人的企业的培训模块使用比例由上年的 52%下降至 36%，1000~2000 人的企业的培训模块使用比例由上年的 38%下降至 29%，500~1000 人的企业的培训模块使用比例由上年的 28%下降至 25%，500 人以下企业的培训模块使用比例由上年的 14%下降至 5%（见图 5），平均降幅达 13 个百分点。企业培训模块使用比例下降的部分原因是疫情负面影响的不可预期性促使大部分企业主营业务收缩而缩减了培训预算资金。同时，培训项目不断精简促使企业对在线学习供应商的选择趋于苛刻和谨慎，培训需求的刚性与培训方案的性价比成为企业采购培训的重要考量。从企业性质看，外资企业的培训模块使用比例与上年保持一致，说明外资企业受国内疫情防控相关政策的影响很小，因而企业培训未受任何影响。而国有企业、

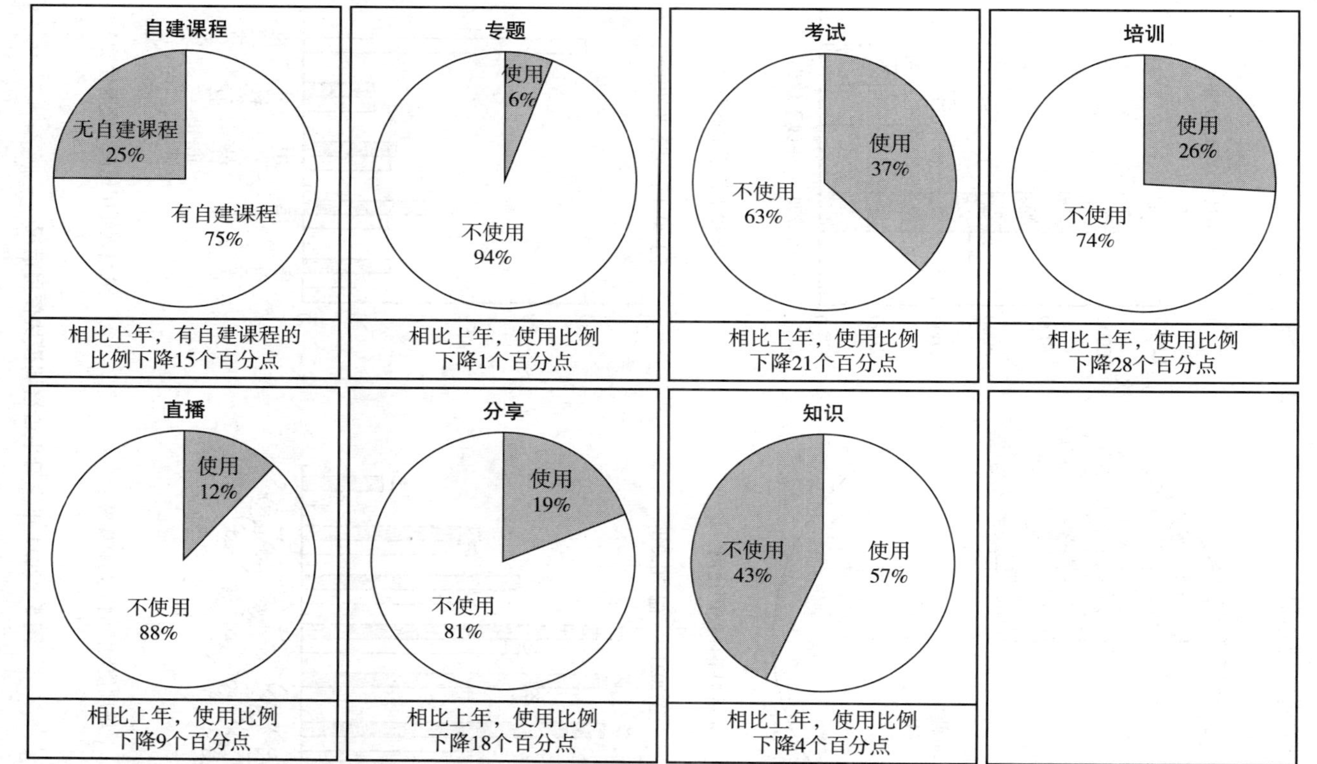

注：为了减少试用数据对统计的干扰，以上统计项皆排除试用在3次以下（包含3次）的客户，归为不使用。

图 4　2021 年学习平台各模块使用情况

民营企业以及中外合资企业因为国内疫情防控政策的影响，培训使用的比例明显下降，降幅分别达到了 12 个、7 个和 2 个百分点。

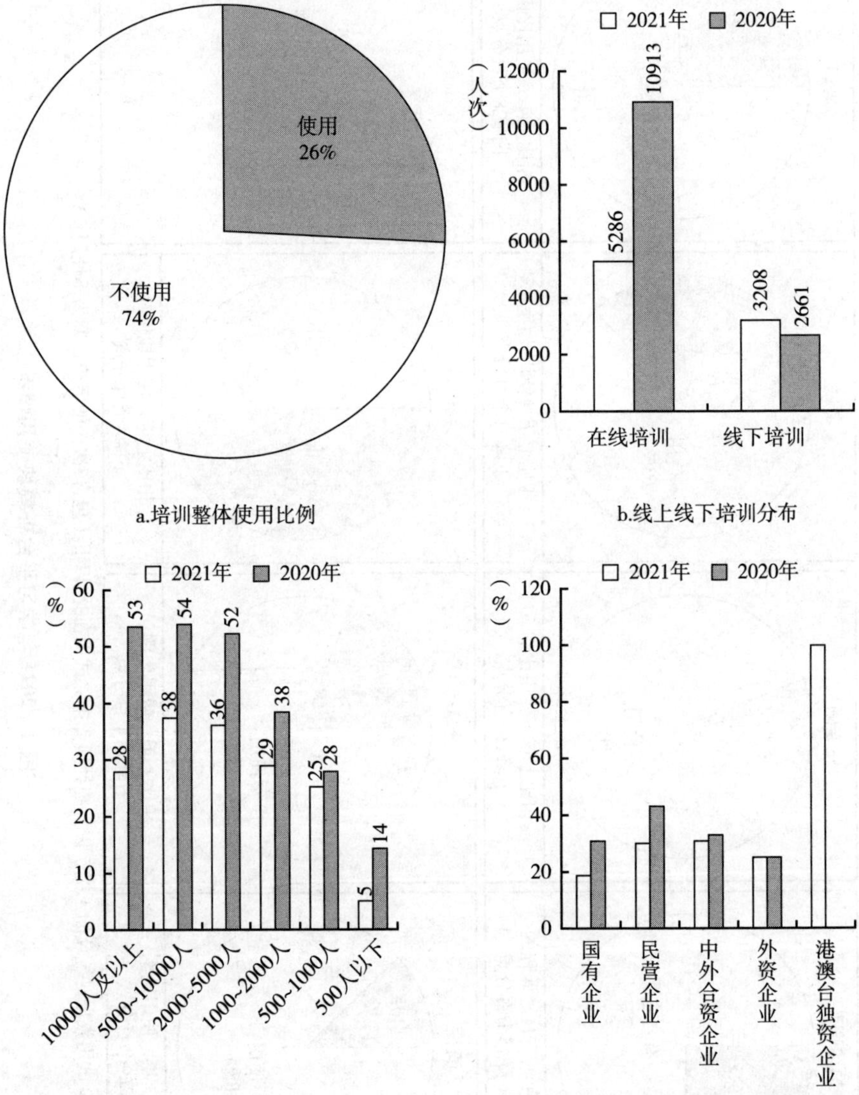

a.培训整体使用比例

b.线上线下培训分布

c.培训使用比例（企业规模）

d.培训使用比例（企业性质）

图 5　2021 年学习平台培训模块使用情况

注：港澳台独资企业 2020 年数据缺失。

（五）培训效果需要有足够的学习时长来保证

从培训班次类型来看，计划内培训班次较上年下降了6个百分点，计划外培训班次较上年增加了6个百分点（见图6），部分原因可能是疫情及防控政策的变化使得计划内的线下培训班次不能如期完成。同时，疫情背景下

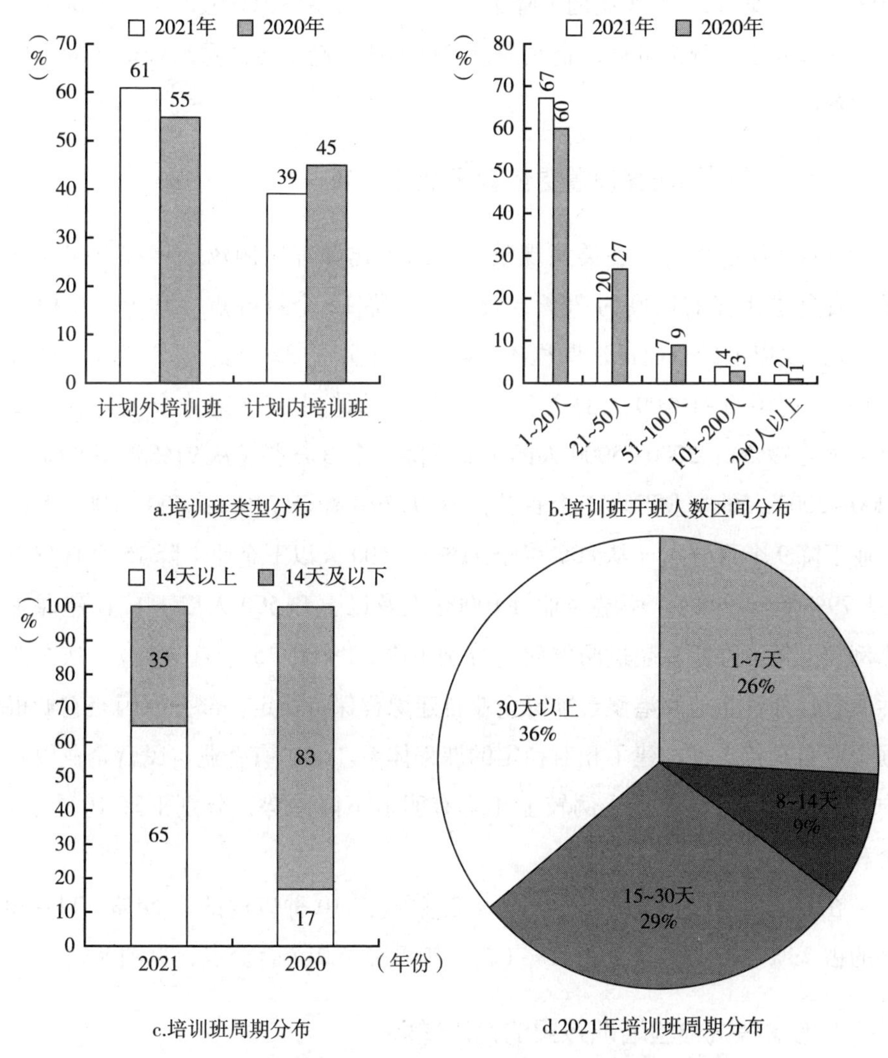

图6 2021年学习平台培训班模块使用情况

人员静态管理的要求促使企业增加了计划外在线培训的需求。就培训班周期而言，1~7 天的占 26%，8~14 天的占 9%，15~30 天的占 29%，30 天以上的占 36%。其中，14 天以上培训班较上年增加 48 个百分点（由上年的 17%增至 65%），说明越来越多的企业认识到培训赋能需要有足够的时间投入。从培训班的规模看，1~20 人的班次较上年增加了 7 个百分点（由 60%增至 67%），21~50 人的班次比例下降了 7 个百分点，51~100 人的班次比例下降了 2 个百分点。分析可见，企业为追求培训质量越来越注重培训班次的小而精设置。

（六）培训的内容设置更依赖于专业厂商

就自建课程而言，各类型规模企业的自建课程比例较上年都有明显下降。有自建课程的比例为 75%，较上年下降 15 个百分点。其中，规模在 10000 人及以上的企业自建课程比例较上年下降了 32 个百分点（从 93%降至 61%）；5000~10000 人的企业自建课程比例较上年下降 6 个百分点（从 85%降至 79%）；2000~5000 人的企业下降 2 个百分点（从 91%降至 89%）；1000~2000 人的企业下降 1 个百分点（从 79%降至 78%）；500~1000 人的企业下降 9 个百分点（从 80%降至 71%）；500 人以下企业下降 15 个百分点（从 79%降至 64%）。两端企业（10000 人及以上和 500 人以下）自建课程比例较上年下降幅度超过两位数（分别下降 32 个和 15 个百分点）。从企业性质看，外资企业和港澳台独资企业自建课程保持稳定，部分原因是它们根据企业自身特点都构建了相对稳定的课程体系。而国有企业、民营企业以及中外合资企业自建课程比例较上年都有明显下降趋势，分别下降 10 个、7 个和 14 个百分点（见图 7）。

在专题内学习资源数量方面，资源数量在 10 种以内的占 54%，11~30 种的占 29%，31~50 种的占 7%（较上年下降了 2 个百分点，见图 8）。

（七）考试检验培训效果的作用减弱

从考试使用的情况看，考试整体使用比例较上年下降 21%。不同规模

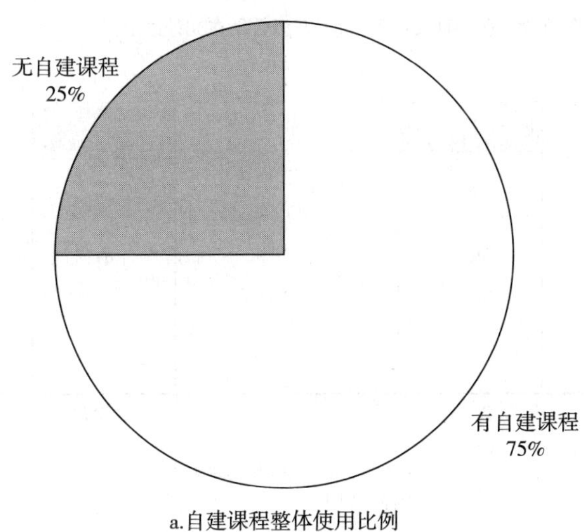

a.自建课程整体使用比例

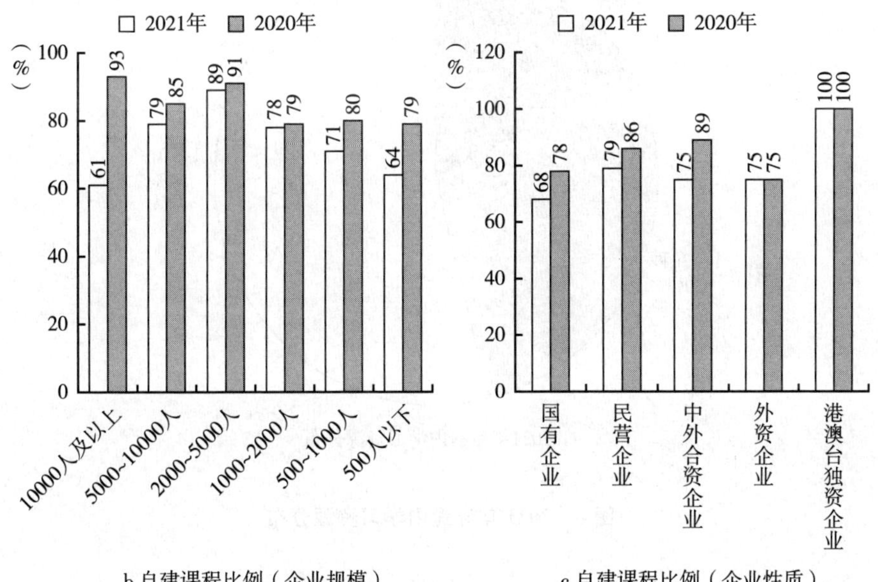

b.自建课程比例（企业规模）　　c.自建课程比例（企业性质）

图 7　2021 年自建课程比例

企业考试模块使用的比例有所下降。其中，10000 人及以上的企业考试使用比例由上年的67%降至39%，下降了 28 个百分点；5000~10000 人的企业考试使用比例由上年的 46%降至 38%；2000~5000 人的企业考试使用比例下

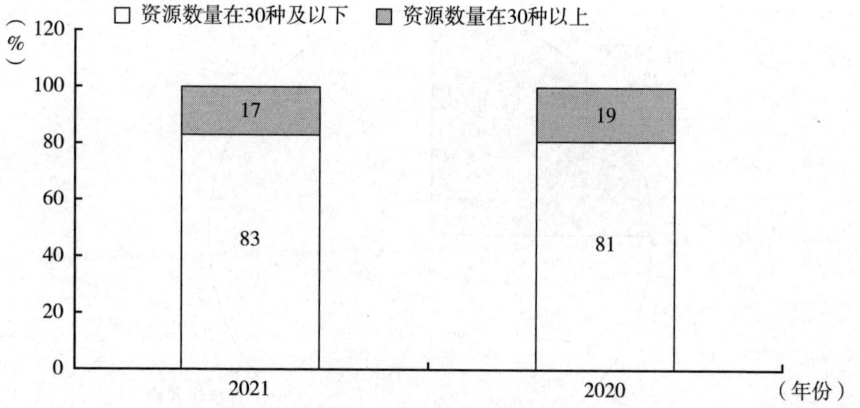

a.专题内学习资源数量分布

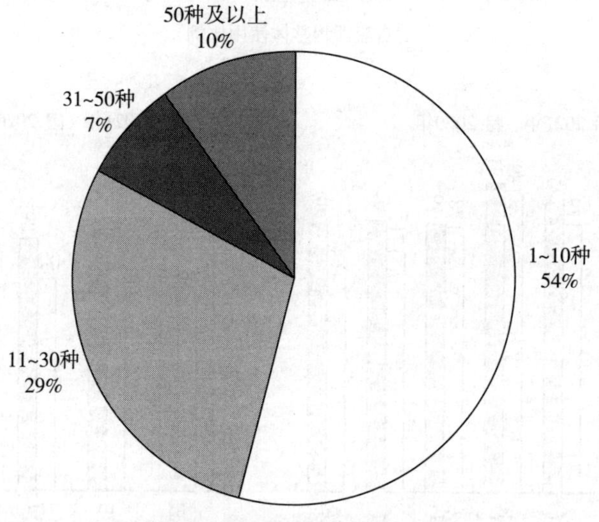

b.2021年专题内学习资源分布

图 8　2021 年专题内学习资源分布

降了 1 个百分点。1000～2000 人的企业考试使用比例由 47%降至 44%；500～1000 人的企业考试使用比例由 48%降至 38%；500 人以下的企业考试使用比例由 25%降至 18%。从性质来看，国有企业、民营企业、中外合资企业以及外资企业的考试使用比例都呈现下降的趋势，降幅分别为 12 个、4 个、25 个、37 个百分点（见图 9）。

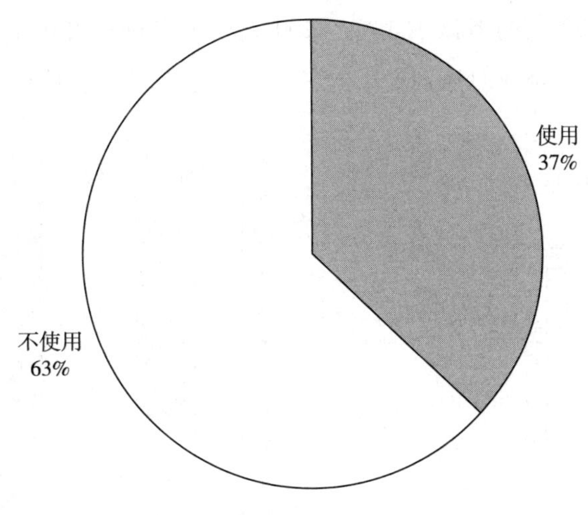

a.考试整体使用比例

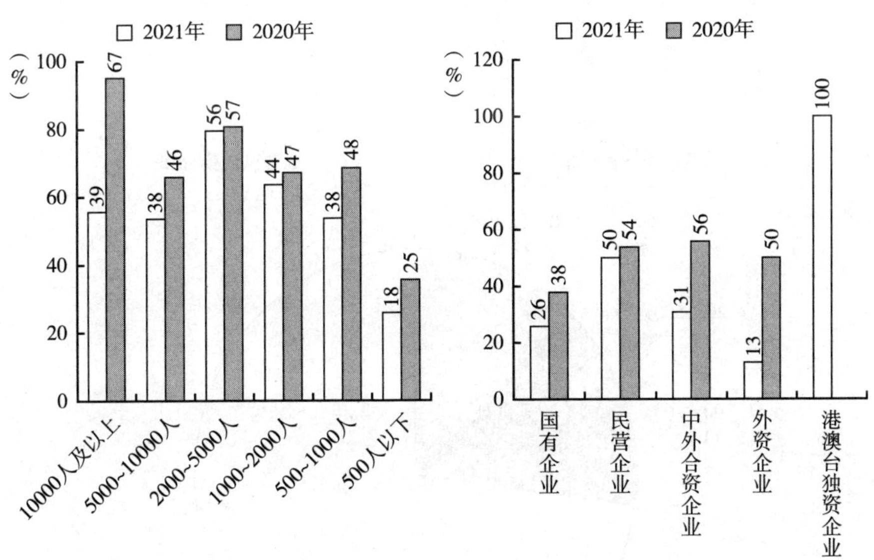

b.考试使用比例（企业规模）　　c.考试使用比例（企业性质）

图 9　2021 年学习平台考试模块使用比例

注：港澳台独资企业 2020 年数据缺失。

课后考试使用率由上年的 36%增至 48%。普通考试使用率由上年的 48%降至 44%，游戏化考试使用率由上年的 18%降至 11%。1～50 人的考试占73%，51～200 人的考试占 11%，200 人以上考试规模由上年的 7%增至 16%（见图 10）。企业对培训效果的考核不只依靠考试这种单一的方式，但

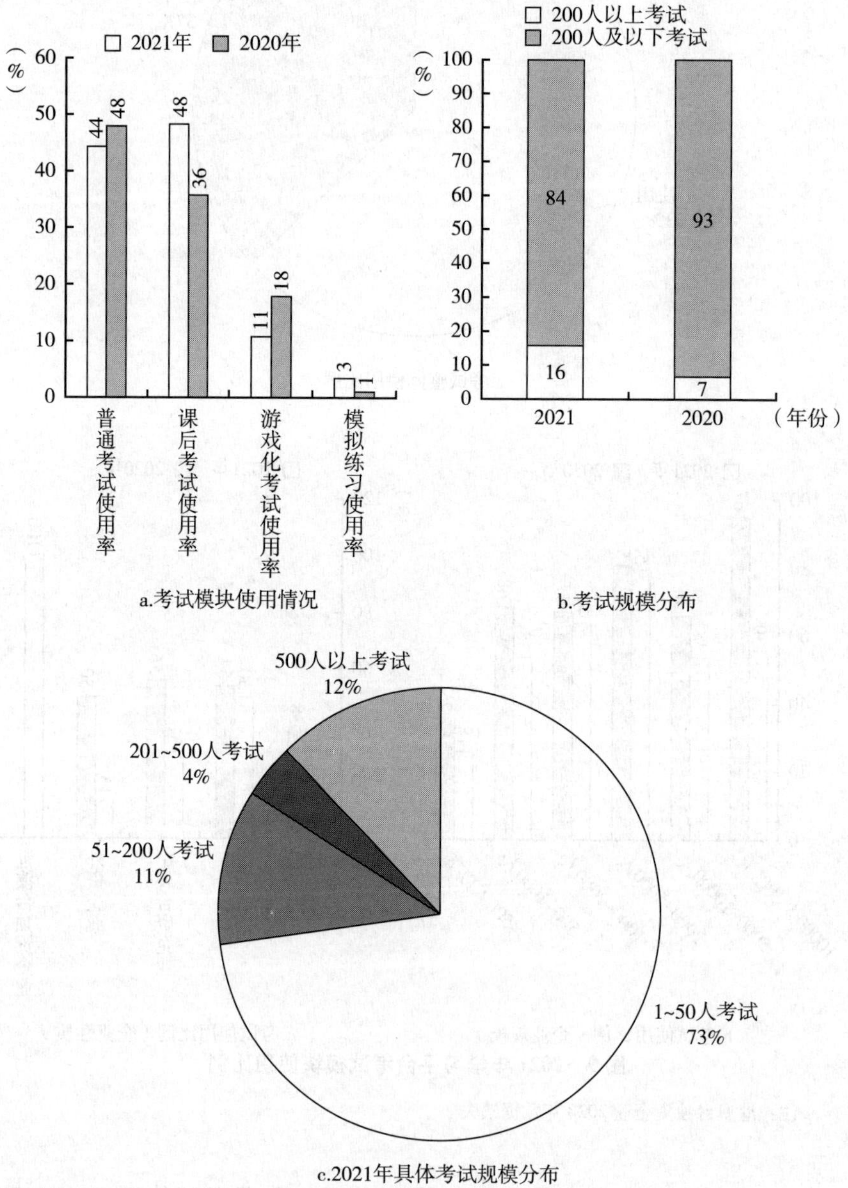

a.考试模块使用情况

b.考试规模分布

c.2021年具体考试规模分布

图 10　2021 年学习平台考试规模状况

是由于考试统一评判标准的优势使得大部分企业对大规模人群培训的考核仍然会优先选择课后考试这种方式来评判培训的效果。

（八）在线直播的使用率和参与度呈下降趋势

在直播使用方面，整体使用比例较上年下降 9 个百分点。直播开通率，从上年的 30%降至 26%，开通后使用率由上年的 47%增至 60%，说明企业使用直播的频率高于上年。

从企业规模来看，10000 人及以上企业的直播使用比例由 13%增至 33%，增长了 20 个百分点，这类企业对直播的作用有了更深的认识。10000 人以下企业的直播使用比例都有不同程度的下降，降幅分别为 14 个、6 个、2 个、11 个和 11 个百分点。

从企业性质来看，除了外资企业直播使用比例保持相对稳定之外（受国内疫情防控政策影响小），国有企业使用直播的比例较上年增长了 3 个百分点，而民营企业使用直播的比例较上年下降了 15 个百分点（见图 11）。

直播参与人数方面，1~20 人的直播比例由上年的 57%下降至 31%，降幅达 26 个百分点；21~50 人的直播比例由上年的 11%增至 27%；51~100 人的直播比例由上年的 11%增至 21%；100 人以上的直播比例与上年持平，为 21%（见图 12）。分析可见，企业希望参与直播的人数越多越好，尽量追求在线学习的规模效应。

（九）企业对在线学习平台的粘连度有待进一步提升

知识分享模块使用率较上年下降 18%，累计发布内容 81920 条，平均每家企业发布 353 条，累计讨论 5010 条。从分享发布内容数量分布看，发布分享信息 50 条以上的只有 8%，92%的用户发布的分享信息都在 50 条以下（见图 13），说明员工在线知识分享的活跃程度有待进一步激发。

知识模块使用率为 57%，较上年下降 4 个百分点；拥有知识模块共计 7621 份，平均每家企业拥有知识模块 32 份；累计下载 15186 次，平均每家企业下载 65 次。知识模块上传入口方面，管理端上传的知识模块占 91%，

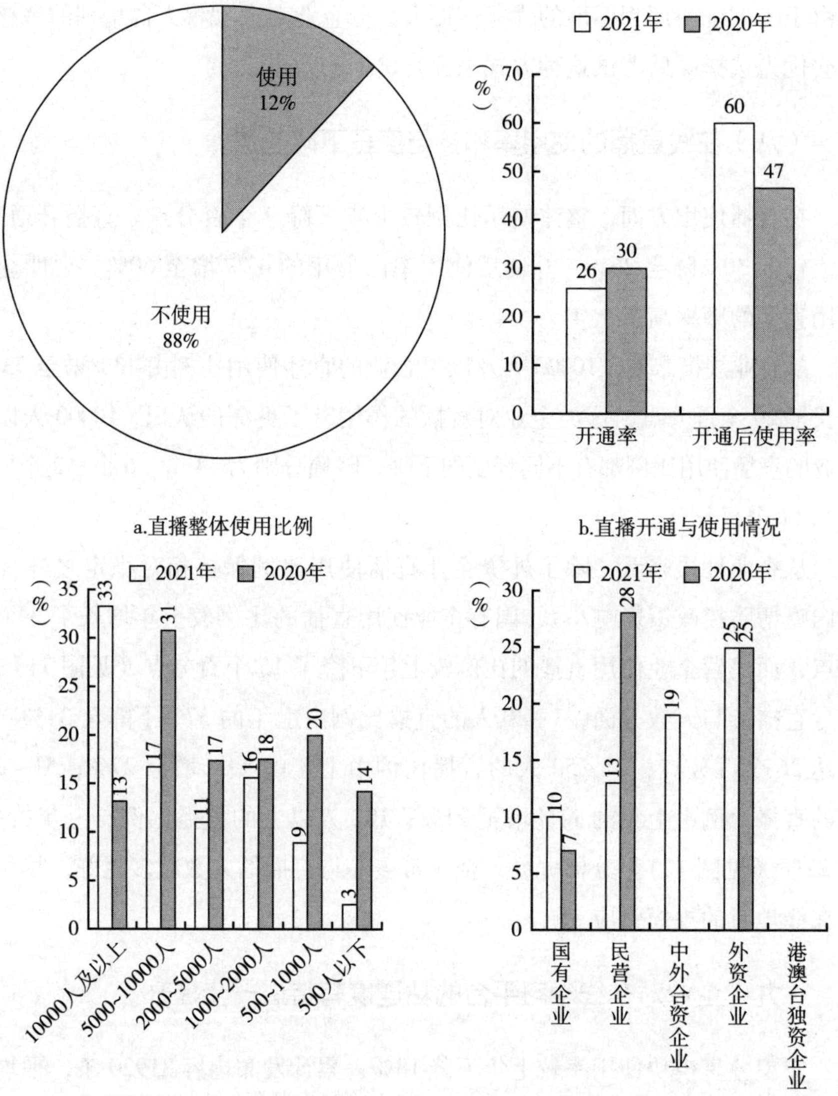

a.直播整体使用比例

b.直播开通与使用情况

c.直播使用比例（企业规模）

d.直播使用比例（企业性质）

图 11　2021 年学习平台直播使用情况

注：港澳台独资企业 2020 年和 2021 年数据缺失。

学员端上传的知识模块占 9%。分析可知，作为在线学习的提供商，知学云在课程体系和内容开发设计方面需要在通识学习和为企业量身定制等方面下

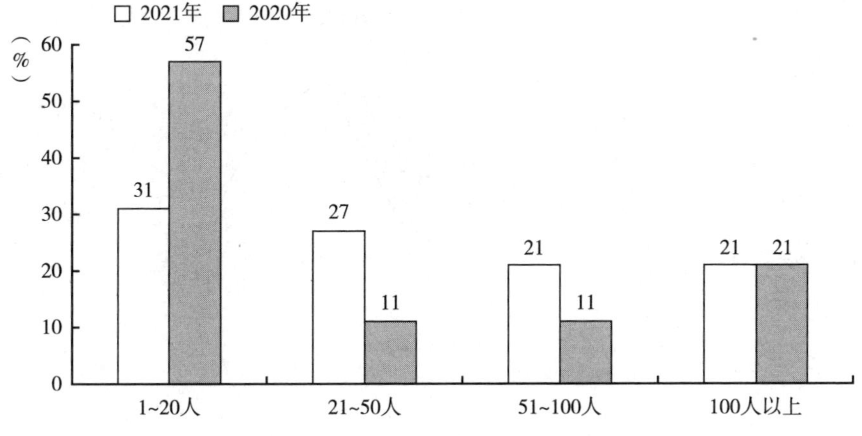

图 12　2021 年直播参与人数情况

功夫，为广大企业在线学习提供专业化与个性化服务。

证书功能使用率为 16%，较上年下降 15 个百分点。有效证书数量 1322 份；累计发放 123035 人次，平均每家企业发放 530 人次。标签功能使用率为 72%，较上年提升 1 个百分点。平均每家企业拥有标签 43 个，平均使用次数为 881 次。表明企业对在线学习平台有一定的粘连性，知学云将在提升内容质量的过程中继续加大各企业对在线学习平台的粘连度，为企业创造良好的数字化学习体验。

三　关于企业在线学习的发展前景

企业在线学习是企业借助一定的在线学习平台围绕教、学、考、评、管等环节，通过数字化技术赋能员工群体互动和知识共享，实现企业知识的应用、转化和创造，以提高企业适应性与竞争力的教育过程，是在由通信技术、微电脑技术、计算机技术、人工智能、网络技术和多媒体技术等所构成的电子环境中进行的学习，是基于技术的学习。企业在线学习强调企业通过构建数字化技术支撑环境，对组织学习的目标、主体和过程施加影响，以实现企业培训开发与人才发展的数字化转型。相较于线下授课形式的传统培训

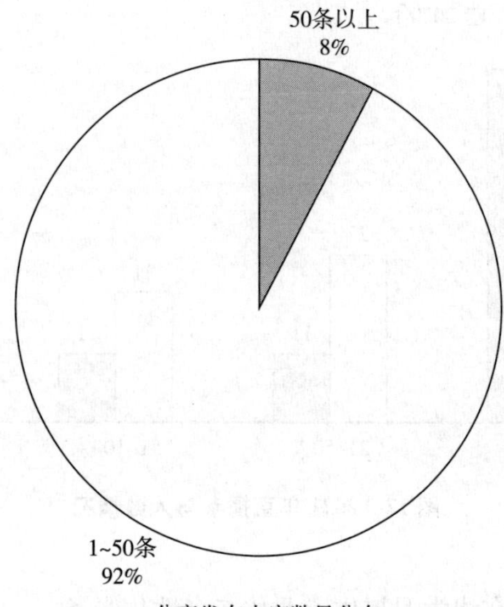

a.分享发布内容数量分布

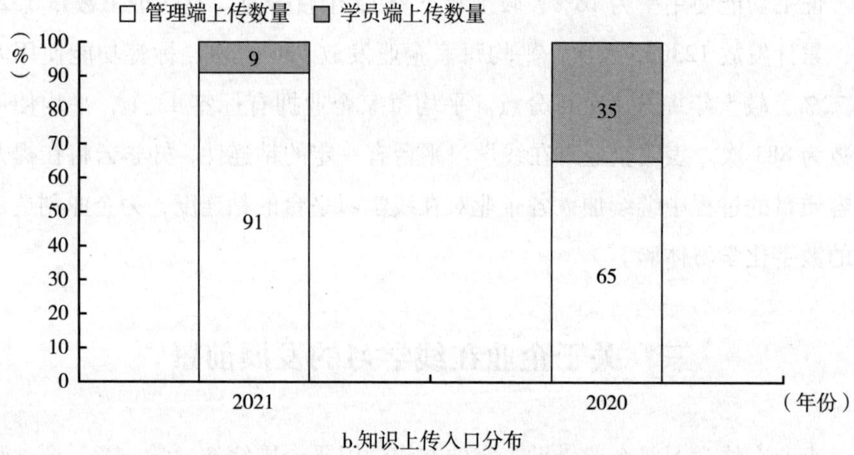

b.知识上传入口分布

图 13　2021 年学习平台知识分享模块使用情况

而言，在线学习有着更多的优势，如学习泛在化，用户学习时间、地点可以灵活控制，学习内容可以自由选择，学习成本投入低、效率高等特点。作为在线学习平台的供应商，未来需要在产品开发、运营管理及服务增值等方面加大力度。

（一）产品开发更加注重内容与岗位的匹配度

从内容提供的角度来看，可持续的优质内容供给能力是在线学习厂商建立差异化竞争优势的基础，这取决于厂商的质量控制能力。从产品定位角度分析，在线学习平台提供的产品可分为两种，即通用型产品和垂直型产品。通用型产品，类似于通识类培训课程，主要面向绝大多数企业在培训管理及实施过程中的通用需求，比如领导力、执行力、高效沟通能力等知识模块。垂直型产品，更多是针对某些特定行业，在通用需求之上，能够基于自身行业与业务的深刻理解基础之上进而满足企业的特殊需求，这类产品的提供需要以大量需求调研为基础，为某个特定企业量身定制出个性化产品供给。这就要求在线学习平台夯实自身的课程研发能力，针对企业个性化需求设计产品，通过与师资端资源深度合作共同开发出系列课程，力求提高培训内容与岗位的精准匹配度。

（二）运营管理更加符合数智新时代要求

在线学习的运营是开展培训的重要环节，需要企业组织者对各个落地实施动作进行不同程度的细化。运营管理的服务属性促使在线学习供应商更多关注各参与方对在线学习平台和内容使用的反馈，通过对学习者及其背景的数据进行测量、收集、分析和报告，在线学习平台可以根据用户的反馈不断优化学习环境，通过不断对平台和内容进行迭代从而让系统越来越好用，通过让客户用好在线学习平台，实现产品价值的最大化，让培训真正有效有用。

组织驱动型运营正在走向技术驱动型运营，未来企业培训的发展必将进入一个集数字化与智能化于一体的数字新时代，要求培训系统向管理者、实施者和学习者提供量表、工具及平台类的支持和资源共享。根据艾瑞咨询《2021 年中国企业培训行业研究报告》，基于在线学习系统的运营可根据运营对象分为平台运营、内容运营、项目运营（包括活动运营、赛事运营和直播运营）、用户运营（包括社群运营和媒体运营）和数据运营，不同运营

活动的目标不同。首先，在数智化运营的思路下，数据运营的可行性和重要性显著提升，且贯穿于各个运营活动的始终。其次，围绕学习者的用户运营和项目运营完美诠释了“以学习者为中心”的培训设计理念，让学习者以更积极的心态在平台中消费内容，并获得更丰富的学习体验。最后，平台运营和内容运营则使用说明书式的落地方法论，便于各个参与方对平台及内容进行日常管理与更新维护。

（三）服务增值更加倚重新技术加持

在大数据、云计算、AI、虚拟现实（VR）、增强现实（AR）和混合现实（MR）等新技术的加持下，绩效导向与全员培训将助力企业构建终身学习生态，数智化学习、混合式培训、项目制运营和轻量级咨询将成为驱动新一代企业培训产品及服务增长的新动能，培训行业步入“科技赋能、服务纵深”的发展阶段。从使用者角度分析，培训系统旨在为企业职工参与培训提供学习平台，为企业培训人员组织培训活动提供管理工具，为企业管理者评估培训效果提供数据量表，沉淀在学习者工作流中的数据（包括考试、分享、直播等）日益得到企业 HR 的重视。在线学习平台针对企业培训的分析相当于一个记录工具，企业用户通过它可以看到课程或战略层面的变化。在线学习供应商需要通过技术迭代及服务优化来提升用户体验，增强用户对平台的黏性，进而帮助企业推动人力资源开发的进程。

未来，在线学习平台不只是一个平台，还将成为不同学习工具的集成，为个体学习者提供更好的学习体验。通过在线学习平台为员工提供定制化、个性化、社会化的沉浸式学习体验，已逐渐被市场所验证和接受。这就要求在线学习平台的人机交互整体设计、操作逻辑、视觉界面变得更加美观、易用，确保用户体验从内在感受逐步转变为满足特定用户群体需求，为各种工作提供无缝对接。

地方与区域篇

The Place and Region Reports

B.7

坚持政治引领　丰富培训载体 高质量开展专业技术人才继续教育培训

——2021 年度天津市继续教育发展报告

田海嵩　王世鹏*

摘　要： 天津作为最早继续教育立法城市，1989 年在全国率先颁布了《天津市专业技术人员继续教育规定》。近年来，天津市人社局认真贯彻落实中央精神和市委部署，坚持政治引领、推动知识更新、注重整体推进、完善载体平台，精准施策，分类分层推进，继续教育体系日趋完善，专业技术人才继续教育的针对性、实效性和吸引力进一步提升。2021 年培训 1.2 万名高层次、急需紧缺和骨干专业技术人才，为推动天津高质量发展提供了有力人才支撑。

* 田海嵩，天津市人力资源和社会保障局专业技术人员管理处处长；王世鹏，天津市人力资源和社会保障局专业技术人员管理处四级调研员。

关键词： 专业技术人才 继续教育 知识更新

习近平总书记强调“要加强干部教育培训，使广大干部政治素养、理论水平、专业能力、实践本领跟上时代发展步伐”。同时，全国干部教育培训《规划》对培养造就一支矢志爱国奉献的优秀专业技术人才队伍提出了明确的目标要求，这为我们高质量开展专业技术人才继续教育工作指明了前进方向、提供了根本遵循。2021 年，天津市人社局认真贯彻落实中央精神和市委部署，积极实施继续教育高级研修项目，建设继续教育基地，搭建网络培训平台，着力提升专业技术人才继续教育的针对性、实效性和吸引力，全年培训 1.2 万名高层次、急需紧缺和骨干专业技术人才，为推动天津高质量发展提供了有力人才支撑。

一 坚持政治引领，教育引导广大专业技术人才矢志爱国奉献

坚持把提升思想政治素质和职业素养贯穿专业技术人才教育培训全过程，着力激发他们的报国情怀、奋斗精神和创造活力，确保与党同心同德、同向同行。

一是积极开展国情研修活动。坚持“走出去”学，每年遴选高层次专家参加人社部和市委组织部组织的国情研修班，依托干部学院独特丰富的红色教学资源，弘扬爱国奋斗精神和科学家精神，引导专家自觉拥护中国共产党的领导，进一步提升党性修养和理论水平。坚持“请进来”教，开办“院士专家大讲堂”，结合全球经济发展和世界科技前沿热点问题，邀请张伯礼、屠呦呦等知名专家学者授课，强化广大专业技术人才科研报国信念、激发求实创新热情。截至目前累计开设了 10 余期大讲堂活动，全市 5000 余名高层次专业技术人员和管理人员从中受益，全面提升了天津市专业技术人才的科学素养和创新精神。

二是专门开设思想政治课程。开设“十九大精神解读”等 20 门课程，系统开展习近平新时代中国特色社会主义思想学习教育，累计参训 20 万人，推动人才坚定捍卫“两个确立”、坚决做到“两个维护”、增强“四个意识”、坚定“四个自信”。充分利用国家级继续教育基地，开展“庆祝建党 100 周年党史学习”“十九届六中全会精神”等专题培训讲座，做到学史明理、学史增信、学史崇德、学史力行，为专业技术人才进一步学好党史、用好党史提供载体服务。

三是开展“弘扬爱国奋斗精神、建功立业新时代”系列活动。采取岗位实践等方式，引导人才立足本岗砥砺奋进，不忘初心跟党走、撸起袖子加油干。近年来围绕脱贫攻坚，天津市共选派 440 余名高层次专家到新疆、甘肃等 10 个贫困地区及对口支援地区参加专家服务基层活动，解决问题 800 余项，带培骨干 5000 余人，有效增强人才的政治认同感和向心力。2021 年，先后为甘肃省卓尼县、皋兰县、甘谷县以及西藏昌都市组织 10 期培训，累计培训 413 人；选派 37 名专家，赴西藏昌都市、青海黄南州、甘肃甘南州、宁夏以及重庆、四川和贵州等对口帮扶省区市开展服务，解决难题 70 余个，受益人才和群众 1500 余人，其中，天津高层次农业专家服务西藏高原特色产业示范活动选派多名蔬菜育种、栽培专家，开展“蔬菜种植技术”专题培训班，为昌都市农业技术推广总站、市农科所、11 个县（区）农业农村局和 138 个乡（镇）农牧综合服务中心的 159 名农技人员集中授课，并在昌都市农科所挂牌“天津市（昌都）农业专家服务基地”，引导专家人才服务乡村振兴。

二　推动知识更新，着力提升广大专业技术人才素质能力

落实人力资源和社会保障部要求，坚持以新理论、新知识、新技术、新方法为重点，扎实推进专业技术人才知识更新工程。

一是举办高级研修项目，培训产业人才。开展国家级和市级高级研修项

目，是落实专业技术人才继续教育的重要抓手，在促进人才培养、技术交流和项目衔接方面，起到了不可替代的作用。2021 年，按照总书记“面向世界科技前沿、面向经济主战场、面向国家重大需求、面向人民生命健康”的指示，天津市紧紧围绕国家和天津市支柱产业、战略性新兴产业，采取高水平、小规模、重特色的方式，秉承“紧贴生产实际、提升培训效果”的原则，聘请两院院士、相关专业具备丰富实践经验的专家以及国际著名专家学者，成功举办“基于智能制造的信创产业发展”等国家级、市级高级研修项目 7 期，累计培训产业人才 400 余人。在项目实施中，施教机构坚持更新理念，创新方式方法，努力把国家级和市级高级研修活动办成具有良好培养效益和广泛社会影响的精品项目。截至目前，已累计举办国家级高级研修项目 57 期，举办市级高级研修项目 115 期，累计培训产业人才 1 万人。

二是开展个性化培养，培训创新型人才。2021 年，聚焦智能科技、生物医药等重点产业发展，服务产业人才创新创业联盟，天津市发布了 2021 年高层次自主创新人才培养培训计划，共安排公共培训、高端培训、实践培训等三大类 13 项培养培训活动。在历年培训对象的基础上，结合产业联盟发展需要，将联盟人才纳入培养培训计划，每期培训活动单独为联盟人才预留名额，盟内人才可结合自身需求，有选择地参加培训，帮助其更新知识结构、拓宽视野，协同打造高质量产业集群和人才高峰高地，全年开设自主创新高研项目 5 期，培训高层次创新型人才 300 余人。截至目前，已累计举办 41 期高层次创新型人才培训班，培训 2500 余人。

三是实施基地化实训，培训实用型人才。坚持重质量、优布局、强功能，围绕重点行业，建成南开大学等 4 家国家级继续教育基地和天津医科大学等 40 家市级继续教育基地。面向 12 个经济社会发展重点领域和 9 个现代服务业领域，采取产、学、研、用相结合的培训机制，推进继续教育基地共享项目、师资、教材资源，在智能科技、装备制造等领域开展实用性人才培养和岗位培训，起到了示范引领作用。2021 年培训高精尖缺专业技术人才超过 1 万名，累计培训超过 14 万人。此外，按照人力资源和社会保障部的安排，还承担完成了新疆、西藏等少数民族专业技术人才的特殊培养任务。

三　注重整体推进，着力提升教育培训质量

专业技术人才能力素质的提高，关键在于培训内容的质量，培训内容的质量是引导学员主动学习的基础。2021 年，天津市继续教育工作坚持公需科目和专业科目整体推进，尤其是注重精品课程的开发，增强培训内容的广泛性和针对性，注重人性化设置，提高实用性和可操作性，努力使继续教育的学习内容符合专业技术人才的特点和需要。

一是科学设定继续教育内容。针对继续教育学习的公需课程和专业课程特点，分类推动开展培训。在公需课程方面，结合国家和天津市的工作重心，以专业技术人才应知应会的政策、法律法规、基本理论等方面知识为内容，分为必修课和选修课，并制定了五大类 40 余门课程的公需课目指导目录，有效地开拓了专业技术人才的思路，培养了其学习兴趣，提升了其自身素质。在专业课程方面，为了提升专业技术人才的学习兴趣，天津市人力资源和社会保障局紧密结合专业技术岗位实际，2021 年上线 795 门课程，共计 1865 课时，累计开设了《企业转型与服务产品塑造》等 7184 门专业科目课程。其中，与市档案局、市应急管理局对接定制档案、安全工程两大专业培训课程；推动教育、规划等行业结合实际设计专业学习内容，实现了岗前培训与岗位培训并重、岗位培训与工作职责结合的要求，切实提高了天津市专业技术人才的实际工作能力和知识水平；市农科院开设“津科助农”平台，围绕绿色生产和节能降耗等技术推广、农村实用人才培训、市场动态信息服务等内容，为广大农业农村领域人才开展培训，截至 2021 年底，共培训相关人员 7.5 万人次。

二是完善约束激励机制。按照国家和天津市继续教育管理的有关规定，参加继续教育高级研修项目结业考核合格后，可获得培训合格证书（结业证书），专业技术人才凭此证书可登记相应的继续教育学时。2018 年，天津市印发了《天津市关于深化职称制度改革的实施意见》，要求推进职称评审与继续教育制度相衔接，加快专业技术人才知识更新。目前，天津市人力资

源和社会保障局根据人力资源和社会保障部部署，会同天津市相关行业主管部门，已制定完成全部27个系列职称改革实施意见，在每个改革意见中都再次将继续教育要求明确在基本申报条件中，并在申报人填报职称材料时明确继续教育参加情况，进一步明确继续教育的重要性，提高了专业技术人才参与继续教育的主动性和自觉性。

三是积极落实数字经济技术技能人才培育项目。伴随着新一轮科技革命和产业变革，我国数字经济快速发展，催生了人工智能、物联网、云计算、集成电路等一批新产业新业态。为加快数字技术人才培养，支持战略性新兴产业发展，助力数字经济和实体经济深度融合，2021年，按照人力资源和社会保障部新一轮专业技术人才知识更新工程实施方案和数字技术工程师培育项目实施办法，积极起草天津市落实意见，将数字技术工程师培育项目纳入天津市卓越工程师战略人才培养工作，建立“继续教育+职称”的联动评价机制，对标人工智能、物联网等人力资源和社会保障部公布的数字经济领域新职业逐一增设职称专业，构建数字经济职称专业体系，为数字经济、数字技术产业发展提供精准的人才支撑。推荐申报北方人才培训中心成为数字技术工程师培育项目智能制造、大数据和区块链项目全国首批培训机构。

四　完善载体平台，保障广大专业技术人才培训需求

2021年，天津市人力资源和社会保障局利用“天津市专业技术人员继续教育网”等线上培训平台开展公需科目和专业科目培训，实现了事业单位、公有制企业、非公经济和社会组织人才及自由职业者的全覆盖，全年开展培训22万人次，已累计培训210万人次以上。同时指导各区、各系统、各单位根据实际开展本部门的公需科目培训，确保继续教育工作顺利开展。

一是紧贴社会需求，不断完善网络课程体系。突出需求导向，体现“谁受训谁选课”，年初对重点领域人才和施教机构进行调研，综合考虑天津市发展需要和人才需求，确定培训课程指导目录。根据参训人才反馈，保留优质课程，选录精品课程，实现动态更新。2021年在“天津市专业技术

人员继续教育网”开通培训计划 56 个，累计发布课程 3408 门，均为视频资料，配有幻灯片、讲义文本，附带有学习进度记忆和移动培训功能，实现了无缝连接和随时随地学习。

二是丰富教师资源，定制培训精品课程。多渠道加强师资遴选，将院士、专家学者、教学名师、重大项目负责人等纳入师资，让专业的人讲专业的事。以高级研修项目为契机，围绕天津市经济社会发展需要，以培养高层次、急需紧缺专业技术人才为重点，与云计算、数字技术等领域领军企事业单位开展合作，引入行业权威讲师。通过录制、外采等多渠道开发精品课程，2021 年联合建筑协会、城市规划设计院录制上线了建筑工程、城市规划专业方向的课程以及开发了医疗卫生、新媒体运营、乡村振兴、三支一扶等系列课程共 192 课时。

三是开展公益讲座，注重课程实用。针对不同时期教育培训重点，设置培训专栏，提升实用性。如针对新冠肺炎疫情，增设“抗疫知识专栏”，专门邀请清华大学等高校专家录制“新冠肺炎期间心理调适”系列课程，得到人才的高度认可，选学数量达到 32 万人次。开展“专业技术职称申报”公益讲座，帮助职称申报人员了解最新政策、申报流程，推动提高职称申报质量。

下一步，天津市人力资源和社会保障局将按照新一轮专业技术人才知识更新工程实施方案规定的各项任务，扎实推进各类专业技术人员继续教育培训工作。

一是组织好国家级和市级高级研修项目，支持紧贴行业特色、重点领域发展的高质量班次长期举办、连续举办，打造品牌班次，持续培养高层次人才。

二是培训十大产业人才创新创业联盟和 12 条重点产业链的“高精尖缺”专业技术人才，发挥国家级和市级专业技术人才继续教育基地作用，每年培训高层次、急需紧缺及专业技术骨干人才 1 万名以上。

三是指导各区、各部门、各单位，根据行业特点和业务需要，面向专业技术人才进行分级分类培训。

四是印发《天津市数字经济领域技术技能人才培育实施意见》，启动智能制造、大数据、区块链等数字技术工程师培育项目，促进实体经济与数字经济深度融合，为天津市全面塑造高质量发展新优势提供有力的人才和智力保障。

参考文献

霍连东：《“互联网+”助力专业技术人员继续教育——以天津市专业技术人员继续教育为例》，《职业》2021 年第 15 期。

马丽莹：《培养创新型人才　助力高质量发展——党的十八大以来专业技术人员继续教育工作综述》，《中国组织人事报》2022 年 7 月 12 日。

吴乐乐：《专业技术人员继续教育政策实施的实然问题与应然内容》，《当代继续教育》2020 年第 2 期。

B.8

上海市专业技术人才创新知识公需科目培训报告

于 淼　顾玲琍　潘晓燕　雷凤利*

摘　要： 专业技术人才是人才第一资源的骨干力量，知识更新和能力素质提升是人才引领驱动发展的重要因素。本文以上海市专业技术人才创新知识公需科目培训为例，系统梳理12年培训历程、内容、课程设置，重点分析培训数量结构变化和社会效应情况，研究提出促进专业技术人才知识更新的思路对策。研究发现，创新知识公需科目培训，总体呈现学员规模大、范围广，学员所在单位多样化，非公企业培训需求增多，学员年龄、学历、职称结构优化，培训赋能创新创业效应升级等趋势特征。本文建议，健全创新知识公需科目培训，仍需进一步增强跨部门工作合力，聚焦专业技术人才能力素质提升主线，突出“新理论、新知识、新技术、新方法”特色，加强培训效果评估，促进培训“平台+基地、线上+线下、短期+长期”融通创新。

关键词： 专业技术人才　继续教育　创新知识　公需科目培训

* 于淼，上海科技管理干部学院助理研究员，主要研究方向为继续教育、人才培训；顾玲琍，上海科技政策研究所副所长，研究员，主要研究方向为科技人才、科技政策；潘晓燕，上海科技政策研究所研究员，主要研究方向为科技政策、科技人才；雷凤利，上海科技管理干部学院对外培训处处长，主要研究方向为科技管理、人才培训。

专业技术人才是指从事专业技术工作和专业技术管理工作的人员，以及未聘任专业技术职务、现在专业技术岗位上工作的人员，是我国人才队伍的骨干力量。专业技术人才公需科目培训是继续教育培训的重要组成部分。公需科目继续教育是指国家、省市统一要求全体专业技术人才对应该掌握的通用知识和技能、政策法律法规、基本理论、技术、信息等方面的知识更新、创新能力提高和综合素质提升的再教育活动。公需科目是面向经济社会发展、科技创新的时代需求和现实需要，经专家论证后开设的继续教育公共课程，着重提高专业技术人才的通用通识能力和职业道德水平，培养科学精神，增强创新意识，提高学习、实践和创新的整体能力，是专业技术人才丰富知识体系、拓宽视野眼界、启发创新思维的重要途径。与常规继续教育培训相比，公需科目培训具有人员范围广、知识更新快、更具实用性等特点，在拓展专业技术人才学术领域知识面、提升专业技术人才队伍综合素质方面发挥着重要作用。根据人力资源和社会保障部的最新规定，专业技术人才参加继续教育的时间，每年应累计不少于 90 学时，其中，公需科目的累计学时至少为 30 学时，在公需科目培训学时中，必修课学时要占总学时的一半以上。创新知识公需科目培训时长 2 天，计 12 学时，是目前上海市专业技术人才 6 门必修公需科目之一，截至目前，培训人数占必修科目总人数的 32%。

上海科技管理干部学院作为上海市级继续教育基地之一，2011~2020 年，学院作为承办全市专业技术人才副高职称晋升正高职称研修班的唯一办学点，组织培训近百期；2021~2022 年，受新冠肺炎疫情影响，公需科目培训依托线上平台进行，学院承担全市专业技术人才创新知识公需科目的培训任务。

一　上海市专业技术人才公需科目培训背景与组织

（一）专业技术人才公需科目培训背景

党和国家历来高度重视人才工作，先后制定了一系列加强人才工作的政策措施，培养造就一支规模数量较大、覆盖各领域的人才队伍。进入新世纪新阶段，党中央作出了实施人才强国战略的重大决策，于2010年6月发布了《国家中长期人才发展规划纲要（2010~2020年）》，把培养造就高层次创新型人才摆在了重要地位，明确提出进一步提高专业技术人才专业水平和创新能力，扩大专业技术人才队伍培养规模。

上海市人力资源和社会保障局、上海市科学技术委员会积极贯彻落实国家专业技术人才知识更新工程的总体部署，以及人社部《关于开展专业技术人员创新案例公需科目继续教育的通知》（人社厅函〔2009〕184号）要求，于2011年4月发布了《关于开展创新知识公需科目继续教育的通知》（沪人社专〔2011〕399号），文件明确由上海科技管理干部学院做好具体实施创新知识公需科目的培训工作。截至2022年，创新知识公需科目培训项目已历时12年，累计培训295185人次，形成了良好的规模效应和社会效应。

（二）上海市专业技术人才公需科目培训组织架构

目前，专业技术人才公需科目培训由上海市继续工程教育协会牵头负责管理，并组织实施知识产权公需科目培训。上海科技管理干部学院、上海交通大学、上海大学、上海市工程师学会分别对创新知识、数据分析、数字化技术、人工智能及应用和项目管理开展培训组织和运行，五家单位发挥特长分工协作。2020年，突如其来的新冠肺炎疫情，加速了培训模式的改革。上海市人力资源和社会保障局及上海市继续工程教育协会坚持疫情防控和人才队伍建设“两手抓、两不误”，在疫情防控期间开展了新培训形式的重要尝试，依托线上培训平台，开展线上直播培训。2022年，六门公需科目培训分别由五家培训机构承担，各负其责，探索提升，以线上直播培训为主、面授培训为辅，构建了新的培训格局（见图1）。

（三）上海市专业技术人才公需科目培训项目历程

面向创新变化日新月异的新发展背景和新发展阶段，社会对于高素质、高质量人才的需求量与日俱增，专业技术人才的培训内容也不断与时俱进，同时要求公需科目培训组织结构也与之相适应，新的培训项目陆续启动，以

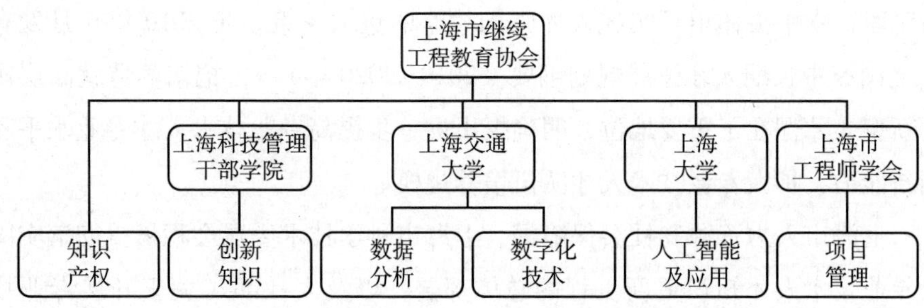

图 1　上海市专业技术人才公需科目培训组织架构

此满足专业技术人才知识更新的需求（见图 2）。从近 2 年的公需科目培训组织来看，2021 年启动数据分析培训当年参训人数就为 2.9 万人次；2022 年初启动的数字化技术项目，截至 7 月，半年培训总人数也已达到 14189 人次。

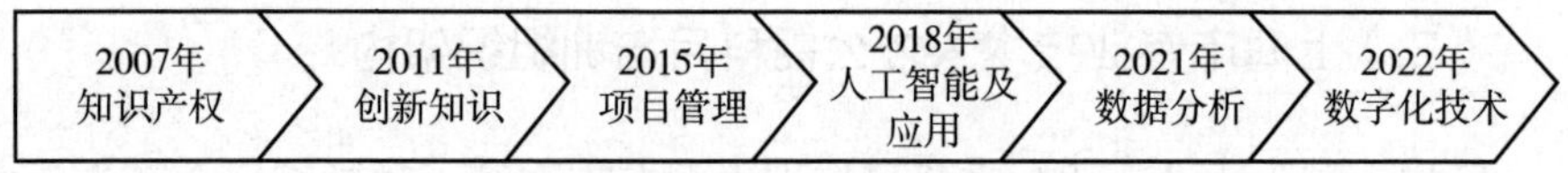

图 2　上海市专业技术人才公需科目培训项目历程

二　上海市专业技术人才创新知识公需科目培训课程与内容

（一）设置原则

当今世界面临百年未有之大变局，创新被放在了前所未有的高度，这是未来发展的必由之路。创新知识公需科目培训课程内容设置以上海市专业技术人才需求和上海市级继续教育的基地建设要求为导向，按照上海市继续工程教育协会《上海市专业技术人员继续教育公需科目培训实施计划》要求，结合上海科技管理干部学院行业特色、学科优势，课程设置突出价值引领，充分发挥学院继续教育基地职能，聚焦专业技术人才继续教育培训，主动服务人力资源强国、学习型社会、全民终身学习等。同时课程内容与时俱进，随着发展和形势变化不断完善和适应。党的十九大和十九届历次全会提出高质量发展要求和科技自立自强战略，学院及授课专家应针对相关内容及时适当调整完善，以适应新发展格局，体现新时代发展特征。

（二）主要内容

课程首先对创新的概念进行阐述，认为创新是利用已存的自然资源或社会要素创造新事物的行为。创新是一个过程，目的是实现价值，其与产业化的结合是创新的重要应用。创新活动是思维活动，思维是人脑的机能活动，思维越活跃，创意就越多，就越能创新。要突破思维障碍，就要运用创新思维方法，并积极开发创新思维。因此，创新思维是创新的先导和前提。

创新方法是在创新事件中总结出来的、普遍适用的方式、途径、步骤、手段等。在复杂多变的环境下，需要加强战略分析能力及对创新思维和创新方法的学习，深入领会创新管理的含义，并帮助专业技术人才运用到具体工作中。创新管理应该以培养核心能力、提高持续竞争力为导向，以价值创造或增加为最终目标，以多元创新要素的有机组合和协同创新为手段，应用有效的创新管理机制、方法和工具，达成人人创新、事事创新、时时创新、处处创新。

上海创新知识和能力的继续教育与时俱进，深入全面推进，培训内容将对上海市创新型人才队伍建设和构建创新型城市起到积极的作用。

（三）课程设置

在国家创新战略的贯彻落实背景下，创新知识公需科目培训课程也显得尤为重要。创新知识公需科目培训的课程内容围绕创新概论、创新思维、创新方法、创新管理、创新模式、科技成果转化及科技创新政策等方面展开。专业技术人才和技术管理人才是从事创新活动的主体和骨干力量，是创新知识公需科目培训的主要对象。根据培训周期及培训方式，设置相应的课程及辅导安排（见表 1）。

表 1 上海市专业技术人才创新知识公需科目培训课程安排

时间		内容
第一天	上午	创新概论
	下午	创新思维与创新方法
第二天	上午	创新管理
	下午	创新模式与创新政策
	下午	交流与考核

三 上海市专业技术人才创新知识公需科目培训分析与成效

上海科技管理干部学院十余年间优化完善创新知识公需科目培训组织实施，逐渐形成了一定的培训规模和积极的社会效应。分析近年来创新知识公需科目培训数据，发现：创新知识公需科目培训总体规模大，覆盖范围广；参训学员所在单位的性质渐趋多样化，不再局限于事业单位及国企，非公企业学员对创新知识公需科目的培训需求逐年提升；年轻学员数量多，尤其是30岁以下的青壮年数量呈现逐年递增的趋势。通过培训，绝大部分学员创新能力得到有效提升，主要表现为参训学员学历结构和职称结构逐年完善等。

（一）培训总体规模较大

2011年，自创新知识公需科目培训实施以来，专业技术人才受训量逐年递增。“学有所用，受益匪浅”是诸多学员的一致评价。国家科技政策相继出台，从深化科技体制改革、科技成果转化、科技奖励机制、科技人才激励、科技创新支持到科技人才发展和科技组织提升等各方面均有涵盖，培训内容也与时俱进不断调整，广大专业技术人才对于创新知识公需科目抱有较高的热情。截至2022年7月，11年间，全市已有专业技术人才91万多人次参加了公需科目培训（见表2）。

表 2　2011~2022 年（截至 7 月）上海市各门公需科目培训总人数

培训科目	知识产权	创新知识	项目管理	人工智能及应用	数据分析	数字化技术
累计参训人数	325045	295185	157739	71506	49232	14189

资料来源：上海市继续工程教育协会。

其中，创新知识公需科目是六门公需科目中的热门课程，培训规模也在扩大（见图 3），11 年间，累计参训学员数量 29.5 万人，仅次于知识产权科目，占公需科目培训总数的 32.3%，显示出当前各行业人才对创新知识内容更新和继续教育的迫切需求。

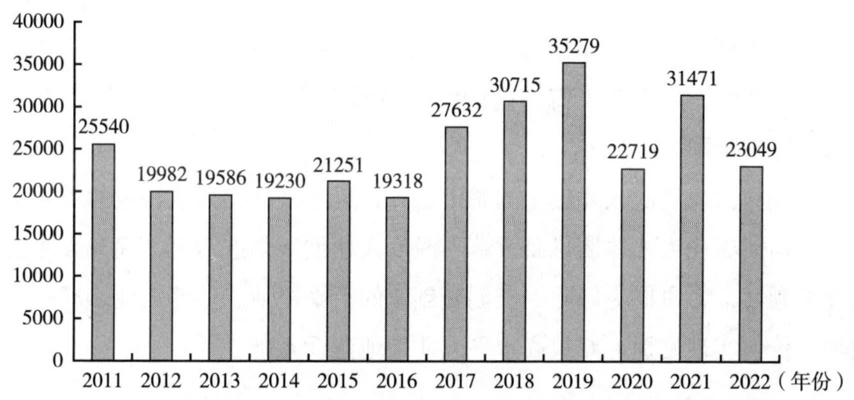

图 3　2011~2022 年（截至 7 月）上海市专业技术人才创新知识公需科目培训人数

就全年月份来看，专业技术人才创新知识公需科目培训的高峰期集中在 7 月至 9 月，该时间段与上海市职称申报提交申报材料的时间大致吻合。2021 年，上海科技管理干部学院以网络直播的方式组织创新知识公需科目线上培训班 11 期，参训学员人数 30170 人。在组织培训的过程中，以专业技术人才需求为导向，每月开设班次一至二期（见表 3）。大规模的培训对于上海市专业技术人才职称晋升、能力和素质的提高都有较为明显的助推作用。

表 3　2021 年上海科技管理干部学院创新知识公需科目培训人数

月份	3 月	4 月	5 月	6 月	7 月	8 月	9 月	10 月	11 月
参训人数	2477	2489	2501	2573	5898	2795	5657	2972	2808

（二）培训覆盖范围较广

上海以海纳百川的胸怀吸引着全国各地的人才，参加创新知识公需科目培训的学员户籍虽不同，所在单位均归属于上海，据 2021 年创新知识公需科目学员单位所在地的调查分析，区域覆盖了上海市的 16 个区。其中，归属于浦东新区单位的学员数量最多，占总人数的 17.3%，其次为闵行区和徐汇区（见图 4）。从参训专业技术人才户籍原籍所在地分布来看，2021 年的培训数据中，原籍为上海户籍的专业技术人才占比 22%，而其余 78%户籍原籍遍布全国 30 多个省份。

上海作为高层次人才集中的城市之一，近年来持续采取积极的人才引聚政策，不断深化人才体制机制改革，激发人才创新创造活力，提升人才创新创业便利性，力争成为国际一流创新创业的汇聚之地、培养之地、事业发展之地、价值实现之地，厚植高水平人才高地建设基础。

（三）参训学员所在单位性质多样化

分析 2018~2021 年创新知识公需科目参训学员所在单位性质，主要分布于机关、事业单位、国企、非公企业这四类单位。事业单位、国企学员数量均呈现逐年递减趋势，非公企业学员数量逐年递增（见图 5）。人力资源和社会保障部于 2019 年发布《职称评审管理暂行规定》，规定中明确了非公有制经济组织和自由职业的专业技术人才职称申报评审程序。上海地区加大力度吸引急需紧缺人才和海外高层次人才，促使上海非公有制领域人才快速增长。

（四）参训学员年龄年轻化

如图 6 所示，2018~2021 年，参加创新知识公需科目的专业技术人才

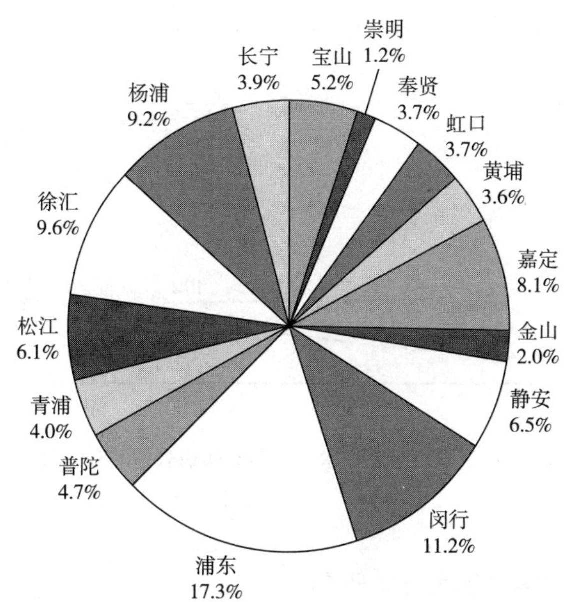

图 4　2021 年上海市专业技术人才创新知识公需科目参训学员单位区域分布

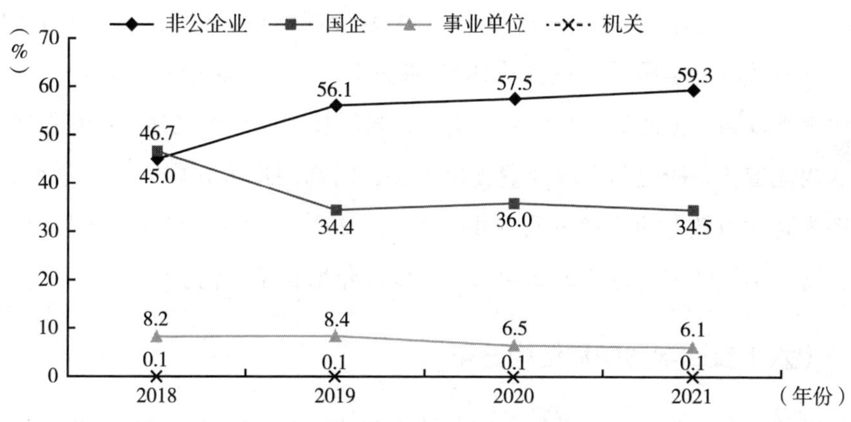

图 5　2018~2021 年上海市专业技术人才创新知识公需科目参训学员单位性质

中，40 岁及以下的学员数量上升到占总人数的 79.1%，30 岁及以下学员数量连续攀升，51 岁以上的学员数量已由 2018 年的 6.7%下降至 2021 年的 2.8%。越来越多的共识是年轻人是创新的活力所在，只有不断培养年轻人的创新思维、挖掘创新潜能、提高创新能力，才能实现可持续发展。

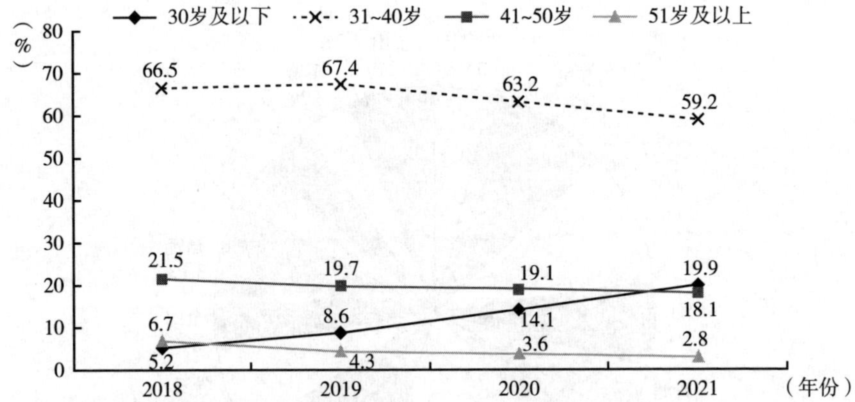

图6　2018~2021年上海市专业技术人才创新知识公需科目参训学员年龄结构

（五）参训学员学历总体较高

参加公需科目继续教育培训的专业技术人才学历层次总体较高。2018~2021年，全市创新知识公需科目120184名参训学员的学历结构如图7所示，本科及以上学历的学员占比达到84.9%，表明专业技术人才队伍整体学历水平较高。上海经济总量稳步增长，科学技术发展突飞猛进，科技经费投入快速增长，研究与发展经费支出增多，对高层次人才的需求不断增大，这些为高学历教育的快速发展提供了契机。2021年创新知识公需科目培训中，博士学历的学员占比为2.4%，比2018年增长了一倍。

（六）参训学员职称结构分布

随着上海市经济转型升级、产业结构调整，专业技术人才队伍规模不断壮大。公需科目培训项目作为与晋升职称相关联的培训，91万多人次参加培训后，职称有了不同程度的提升，培训产生了积极的社会效应和规模影响。2018~2021年，从参加创新知识公需科目培训的专业技术人才队伍职称结构来看，初级职称或无职称是参加继续教育培训的主力，占学员总数的73.2%；拥有副高级职称的专业技术人才，仅占总人数的1.3%（如图8）。

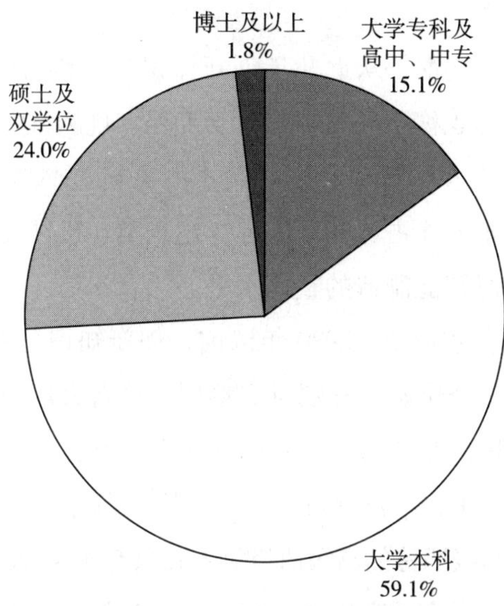

图 7　2018~2021 年上海市专业技术人才创新知识公需科目参训学员学历结构

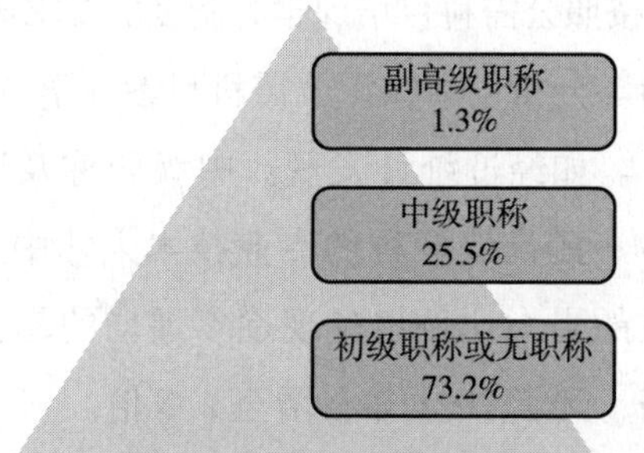

图 8　2018~2021 年上海市专业技术人才创新知识公需科目参训学员职称结构

综上所述，专业技术人才队伍总量和整体素质等近年来都有了较大提升，职称结构和区域分布也渐趋合理，专业技术人才在各自行业、领域对上海市经济发展作出了应有的贡献。但站在科学、长效发展的高度来反馈评估专业技术人才队伍能力素质提升发展现状，不难发现还存在发展不平衡的方面，一是总量大，但是职称系列分布不均衡；二是高级专业技术人才稀缺；

三是男女比例不均衡。

职称系列分布不均衡。从近几年创新知识公需科目职称系列分布来看，专业技术人才队伍的职称系列集中分布于工程、自然科学、经济、农业几大领域，其中，工程技术系列专业技术人才占比超过90%，高校、出版、翻译等领域的专业技术人才占比几乎为零，建筑类、机械类工程技术人才占比高，有利于提高上海智能制造的整体水平。

高级专业技术人才稀缺。2020年以前，创新知识公需科目培训有初级、中级和高级研修班三个班次，分别对应参训学员晋升职称等次级，即：晋升中级职称选择初级班，晋升副高级职称选择中级班，晋升正高级职称选择高级研修班。2011～2020年，创新知识公需科目参训总人数为241252人，其中副高级职称晋升正高级职称的高级研修班人数只有4585人。这是一支职务高、职称高、专业技术水平高的高层次人才队伍，其创新意识的增强、创新能力的提高，直接影响数千家机构单位创新水平的提升。2021年开始，创新知识公需科目改革，将原来的三个级别的班次合并为一个，不再限定报名学员的职称级别，学员统一按照公需科目培训学时制度的要求选择培训课程。

男女比例不均衡。分析创新知识公需科目参训学员性别结构，发现职称越高，女性占比越少。如经过统计发现：中级职称及以下的专业技术人才中，女性占比为32%；副高级职称的专业技术人才中，女性占比26%。综观创新知识参训学员的男女比例也呈现逐年递增的趋势，2018年男性学员总数是女性的2.3倍，到了2021年，增至2.5倍。

四　促进上海市专业技术人才知识更新的建议与思考

（一）顺应时代要求，构建高效体系

习近平总书记在中央人才工作会议上指出，“人才是衡量一个国家综合国力的重要指标。国家发展靠人才，民族振兴靠人才。必须增强忧患意识，更加重视人才自主培养，加快建立人才资源竞争优势”。贯彻落实新时代人

才强国战略，科技创新人才是重要核心人才队伍，创新知识公需科目培训是上海市专业技术人才全局性、普及性的一项培训，相关部门、单位及个人都有了良好的收获。

创新知识公需科目培训涉及各个层面、各个领域、各个相关单位的发展，需要有关政府部门有效协调引导，积极指导协调组织，在做好工作部署和宣传动员的同时，又要发挥服务能动性，调动各方积极性，形成工作合力，建立健全系统科学、功能齐全、结构合理、运转协调、灵活高效的管理机制。

（二）加强继续教育，提升创新能力

上海以建设创新型城市和科技进步为导向，加快建设具有全球影响力的科技创新中心。在对专业技术人才培养中，应围绕专业技术人才能力素质提升主线，持续聚焦新理论、新知识、新技术、新方法，使一大批创新型人才得到能力提升，并在实践中得到锻炼、取得成绩。

上海科技管理干部学院创新知识公需科目继续教育十多年来坚持不懈地对专业技术人才进行持续、规范地继续教育和培训，激发了专业技术人才的创新意识，有效提高了专业技术人才的创新能力，是创新人才培养的有效途径。通过学用结合，起到培训一人、辐射一片的良好效果。

（三）突出课程特色，加强师资建设

2020 年以来，创新知识公需科目培训采用线上形式进行，且时间安排上优先选择周末时间上课，这使得专业技术人才的继续教育在培训地点和培训时间掌握方面更加灵活。在课程内容上既要在有限的时间内分享尽可能多的内容，增强知识更新效果，又要在课程的设置中，结合线上培训方式突出重点和特色。

在师资库完善方面，上海科技管理干部学院拥有一支稳定、专职并具有较高教学和科研水平的教学科研团队，专业领域涉及科技管理、科技创新管理、创新知识、知识产权及成果转化等。经过十余年的继续教育培训实践，已形成了稳定的师资网络。

（四）坚持以人为本的培训管理理念

创新知识公需科目培训工作要适应新的形势和新的任务，必须与时俱进，不断创新培训理念和方式，这样才能更好地为建设高素质专业技术人才队伍服务。要持续贯彻“以人为本”的培训与管理服务理念，以服务专业技术人才能力提升为出发点和落脚点，通过不断满足创新对人才的需要和专业技术人才发展的需要，全面加强专业技术人才队伍能力建设。

上海科技管理干部学院积极探索规范强化专业技术人才创新知识公需科目培训的制度化建设，在现有对参训学员的激励、约束机制和学时证明登记基础上，探索建立培训效果评估体系，完善学员需求统计、疑问统计、培训情况汇总及培训成果应用统计等工作，更加规范地实施培训项目，营造良好的服务环境，为广大专业技术人才提供优质的服务。

（五）加强专业技术人才继续教育培训宣传

对于用人单位来讲，人才效益不是短期可以见效的，需要有长效、良性的人才培养方案，并切实应用到人才培养中来。单位需从思想层面重视继续教育，将继续教育培训和专业技术人才职位规划发展相结合，并将继续教育的重要性传达到每一位专业技术人才。

上海科技管理干部学院作为继续教育基地，充分利用上海市人力资源和社会保障局线上平台、上海市专业技术人员继续教育平台，开展市级继续教育基地支持政策、建设管理和发展研究，以及培训业务、与创新实践成果等的宣传。通过学员导学、座谈会和送培单位回访等方式，让社会和学员了解专业技术人才创新知识公需科目继续教育培训的优势特色、项目内容及培训开展等情况，加大培训成果的宣传辐射推广。

（六）加强培训反馈和成果应用

1. 建立健全培训评价体系

培训评估体系是对培训结果的衡量过程，是培训中不可缺少的重要环节，对培训结果评估的重视程度决定其对专业技术人才继续教育发展的推动作用。通过电话访谈、座谈调研、发放问卷等方式收集学员关于培训内容、培训方式、培训组织等各方面的意见或建议，能及时有效地了解学员需求，对培训的组织和完善起到积极的促进作用。培训组织方要保证培训组织管理人手配置，做到长周期、精细化地跟踪评价。另外，利用科学的培训评估方法技巧，做好培训前、培训中、培训后的信息收集和汇总分析，尽可能通过可量化的数据来衡量培训的价值，这是创新知识公需科目优化培训评估和跟踪体系的两个重点方向。

2. 关注学员后续成长发展

专业技术人才参加创新知识公需科目培训过程中，结合本职工作不断接收新信息，改善知识结构，提高自主创新能力。从学员个人层面，继续教育是专业技术人才自身职业发展的迫切需要。在社会快速发展的背景下，知识更新的速度也越来越快，新产品开发、新技术应用周期越来越短，重大新发明、新发现越来越多，仅仅凭借大学里原有的知识储备，已经不能满足终身职业生涯需求，越来越多的专业技术人才纷纷投入到继续教育中来。从单位层面，只有苦练内功，走以内涵为主的质量效益型发展道路，形成高素质、创新型的专业技术人才队伍，为单位的健康发展提供持续的动力，才能增强核心竞争力。

3. 树立终身学习理念

在科学技术突飞猛进、知识经济已见端倪的今天，作为构建学习型社会的基础，专业技术人才继续教育越来越受到人们的高度重视，已经成为教育现代化和社会化终身教育体系的重要组成部分。它在社会发展过程中起到的推动作用，特别是在助推形成全民学习、终身学习的学习生态，营造学习型社会中所起的作用将会越来越明显。

参考文献

杜莎：《专业技术人员公需科目培训现状及策略研究》，《作家天地》2020 年第

16 期。

刘俊杰：《三峡库区专业技术人才队伍现状与开发体系研究》，《科技管理研究》2010 年第 5 期。

刘媛媛：《“互联网+”背景下国家级专业技术人员继续教育基地建设研究》，《现代营销（经营版）》2018 年第 10 期。

潘晓燕：《创新知识培训助力上海科创人才成长》，《华东科技》2020 年第 6 期。

吴斌、张峰、高庆元：《国家继续教育基地建设管理与创新实践——以中南大学“国家专业技术人员继续教育基地”为例》，《继续教育研究》2022 年第 7 期。

许可、曾俊全：《基于 T-TIM 模型的电信运营商全面创新管理模式》，《通信企业管理》2011 年第 1 期。

余俊：《面向知识产权强国建设的知识产权学科治理现代化》，《知识产权》2021 年第 12 期。

赵云洁：《基于数据挖掘技术的中美继续教育比较研究》，《继续教育研究》2022 年第 10 期。

B.9
2021年江苏省职业技能培训发展报告

钟延红*

摘　要： 江苏省积极响应党中央国务院的重大决策部署，服务经济社会发展大局，坚持就业优先导向，大规模开展职业技能培训，在职业技能培训政策体系完善、载体建设、模式变革、质效提升、品牌打造等各方面取得了一定的成绩，开启了职业能力建设新篇章。同时在企业新型学徒制培训、职业技能等级认定和职业技能工作信息化等方面，打造出江苏特色。未来仍然需要在社会氛围、政策体系、培训质量、服务能力、评价考核等各方面不断努力，加快打造与高质量发展相适应的新型技能人才供给体系。

关键词： 职业技能培训　新型学徒制　技能等级认定

近年来，党和国家高度重视技能人才工作，习近平总书记强调，要健全技能人才培养、使用、评价、激励制度，大力发展技工教育，大规模开展职业技能培训，加快培养大批高素质劳动者和技术技能人才。江苏作为经济大省，也是人口大省、就业大省，在职业技能培训方面一直遵循中央对江苏的一贯要求“为全国发展探路”“始终走在前列”，积极响应党中央国务院的重大决策部署，坚持以习近平新时代中国特色社会主义思想为指导，出台了一系列政策措施，特别是2019~2021年，全省

* 钟延红，江苏省行政管理科学研究所高级人力资源管理师，主要研究方向为人力资源开发、人事管理等。

开展职业技能提升行动，把职业技能培训作为保持就业稳定、服务产业发展的重要举措，一手抓培训供给扩围，一手抓培训质量提升，取得显著成效。

一　江苏省职业技能培训的基本情况

（一）政策法规体系不断完善

为贯彻落实江苏省委、省政府大力发展职业技能培训，加快技能人才培养的决策部署，江苏省在认真落实党中央、国务院职业技能培训相关政策的基础上，陆续出台了一系列有关技能人才培养和职业技能培训的政策措施，内容涵盖职业技能培训载体、培训补贴、培训模式、培训师资、培训监督考核等，其中省政府层面陆续出台一系列政策措施，完善政府购买紧缺型高技能人才培训成果制度，出台国（境）外职业技能比照认定实施办法，实施重点群体免费接受职业培训、失业保险支持参保职工提升职业技能补贴等政策，初步构建了有利于技能人才成长的政策法规体系和框架，不断推动江苏省职业技能培训工作进入新的发展阶段。

（二）职业技能培训载体发展迅速

近年来，江苏省职业技能培训载体呈现多元化发展趋势。传统的技工院校、就业训练中心经过不断优化调整和资源整合，数量有所减少，技工院校在培训规模方面持续扩大，就业训练中心培训规模持续缩减；而民办职业培训机构，得益于国家鼓励社会力量参与培训的政策导向，近年来数量增加到1500所左右，每年开展职业技能培训约80万人次（见表1）。

表1　2014年～2021年江苏省职业技能培训机构情况

年份	技工院校		就业训练中心		民办职业培训机构	
	数量(所)	培训社会人员数(万人次)	数量(个)	培训人数(万人次)	数量(所)	培训人数(万人次)
2014	127	28.76	101	88.55	1223	87.02
2015	126	46.55	100	73.27	1089	76.48
2016	121	47.83	102	69	1179	81.59
2017	118	38.36	101	92.7	1383	92.7
2018	124	42.9	93	35.03	1287	82.62
2019	119	38.56	83	23.74	1404	81.72
2020	113	38.57	77	15.22	1500	80
2021	109	43.3	65	11.59	1557	80

资料来源：2014～2019年《中国人力资源和社会保障年鉴》，2020～2021年江苏省人力资源和社会保障事业发展统计公报。

在不断优化调整传统载体的同时，注重新型载体建设，2019～2021年三年职业技能提升行动期间，江苏省依托职业院校和头部企业，建设国家级高技能人才培训基地10个、技能大师工作室10个、省级高技能人才专项公共实训基地30个、技能大师工作室60个，大大增强了高技能人才培养能力。

（三）职业技能培训模式不断变革

2019～2021年三年职业技能提升行动期间，江苏省紧跟产业发展需求，持续加大对人工智能、大数据、云计算等新产业的培训力度，不断变革创新培训模式。推广“互联网+职业技能培训”模式，为应对疫情期间培训情况变化，提升职业技能数字化水平，江苏省征集并向社会推荐41家线上技能培训平台，组织百日免费线上技能培训行动，创新开展“防疫项目制”培训，三年累计实施线上技能培训255万人次。推广“以工代训”培训模式，支持企业开展以工代训，推动企业生产与职工培训两不误、两融合，实现了企业降本减负与提质增效，三年共计发放以工代训补贴39.9亿元，支持企业稳岗扩岗。推广“以赛促训”培训模式，把技能竞赛岗位练兵统筹纳入职业技能提升行动范畴，完善竞赛培训体系，推动以赛领训、以赛促培，全省每年组织各级各类竞赛400余项，涉及近900个专业和工种，参赛练兵达到500万人次以上。推广使用“职业技能培训券”，依托电子社保卡面向培训受众发放，通过全服务流程管理，实现职业技能培训供需精准对接，2021年9月至2022年1月，全省电子职业培训券发券量突破百万张，实际发券103.7万张、用券16.8万张，推进职业技能培训工作的精准化和信息化。

（四）职业技能培训规模不断扩大

2019~2021年三年职业技能提升行动期间，全省共开展各类职业技能培训1436.3万人次，支出培训补贴资金91.4亿元，帮助608万名企业职工稳定工作岗位。其中，高技能人才获证培训67.7万人，数字职业技能类人才培训近30万人，产业发展急需紧缺的高技能人才培训超过15万人。

从培训内容来看，岗位技能提升培训从2020年开始，转变为补贴性职业技能培训，2021年规模达548.37万人次，就业技能培训和农民工培训与2014年相比分别增长34.7%、199.1%，农民工培训大幅增长（见表2）。

表2　2014~2021年江苏省职业技能培训开展情况

单位：万人次

年份	岗位技能提升培训(2020年前)/补贴性职业技能培训(2020年起)	就业技能培训	创业培训	农民工培训
2014	152.68	69.77	31.09	14.7
2015	151.05	66.45	25.35	14.05
2016	143.59	67.00	26.9	14.91
2017	147.47	64.48	31.78	25.15
2018	236.18	59.23	24.12	23.5
2019	218.31	61.84	23.77	23.63
2020	659.04	95.61	23.32	42.4
2021	548.37	93.97	22.69	43.97

资料来源：2014~2019年《中国人力资源和社会保障年鉴》，2020~2021年江苏省人力资源和社会保障事业发展统计公报。

（五）职业技能培训质效不断提升

以改善技能培训结构和提升技能培训层次为目标，不断提高高技能人才培养比例。2019~2021 年，三年职业技能提升行动期间，全省新增高技能人才 81.7 万人，高技能人才总量达 479.8 万人，技能劳动者占就业人员的比例达 28%，高技能人才占技能劳动者的比例为 1/3 左右，各项数据均位居全国前列。

从参加职业技能鉴定的情况来看，受 2015 年国家职业资格改革影响，全省参加职业技能鉴定的人数和获证人数在 2016 年以后都较 2016 年有所下降（见表 3），但高级工以上取证人数占比总体呈增长趋势（见图 1），说明职业技能培训的效果显著。

表 3　2014~2021 年江苏省职业技能鉴定情况

单位：万人次，%

年份	职业技能鉴定人数	获取证书人数	高级工以上取证人数占比
2014	149.91	120.36	25.30
2015	143.66	117.04	25.20
2016	158.8	130.56	25.50
2017	126.45	109.07	28.60
2018	90.23	77.68	29.87
2019	84.62	73.1	29.90
2020	95.96	84.12	24.80
2021	98.95	85	29.38

资料来源：2014~2021 年江苏省人力资源和社会保障事业发展统计公报。

（六）职业技能培训品牌逐渐打响

以区域特色职业技能培训为抓手，统筹推进全省特色培训品牌的打造，鼓励各地市根据地域特色、行业特点和技能特点，加大培训品牌建设力度和地方特色培训项目开发与投入力度。省级层面注重打造“江苏工匠培育工

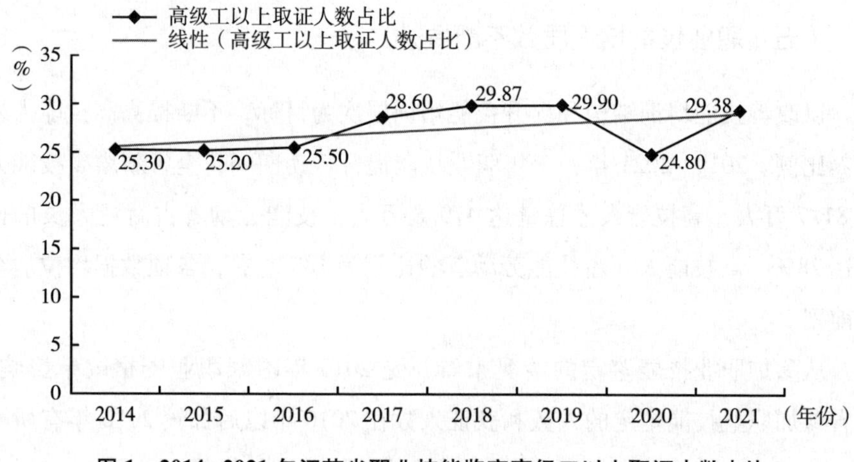

图 1　2014~2021 年江苏省职业技能鉴定高级工以上取证人数占比

程”项目品牌，聚焦高技能领军人才培养，每年组织 1000 余名高级技师开展集中培训和岗位研修，提升他们技术攻关、技能创新水平。市级层面推进职业技能培训“一市一品”“一县（市、区）一项”工作，积极培育和打造当地引领性职业技能培训品牌。例如，南京的“宁姐月嫂”培训、民宿从业者技能培训、苏州的“金蓝领”培育工程等都是当地特色培训品牌。

（七）职业技能培训内容更加聚焦

一是聚焦产业链和培训链的有效衔接。主动对接 531 产业链递进培育工程和数字经济发展，定期发布紧缺型职业（工种）目录，突出高技能人才培训、产业紧缺人才培训、安全技能提升培训等，持续加大对人工智能、大数据、云计算等新产业的培训力度，努力培养大批知识型、技能型、创新型技能人才。二是聚焦数字技能类职业技能培训。实施数字技能提升行动，加大政策支持力度。加强与数字经济头部企业开展项目对接合作，共同开发数字技能培训课程资源，联合打造区域性数字技能公共实训基地、技能大师工作室等，创新举办高技能领军人才数字技能研修培训。三是聚焦乡村振兴技能人才培训。推行“企业岗位+劳务机构+培训服务”全链条工作模式，针对不同群体实施专项培训，例如，康养职业技能培训计划、退捕渔民专项培训计划等；加强创业培训项目开发，充分运用送课下乡、网上教学等形式，开展创业培训，并提供创业担保贷款、后续扶持等服务。

二　江苏省职业技能培训工作的主要经验和创新做法

江苏省的职业技能培训在提升就业人口就业创业能力、缓解结构性就业矛盾、确保高质量就业的过程中，发挥着极其重要的作用，积累了一定的经验。

（一）校企联动引领企业新型学徒制培训

截至 2021 年，江苏省企业新型学徒制培训先后有 145 所院校与 843 家企业开展合作，累计投入 1.2 亿元，共培养 6.5 万名企业新型学徒。一是试点先行逐步推广。2015 年开始出台试点工作方案，遴选无锡、徐州、常州、苏州和泰州等 5 市作为试点城市，开展新型学徒培养试点。后伴随企业新型学徒制各项政策的陆续出台和落实，学徒制培训在全省逐步推广。二是学徒制培训机制不断完善。畅通人社系统内部衔接，实行属地管理、分级备案，逐级分解下达目标任务，明确技工院校培训指标，支持技工院校积极提供第三方评价服务，并将工作开展情况作为学校办学考核评估和项目建设的重要依据。组织技工院校“百校千企”学徒培训对接签约活动，“企校双元”开展企业新型学徒制培训。创新开展行校合作，积极发挥行业协会作用。三是学徒制培训层次逐步提升。为适应经济高质量发展要求，加快培养企业技术骨干和技能精英，将企业新型学徒制培训层次提高到高级技师。通过建立多层次、有梯度的培训补贴体系，提高青年学徒培训补贴标准，强化补贴资金的激励导向作用。四是注重学徒制培训的产教融合。明确企业及院校的职责定位和任务分工，实现资源共享、优势互补，把产业动态、企业需求带进课堂。亚星股份、扬杰电子等企业与合作学校共建了产业学院，扬杰电子被省发改委认定为江苏省第一批产教融合型企业。

（二）坚持评价与培训相衔接，创新职业技能等级认定

近年来，江苏省积极推进职业技能等级认定工作，以打造具有江苏特色的“评价改革系统化，认定主体多元化，资源建设快速化，质量监管全域化”模式为目标，聚焦技能人才评价需求，破除评价体制机制障碍，在全国率先出台了《职业技能等级认定实施办法》，制定了配套实施细则，职业技能等级认定工作取得了显著成效。一是完善多元化技能人才评价体系。建立了以职业能力为导向、以工作业绩为重点、注重工匠精神培育和职业道德养成的多元技能人才评价体系。增加企业技能人才评价权限，在备案评估、技术资源等方面给予支持和服务，经备案成为职业技能等级认定机构的企业数量和获得职业技能等级证书的企业职工数量均居全国前列。2021 年全省职业技能等级认定机构达 1800 多家，职业技能等级证书发证数超 30 万人次，备案机构数量、发证数量、参与单位范围等均为全国之最。二是打造第三方评价标杆和机构品牌。在全国率先启动第三方评价机构评价认定工作，积极培育社会化、市场化评价主体。制定出台《江苏省职业技能等级认定第三方评价机构管理办法（试行）》，对第三方评价机构开展职业技能等级认定工作作出详细规定，进一步提升职业技能评价监管工作质量。鼓励部、省属企业、民营龙头企业，开展第三方评价认定工作，评价区域可根据工作开展情况提出扩大申请。三是建立技能人才评价技术资源快速响应机制。针对新职业新工种日新月异、评价技术资源跟进不及时的现状，建立快速响应机制，对符合重点方向、被列入目录管理的紧缺技术资源项目，采取自主开发、社会协办、政府购买等方式，遴选研发能力强、实践经验丰富的单位定向推进，加快推进产出快速响应成果，并及时应用落地，增强职业标准的灵活性和适用性。

（三）推进职业培训信息化，开发全省职业技能培训信息管理系统

依托全省人社一体化信息平台开发“职业技能培训服务管理信息系统”，使全省职业技能培训信息化工作进入新阶段，实现了各地各类职业技

能培训业务全过程“一网通办”，对加快实现技能人才评价共认、服务共享、信息共通、资源有序流动发挥了重要作用。自2021年10月系统上线至年底，全省职业技能培训在线办件量已经达到150万笔，培训开班42153个，招收培训学员163.65万人次，培训补贴申请129.3万人次，拨付培训补贴资金4.31亿元。一是实现职业技能培训供需对接。通过统计汇总全省培训数据，跟踪培训学员成长，推送培训和就业信息，记录劳动者职业技能培训电子档案，帮助政府、企业、培训机构和劳动者了解培训政策，厘清培训方向，实现职业技能培训与社会需求的良性对接。二是实现技能人才管理的信息化。通过与社保系统、就业系统、评价系统以及其他多个部门数据共享对比审核，可为参培学员建立个人账号和培训档案，存储个人培训、评价、从业等信息，一人一档终身记录，能够逐步生成、建立并完善技能人员信息数据库，实现技能人才管理的精准化。

三　职业技能培训工作存在的问题和制约因素

目前，江苏省的职业技能培训工作还存在不少问题，主要体现在技能就业的社会氛围有待改善；技能人才供应总量不足，结构不合理；技能培训的针对性和效果有待提升等方面。

（一）技能就业的社会氛围有待改善

技能人才与专业技术等人才相比，评价标准过于单一，在社会地位、经济收入、职业声望和发展等方面存在明显差异，有着天然的阶层固化。折射到教育层面，中考分流时去往职业院校、技工院校的教育发展通道，让大部分家长存在抵触情绪，认为技能就业的前景不甚理想、职业发展通道不够畅通等。另外，江苏省在技工教育方面的投入稍显滞后，全省技工院校学生总数为中职院校的1/3，财政经费的投入占比仅为中职院校的1/8。

（二）技能人才供应总量不足，结构不合理

江苏省拥有 40 个工业门类，全省制造业增加值占全国的 13.3%，制造业集群规模居全国第一，但技能劳动者的求人倍率在 1.5 以上，高级技工的求人倍率甚至达到 2.0 以上，技能人才长期供不应求。2021 年，江苏技能劳动者总量为 1400 万人，占就业人员总量的比例为 28%，与德国、日本、美国等发达国家 40%的占比还有一定差距，与制造业大省的发展现状不相符。从技能人才结构上看，初、中级技能人才占比较大，高级技能人才占比较小，领军型技能人才、高端新兴产业技能人才比较匮乏，在全国具有引领示范作用的顶尖高级技能人才更是缺乏。

（三）技能培训的针对性和效果有待提升

尽管当前职业技能培训项目以服务产业发展方向为重点，不断聚焦先进制造业和重点产业，但伴随新职业、新业态不断涌现，新的职业标准出台有一定滞后性，导致技能培训针对性不足，滞后于产业发展转型需求，尤其是缺少企业急需的创新型、复合型技术技能人才，培训效果欠佳。在相应的政策体系方面，对新型培训载体的建设和考核评价等政策也不够完善。

四　加强江苏省职业技能培训工作的对策建议

“十四五”时期，江苏省的高质量发展迫切需要高素质技能人才队伍，加快技能人才培养体系改革，创新人才培育方式，使技能人才拥有现代科技知识和创新能力，是一项艰巨任务。

（一）营造良好环境，构建崇尚技能的社会氛围

1. 加大对现有政策和典型案例的宣传力度

融合传统媒体和新媒体的传播特点，加大对现有技能人才政策、发展规划和典型人物事迹的宣传力度，全力打造以“江苏工匠”为龙头、“江苏技

校+江苏技工+江苏技术”为骨干的江苏技能特色品牌群，大力营造崇尚技能、鼓励创造的良好氛围，激励广大青年走技能成才、技能报国之路。

2. 构建职业技能竞赛体系

持续打造“江苏技能大赛”品牌，增强“以赛促训、以赛促培”效应，制定出台《江苏省职业技能竞赛组织实施管理办法》，增强职业技能竞赛组织的规范化程度。加快构建以世界技能大赛为引领、中国职业技能大赛为龙头、江苏技能状元大赛为主干、百万技能人才技能竞赛岗位练兵活动为基础的职业技能竞赛体系，形成省市联动、行业互动、共同行动的大竞赛格局，增强职业技能竞赛组织的系统性和针对性。

3. 建立完善激励保障机制

落实提高技能人才待遇相关政策，逐步提高技能人才待遇，支持企业进行技能人才工资分配制度改革，并加强相关部门的指导与服务，对技能人才薪酬分配进行指引，鼓励企业建立高技能人才岗位技能津贴制度，支持企业为有突出贡献的高技能人才建立企业年金制度和补充医疗保险。继续开展高技能人才奖励表彰工作，加大高技能领军人才评选表彰力度，将评选范围扩大至科技创新、产品研发、信息技术等岗位的技能劳动者，多措并举提升技能人才的社会地位和职业声望。

（二）完善政策体系，筑牢技能培训的基础工作

1. 持续出台职业技能培训的新政策

进一步完善职业标准，完善公共实训基地和高技能人才培训基地建设及考核评价等方面政策，特别是针对数字技能提升行动，尽快出台系列指导政策，让职业技能培训服务于数字化强省建设，通过完善职业技能培训政策法规体系，夯实技能人才培训的基础性工作。

2. 完善民办职业培训机构管理办法

不断完善民办职业培训机构管理办法，促进民办职业培训机构健康规范发展。鼓励和引导有条件的重点技师学院、优质培训机构深化与国外优质职业教育机构合作，支持国外专业培训机构和职业院校来江苏合作创办职业技

能培训机构，开设中外合作职业技能培训项目，在中国（江苏）自贸区设立外商独资经营性职业技能培训机构。

（三）优化资源配置，提高职业技能培训质量

1. 拓展技能人才成长空间

将促进技能人才成长的相关政策落地落实，在世界技能大赛中获奖的技工院校选手可按规定保送至高校深造，技工院校高级工班、技师班毕业生享受大专、本科学历同等待遇，理顺、打通技工院校毕业生在公务员录用、企事业单位公开招聘、职业资格考试、职称评定、确定工资起点标准、职位晋升和专业技术资格考试等方面的通道。

2. 开展技工教育提升行动

加大技工院校财政投入，公办技工学校、高级技工学校拨款均不低于当地中职学校标准，公办技师学院拨款不低于当地高职校标准。按技工教育、中职教育学生总数合理分配职业教育经费和项目建设经费。支持技工院校根据产业发展需求，优化专业设置，提升生源层次，扩大办学规模。

3. 实施数字技能提升行动

聚焦数字经济发展，加强与发改、工信、网信、工商联等相关部门的协同合作，加快构建集培训、评价、使用、激励于一体的数字技能人才培育体系。鼓励各地主动对接项目，率先打造区域性数字技能公共实训基地、技能大师工作室；支持技工院校联合企业共建数字技能产业学院，打造数字技能“订单班”“冠名班”等。

4. 精准把握技能人才重点培训领域

形成培训需求调研的常态化机制，切实提高职业技能培训的针对性，聚焦全省 13 个先进制造业产业集群、50 条重点产业链、30 条优势产业链和现代服务业发展需求，摸清产业技能人才资源底数，开发贴合企业需求的培训项目和培训方案，在技能培训考核中，尊重企业对培训效果的话语权，提高培训产业契合度的指标权重。动态发布紧缺职业（工种）目录，指导技工院校和职业培训机构精准把握重点培训领域。

5. 加快高技能人才载体建设

发挥高技能人才培训补贴紧缺目录引导作用，扩大紧缺型技师、高级技师培养规模，加速推进国家级、省级高技能人才培训基地、专项公共实训基地、技能大师工作室等载体建设。将高技能领军人才纳入党委联系专家范围，定期开展高技能领军人才走访慰问和优秀技术工人休疗养活动。以培育复合型、掌握交叉学科知识、具有国际视野的技术技能人才为目标，继续举办高技能人才海外研修班，实现技能人才结构优化与经济转型升级、产业结构调整高度契合。

（四）强化服务能力，推动职业技能培训工作发展

1. 持续完善职业技能培训信息化平台

充分运用信息网络技术完善江苏省职业技能培训服务管理信息系统，优化系统功能，提升用户体验，依托全省人社一体化信息平台，在发挥好全省技能人才培训数据建档立案、统计分析、多部门对比审核等功能，建立数据动态更新管理机制的基础上，开发全省网络培训学习平台，架构接入“云眸工程”监控系统，探索线上培训全过程监管。

2. 积极推进技能人才服务产业园建设

2021 年，全国首个技能人才服务产业园江苏（武进）技能人才服务产业园建设成功，在技能人才引进、培养、使用、评价、流动、激励等工作环节和模式上进行了许多探索和创新。要在总结产业园建设经验的基础上，积极推进技能人才服务产业园建设，更好地打造一体化技能人才公共服务平台，建设数字技能人才服务产业园，统筹开展技能成果展示、技能标准研发、技能人才培训、技能人才评价等服务活动。

3. 完善高技能人才绿色服务通道

将高技能人才纳入高层次人才引进对象范围，出台高技能人才引进及配套保障政策，明确并落实高技能人才津贴、福利待遇、培训、户籍、住房、子女入学等方面的优惠政策，推动将高技能人才纳入城市直接落户范围。完善高技能人才职称评审绿色通道，符合一定条件的高技能人才可按规定申报

高级职称，在相应级别的技能大赛中获得相应奖项的，可按规定授予高级职称等。

（五）强化责任落实，健全技能人才评价考核机制

1. 推进落实技能人才评价技术资源快速响应机制

加快评价技术资源开发，补齐重点行业、紧缺职业、急需工种的人才评价资源短板，鼓励支持平台企业开发岗位评价规范，并按工种给予经费支持。积极承接国家新职业（工种）技能标准和题库开发任务，开发数字产业评价技术资源，建立数字技能人才评价技术资源快速响应机制。加速建设紧缺技术资源成果，构建品种丰富、品质优异、层次合理、特征鲜明的江苏技能人才评价技术资源体系，满足技能劳动者职业技能等级认定需求。

2. 拓展职业技能等级与专业技术职称之间的贯通领域

在全国率先开展工程技术领域高技能人才参加职称评审试点工作的基础上，深入推进高技能人才与专业技术人才职业发展贯通改革，研究制定高技能人才与专业技术人才职业发展贯通实施办法，扩大贯通领域，拓展职业空间。探索推进高技能人才与乡土人才、工勤岗高技能人才与专业技术人才发展贯通。

3. 加强职业技能鉴定队伍建设

以提高技能人才评价质量为目标，加强职业技能鉴定考评员、专家、质量督导员三支队伍建设。通过细化专家职能、组建核心专家团队和专家库等，加强专家资源管理，增强专家队伍凝聚力。通过加强对考评员和督导员的培训、评估、考核与管理等，稳步提升考评员、质量督导员队伍素质。

参考文献

《“十四五”时期，这样完善技能人才职业发展通道》，《职业》2022 年第 4 期。

《“十四五”职业技能培训规划》，《中国人力资源社会保障》2022 年第 2 期。

丁艳丽：《高技能人才：建设制造强国的重要力量》，《中国人才》2019 年第 11 期。

顾潮：《锻造高素质制造业技能大军》，《唯实》2022 年第 5 期。

李桃、赵伟：《终身职业技能培训体系的发展路径分析》，《中国职业技术教育》2018 年第 30 期。

马海燕、姜乐军、朱震震：《新时代高技能人才培养的基本经验、主要困境与突破路径》，《教育与职业》2022 年第 8 期。

B.10

以培训破局，建设高素质专业化事业单位人才队伍

——湖南省事业单位工作人员培训的创新实践

钟 国*

摘 要： 事业单位是我国提供公共服务的主要部门，聚集着各行各业的优秀人才，是推进带动科技创新及社会经济高质量发展的中坚力量。为培养造就高素质专业化事业单位工作人员队伍，湖南省从事业单位工作人员培训破局发力，以建设高素质专业化事业单位人才队伍为目标，在全国率先部署开展事业单位工作人员培训工作。本文介绍了湖南省全面开展事业单位工作人员培训工作的基本情况及工作成效，并结合工作实际，总结出制定规则、实施全域全员开放培训、公开甄选优质培训机构、运用信息化加强统筹管理等基本做法和经验，以期为各地开展事业单位工作人员培训提供参考。

关键词： 事业单位 人员培训 开放培训

一 实施背景

人才是实现民族振兴、赢得国际竞争主动的战略资源。在中央人才工作

* 钟国，湖南省人力资源和社会保障厅二级调研员。

会议上，习近平总书记强调要下大气力全方位培养、引进、用好人才。事业单位作为提供公共服务的主要部门，聚集着大量高、精、尖人才，这些人才分布在医疗、教育、科技、文旅、基建、农林水牧等社会发展的各个领域，是推进带动科技创新及社会经济高质量发展的中坚力量和最重要智力来源。因而事业单位工作人员素质的高低代表了我国人才队伍的整体水平高低，事关人才强国战略的成败，抓好事业单位人才培养就等于抓住了人才强国的命脉。

湖南省认真贯彻中央人才工作会议精神，切实落实新时代人才强国战略部署，提出高水平建设人才强省，打造人才自主培养引领区。各地各部门在实施人才自主培养的过程中应向何处发力？湖南省人社厅把教育培训工作摆到重要位置上落实，从事业单位工作人员培训破局，以建设高素质专业化事业单位人才队伍为目标，探索了一些切合湖南实际且行之有效的实践经验。

本文以“湖南省事业单位工作人员培训管理平台”汇总统计的数据为基础，分析 2021 年 6 月 1 日至 2022 年 6 月 30 日湖南省事业单位工作人员培训工作情况。

二　培训基本情况

2019 年 12 月，中共中央组织部、人力资源和社会保障部下发《事业单位工作人员培训规定》，这是我国针对事业单位培训工作的第一部综合性、专门性管理规定，为湖南省推进事业单位工作人员培训科学化、制度化、规范化提供了顶层制度指导。

2020 年，湖南省委组织部与湖南省人社厅站在新时代湖南发展的战略高度，谋划全省事业单位人才培养的整体思路。2021 年，湖南省在全国率先部署开展事业单位工作人员培训工作，并于 2021 年 6 月全面启动。根据湖南省事业单位工作人员培训管理平台汇总统计，截至 2022 年 6 月 30 日，全省 128 万名事业单位工作人员中，在湖南省事业单位工作人员培训管理平台注册人数达 127. 8 万人，占 99. 5%，基本完成全员注册；参加各类培训人数逾 91 万人，参与培训率为 71. 5%（见图 1）。

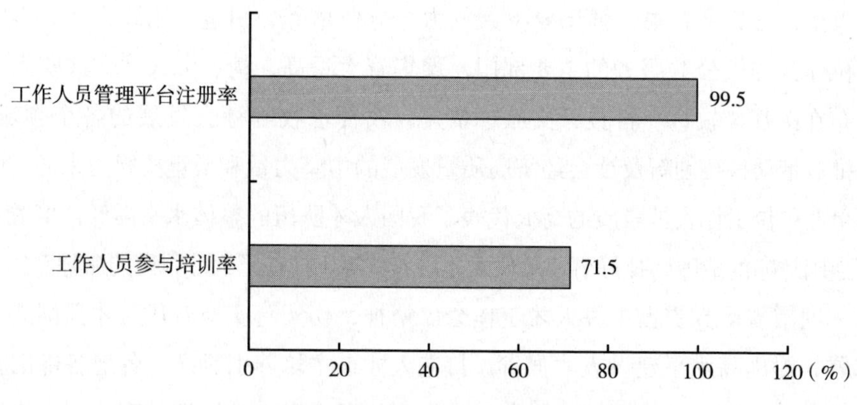

图1　2021年湖南省事业单位工作人员注册及培训情况（占比）

三　基本做法和经验

湖南省事业单位工作人员培训自2021年6月全面部署开展一年来，通过制定规则、实施全域全员开放培训、公开甄选优质培训机构、运用信息化加强统筹管理等措施，初步形成了由政府主导、部门协同、社会参与的培训运行机制，全省事业单位工作人员培训工作呈现制度化、标准化、规范化、高效化、常态化的良好发展态势，为全面落实湖南“三高四新”战略定位和使命任务提供了智力支撑。

（一）出台文件，制定规则

中共中央组织部、人力资源和社会保障部《事业单位工作人员培训规定》下发后，湖南省人社厅会同省委组织部立即研究制定了《湖南省事业单位工作人员培训实施细则（试行）》。在具体实践中，先后制定了《湖南省事业单位工作人员培训学时认定标准（试行）》《湖南省事业单位工作人员网络培训机构管理办法（试行）》等配套性文件，形成了本地事业单位工作人员培训的规范性管理体系。从一开始就规范培训管理工作，明确方向和规则，推动培训工作有序健康开展。

（二）各方参与，开放培训

以更加开放的姿态、更加创新的方式开展培训工作。积极适应“互联网+培训”的大趋势，确定线上培训与线下培训相结合、以线上培训为主的培训模式。充分发挥各行业主管部门、事业单位的积极性，大家一起努力共同做好培训工作。考虑到事业单位工作人员的岗位类型不同、培训渠道多样，明确事业单位工作人员参加继续教育、职业技能培训、干部在线教育，以及主管部门组织的各种培训，均可认定培训学时。实践证明，这种线上线下相结合的培训模式有效解决了工学矛盾、重复学习等现实问题，并且实现了各行业各系统、基层和偏远地区事业单位工作人员培训全覆盖，满足了各行业教育培训的特色需求和专业需求。

经湖南省事业单位工作人员培训管理平台汇总统计，全省参与培训的 91 万名工作人员中，参加线上学习的人数 70. 3 万人，占比 77. 3%；参加线下学习的人数 54. 7 万人（其中学时互认人数 36. 7 万人），占比 60. 1%（见图 2）。可见，线上学习方式逐渐被大家接受和认可，显现出极大的优势。从参训学员行业/领域分布看，教育 48 万人，卫生 20 万人，工程 6. 8 万人，经济与金融 2. 5 万人，农业 1. 9 万人，文旅 1. 5 万人，科学研究 1. 4 万人，其他行业 8. 9 万人（见图 3）。

（三）精选机构，确保质量

线上培训作为承担全省事业单位工作人员培训的重要方式之一，是否有培训平台、培训平台是否好用、课程是否高质量、运营服务是否有保障等就成为制约线上培训的关键要素。湖南的做法是采用市场化模式，鼓励社会培训机构参与进来。委托省公共资源交易中心面向全国公开招标，通过组织各行业评审专家，从课程质量、课程内容、课程体系、授课教师、平台建设和服务等多方面进行评审，最终甄选出 3 家网络培训机构，为全省事业单位工作人员提供线上培训服务。事业单位工作人员通过其他渠道未能完成 90 学时培训任务的，可自主选择登录这 3 家网络培训平台学习，旨在让大家不仅

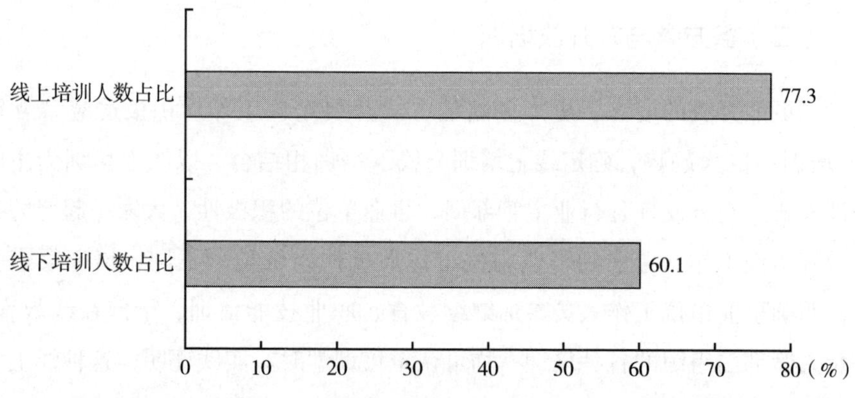

图 2　2021 年湖南省事业单位参训人员不同培训方式学习情况

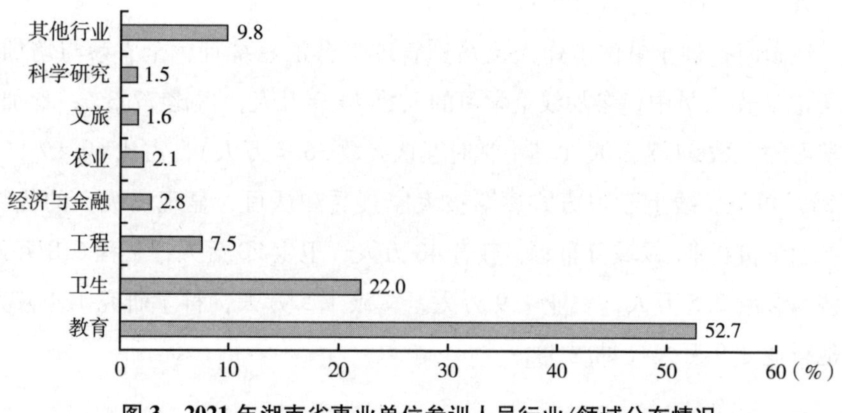

图 3　2021 年湖南省事业单位参训人员行业/领域分布情况

有地方可学，而且有好课可看。2021 年度，湖南省人社厅认定的 3 家网络培训机构，提供了覆盖党政、教育、卫生、工程、工信、经济和金融、农业、文旅、自然资源、水利水电、科学研究、住房与城乡建设、环境保护、法律和社会、应急管理、交通运输等 16 个行业/领域 80 多个专业细类的课程，累计超过 4489 万学时。

（四）学时登记，集中管理

以信息化手段促进培训管理创新，湖南省人社厅搭建“湖南省事业单位工作人员培训管理平台”（以下简称“管理平台”），覆盖省、市、县、乡四级事业单位，彻底打通了培训业务全流程全环节。管理平台一方面实现培训学时统一登记管理，事业单位工作人员通过各种渠道取得的培训学时均对接到管理平台，凡完成了 90 学时培训任务的，管理平台自动生成统一样式的培训合格证书。另一方面实现全面监督管理，培训信息“底数清”。从培训备案到学习到审核再到出证等实现全流程动态监管，及时有效掌握各地市和省直有关部门培训学习总体情况。经湖南省事业单位工作人员培训管理平台汇总统计，2021 年度全省约有 69 万名事业单位工作人员在管理平台申请了培训合格证书，证书申请率达 54%。审核各类培训学时信息 38 万余条，累计超过 5356 万学时。已对接卫健、教育等各行业 9 家培训平台和继续教育基地。经过一年多的验证，管理平台已成为湖南省事业单位工作人员培训服务总窗口，人事综合管理部门统筹培训管理工作的总枢纽，为全省事业单位培训工作的开展提供了有力支撑。

（五）结果运用，注重实效

坚持结果导向，将打造专业化高素质人才队伍、真正实现知识更新和能力提升作为开展培训工作的根本出发点和落脚点，避免培训形式化、走过场。对此，湖南省人社厅建立激励约束机制，将培训结果与事业单位工作人员职称评聘、转正定级、岗位等级晋升、转岗聘用、表彰奖励等结合起来，一方面督促事业单位工作人员按要求完成规定的培训学习任务，另一方面让学员从思想上真正意识到培训的重要性，激发事业单位工作人员的内生动力，发挥培训的真正价值。

（六）自主选择，良性竞争

致力于为全省事业单位工作人员营造一个开放的、公开的、优质的、良好的培训环境，摒弃社会中一些不良的功利主义或误导因素。在这个环境中，事业单位工作人员拥有更广泛的自主选择权，能够根据自身需要，自主选择培训机构和培训内容。湖南省人社厅通过建立一系列规则、奖惩制度等，明确要求任何部门和单位不得强行或变相指定培训机构，任何培训机构不得违规开展各种“攻关”活动，不得搞权钱交易，扰乱培训秩序。鼓励培训机构通过提高培训质量、优化培训服务来拓展培训业务。

四 结语

事业单位工作人员培训工作是一项需要常抓不懈的系统性工程。当前湖南省事业单位工作人员培训工作已全面展开，但也刚刚起步，今后一段时间还需要从多方面努力。一是加大培训政策宣传力度，加强对培训管理者培训，保证培训政策准确贯彻执行；提高事业单位工作人员对培训的思想认识，使其转变思想，自觉自主学习。二是坚持点面结合，在继续推进线上全员培训的同时，围绕省委、省政府重大战略部署，分行业分专业举办高规格高品质线下高研班。三是加强培训结果运用，确保培训实效。四是坚持营造良性的培训环境，利用市场化机制不断优化事业单位工作人员培训资源，提升培训质量。

B.11
深圳人工智能公益培训发展报告

范丛明　吕 刚　徐 升*

摘　要： 本报告主要分析了人工智能产业发展和深圳人工智能人才短缺与培养的现状，总结了深圳市进行公益性人工智能职业技能培训的主要经验，包括开展立项调研、根据需要开发人工智能培训课程、组建和优化师资队伍、努力提高培训效果等。报告建议，要坚持政府统筹指导，由强有力的单位负责项目实施，培训要以学员为中心、以应用为目标，兼顾各层次人才需求，打造立体化的课程培训体系。报告认为，在解决当下人工智能产业人才紧缺的同时，也要时刻关注人工智能技术的发展以提前布局培养人才，要建立实时的人工智能产业发展数据反馈机制、提供覆盖面更广的全民全年龄段人工智能公益培训以及积极储备"未来技术"。

关键词： 人工智能　产业　人才培养　公益性　职业技能

引　言

当前全世界都大力开展本国的人工智能研究并进行产业化。中国目前在人工智能领域取得了不错的进展，但与世界人工智能第一强国还有一定差距。目前，人工智能人才的主要培养来源是高校，而高校每年培养的人工智

* 范丛明，深圳市人工智能产业协会执行会长；吕刚，深圳市人工智能产业协会执行副会长；徐升，深圳市人工智能产业协会教育中心研究员，主要研究方向为智慧学习系统、教育数据挖掘。

能专业人才远远不能匹配相关产业对人才的需求。深圳市人工智能产业目前处于国内第一梯队，为了缓解人工智能产业人才紧缺的现状，深圳市启动了大规模公益性人工智能职业技能培训，培训项目由深圳市人工智能产业协会负责实施。本报告所描述的培训实施经验和建议，皆总结于该公益培训项目。

一 深圳市开展人工智能公益培训的背景和意义

（一）人工智能：国家发展的重要战略

当前，世界正处在科学技术革命发生巨大变革的时期，一系列新技术新概念不断涌现。其中，人工智能（Artificial Intelligence，AI）是这些新技术和概念中研究最为丰富、产业发展最为充分的一项技术。人工智能作为21世纪科技发展和产业升级的重要支撑技术，其重要性正不断凸显。人工智能已经被大规模应用于一些重要的、关键的领域，如产业发展、城市管理与公共服务、国防领域等。世界主要大国或主要经济体都将人工智能技术的研发应用作为国家战略，试图在即将到来的人工智能时代中占据主动权和话语权，以维护国家利益、提升国际影响力。如，美国2019年发布新版的《国家人工智能研究与发展战略计划》，其主要内容是加大人工智能投资，加快技术突破和产业发展，捍卫美国人工智能全球领先地位的战略部署。欧盟委员会自2018年发布《欧洲人工智能战略》以来出台了多份文件并积极推进立法，其主要内容涉及大力发展人工智能以加强欧盟在国际竞争格局中的地位，德国也于2021年更新了《联邦政府人工智能战略》，其中主要内容包括人工智能领域的人才、研究、技术转移和应用以加强德国在人工智能领域的地位。当前世界范围内人工智能发展局势已呈现两超多强的态势，中美两国成为引领全球人工智能发展的“领头羊”。美国智库认为目前中国在人工智能领域的优势在于资金投入、人力资源、数据、研发和应用等方面；而美国的优势在于人才、研究、基算法和硬件等方面。虽然中国人工智能产业和研究目前成绩斐然，但相比人工智能的超级大国——美国，中国人工智能依然相对落后：2020 年美国人工智能企业占全球总数的 38.3%，中国排第二，占 24.66%，中美人工智能企业数量差距明显。2020 年 AI 学者分布中，美国 1146 人，占全球总数的 57.3%；中国 232 人，占比 11.6%，英国 115 人。中国发展人工智能研究和产业依然任重道远。

（二）制约人工智能产业发展的重要因素：人才短缺

在此背景下，2017 年国务院印发《新一代人工智能发展规划》，旨在抓住人工智能发展的重大战略机遇，推进部署构筑我国人工智能发展的先发优势，加快建设创新型国家和世界科技强国。次年教育部颁发《高等学校人工智能创新行动计划》，指出到 2030 年，高校成为建设世界人工智能创新中心核心力量和引领新一代人工智能发展的人才高地，为我国跻身创新型国家前列提供科技支撑和人才保障。“人工智能”成为近两年新增最多的专业。整体而言，目前人工智能人才培养主要集中在一流研究型高校，学校依托计算机科学专业新增人工智能方向以培养不同层次的人工智能专业人才。数据显示：在教育部公布的 2020 年度普通高等学校本科专业备案和审批结果中，130 所高校申请“人工智能”专业通过教育部备案，“人工智能”是年度高校最热门的新增专业，这不仅表明高校对相关专业的重视，同时也表明市场对人工智能人才的潜在需求。尽管高校开始大力推进“人工智能”相关专业的建设和人才培养，但目前我国人工智能人才培养模式尚不成熟，人工智能人才的供给远远跟不上市场的需求：据估计，我国人工智能领域有百万量级的缺口，人才短缺已经成为我国人工智能产业发展的瓶颈问题。

高校对于人工智能专业人才的培养除了存在数量上难以跟上产业发展的需求之外，还存在诸如人才培养方案和师资队伍较为单一，主要培养工程学科领域的人才，而与产业结合的培养较少。另外从技术创新角度来看，尽管我国在科研产出方面表现强劲，但主要产出都是由高校和科研机构完成的，中国的企业参与 AI 科研产出的数量远少于美国、欧盟以及日本。人才培养离产业较远，产业与人工智能研究（包括应用研究）参与少且参与企业大

多集中于相关领域大型或头部企业。人才培养数量和远离产业是当前我国人工智能发展的重要的制约因素。

（三）深圳市发展人工智能产业，未来或将受困于人才短缺

作为“先行示范区”，深圳市大力推进人工智能产业发展并取得了不错的成绩。据深圳市人工智能产业协会统计，2021 年深圳市人工智能核心产业规模为 202 亿元，同比增长 41.3%。预计 2022 年深圳市人工智能核心产业规模达 267 亿元，同比增长 32.8%，拥有人工智能企业 1876 家①。

深圳市人工智能产业规模虽然处于国内第一梯队，但相比于北京、上海，深圳市人工智能企业和人才储备都稍显不足。根据亿欧 2019 年发布的调查，人工智能商业落地百强初创企业中，深圳只有 8 家，北京有 51 家，上海有 26 家，同年德勤的调研报告也指出深圳市人工智能人才储备与北京、上海有一定的差距；与北京、上海相比，深圳人工智能的专业人才储备更为薄弱，全市人工智能人才占比低于 10%。根据深圳市人工智能产业协会 2021 年的调研，深圳市现有人工智能相关人才 18.34 万人，未来五年预计人才需求总量为 28.35 万人，平均每年需要 5.67 万人。未来五年，深圳市人工智能相关产业对技能型人才的需求总量为 18.46 万人，对专业技术人才需求为 9.89 万人。在巨大的需求之下，深圳市人工智能人才的供给量则略显不足。2021 年深圳 10 所本/专科人工智能相关专业人数仅为 2463 人。即使是在本地人工智能的供给上，深圳市高校也与北京、上海差距明显：截至 2022 年 3 月，教育部公布的高校新增人工智能本科专业名单共有 440 所，而深圳本地无一所。目前，深圳市本科院校人工智能专业设置滞后，中高端人工智能人才几乎全部以市外引进为主，本市人工智能人才培养远远不能为深圳市人工智能产业发展提供良好的人才支撑。

---

① 数据来源：深圳市人工智能产业协会发布的《深圳人工智能产业发展白皮书（2022 年度）》，http：//www.szaicx.com/page142？article_ id=2165。

二 深圳市人工智能公益培训

根据深圳市政府、人力资源和社会保障局安排，自 2020 年 10 月起开展线下公益性职业技能培训相关工作。此次公益性职业技能培训重点关注解决培训过程中长期存在的问题，包括培训质量欠佳、缺乏统一的培训效果评估标准和流程、难以监管等，并致力于大幅提升培训实效。其中，人工智能相关培训项目由深圳市人工智能产业协会承办。在公益性培训中，人工智能相比其他培训项目更新，能够借鉴的经验较少；其内容难度更高，对培训的师资和参与培训的学员都提出了更高的要求，因此，培训实施单位也面临着更大的挑战。为了能够完成市政府、人力资源和社会保障局的任务，深圳市人工智能产业协会在培训项目生命周期的各个阶段都付出了极大的努力。

（一）开展立项调研

人工智能技术人才分为 AI 科学家、AI 算法工程师、AI 应用工程师、数字蓝领工程师四个不同的层次。深圳未来 5 年 AI 人才需求将达到 30 万人，随着产业化程度越来越高，应用工程师和数字蓝领工程师占比将超过 60%。AI 科学家和 AI 算法工程师目前的主要来源是高校培养的优秀高端人才，这显然并不是公益性的职业技能培训的目标人群。因此，本次人工智能培训的主要目标是培养 AI 应用工程师和数字蓝领工程师。明确目标后，后续的课程开发和师资团队的组建就有了清晰的方向。

（二）根据需要开发课程

在课程内容的开发方面突出“分层”“实战”“宜学”的特点。根据培养目标，对课程分层，包括针对数字蓝领工程师的初级课程的“数据标注与训练”“数据分析”；到针对 AI 应用工程师的“智能机器人装调”“嵌入式端计算产品应用”“基于场景的人工智能技术应用”；以及针对 AI 应用工程师的进阶课程，包括“深度学习”“机器视觉”等。同时，“实战”体现在收集企业真实案例和应用场景、真实数据，以企业的实际开发平台和设备为基础，编制相应的实训指导书，学员如果对课程内容掌握较好，还会在专家的指导下进行实际项目的开发。为了让受训学员在有限的培训时间内尽可能吸收培训内容并掌握相应技能，学员会以小组的方式进行分组学习和项目开发。培训讲师也会使用多种教学模式来激发学员积极性，如呈现讲解有趣的项目，小组讨论并分享，小组项目互评等以及针对学员感兴趣的主题做专题分享等，使人工智能更加“宜学”。

（三）组建和优化师资队伍

师资的教学水平以及现场把控和调整能力高低，是影响培训效果好坏的关键因素，所以对师资团队有着严格的删选，所有培训讲师都需要经过课前试讲、课中高频评估和课后复盘总结。全过程培训讲师都会经过考核打分，并制定完善的课酬和激励制度。大部分讲师都是来自人工智能相关企业的资深工程师，他们有着扎实的功底和丰富的实战项目经验；70%的讲师具备硕士以上学历，有海归博士、有985/211名校研究生、有知名研究院和企业的研发技术人员；60%的讲师有过培训的经验，并热衷于讲课和输出分享。另外为了培训项目的质量，专门组建了专家库，成立了培训质量委员会，定期开展讲师交流活动分享培训经验，重点关注培训中好的案例、困难知识点和技能点的优秀讲法，探讨遇到的各种问题，持续优化改进课程。

（四）努力提高培训效果

从培训成果考核来看，短期和长期效果都非常重要。短期培训效果，坚持考教分离原则，对每个实训任务都会进行作业检查，对每期培训班结业都会进行考核和成果展示，并评比每期的优秀学员进行表彰和奖励，对于成果有市场化应用可能的进行积极推广，并向学员所在公司介绍和反馈。培训的长期效果就是看“有多少学员因为培训进入了人工智能领域?”“有多少学员因为培训获得了更好的工作机会，提高了收入水平?”。一方面，会向优质企业推荐每期的优秀学员，同时鼓励学员参加各类人工智能比赛，考取相应的职业技能等级证书，使学员脱颖而出；另一方面建立学员档案库，跟踪学员的职业发展情况，持续为他们提供职业发展咨询服务。

截至2022年8月，深圳市人工智能产业协会共培训3500人，其中3030人满足人社局和深圳市职业技能培训指导中心的结业要求，获得结业证书。结业率高达86%，远超同期其他承办类似项目的培训单位，交出了一份令政府和人民群众都满意的答卷。

三　关于公益性人工智能培训的建议

（一）政府重视和指导

带有公益性质的社会化培训只有在政府的重视下才有可能得到发展投入和指导。首先公益性的培训主要依靠政府投入，对于人工智能这种面向未来的、带有战略性质的领域更需要政府领头，以带动更多资源的进入；而保证一个大规模公益性的培训能够达到预期的效果，需要政府制定详细的规章制度来监督项目的执行。以往一些公益性培训项目并未将培训质量、培训实效作为重点关注，并未制定相关的标准而进行有效的监督，使得这些项目最终流于表面。

此次培训由深圳市人力资源和社会保障局指导，深圳市职业技能培训指导中心主办。深圳市职业培训指导中心高度重视，成立专题工作小组，多次开展企业走访调研，摸清培训需求和培训供给。召开数次会议，就培训项目、课程设计、培训实施、过程监管等重点环节反复研讨、编制方案。最终对培训项目的实施提出了一套非常严格的监督体系，正是这套监督体系保证了本次培训的高质量和高实效性。

（二）强有力的单位负责培训项目的实施

实施一个大规模的培训，需要一个主题，培训需要一个强有力的单位来负责实施。承办一个以“人工智能”技术为主题的高质量培训，需要付

出极大的努力，对承办单位也是极大的挑战。高质量的培训不仅需要有经验、有资历的教师负责课程的准备和讲授，还需要一个高效负责的团队进行教学和学员管理。

1. 针对人工智能这个比较新的、有一定门槛的技术，需要有经验的老师为不同层次水平的学员定制有针对性的课程

针对有一定计算机使用经验但是缺乏人工智能相关领域知识的学员，要开发出兼顾趣味性、知识性和实用性的课程内容。深圳市人工智能产业协会组织的教学组既包括理论知识扎实的名校教师、博士，也包括有丰富实战项目经验的科技公司资深技术人员。组建这样一支实力雄厚兼具理论和实践经验的讲师队伍进行课程的开发及对学员进行培训，需要培训承办单位有相当的资源调度能力。

2. 学员的管理也是培训中重要的一环

公益性培训不需要学员支付任何费用，另外绝大多数学员周一到周五是有工作的，坚持至少一个月每周周末进行线下学习对他们来说也是很大的挑战，因此学员往往容易放弃学习而造成资源的浪费。如何使尽可能多的学员完成课程，达到结业标准顺利结业，则是一个非常重要但很有可能被忽视的问题。为了解决这个问题，需要专职人员对学员进行跟踪管理。同期有一些其他机构也在承接类似的深圳市人工智能公益培训项目，但由于对教务、学员管理的投入不够，能够完成课程的学员远低于预期，因此影响了整个项目的完成质量。在教务、学员管理上的投入也需要培训承办单位具有足够的实力。

以上这些仅仅是台前容易被看到的努力，为了保证整个培训项目得以高质量运行，有许多部门在幕后提供支撑，比如宣发、招生部门等。为了最大限度地实现培训的实效性，能够真正做到为企业培养人工智能人才，协会还可以向自己的会员单位推荐优秀学员。以上种种都说明要保量且保质地完成大规模公益性人工智能培训项目，需要一个强有力的单位或组织。

（三）真实需求调研，以学员为中心，以应用为目标，兼顾各种层次人才的需求，打造立体化的培训课程体系

对于以人工智能为主题的公益性技能培训来说，需要根据所在地区的相

关产业发展状况进行有针对性的课程内容的设计，而这一切需要对当地产业发展情况有深刻的了解，并针对当地人工智能产业发展情况和企业对人工智能人才需求来打造矩阵式课程体系。深圳市人工智能产业协会本次培训项目开发了“人工智能深度学习与应用——基础入门”“人工智能数据标注与训练”“人工智能机视觉检测与应用”“基于场景的人工智能技术综合应用”“人工智能深度学习与应用”“基于 ARM 的智能终端产品开发与应用”。这些课程涵盖目前主流的人工智能技术——深度学习的各个方面，既有针对深度学习基础的课程，也有针对不同应用场景的实训课程。协会还在积极开发更靠近产业应用的人工智能课程，以进一步满足人工智能不同领域产业的需求。

课程的开发需要考虑很多因素：要在保证高质量、兼顾趣味性和实用性的同时，平衡理论讲解和项目实践，以满足不同学员的需求。这样覆盖多主题的课程开发对开发团队提出了非常高的要求。与许多商业化的培训不同，公益性培训的学员可能基础更差，学员水平参差不齐，为了尽可能使各个不同水平层次的学员都能有所收获，除了必要的根据学员水平分班之外，还要根据不同水平的学员开发不同难度的课程。由于绝大部分学员周一到周五都有工作，连续周六周日的学习会让学员感觉比较疲惫。合理安排课程长度也是非常重要的。在培训实施的早期，一门深度学习课程覆盖入门到应用的，学员需要 3 个月的周末才能上完这门课。这样的课时安排对学员并不友好，导致中途放弃的学员高于预期。为此，协会对课程进行了大量的调整，将一门课程拆解成更小的单元（深度学习入门，应用、基于场景的综合应用），每门只需要 4 个周末便可完成，这样极大地降低了学员的学习负担和辍学风险。以学员为中心，有针对性地安排课程是保证学员学习效果的重要方式。

四　展望：聚焦当下、着眼未来

人工智能是一项不断发展的技术，目前，人工智能的产业应用以深度学习为主，在深度学习中也以计算视觉为主。目前，人工智能产业人才缺口主要集中在计算视觉方面。在解决当下的人工智能产业人才紧缺的同时，也要时刻关注人工智能技术的发展以提前布局储备人才。为此，可以考虑如下建议。

（一）在产业协会带领下实时数据反馈机制的建立

实时精确的关于人工智能产业发展和人才需求的数据有助于有关部门更好地应对人工智能产业人才问题。为此，一个有效的信息收集、分析和形成报告的标准工作流程和与相关部门保持联系的信息沟通渠道必须被建立起来。有效的信息收集需要深入企业获取行业和人才的各种相关信息，由具有人工智能行业视野的专家团队进行数据分析并形成有洞见的行业数据报告，为政府相关部门和行业成员提供关于人工智能产业现状的解读和未来发展趋势的预测，为政府部门和相关企业的决策提供坚实的数据基础。

（二）覆盖面更广的全民全年龄段公益性人工智能培训

人工智能的职业教育目前主要集中在成人教育阶段，青少年阶段的人工智能教育主要依靠学校和商业培训班进行。公立学校在人工智能教育上的投入不一定能满足需求。人工智能的重要性和战略意义已经表明有必要为其投入更多资源，打造从小学一直到成人职业教育的公益性培训体系是非常有必要的。

（三）提前储备“未来技术”

人工智能是尚处于“早期”的技术，深度学习只是目前发展最充分的一种技术方向，其中研究和应用最为广泛的是计算视觉，正是因为这样，人工智能产业也主要集中在计算视觉领域。未来的人工智能会朝哪个方向发展、发展到什么程度现在很难给出一个准确的预测。有意识地加强对其他人工智能技术的探索和储备，对相关人才的培养和储备是成功抢占人工智能战略高地的重要条件。以营利为目的的企业难以投入足够的资源进行新技术的研究和探索，而高校结合产研的能力目前看来还需要加强。政府、人工智能企业协会需要在新技术的探索和储备中扮演更重要的角色。

技术的发展和落地应用都需要依靠人才来实现，解决当前深圳市人工智能人才短缺问题固然重要，提前布局未来技术则也可以尽早提上日程。希望在深圳人工智能产业的发展上，人工智能产业协会可以扮演更重要的角色：不仅是人工智能产业的代表者，还是世界人工智能产业的行业研究者和预测者和深圳市乃至世界人工智能产业的引领者。为此，人工智能产业协会将继续立足深圳市人工智能产业，立足产业研究和产业资源整合，协助政府、协助企业一起将深圳建设成为人工智能的“未来之都”。

参考文献

陈其晖、陆维康、杨劲松：《人工智能教育与研究的“以人为本”范式及启示——以斯坦福大学 HAI 为例》，《中国高校科技》2022 年第 6 期。

德勤：《全球人工智能发展白皮书》，德勤中国官网，2019 年，https：//www2. deloitte. com/cn/zh/pages/technology - media - and - telecommunications/articles/global - ai - development-white-paper. html。

方兵、胡仁东：《我国高校人工智能学院建设：动因、价值及哲学审思》，《中国远程教育》2020 年第 4 期。

胡德鑫、纪璇：《美国研究型大学人工智能人才培养的革新路径与演进机理》，《研究生教育研究》2022 年第 4 期。

黄荣怀：《论科技与教育的系统性融合》，《中国远程教育》2022 年第 7 期。

施雯、缪其浩：《从两极到三强：欧盟人工智能的全球竞争战略分析》，《中国科技论坛》2022 年第 6 期。

斯坦福大学：《2018 年人工智能指数报告》，斯坦福大学人类中心 AI 研究所，2018 年 12 月，https：//hai. stanford. edu/ai-index-2018。

孙浩林：《德国更新〈联邦政府人工智能战略〉》，《科技中国》2021 年第 4 期。

文彬、董娟娟：《美国更新国家人工智能研究发展战略计划》，《保密工作》2019 年第 9 期。

亿欧智库：《2019 中国人工智能商业落地研究报告》，亿欧智库官网，2019 年 8 月 30 日，https：//www. iyiou. com/research/20190830651。

《高等学校人工智能创新行动计划》，中华人民共和国教育部官网，2018 年 4 月 3 日，http：//www. moe. gov. cn/srcsite/A16/s7062/201804/t20180410_ 332722. html。

B.12
国家技术转移东部中心开展技术转移人才培训的探索与实践

邹叔君　闻云斌*

摘　要： 为落实《中华人民共和国促进科技成果转化法》，培养一批符合中国发展国情的专业化技术转移人才，国家技术转移东部中心作为第一批科技部备案的国家级技术转移人才培养基地，经过五年多的探索和实践，逐步构建起了"基地、大纲、教材、师资"四位一体的国家技术转移人才培养体系，形成了具有鲜明特色的培训和培育模式，其无论在自主培训体系建设还是在促进技术转移职业发展、赋能长三角和中西部城市技术转移、推动科技成果转移转化等诸多方面取得了一定成效。本文在结合自身探索和经验总结的基础上，建议技术转移人才培训要以产业能级提升需求为导向，要与各类要素市场充分融合，要区分职业基础与专业分工，要满足全社会对于人才可持续发展的需求。

关键词： 技术转移　培训赋能　区域创新

党的十八大以来，我国提出了创新驱动发展战略，进入21世纪的第二个十年，随着中西方贸易与政治摩擦的加剧，"自主创新、原始创新"进一步得到社会各界的广泛认同，科研投入不断加大，科技成果硕果累

* 邹叔君，国家技术转移东部中心执行总裁；闻云斌，国家技术转移东部中心副总经理，上海市科学学研究会理事。

累。但是，如何把科技成果转化为生产力一直是我国亟待破解的重大课题，根据国务院办公厅印发的《促进科技成果转移转化行动方案》文件精神，促进科技成果转移转化是实现强国梦的关键环节，具有举足轻重的战略地位。

科技创新需要人才，成果与技术的转移转化同样也需要人才。长期以来，我们国家重科研、轻转化的问题同样体现在对于技术转移人才的培养通过政府文件开展此类人员的培训源起于20世纪90年代，作为改革开放排头兵的上海于1998年颁布《上海市技术经纪人管理办法》，"技术经纪人"这一职业名词第一次跃入公众的视野，但由于当时国内国际环境并不需要大量这方面的从业人员，技术经纪人并没有真正发挥出其应有的作用，时至今日，技术转移人才仍旧面临着职业定位不清、市场认可度不高的窘境。本文将以国家技术转移东部中心探索技术转移人才培训为切入点，与读者探讨技术转移人才培养的解决路径和方式方法。

一　东部中心技术转移人才培训的发展历程

近二十年来，随着我国科技创新事业的蓬勃发展，科学技术转变为现实生产力的重要性和紧迫性越来越突出。2018年，国家修订了《中华人民共和国科技成果转化法》，上海市先后颁布了《中共上海市委、上海市人民政府关于加快建设具有全球影响力的科技创新中心的意见》和《关于进一步促进科技成果转移转化的实施意见》，开始实施科技成果转移转化紧缺人才培养计划，加大对国内紧缺的前沿技术路线研究、技术需求分析、无形资产价值评估、技术营销、技术并购、知识产权运营等领域专业人才的培养力度。根据上海市科学技术委员会颁布的《上海市促进科技成果转移转化行动方案（2017-2020）》的文件要求，国家技术转移东部中心承担起了建立技术转移人才培养体系、激励机制，探索技术经纪人梯度化培养与市场化选人用人机制，营造有利于科技成果转移转化生态的工作任务。

东部中心自接棒技术转移人才培训工作之后，在政府的政策引导下，集合各方力量，从制度化探索到市场化摸索，前前后后共历经了三个发展阶段。

第一阶段：政府政策引导，探索小规模市场化培训

2016 年，科技部火炬中心赋予国家技术转移东部中心“国家技术转移人才培养基地（东部）”技术转移人才培养功能，上海市科委设立专项予以资金支持，着手建立准市场化的人才培养机制。根据科技部“一中心、一基地”的构想，东部中心将平台的资源优势、中心的市场优势以及基地的培训优势有机结合，在“理论+实践”的思路下，驶入探索培养专业化、市场化、本土化技术转移人才的快车道。

在这个阶段，东部中心边探索、边实践、边总结，通过对技术转移人才职业发展、生源、人才培养模式等进行研究与设计，筛选了一批专业服务机构作为合作伙伴携手开办培训班，与上海图书馆联合发放联名阅览证，为学员创造了随时随地、终身学习的条件。与此同时，向上海紧缺人才办公室争取到了“注册紧缺人才技术成果分析师专业等级证书”（初、中、高级）。在解决了资金、模式和资质问题后，东部中心推出了“技术转移人才培养 TOP 课程计划”，该计划以“Tech-transfer”“Operation”“Professional”为纵向贯彻思路，以“技术转移人才培养 ACT 支撑平台”（ACT =“Accuracy”“Catalyst”“Tech-transfer”）为横向覆盖支撑，“十字定位”开展技术转移人才培养布局。东部中心充分发挥渠道、项目和专家等平台资源优势，共组织合作单位举办培训和沙龙活动 30 余场，会聚精英讲师 81 位，培训学员 1283 位。通过一年的实践，TOP 计划优中选优，培养和优选出具有实操经验的 TOP 技术经纪人 90 名，培育和评选出以最佳技术转移案例为标志的 TOP+技术经理人 10 名，选聘具有社会知名度和行业影响力的技术转移顾问 10 位。在能力建设方面，培训开始侧重于案例分析和实训能力的培养，前期先进行简单的理论知识培养，再在实训培养过程中穿插理论指导，按照这个思路编印了一套涵盖基础知识的技术转移人才培训教材。

虽然最初两年的摸索取得了一定成效，但 2~3 天的技术转移培训仍旧是按照讲师的擅长来授课，体系性不强、理论支撑不够的短板开始显露出来。此外，案例实训环节相对较为薄弱、短期培训无法满足学员职业化发展的需求等问题制约了培训品质的进一步提升。在整个运转模式上离可持续发展的市场化办学设想还存在一定距离。

第二阶段：引入国际标准，开启学院模式

基于对第一阶段探索的思考和总结，2017 年，上海市科委提出了建设“上海技术转移学院”的设想，这一项目由东部中心牵头，同济大学、盛知华知识产权公司协同推进。在建设期间做了两方面的尝试，一是国家技术转移东部中心联合盛知华引入美国技术许可专家（Certified Licensing Professionals，CLP）认证制度，二是依托同济大学公共管理硕士（MPA）探索技术转移方向的学历教育。

引入海外技术转移人才培训认证制度让学员和机构开阔了视野、加强了认识，也让我们深切感受到在理念和教学水平上与欧美发达国家的差距。虽然首期班招生火爆异常，但令人大感意外的是，高薪聘请来的外国教授并没有获得学员们的认可，与同期引入的欧洲国际注册技术经理人认证（Registered Technology Transfer Professional，RTTP）一样受到市场冷遇。究其原因，还是海外课程与我国科技成果转化的大环境及发展阶段不相吻合，“上海技术转移学院”项目需要独立自主地形成符合国情的办学办院特色。

当年与同济大学的合作则是技术转移科班化发展的一次有益探索和尝试，为之后各大高校先后设立技术转移专业奠定了基础。虽然在合作初期，社会各界并不看好技术转移作为一个专业或学科方向进入高校，但是，经过东部中心与同济大学经管学院的共同努力，2017~2018 年成功招收了第一批技术转移硕士研究生，从而开创了科班培养技术转移人才的先河。

第三阶段：依据科技部大纲，实现培训的标准化和规模化

2020 年，科技部火炬中心在分析总结各地人才培训基地的培养模式和实践经验后，印发了《国家技术转移专业人员能力等级培训大纲》。从此，东部基地不仅具备了由科技部授予的技术转移专业人员能力等级认证资质，也为独立自主开展技术转移人才培训打开了标准化、规模化、职业化的通道。有了大纲的支撑和指引，东部中心与东部基地全面开启了“上海技术转移学院”项目的新一轮建设。有了之前三年的积累，东部中心对于办学建院的理解和认识更加清晰，在机构建设及人才培养方面形成了更加切实可行的思路和方案。

首先，承担科技部火炬中心高级技术经理人课程及线上培训平台建设。学院采用层次化、模块化的编写模式，参与国家技术转移从业资格中高级教程编纂工作并配套教材规划试题库，逐步开发科学系统的等级题库。此外，同步建设完成东部基地在线教学平台 V1.0，开发并录制了 30 余门在线课程、10 余门专家讲座，方便了学员对基础课程的学习与巩固。

在专业学科建设和学历培训方面，与同济大学进一步深化校企合作，初步构建了技术转移学历教育人才培养体系。从 2020 年开始，同济大学将技术转移专业进一步延伸到工商管理硕士（MBA）学历班，东部基地与同济大学联合开发完成了 4 门 100 课时专业选修课，并结合 MPA、MBA 研究生毕业论文与社会实践，联手做精做实实训。东部基地依托东部中心平台，从技术转移的供给、需求、服务三个维度选取代表性单位、真实项目、真实任务需求，形成了富有挑战性的实训板块，并带领学员深入研发机构、科技服务机构、科技公司实地操作真实案例，完整参与技术路线分析、供需机构寻找、商业谈判设计、实地供需对接等技术转移实践。至此，东部中心技术转移实训环节被正式纳入同济大学 MPA/MBA 的教学体系。

在开展非学历培训方面，东部基地深入实施“上海技术转移学院”项目，广泛开展国家技术转移专业人员能力等级认证培训和技术转移案例工坊专题培训，针对科技成果转化项目多样性、个性化特点，通过典型案例复盘、问题研讨、知识点实务解析等方法，多维度解析科技成果转化难点、痛点和实务技巧，提高在岗在职从业人员实战能力和职业素养。2020～2021 年，共培训获证技术经纪人 500 余名，举办技术转移案例工坊 3 期，形成了以 20 位名师挂帅的技术转移核心课程，逐渐形成具备鲜明特点的培训模式和课程体系。

与此同时，东部基地开始走出上海，将经验和体系分享给周边省市，协助当地机构和政府提升技术转移人才培训的水平。2021 年 4 月，北京医疗初级班开班，学员 48 人；5 月，重庆中级班开班，学员 109 人；6 月，南通初、中级班开班，学员 140 人。随着东部基地培训业务在各地的展开，东部中心技术转移服务体系的输出也在加速，形成了“人才培训促进技术转移、技术转移提升人才培训”的良性发展态势。

二　东部中心技术转移人才培训的创新举措

（一）问题导向式课程设计，知识体系重构与实操能力培养并重

由于成果与技术的转移转化是一项极其复杂的系统性工作，从事这项工作的人员既要具有技术专长又要具备知识产权、创业孵化、政府政策、投融资等相关领域的知识，因此，对于初学者来说，知识体系的重构是必然的，而要成为一名合格的技术经纪人，只有知识又是远远不够的，具备分析问题、解决问题的能力才能被市场认可。实践证明，以问题启发式的教学方法更容易促发学员的思考，也更易带动学员在课后去自学、去提升。所以，东部中心推出的 3 期案例工坊以及生物医药等特色专题课程就是尝试以问题导向的方式展开教学活动。同时，还通过与上海图书馆发放联名阅览证、自建在线学习平台等举措，为学员创造出带着问题学习、终身学习的条件。从市场的反馈来看，技术转移能力的培养和修炼更加符合用人单位的人才需求。

当下，人才培训与人才使用的关键环节是在“用”上，而“用”的前提是“为何而用”，问题导向正是从“为何而用”的角度考虑贯穿东部中心教学的始终。比如，当一家重庆的生物医药企业委托东部基地开办技术经纪人中级班时，基地会提供给所有的开课老师这家企业的情况介绍，要求老师们在标准化课件中穿插对于同类企业的问题挖掘或剖析，以启发学员的思考和讨论；另外，在案例分析报告环节，基地改变一人一报告的传统方式，让学员或按部门或按项目组成案例分析小组，以企业内部问题或经验为案

例，以同侪研讨的方式提交小组案例分析报，这样的培训受到企业高层的高度认可，培训促发展、培训促转移，取得了非常好的培训效果。

（二）跨界构筑师资队伍，学历教育与能力认证双管齐下

近年来，技术转移的发展趋势从先前的地域性转移向跨领域、跨学科的技术融合演变，而随着科创板的开市，资本对于技术转移的关注度也在持续提高，技术与资本的结合深度往往成为技术转移成功的关键。因此，市场的变化要求师资队伍必须是一支联合作战部队，需要集合教育界、企业界、金融界的各路名师。在这方面，上海具备了得天独厚的优势，东部基地已经形成了由双一流高校教授、知名服务机构创始人以及跨国企业高管等组成的多元化师资队伍，核心讲师 20 余位，备选讲师 60 余位。

东部中心不仅拥有这些名师，而且还想方设法创造老师与老师、学生与老师、社会学员与在校学生之间的交流机会，促进学历教育与能力认证的贯通和融合，这项工作的成效主要体现在组织同济 MBA/MPA 学员的证书学习和实训实践中。2020 年下半年，同济经管与东部中心开始对首届技术转移方向 MBA/MPA 研究生开展联合培养，面向入学新生，遵循双向选择的原则，遴选了 15 位同学（MBA 学生 10 人，MPA 学生 5 人），为了加强这 15 位学员的技术转移基础知识，在同济经管原有 MBA/MPA 专业学位必修课 25 学分修满的基础上，东部中心和同济经管组建了技术转移教研室并成立了由同济老师与能力认证老师组成的专家组，面向学生推出了技术转移基础、技术转移谈判、知识产权理论与实务以及技术孵化四门专业课，每门课 36 学时，共 8 学分。联合培养项目还设计了系列主题讲座模块，邀请“政、产、学、研”各个领域的专家学者开展讲座和培训，为学生们拓展科技创新、科技新兴产业知识边界。在专业学习过程中，为了激励学生，东部中心还发起了“东部技术转移之星”竞赛，邀请研究生学历班学员与能力认证班学员共同开展专题研究和课题研讨，激发了学员探究技术转移重点难点问题的积极性，研究成果也为东部中心开展相关业务提供了咨询助力，取得了学员方、学院方、平台方、企业方多方受益的良好效果。

目前，国内的培训一般分为学历培训和职业培训两大板块，东部中心与同济大学探索学历培训与职业培训的深度融合，不仅对于培训行业而言是一次有益的尝试，也引领了技术转移人才培训的新思维、新路径、新模式。

三　东部中心技术转移人才培训的特点与成效

（一）政策引领、突破创新，推动本土化技术转移培训体系建设

科技创新是全世界主要经济体比拼软实力的重要指标，而发达国家除了具备强大的科技创新能力以外，还拥有一套适合西方国家的技术转移模式以及技术贸易规则。对标发达国家，当时我国在技术转移专业人才队伍建设方面既缺少经验又缺乏体系。因此，在探索培训技术转移人才初期，上海市科委分别从欧美引入 RTTP 和 CLP 两个国际化的技术转移从业人员资质认证制度，其中 CLP 交由东部中心实施。东部中心经过两年的培训，秉持“拿来主义”的原则，既培训了一支跨境技术转移的高层次人才队伍，吸取了国际先进经验，也不回避问题，果断提出了面对广大的国内技术转移从业人员、面向国内科技成果转移转化生态自建培训体系的方案。

东部基地在上海市科委的支持下，从 2016 年开始着手开发课程、编印教材和选聘专家，步入了技术转移人才培训体系的自建之路。当年，东部中心推出了“技术转移人才培养 TOP 课程计划”，侧重于案例分析和实训能力的培养，讲求在实战中强化理论知识的掌握、运用和巩固。通过一年的实践，编印了本土化的技术转移人才培训教材，在科技部火炬中心对首批国家技术转移人才培养基地五年考评中获得“优秀”。2020 年，科技部在总结东部中心等基地探索人才培训经验的基础上，颁布了《国家技术转移专业人员能力等级培训大纲》，东部中心在推动我国技术转移人才培训体系建设过程中作出了表率。

（二）上承下转、联动各方，带动技术转移职业化由弱变强

技术转移人才的职业化发展道路曲折而艰辛。依据旧版《中华人民共和国职业分类大典》，技术转移人才最初的职业定义应该是“科技咨询师”。在国外，科技咨询师英文简称“STC”，被誉为21世纪最前沿的“黄金职业”，是欧美等发达国家朝阳职业之一，该职业人群无论在世界500强公司，还是在科技型企业中都是收入最高的职业群体，在《福布斯》杂志2012年评选出的“未来型职业”中，科技咨询师成为最受欢迎和接纳的未来职业。就是这样一个国际公认的未来职业在中国却意外地遭受冷遇。据调查，自2012年科技咨询师被正式纳入国家职业考试以来，在中国技术市场协会的推动下，相关省市陆续探索开展了一些科技咨询师培训，但总体上远没有达到预期的社会反响和职业认可。

2020年，《国家技术转移专业人员能力等级培训大纲》颁布，初级和中级技术转移人员被定义为技术经纪人，高级技术转移人员被定义为技术经理人，比起科技咨询师，区分度更强，内涵更深，外延更广。在大纲的指引下，以东部中心和东部基地为代表的国家技术转移人才能力等级培训机构的工作大大推进了技术转移人才的职业化发展，经过三年各省市基地的共同努力，技术经纪人、技术经理人在高校院所和企事业单位中已经形成群体，社会认可度大大高于科技咨询师，据此，人社部于2022年首次将“技术经理人”纳入新版的《中华人民共和国职业分类大典》。此外，东部中心联合同济大学、上海交通大学、复旦大学、上海大学等双一流高校推进的技术转移人才学历教育，加速了技术转移方向学科建设在大学教育中的深耕。

东部中心在总结前人工作经验和不足的基础上，既开拓性地开展技术转移能力等级培训和认证工作，又开创性地联动高校和社会力量开展学历教育培训，一方面获得了政府相关部门和社会各界的广泛认可，另一方面又大大促进了技术转移人员的职业化和科班化。在可以预见的将来，技术经纪人、技术经理人将会成为我国的“STC”，这项高智力、高协同、高复合性的未来职业必将迎来繁花似锦的春天。

（三）立足本市、服务全国，促进跨区域技术转移与成果转化

20年来，上海的科技成果转移转化事业一直引领着全国的风气，主要原因是，作为国际化大都市的上海既是国外资本和技术登陆中国的首选之地，也是全国各地抢滩并引进优质项目的不二城市。所以，东部中心开展跨区域技术转移人才培训有着得天独厚的优势，科技部授牌上海国家技术转移东部中心的用意也在于服务长三角、服务全国。因此，东部基地在开展跨区域技术转移人才培训的选址考虑上主要是围绕东部中心的分中心布局和两地政府的合作，也就是要秉持“培训服务主业”的思路。

事实上，东部中心在上海与江苏、浙江、山东以及重庆等省市的合作中起到了非常重要的作用，东部基地已经连续三年在南通、苏州（昆山）、重庆等城市开办技术经纪人培训，东部中心为东部基地拓展跨区域培训网络创造了条件，东部基地也为东部中心在当地开展技术转移活动培养了人才、集聚了资源。

四　深入开展技术转移人才培训的建议

技术转移人才从职业大类上分属于科技服务业人才，具有鲜明的时代特征，培训模式应以市场需求拉动为重。这既是由技术转移人才培训的目的——服务科技产业决定的，也是由技术转移人才培训的客体——高新技术决定的，因此，技术转移人才的合格标准和原动力理应由高新技术产业来定义和驱动。据此，在具体实施中需要从创新人才培养模式着眼，通过培养、输送产业适用型人才，以人才作为要素实现科技研发与经济发展相适配、技术创新与金融创新相融合，促进区域内的高新技术产业的升级和高质量发展。

（一）技术转移人才培训要以产业能级提升需求为导向

需求是技术转移人才培训的灵魂，只有紧紧围绕和满足科技创新产业的

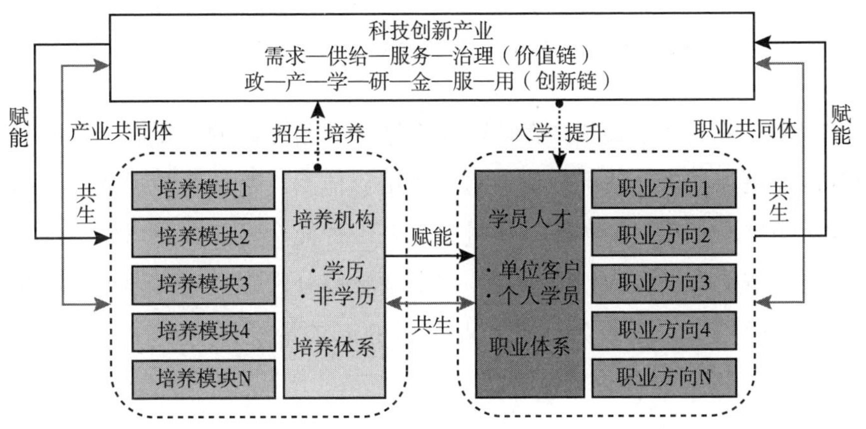

图1　产业—机构—人才“赋能共生”人才培养模型

人才需求才能培育出合格的技术转移人才队伍。因此，依托科技部在各地建设的技术转移区域中心及技术交易市场，以中心和市场中的信息资源、机构资源和政策资源为天然的人才“培育土壤”，设计研发教学模型，制定人才培育标准，同时联动相关职能部门完善专业化、职业化培养体系，并运用互联网、大数据等信息技术手段实现人才供求信息、人才认证信息以及人才评估信息的“一站式”查询，才能最终实现按需培养、批量化输送符合产业用人要求的培训目标。

（二）技术转移人才培训要与各类要素市场充分融合

随着我国在资本、技术、数据等新兴要素市场建设力度的加大和进度的加快，要素市场的从业人员出现供不应求的局面。一方面，技术转移培训可以为这些新兴要素市场提升交易人员的服务水平，输送合格的从业者；另一方面，可以为技术、资本、数据等要素市场培育优质的高新技术企业客户，打通各要素市场技术转移人才“招生—培养—就业”通道，通过人才培育激活要素市场。此外，技术转移人才也须通过在各类要素市场中发挥应有的作用来检验个体或团队的战斗力。因此，两者的充分融合才能发挥好技术转移人才在社会化要素分配过程中的作用。

（三）技术转移人才培训要区分职业基础与专业分工

技术转移人才培训须站在培育高水平科技新业态的战略高度，建设专业开放度更强、产业适配性更高的人才培养体系。培训要瞄准战略性新兴产业，拓展并涵盖生物医药、新材料、人工智能、新能源及双碳等前沿学科领域，按能力层次、行业分类、技术领域等分门别类地对学员进行延展教学和跟踪培育，进而为特定产业部门的需求量身订制个性化人才培养方案。

（四）技术转移人才培训要满足全社会对于人才可持续发展的需求

技术转移人才培训必须秉持“五分培养，五分服务”的理念，在不久的将来，通过学历培训+职业培训来实现技术转移人才队伍的人力资源增值，采用培养机构+服务行业社团的机制形成培训认证体系和职业资格体系，同时，与一流高校、行业顶部企业合作实施定制化教育培训项目；推动出台技术转移人才中高级专业职称评审政策；打造高校院所、科技企业、科创载体、社会组织等领域学员的跨界社群，最终实现覆盖科技创新全链条、全周期的社会化技术转移人才培养和使用的生态环境。

综上，国家技术转移东部中心、国家技术转移人才培养基地（东部）通过在技术转移人才培训方面的探索和实践，逐步向学员与产业共生的目标靠近，在自主建设课程体系、教学资源标准化和跨区域共享、促进科技成果转移转化以及推动科技服务业向价值链高端延伸等方面取得了一些成效。将在今后的持续探索中，通过人才培训进一步推动高校院所输出研发能力及科技成果，引导企业提供应用场景和转化平台，规范资本为创新创业注入活力，在政府的指导下，以技术转移培训为抓手，不忘初心，完成好国家赋予技术转移东部中心的历史使命。

参考文献

科学技术部火炬高技术产业开发中心：《国家技术转移专业人员能力等级培训大纲》，科学技术部火炬高技术产业开发中心网站，2020 年 3 月 16 日，http：//www. chinatorch. gov. cn/kjb/tzgg/202003/f3198b552fb94ef2824cb2481556dd1f. shtml。

邹叔君、杨文硕：《高水平科技服务业人才培养模式研究》，《中国科技》2021 年第 10 期。

实践与探索篇

Practice and Exploration Reports

B.13

中国建设银行:“建行学习”创新报告

于保月　蔺文辉*

摘　要： 建行研修中心作为中国建设银行创办的企业高层次人才培训机构，始终以习近平新时代中国特色社会主义思想为统领，以党的职业教育培训、产教融合方针政策为指导，服务社会、服务战略和服务员工，构建了全新的人文要素体系与发展模式机制。“建行学习”的创新实践，让教育培训工作成为孵化创新、引领企业未来发展的核心力量。“产、学、研、用”贴近实战化的系列行动，有力地回应了多方需求，为建设银行与高校间开展深度产教融合提供了平台，在推进产教协同育人、普惠性金融教育、创新教育培训服务供给等方面发力，有效地推动了教育和产业统筹融合、良性互动发展格局的形成。

关键词： 建行学习　教育培训　产教融合行动

* 于保月，建行研修中心执行副校长、校委办主任，高级经济师；蔺文辉，建行研修中心职业资格发展中心副主任，统计师，高级调查分析师。

2014 年 9 月 26 日，习近平总书记为成立 60 周年的中国建设银行作出重要批示，60 年来，建设银行砥砺奋进，不断发展壮大，为国家经济社会发展作出了积极贡献。希望再接再厉，与时俱进、改革创新，进一步增强服务国家建设能力、防范金融风险能力、参与国际竞争能力，再创佳绩，为中华民族伟大复兴作出更大贡献。

习近平总书记的重要批示，是中国建设银行实施"三大战略"、开展新金融行动、开启第二发展曲线等新时代改革创新的根本遵循。将总书记重要批示精神和中央经济金融决策部署创造性地贯穿落实到各项工作中，成为推动建设银行教育培训事业不断取得进步的强劲动能。2018 年 12 月 17 日，中国建设银行宣布成立建行研修中心（原建行大学），一家体现新时代、新金融、新生态特色的集团级教育培训机构诞生了，由此开启了国有大行贯彻落实总书记批示精神，"服务社会、服务战略、服务员工"的"建行学习"创新实践与探索之路。

"建行学习"的创新实践，让教育培训工作成为孵化创新、引领企业未来发展的核心力量。2022 年 6 月，建行研修中心经历了四个年头的大胆创新实践与探索，一家"最懂金融、最懂科技、最懂教育"的学习型企业集团，由轮廓到清晰，在新时代中国教育培训事业的舞台上、产教融合的天地里，履践初心使命，服务社会大众。建行研修中心，从定位理念、模式架构、布局平台、体系联盟等方面，与时俱进、精耕细作，向最壮阔的星辰大海砥砺奋进。

一　打造一流金融企业研修中心

（一）促进办学理念的体系化

建行研修中心作为中国建设银行创办的企业高层级人才培训机构，始终以习近平新时代中国特色社会主义思想为统领，以党的职业教育培训、产教融合的方针政策为指导，服务社会、服务战略和服务员工，构建了全新的人

文要素体系与发展模式机制，创立建行研修中心校训“志同道合、善建行远”，构筑了建行研修中心“三新”愿景、“三大”使命、“三大”角色、“四大”办学理念。

在实践探索中，建行研修中心以新金融行动诠释“新时代、新金融、新生态企业大学”愿景，以“文化礼堂、思想书院、赋能工场”为定位角色，培育建行优秀文化、创享经营管理智慧、传授实用知识技能。对社会：沉淀建行金融智慧，研究建行解决痛点难点的新金融模式，贡献金融解决方案，树立新时代金融服务、金融管理的新路标。对企业：立足建行，服务战略，用好“建行学习”开放的平台，让教育联盟、新金融人才产教融合联盟、广大员工，都可以直接与内外部资源进行互动学习、实践探讨。对员工：立足员工，服务大众，提供全方位个性化的职业能力素养提升解决方案，使员工能自主学习、自主发展，激发每个员工的创新精神，让每个人都成为创业者，成为自己的领导者。同时，为更多客户提供培训，普及新金融新知识新技术，惠及大众，使客户追求幸福美好的生活。专业化，在于建设大学精神专业体系。共享化，在于推动开放合作共建共享。科技化，在于善用科技思维智能运行。国际化，在于追求国际视野全面布局。也体现了建行勇于开拓创新，走在前列，干在实处，以共享的理念整合资源，以科技的力量造福大众，以金融的智慧回馈社会的宏伟气魄。

产教研用一体、银政校企联盟、总分支点统筹、线上线下融合，是建行研修中心区别于传统企业学习型组织和教育培训机构最鲜明的发展模式。成立以来，建设银行一直致力于把建行研修中心打造成一个开放共享的平台，成就各方的舞台，实现内外贯通、多赢共赢。建行研修中心初心如磬，奋楫笃行，始终致力于弘扬“再接再厉、与时俱进、改革创新”的“建行学习”精神，致力于增强“服务国家建设能力、防范金融风险能力、参与国际竞争能力”的“建行学习”境界，致力于培育“再创佳绩，为中华民族伟大复兴作出更大贡献”的“建行学习”格局。

（二）推动教培资源的泛在化

建行研修中心借助科技的力量把中国建设银行各级机构碎片化的培训中心或培训场地，总分行的网络培训平台，境内外合作学校、师资、教材、课程、讲座以及培训研究成果等培训资源整合集成一个有机整体，并实行统一管控，为员工打造了一个融合线上线下、行内行外、境内境外教育培训资源且互联互通、互用共享的终身学习生态圈，让教育培训工作成为孵化创新、引领企业未来发展的核心力量。建行研修中心既是面向内部员工的职业教育平台，也是服务社会、为社会提供金融解决方案、面向社会提供职业教育培训服务、实现产教融合的重要平台。

在治理架构方面，能够面对新趋势新变化，快速实现机构职能的有效整合迭代，让"建行学习"更加"科技、普惠、共享、绿色"。目前，建行研修中心本部由综合管理部（校委会办公室）、基础教研部、专业研修部、支持拓展部四个大部组成。综合管理部与校委会办公室合署办公，负责行政管理、日常运行、资源保障，与党委组织部、人力资源部协调一致，深度融合，包括综合处、规划发展处、科研管理处、教学运行处、学员工作处、员工成长处、金智惠民处、科技发展处、国际发展处、行政财务处等 10 个处室。基础教研部负责通识、基础、战略层面的教学研究，下设思想政治教研部、战略教研部、人文教研部和领导力教研部。专业研修部负责牵头组织业务板块的培训研究，全部涵盖又紧密衔接建设银行所有业务部门，下设普惠与零售研修院、住房金融研修院、金融科技研修院、客户关系研修院、资管与投行研修院、国际金融研修院、风险管理研修院、财务与审计研修院等八大研修院。支持拓展部为建设银行的专业化发展优势提供支持，由支持和拓展两个板块组成。支持板块包括实验室（办公室），含大数据实验室、金融科技实验室、产品创新实验室，数字化教育学习中心（网络平台），案例研究教学中心（知识管理中心），课程设计管理中心及职业资格发展中心。拓展板块包括对外合作中心、融媒体中心、品牌运营中心、联盟秘书处办公室。

建行研修中心研修院分为区域、专业和分行三个类型，它们既相对独立又相互关联。区域研修院为综合研修院，以教学为主，包括东北研修院、华东研修院两个自办研修院，以及华北、华中、华南、西南、西北等五个合办研修院；另外，还设有香港、伦敦、纽约三大境外研修院。境内七个研修院辐射七个行政区域，境外三个研修院辐射三个大洲。专业研修院专业特色鲜明，地理位置优越，对应承接党的建设、新金融实践的专题研究培训，分别为北京党建研修院、井冈山党性教育研修院、领导力研修院（与建行党校合署办公）、青岛普惠金融研修院、上海金融创新研修院、上海国际金融研修院、苏州金融科技研修院、苏州金融保险研修院、大湾区金融创新研修院、杭州民营企业家研修院等共 10 个专业研修院。37 个一级分行研修中心，主要为所在分行所辖基层员工和社会基层提供便捷的培训服务。

3. “建行学习”数字平台

自 2018 年 12 月 17 日“建行学习”数字平台正式上线，统筹“学、教、智、知、网”五项要素，用新模式打造现代企业学习新业态。目前，“建行学习”数字化平台由员工学习、教学管理、智能运营、知识储备、服务社会等五大平台组成。

“建行学习”数字平台建设至今，累计访问量突破 8 亿次，累计直播场次突破 19000 场，观看人次（直播人次+回看人次）突破 1800 万。从 2022 年初至今，平台累计培训行内员工突破 33 万人；直播场次突破 2000 场，观看人次（直播人次+回看人次）突破 180 万。

（三）强化教学体系的专业化

建行研修中心围绕推进新金融行动，不断完善教学运行机制和基础能力建设，提升专业化办学水平，构建终身学习体系。深入研究建设银行教育培训需求，把握教培规律，整合优势资源，大力推进学习项目研发，不断提升培训针对性和有效性，形成了一批优秀的自有学习项目。开发“学习项目资源手册”，初步构建了教学项目体系。目前已开发 300 余个学习项目，为建设银行教育培训计划编制、员工培训培养项目设计、员工选学等提供参考，总结沉淀教育培训智慧，为建设银行人才发展、业务推进、组织优化提供动力。

教材与案例是教育培训的战略工程、基础工程，建行研修中心统筹建设银行教材开发和数字教材建设、案例萃取工作，构建规范化教材建设管理体系，及时将业务创新成果、实践经验转化为教材、案例，不断夯实企业级知识库。在短短的一年时间，教材库累计在用教材 80 套，共计 177 册，囊括岗位教材、案例集等，并向社会公开出版 10 册书籍。着力打造精品课程和示范项目，形成《产教融合型课程设计原理及技术研究汇编》，直播课程设计指引、访谈课设计操作指引等。开发建设领导力课程体系、基层员工课程体系、专业课程体系和金智惠民课程体系，涵盖各个业务板块。目前，共积累课程 25369 门，形成专职师资、兼职师资、行外师资"共享师资课程手册"三本手册，各类师资库内人数 5267 人。

二　推进产教融合与产教协同发展

（一）加强金融实践新交流

建行研修中心通过打造"新金融"学习频道，开展"会客厅"活动，做好"分行行长论新金融"等学习项目进行成果的总结沉淀。组织开展"新阶段　新理念　新格局　面向未来的商业银行"专题学习项目，邀请建行领导干部上讲台，分析研判宏观趋势与机遇，系统解读战略布局顶层设计。围绕业务需求建立住房金融课程体系与案例教学体系，创新打造住房金融业务系列微课。举办商业银行服务科技创新沙龙，拓展百万创业者系列培训品牌体系，萃取推广典型服务案例。推进乡村振兴金融重点课题研究，聚焦新型农业经营主体、农业全产业链、乡村建设、县域经济、信用体系、数字乡村等选题，开展委托合作研究，做实乡村振兴金融研究中心，深化与中国农业大学等联盟机构合作，组织研究研讨活动。积极筹备与港科大共建金融科技教研中心，优化具有国际化视野的高端金融科技复合人才培养体系。

聚焦“双碳”政策法规、发展规划、实现路径和工作要求，围绕绿色低碳生产生活方式与生态文明理念、绿色发展重要行业领域、绿色金融重点产品服务等开展教育培训工作。举办绿色发展战略专题系列讲座，组织绿色产业与金融专题培训，开发“碳达峰　碳中和”大讲堂系列微课，开展气候风险管理科研项目研究。举办智慧政务战略专题系列讲座与专题培训，精选智慧政务应用场景化实战经典案例，并将经典案例转化为课程或课件。

（二）构建校企合作新格局

建行研修中心研究制定了《深化校企合作指导意见》，传导理念、明确要点、细化任务，将校企合作做实做细。依托新金融人才产教融合联盟平台，深化特色品牌项目推广。依托数字平台开展新金融数字学习联盟建设，开设课程、撮合、孵化等专区功能，助力联盟单位和中小微企业深度融合。2018 年 10 月，自建行启动“金智惠民”工程以来，聚焦普惠金融、乡村振兴、公众教育、疫情防控等重大战略和社会痛点难点，融通线上线下渠道，深入社会各类场景“送教上门”，累计开展培训突破 5 万余期，惠及人次突破 450 万。在乡村县域共建“裕农学堂”突破 2500 家，在线普惠课程突破 300 余门。聚焦政、创、农、工、学五大普惠客群，夯实线上线下客户协同服务体系，会同建行相关部门组织实施“能者为师-美好社区”“金融向善　共同富裕”“外部创新马拉松大赛”、消费者保护与社会责任、红色金融联学共建等惠民培训项目，年度开展培训服务 100 万人次以上。

三　创新教育培训服务供给

实战化的成功关键，产于实践、教于案例、融于实效、合于能力。建行研修中心“产、学、研、用”贴近实战化的系列行动，有力地回应了多方需求，为建设银行与高校间开展深度产教融合提供了平台，在推进产教协同育人、普惠性金融教育、创新教育培训服务供给等方面发力，有效地推进了教育和产业统筹融合、良性互动发展格局的形成。

（一）创教培党建新融合

坚持把学习贯彻习近平新时代中国特色社会主义思想摆在教育培训最突出位置，将理想信念教育、党史学习教育等专题内容全面系统融入各类培训项目，贯穿员工成长全周期。协同建行党委组织部持续推进基层党建工作讲师团培养，打造政治素质过硬、实践经验丰富、理论功底扎实的兼职讲师队伍，形成一批根植建行土壤的优秀党建课程。不断完善"党建引领"线上学习主阵地，营造良好党建学习氛围。充分发挥思想政治教育战略支撑作用。把思想政治教育与业务工作深度融合，努力培育和弘扬建行文化，为新金融行动提供有力政治和思想保障。围绕"加强年轻干部教育管理监督"课题，联合中央党校研发系列学习课件。以贯彻落实习近平总书记"三个能力"批示精神为遵循，研究推进"三个能力"建设优秀典型实践案例视频学习项目，打造一批基层机构落实党中央决策部署的"初心党课"和"战略思政课"。深入构建高质量基层党建工作体系。深化政治理论学习，举办贯彻落实党的二十大等重要会议精神专题网络学习班，组织"喜迎二十大　建功新金融"学习教育讲堂，进一步巩固拓展党史学习教育成果。扎实推进"四强"支部品牌建设。全面从严治党，加强廉洁教育，落实驻建行纪检监察组和建行机关纪委各项工作部署，常态化开展日常监督，加强"四风"问题整治，推动作风建设迈上新台阶。

（二）创员工赋能新项目

把服务员工成长作为贯彻落实"我为群众办实事"实践活动及基层网点员工关爱工程的重要举措，迭代优化"遇建未来""建证成长""网聚英才"学习项目。定制研发网点理财经理能力提升项目，实现网点三岗位人群培训广覆盖、全触达。持续升级员工成长线上专题频道，专区资源内容紧跟业务发展，逐步打造线上自主学习带动线下集中培训的学习形态。开发对公信贷问答、商道文化、客户服务人员"知合规、守底线"等课程。以"推进数字化经营"为着力点，持续迭代国际化标杆学习项目。以国际频道为主阵地，探索制定以国际素养为基础、业务能力为导向的国际化人才培养方案，开发体系化、专业化学习项目。打通境内外以共学促联动双向引流窗口，加大对海外人才培训的业务性指导及资源支持。持续完善专业技术职务等级考试体系。研究打通专技考试、能力评价与支持员工职业发展全生命周期的终身学习方案设计，探索搭建覆盖全行所有岗位员工的一体化、全链条发展框架。常态化推进全行线下考试组织开展相关工作，探索居家在线考试新模式。推动“关键岗位”职业资格认证体系建设。持续开展建行金融理财师初、中、高级资质认证，对认证优秀案例开展常态化萃取传播。有序推进网点理财经理培养认证体系建设，依托“建行学习”平台上线初、中、高级体系化学习课程，发布《网点理财经理培养认证管理办法》。试点开展以“基金从业资格”专项培训为起点的“基金”模块标准课程体系设计及经典课程开发。聚焦新经济新金融，对接《国家职业资格目录》，研发训练营、学习班、辅导课，服务员工学考和获得国家职业资格证书。聚焦新金融新生态，联合行业协会、专业机构、建行部门，开展新职业论证、标准建立、认证培训。打造“建行学习”新职业示范班，服务战略，助力国家人才中心和创新高地建设。积极稳妥推进“学习者港湾”试点建设，共建“一站式”“一屏式”“一链式”和建行网点、建融家园等多场景的人才职业学习服务新品牌。传递人文关怀，提高自我领导能力，增强员工获得感。

（三）创教研培训新供给

改善供应结构、优化项目生成机制，构建精准、灵活的学习供给和培训服务体系，提升敏捷响应能力和支持服务水平。大力推进学习项目、课程、教材研发，保障优质学习产品供给。持续迭代党的十三大领域学习项目库，助力全行各级机构培训项目设计和培训选学。推广“数字化学习项目设计与运营操作指引”等管理和技术支持工具，提升教学运行的专业化水平。持续建设专职、兼职、行外“三位一体”的师资体系。推动各级领导干部、业务专家上讲台，培育一支精通建行业务实践、实操经验丰富的兼职师资队伍。依托《问道》访谈课品牌，常态化开发“业务融合高端访谈示范课”。

以《直播课程设计指引》《访谈课设计操作指引》为抓手，固化直播课及访谈课制课流程与标准，支持专兼职师资强化课程设计意识，更新理念和技能，提升数字化课程开发水平。

（四）创支持拓展新路径

探索建立内部评价体系，建立核心指标，从教育培训工作直接价值、非金融服务、社会影响力、文化感召力等多角度全面评估研修中心价值创造情况。进一步优化管理体制。会同相关主管部门明确中心本部和各区域研修院的机构设置与人员编制，积极推动完善干部管理、人员补充、薪酬福利等人员管理机制，加强各区域研修院之间、区域研修院与分行之间人员交流，优化人员结构，提升专业素质。推广素材管理系统，持续做好重大活动及日常活动的品牌支持保障工作。围绕建行“三大战略”、建行生活等战略业务和金智惠民、联盟等重点品牌，依托数字化基地，制作传播富有吸引力的微视频、微课。筑牢宣传阵地，提升传播质效。发挥“一报一刊一微一端”融媒体矩阵优势特点，深化以用户为中心的交互、分享传播模式，持续加强培养融媒体传播人才，善以专业化、共享化传播“建行学习”好故事，善用科技化、国际化深耕“建行学习”好案例。

（五）创平台建设新转变

全面推进培训管理 ERP 系统建设，加强课程工厂建设和运营管理。以学习者为中心，创新数字化学习项目，构建场景化学习平台。互用共享数字化教学基地软硬件设施，发挥好全流程数字化生产工厂、全景式数字化控制中心、交互式远程学习中心三大核心功能，形成涵盖“筹、管、录、制”全流程的生产线。多渠道结合，建设一支专业开发运营队伍，形成开发实施、运营服务协调统一的“研运一体化”运行机制。协同推进“建行学习”与“建行生活”融合，提供培训平台和丰富的学习内容，服务“建行生活”非金融生态场景的推广应用。推动课程工厂与客户单位、合作单位共用资源、共创课程、共享版权。联合建行相关部门共同研发智能监考、智能陪练等创新应用。重构数字图书馆，打造数字学习新增长极。围绕数据可视化、服务场景化、产品智能化、体验个性化，开发我的书架、智能推荐、读书积分、等级勋章、数据仪表盘等功能。多渠道丰富历史哲学、人文社科等数字图书和音频资源。开展“阅读越富有”“新知书单”等体系化线上活动，营造员工自主学习氛围。完善数字课程资源管理。强化数字课程管理，通过制度规范、标准指引、示范引领、奖励激励等方式，对课程资源进行标准优化、迭代升级，加强课程资源数字化二次开发与持续运营。探索实现“电脑端+移动端”大小屏联动，满足员工个性化、系统化与碎片化兼具的学习需求，提升数字化学习体验。

（六）创研修院建设新特色

落实区域研修院特色化办学建设，加强规划指导，引导行内外专业资源有计划地聚拢和积累，推进各区域研修院专业能力持续提升。东北、华东研修院持续发挥员工培训主渠道作用；华北、华中、华南、西南、西北等区域研修院深化高校合作交流，强化教学建设，统筹资源服务好全行、片区和驻地分行；北京党建、井冈山、青岛、领导力、上海、苏州、大湾区、杭州等研修院充分发挥资源禀赋优势，聚焦重点突出特色；香港、伦敦、纽约研修院强化国际资源对接，落地内控合规、风险管理等海外稀缺岗位人才重点项目。坚持以教研为本，加强专兼职人文、领导力师资队伍与核心课程体系建设，打造领导力微论坛。织密心理健康防护网，人文关心不掉线。

（七）创荣誉品牌新价值

中国建设银行入选“国家产教融合型企业名单”；课程入选中组部“学习贯彻习近平新时代中国特色社会主义思想好课程推荐目录”；“金智惠民”经国家知识产权局批准，在第 36 类金融类、第 41 类教育培训类，成功获得商标注册；在欧洲管理发展基金会（EFMD）发布的 2022 年度卓越实践奖（EiP）获奖名单中，由建行数据管理部、建行研修中心联合香港大学经管学院主办的数据分析师认证培训项目荣获人才发展类别特别表彰奖（Special

Mention)，成为建设银行在教育学习发展领域荣获的首个国际奖项；“中国建设银行金融理财师”“中国银行业金融科技师”资质项目，已认证10万余名金融理财师和9000余名金融科技师；建行研修中心荣登“2021中国企业标杆学习平台”榜首；“在云端·遇见未来”新入职员工数字化学习项目、培训精英汇线上训练营荣获人才发展精英奖最佳学习项目；“金智惠民·裕农学堂”获评教育部2021年全民终身学习活动周“终身学习品牌项目”，“金智惠民”工程当选典型活动案例；华东研修院培训师斩获AACTP全国培训师大赛多项大奖；构建和开创职业资格发展“人人持证、专业建行”新格局，做好国家职业资格目录“证券期货基金从业人员资格”的员工学考服务，东北研修院精心打造“基金从业人员能力提升训练营项目”，填补了建行职业资格领域能力提升培训项目的空白……持续贡献金融智慧，以“实战、实例、实效”打造教育培训对外形象名片，进一步增强品牌价值的创新创造力。

B.14

企业数智化学习平台建设实践与探索

——以中银研修云平台为例

刘永涛　刘　响　魏　钊　卢　静*

摘　要： 随着智能互联技术的发展，企业人才培养和员工培训需求升级，对企业学习平台数字化、智能化、场景化建设提出了更高要求。本文以中国银行“中银研修”云平台建设实践为例，介绍了中国银行教育培训数字化转型战略的实现路径，以及云平台的运营管理、在线培训、社群学习等主要功能。经过不断更新迭代，“中银研修”云平台仍然存在教学设计评估智能化程度不够、运营管理模式智慧化程度不高、对外交流合作开放化程度不足等问题。本文建议，下一步需要升级、优化思路，探索打造“大平台、大运营”模式下智慧化学习图景，推动线上培训场景和生态建设，具体采取如下措施：聚焦队伍建设，科学搭建知识体系；支持职业发展，智能规划学习旅程；应用前瞻科技，智慧运营教学教务；发挥桥梁作用，大力推进产教融合；探索多边联盟，积极践行社会责任。

关键词： 企业培训　学习平台　数智化　中银研修

引　言

在线学习历经30余年，先后经历了基于互联网的电子化学习（E-

* 刘永涛，中国银行总行教育发展部主管；刘响，中国银行总行教育发展部高级经理；魏钊，中国银行总行教育发展部经理；卢静，中国银行总行教育发展部经理。

learnning，20 世纪 90 年代至 21 世纪早期）、可随时随地进行的移动学习（M - learnning，2010 ~ 2015 年），再到目前纷繁多样的智慧学习（S - learnning，2015 年至今）。对传统教育从教育模式到教育理念都已经形成了重大冲击。在整个发展过程中，在线学习的形式和内容越来越多样化，便利程度也不断提高。

智慧学习是随着互联网、人工智能、大数据、云计算、物联网、可穿戴技术的发展而出现的一种最新的学习方式，是教育信息化的重要发展方向。对于学习者来说，智慧学习以学员为中心，重视个性化、交互性和协同性，以及内容的可知性和随处可取性，最终实现学习者的自我导向学习；对于教育技术来说，智慧学习广泛利用了快捷、智能、简便的设备等来打造智能学习环境，这个智能学习环境可以有效实现对学习者学习数据的记录、分析与评估，解决移动学习多终端不同源、设备不兼容的技术问题，支持学习者学得更加高效，从而实现智能连接、知识繁荣和精准运营。

中国银行历来重视人才培养，培训资源建设紧跟时代。对应在线学习发展的几个阶段，中行培训学习平台建设也经历了电子化学习、移动学习、智慧学习发展时期。1996 年，中国银行设计开发了“教育培训管理系统”，外汇业务、银行英语等电教化教材、案例建设成果突出；2005 年，上线电子化培训系统；2016 年投产“新一代培训学习平台”，实现移动学习；2021 年，平台迭代升级为“中银研修”云平台，进入智慧学习发展阶段。未来中行培训学习平台建设遵循智慧学习发展趋势，坚持建构主义和开放融合办学理念，充分利用线上线下渠道的优势，推进融合式教学。线上渠道不受时间空间限制，依托信息技术实现精准营销服务，线下渠道高效交互，互相配合产生溢出价值。逐步打通平台与外部的互联互通，加强产教融合和多边联盟，积极赋能员工、赋能集团、赋能客户、赋能社会。

企业学习平台建设是一项体系化、长期化的任务。随着信息技术与教育场景深度融合，混合式学习、智慧教育、数字化培训运营等成为组织学习新趋势，疫情带来的冲击进一步增强了教育培训数智化能力建设的紧迫性。企业学习平台建设不仅是落实教育培训工作数字化转型的需要，更是推进产教融合，发挥职业培训基础性、先导性和战略支撑作用的具体举措。

一　学习平台建设在企业培训工作中的重要意义

（一）平台建设是培训数字化转型的有效抓手

加强数字社会建设是国家的重要战略部署，党中央、国务院将数字化转型作为国有企业改革发展和转型升级的重要手段。新一轮科技革命正进入重大突破的窗口期，基础性、原创性、颠覆性科技创新推动社会发展和行业深刻变革。以5G、人工智能、大数据等为代表的新一代信息技术深刻改变传统学习方式、学习媒介，重新改组教与学的时空关系、教师与学生的角色定位。培训数字化转型要主动适应信息技术发展带来的教育形态和教育市场的全新变革，以创新的思路、创新的手段、创新的生态，在“互联网+”背景下积极推进教育培训平台建设，实现培训理念、机制、内容、模式、技术、能力的一体化转型。

（二）平台建设是满足员工发展需要的内在要求

随着新生代员工进入职场，“80后”“90后”员工成为企业中坚力量，“95后”“00后”员工处在快速成长期。青年员工身处信息时代，富有激情活力，创造力强，乐于分享，对学习平台提供职业辅导、社群学习、交互式教学等升级服务充满期待。同时，青年员工负担着工作和生活的双重压力，对学习的便捷性、适配性、体验感有更高的要求。推动学习平台产品服务升级是满足新生代员工用户习惯、提升员工的培训获得感和满意度的新任务。

（三）平台建设是服务产教融合的必备条件

新《职业教育法》鼓励企业发挥办学主体作用，深度参与职业教育。服务国家战略，促进产教融合，推动金融服务创新，等等，培训学习平台发挥着不可或缺的桥梁纽带作用。

通过培训平台价值链的高质量延伸，积极赋能客户、赋能社会，推动产教融合“云”链接，与企事业单位、行业协会、高校联动合作，加强各单位协作共创，促进政策共商、信息互通、需求对接、资源共享，实现教育资源和企业资源有效配置和优势互补，推动实体经济高质量发展和产学研创新深度融合。

（四）平台建设是常态化疫情防控的迫切需要

疫情期间，面授培训受到了极大冲击，在线教育凭借“便捷高效、传播迅速、覆盖全面”等优势有效填补了面授培训的缺失，得以广泛应用，学习平台作用更加凸显。面对后疫情时代下的新常态办公趋势，搭建符合自身发展需要的学习平台被越来越多的企业提上日程。线上培训的急速繁荣也使企业对学习平台的要求不仅局限于传统的基础功能，社群化教育、OMO模式成为平台升级新风向。短期内建立平台空间数字化、工作学习一体化、服务运营智慧化、内部外部协同化的教育培训数字化运营管理新模式，进一步增强了数智化学习平台建设的紧迫性。

二　“中银研修”云平台建设情况

（一）平台运营情况

“新一代培训学习平台”（后更名为“中银研修”云平台）自2016年投产，同步开发手机端App，实现移动学习。为推进智慧学习，随着中银研修中心的成立，在借鉴线上学习最新实践的基础上，综合运用大数据、云计算、人工智能等新技术，2021年平台升级为“中银研修”云平台。经历广泛调研、系统研发、数据迁移、小范围试点、分批推广等几个建设阶段，目前服务范围已全面覆盖36家一级分行和全部总行部门、海外机构。主体功能经多次迭代优化，云平台已实现培训管理、课程、考试、直播、专题专

栏、互动问答等基础功能并在全行内广泛使用。此外，升级上线党校、网络学院、行史馆、原创课程、“锦囊微课”、案例中心、培训供应商管理、智能小助手等栏目或功能，功能更加完善。

疫情暴发以来，平台快速上线在线研讨、直播、演播一体化工具箱、“菜单式”培训服务流程、智能语音助手等功能，成立了专门的线上培训项目支持小组，加大在线培训的支持保障力度，疫情期间平稳承载了大幅增长的在线培训需求，顺利实施多期重点培训项目，有力支撑业务发展，平台使用场景的广度和深度大幅提升。

图1　“中银研修”云平台移动端界面

目前，平台注册总人数达31万人，总访问量突破2亿次，累计发布在线课程2.6万余门，实施在线培训2.3万余期，开展直播培训1.2万余场，完成在线考试2.4万余场，发布线上研讨5000余场，开展线上调研1200余场，开展PK比赛117万余场，日均在线学习人数超过5万。“中银研修”云平台荣获博奥2018年度“优秀创新型平台应用奖”、2019年度“中国企业在线学习TOP10”。

图 2 "中银研修"云平台 PC 端界面

(二)主要功能介绍

"中银研修"云平台架构从部署方式、应用技术、服务模式三方面入手搭建，形成基于数据全生命周期的统一管理机制，通过智能语音、VR/AR 和 NLP 技术的引入和创新，从"听说读写"四个维度，赋能"类线下"培训平台的智能化建设和学员学习全流程的智能化体验。涵盖功能主要有以下几个。

1. 课程学习

平台系统性开辟"线上课程""专业序列""专题专栏""网络研修院""原创课程"等多个学习培训专项入口，满足学员在不同场景的差异化学习培训需求。"线上课程""专业序列""专题专栏""锦囊微课"等录播课程收录与岗位相关的专业课程、技能专题专栏等，支持学员报名收藏课程、变速学习、实时撰写笔记。系统性的专业学习模式有助于深度学习、巩固知识，而精简化的微课学习模式助力学员利用碎片化时间快速汲取知识。"网络研修院"功能则以研修院学习为主题，各研修院设立独立的门户入口，横向整合研修院主题相关的各类直播、录播、面授、微课等学习资源，使用户聚焦主题全面学习。

2. 在线培训

“直播课堂”实现实时线上交互，提供直播课程总览，支持订阅、回看直播课程、发送弹幕、实时留言、直播抽奖等功能，满足学员与讲师的实时沟通。“在线研讨”支持多人线上会议，为学员间学习讨论提供平台，通过搭载远程视频技术，学员能够以视频或语音形式，与同学、讲师进行课题讨论与作业撰写，支持屏幕共享以及协同作业，增强学习互动，巩固学习效果。“在线考试”支持题库建设、试卷管理和考试安排，题型涵盖主客观多种题型。“考试练习”提供完善的模拟练习、错题回顾与讲解、在线测试功能。考试模块解决了全行大量考评测试需求，形成教学测评练闭环学习生态，全方位提升学员的专业技能。

3. 社群学习

云平台建设“学习社区”“我的活动”“游戏竞赛”“线上行史馆”等功能，满足学员社交化需要，通过交流互动增进学习效果。“学习社区”支持学员开展发帖、回帖、点赞、关注等多样化社交行为，营造社群化学习氛围。“我的活动”支持各类活动发起，有效衔接线上线下培训学习活动运营。“游戏竞赛”功能，在学习闯关、问答 PK 赛等游戏模板中嵌入课程知识点，支持学员以专业化、趣味化的形式，巩固学习效果，实现寓教于乐。平台上线了中英文双语的“VR 行史馆”总行和上海分馆，通过三维漫游式还原实体行史馆，模拟展馆参观路线，实现员工线上学习馆内历史知识，也为境内外员工提供了了解中行历史和企业文化的崭新窗口。

4. 激励认证

平台建设“学习认证”功能，对学员的学习成就及学习习惯给予认可。学员学习成就认证层面，学员完成专业序列课程的学习并通过课程考核后，平台自动授予中银研修的课程完结认证或专业技能认证，作为学习成就的嘉奖与证明；学员学习习惯培养层面，学员完成连续学习、每日打卡、交流讨论等关键学习任务后，将授予学习勋章，激励学员学习热情。平台支持下载认证、分享认证至社交平台，提升学员的荣誉感，促进学员主动学习。

5. 服务运营

平台搭建“面授培训”联动线上线下学习，为线下面授提供报名入口，整合线下面授班的培训信息与培训安排，并支持在线课程预学习、附件下载等功能。打造信息共享渠道，实现行内各机构信息快速传导，统筹管理师资库、案例库、供应商库等资源。应用智能技术，为学员提供良好的平台使用体验。基于学员数据，智能化提供视觉、交互等多方面的差异化体验。例如，根据年龄为学员提供不同的显示字体大小、监测学员网速推荐适配的视频分辨率、基于行为数据前置常用功能模块、基于学习时间变更平台界面色调等。“平台智慧机器人小 U”突破时间、空间限制，与学员进行 24 小时个性化交互，回答用户疑问。

（三）存在的问题

在线学习平台的成功运作离不开平台、内容、运营的合力驱动。虽经过不断更新迭代，“中银研修”云平台已经能够满足员工大部分学习需求，但与智慧教育、数字化全流程管理等培训智能化转型要求还存在一定差距，学习平台数字化服务能力亟须提升。

1. 教学设计评估智能化程度不够

目前，部分业务条线能够实现通过大数据精准定位，推荐匹配人员岗位的应学基础知识和定制化课程，根据员工选择结果智能生成知识导图。但是覆盖全员的定制化学习体系、全面培训评价指标体系尚未建立，组织学习要求与员工个性化学习需求结合不紧密，学员画像分析、人才能力测评、资源货架梳理、人机会话定制推送等功能还需要持续加强。

2. 运营管理模式智慧化程度不高

大型组织内部的组织架构相对复杂导致运营管理权限、数据权限、审核权限互相制约，将教育培训工作的管理思路、流程和要求内化在平台中，建成智能化运营体系难度加大。平台运营规划设计不够系统全面，学员管理手段单一，激励约束灵活性差，持续化、游戏化、社交化运营特点不突出，学员黏性和依赖度有限，线上线下培训活动的策划与组织衔接需要进一步优化。

3. 对外交流合作开放化程度不足

平台投产后定位以企业内训平台规划为主，面向社会开放、赋能、对外连接相关功能建设处于起步阶段，平台支持外部资源的多形式引入、对外品牌形象宣传、搭建“平台中的平台”等功能开发还需要进一步探索。

三 大平台、大运营建设规划及探索

（一）建设思路

数智化学习平台建设遵循国家数字经济发展和网络强国建设要求，立足中国银行战略发展需要和培训工作实际，以“建设全球一流的企业数字化学习平台”为愿景，全面构建数字化、智慧化、个性化、生态化在线教育体系，运用数字思维、数字技术、网络技术打造集培养人才（Vocation）、管理知识（Insight）、服务社会（Society）、推动创新（Innovation）、智慧运营（Operation）、互联生态（Network）于一体的企业数智化学习平台，坚持员工中心、坚持需求导向、坚持融合开放、坚持迭代发展，支撑推动培训数字化转型升级。

（二）分阶段建设目标

结合全行“十四五”时期人才培养及当前常态化疫情防控形势下对培训平台数智化升级的急迫需要，综合考虑近期需求与中长期规划统筹推进，计划利用3~5年时间，实现平台优化重塑、内容丰富完善、运营智慧智能等建设目标。建设分三个阶段推进。

1. 近期（2022~2023年）：练内功，显成效

学习平台在该阶段以全面铺开实现“VISION”核心价值体系的基础能力为目标，做到“打基础”与“做亮点”两手抓。一方面，全面实现六大核心价值领域的功能升级，为后续数智化平台的高速发展奠定成功基石；另一方面，打造精品速赢项目，快速显效。

2. 中期（2023~2024年）：强能力，优体系

学习平台在该阶段以深化“VISION”核心价值体系的能力为目标，加强平台在六大核心价值领域的体系化能力构建，稳步提升整体服务能力，建设成优质且成熟的企业数智化学习平台。

3. 长期（2024~2025年）：促变革，建生态

学习平台在该阶段以“建设成为全球领先的企业数智化学习云平台”为目标，增强行业影响力，加强生态的协同发展，促进互利互惠共赢，为集团内外部的发展提供前瞻性指导，引领行业变革。

（三）功能建设思路

学习平台的开发建设是一项系统性工程，前沿的科技将持续重构教育体验，推动平台的发展。内训平台转型，初期以匹配企业的战略目标、培养集团人才为核心，后期依据自身资源优势，多样地赋能企业和社会。“中银研修”云平台立足于教育行业转型趋势，探索从书架式学习管理系统（LMS）向学习体验平台（LXP）转型，由“教师为本”向“学员为本”转型，从“响应式”人才培养向“预判式”人才培养转型，兼顾个体和机构用户需求，体现个性化、多元化、定制化，结合开放程度，逐步对客户、行业以及社会赋能，提供以用户为中心的一站式学习服务。

1. 聚焦队伍建设，科学搭建知识体系

加强平台知识库管理，紧密围绕集团战略发展所需要的关键人才、核心能力，应用知识图谱、机器学习等技术梳理平台课程、案例、成果内容层次和分类，搭建底层逻辑，科学厘清知识货架，按照必/选修课程、公共类和专业类、难易程度等维度设置课程体系。公共类课程以行史、企业文化、员工守则、金融科技、内控案防、反洗钱等基础通识类课程为主；专业类课程以全行各序列专业资格认证课程及专业相关上下游课程为主。各级机构、各业务条线结合实际需要确定本机构/本条线必修课程和选修课程。

发挥各机构、各条线教育培训职责，试点形成“条块齐管”的矩阵式管理机制，实现内部资源生态化循环。各机构开发的课程，由本机构及总行

相关条线双重把关，开发课程经本机构审核后自动上传至上级机构教育培训主管部门及总行相关条线部门，经合规性、准确性等不同维度审核后由总行相关条线部门决策是否全行推广下发。同步配套统一、完善的激励机制，提高员工参与度和平台活跃度。

制定积分激励机制，员工分享知识成果，根据采纳情况和推广范围等因素，系统自动为创作者和所在机构积分。课程发布推广后的一定时间节点内根据课程点击量、用户评价、明星课程评定结果等系统自动动态追加积分。学员积分可按规定兑换图书、课程、培训名额等奖励，各级教育培训主管部门可将各机构平台积分情况作为开展教育培训工作的重要参考纳入有关评价范围。通过“条块”齐抓共管和正向激励，鼓励集团各级员工进行知识创造与分享，将个体知识企业化、隐性知识显性化、封闭知识共享化，不断加强集团一体化、总分行资源开放化建设。

2. 支持职业发展，智能规划学习旅程

平台以学员为核心，紧密结合员工成长，使学习效果紧扣职业发展，激发员工学习内驱力。逐步将大数据、人工智能、AI 图像识别、情绪识别等智能技术应用到教学中，基于员工画像和职业规划，将学习、职业与技能应用密切关联，实现“千人千面，因材施教”。一是精准推荐学习内容。根据员工画像及岗位晋升路线，以效果和效率为标准为学员提供定制化推课服务，形成“智能推选+自选”模式。智能推选、优先推荐与员工岗位、职位、专业年限等相匹配的专业课程，员工也可以根据个人兴趣自选综合素质类课程加入课程清单。同时，探索引入课程“场景化”概念，用户可通过场景关键词搜索适合自己的课程。二是智能设计学习旅程。按照员工选定学习内容自动生成课表、学习行动计划，明确每日/周/月/季度学习任务，推荐相关的技能认证、社区群组等，学习路线高度结合不同业务条线和工作岗位的核心职责及专业要求。结合员工学习进度在一定时间范围内开展学习评估和计划调整。学员根据需要开启学习任务系统自动提示功能。根据个性化的信息反馈，对教学内容、互动方式等进行针对性改进。

3. 应用前瞻科技，智慧运营教学教务

建立智慧运营驾驶舱，实现管理可视化，使教学管理及平台运营更加便捷。全力支撑培训计划编制、机构资源匹配、项目组织实施、培训费用管理、培训效果评估等工作线上化，推动培训管理和服务“一网通办”“一网统管”。一是主页形式满足机构用户特色化需求。平台界面既要保持相对统一，又可结合各机构培训特色部署个性化内容，细节设计体现人性化理念，激发全行创新创造的热情。二是形成智能化的学员管理制约机制。支持报名、参训/学习、评价、报销全学习旅程端到端自动化闭环管理，实行培训费用申报与学习任务完成情况挂钩机制，督促学员按要求完成各项学习任务，提高培训有效性。加强对离职人员、临时用户平台账号的维护和管理。三是推进智慧校园建设。建立智慧教务运营模块，应用 RPA、大数据等技术提高非人工教务服务占比。通过手机二维码和人脸识别等技术，将培训学员的到校、住宿、就餐、学习信息纳入自动管理，实现线上线下渠道信息的互通。四是加强数字化内容诊断。根据培训资源与培训需求实际情况，利用 AI 技术，系统诊断学习内容，提出更新、开发、引进、定制等学习内容建设策略，有效保障学习内容与战略方向、业务需求密切关联。建立学员数字化学习模型和学习热力图，从个人、团队、机构等多个维度对学员学习情况进行分析和解读，生成数字化学习报告，进一步提高培训效能，并为培训成果应用和转化提供依据。五是加强优质培训资源库建设、开放与共享。搭建涵盖境内外、商业银行与综合经营公司、行内与外部共建单位的全生态运营机制，建立培训资源数据集市和数字化“资产负债表”，实现集团课程、师资、基地以及外部供应商资源的共建共享。

4. 发挥桥梁作用，大力推进产教融合

秉持开放办学理念，深化产教融合，加强行内外资源共享，打造产学研创结合新平台，构建银政校企合作新生态，提高行业贡献，提升市场口碑，打造卓越的教育培训品牌。

加强信息多向传导，由单边输出向多边互助学习模式转变，逐步建立多边的开放互助式交流平台。促进社群模式发展，积极开展线上论坛、教练辅

导、学习伙伴、创客大赛等数字化功能建设，探索建设“数字化学习体验区”，为员工学习提供更多选择性。开发更多优质、泛在的数字化学习应用场景，打造“工作与学习紧密结合”的智慧支持系统，增进跨条线、跨部门、跨人员的分享、交流与讨论。优化线上学习体验，积极推广游戏化学习、自适应学习等数字化学习方式，提高学习成效。

拓展内外部信息供需连接，内部连接办公室、图书馆、研究院相关平台，不断丰富知识资源。外部探索向高校培训资源延伸，打造产教融合综合信息服务平台系统，方便共享优质信息、培训资源及培训服务，降低培训投入边际成本，提升培训资源效用。未来还可以搭建创业者港湾平台，链接政府部门、知名创投、核心企业、科研院校、孵化机构等平台，链接供需双方，构建“平台中的平台”，打造“金融 科技 产业 教育”的线下线上科技创新综合孵化生态。

5. 探索多边联盟，积极践行社会责任

结合内外部条件要求，推动金融服务创新。一是尝试发起由政府机构、高校、企业等机构共同组成的“新金融人才产教融合联盟”。联盟以服务国家战略、推动实体经济发展、产学研用深度融合、人才培养和技术创新为重点，促进银校企可持续发展，实现教育资源、企业资源与金融资源的有效配置和优势相融。围绕国家、行业战略性课题，联盟成员共同推出年度研究报告，提出前瞻可行的行动路线图，发布联盟人才培养规划、金融就业市场研究报告和相关市场指数等公共产品。二是积极践行社会责任，设立产业学院。开展“普惠金融创业者支持培训计划”，为小微企业、创业者及涉农等群体提供务实有效的金融赋能培训。成立“金智惠民讲师团”，对重点行业进行教育帮扶，协助相关企业解读最新的信贷政策，提供经济金融、企业管理、智能科技等培训及创业辅导服务。定期举办主题交流与论坛活动，传递新金融教育培训和科学研究的前沿动向，发布前沿课题研究、最新成果转化、高端教育培训等成果，持续提升社会认知，塑造高端、前沿、务实的品牌形象。三是促进民生就业，助力职业教育培训。积极响应政府倡导，结合自身优势，充分考虑平台日后的开放程度，争取面向全国提供线上职业技能培训。为职业教育领域教师提供线上研修课程及线下的实践机会，助力教师学习业务经验，间接赋能职校学生。对专业学科开展相关研究，形成对优势领域的体系化职业培训及产教融合型企业认证。

参考文献

《2018~2022 年全国干部教育培训规划》，中华人民共和国中央人民政府网站，2018 年 11 月 1 日，http：//www. gov. cn/zhengce/2018-11/01/content_ 5336680. htm。

董丽丽、金慧、李卉萌、袁贺慧：《后疫情时代的数字教育新图景：挑战、行动与思考——欧盟〈数字教育行动计划（2021-2027 年）〉解读》，《远程教育杂志》2021 年第 39 期。

齐乐华、连洪程、周计明：《立足课程建设与改革探索“智·能·知”创新人才培养》，《中国大学教学》2020 年第 12 期。

王建虎、童名文、王芸、师亚飞：《全球数字化学习：挑战、趋向及思考——〈2020 数字化学习现状〉报告的解析》，《远程教育杂志》2020 年第 38 期。

吴峰：《企业数字化学习的十大发展主题》，《现代远程教育研究》2014 年第 3 期。

中国互联网络信息中心：第 38 次《中国互联网络发展状况统计报告》，2016。

祝智庭、彭红超：《技术赋能的韧性教育系统：后疫情教育数字化转型的新路向》，《开放教育研究》2020 年第 26 期。

余兴安、刘文彬：《中国培训事业发展报告（2021）》，社会科学文献出版社，2021。

B.15
加强航天干部教育培训针对性及实效性的策略研究

荣晓慧　周　湘　于穆涵*

摘　要： 航天干部是推动航天强国建设的核心力量，教育培训是保证航天干部队伍成长的重要手段，加强教育培训的针对性及实效性是高质量实现航天干部培养目标的必由路径。本文在调研总结航天人才教育培训成功经验的基础上，分析提炼航天企业在干部教育培训工作中的组织力度、教育理念、内容设置、言语表达、形式手段、资源配置及考评机制等方面存在的共性问题，依据成人学习理论及航天发展实际，提出加大航天干部教育培训针对性及实效性的策略及建议，包括强化理想信念、利用自身红色教育资源、确保内容能用实用管用、改进培训模式及方式方法、形式上做好“四个结合”、精心做好准备工作、加大考核力度等，为更好地发挥干部教育培训在航天强国建设中的重要作用提供参考。

关键词： 航天干部　教育培训　培训成效

习近平总书记指出，探索浩瀚宇宙，发展航天事业，建设航天强国，是我们不懈追求的航天梦。人才是航天的发动机，航天是人才的推进剂。干部教育培训工作对提高干部队伍的素质具有直接且重要的作用，航天干部教育

---

* 荣晓慧，中国航天科技国际交流中心人才服务事业部培训二处处长；周湘，中国航天科技国际交流中心人才服务事业部培训二处高级工程师、处长助理；于穆涵，中国航天科技国际交流中心人才服务事业部培训二处项目经理。

培训是推动航天干部队伍成长的重要手段。中国航天科技国际交流中心承担着中国航天科技集团有限公司党校及人才培训等职能，为集团公司实现“高质量、高效率、高效益”发展目标提供人才能力保障，其中，研究加强航天干部教育培训的针对性及实效性策略，对更好地满足新时期航天干部能力要求具有重要的战略意义及现实意义。

一　加强航天干部教育培训针对性及实效性的重要意义

目前，我国已经制定了建设航天强国“分步走”的时间表，任务艰巨，使命光荣。对标发展目标，对航天干部的政治思想、创新意识、管理能力、业务水平及综合素养等提出了更高的要求。加强航天干部教育培训的针对性及实效性，是加速推动干部成长的有效路径。

（一）航天干部是党的宝贵人才，培训成效事关干部成长方向

习近平总书记指出，成长为一名好干部，对党性和理想信念的要求始终是摆在第一位的。通过教育培训，坚定航天干部一生跟党走的信念，时刻用党章及共产党员的标准要求自己，保持自重自省自警自励，保证理想信念不动摇、党性修养不滑坡，确保航天事业始终是党和国家的事业。

（二）航天干部是国家的栋梁，培训成效事关国家长治久安

央企特别是军工企业，在国防建设和经济发展中发挥着“命脉”作用，长期以来，航天企业为国家培养了一大批高质量的航天人才，培育了“两弹一星”精神、载人航天精神等宝贵精神财富。现阶段，航天干部队伍承载着国家的安全及民族的希望，加强干部教育培训的针对性及实效性，是维持国家长治久安的有力保障。

（三）航天干部是企业成长的主力，培训成效事关经济发展质量

中央企业领导干部是党在经济领域的执政骨干，肩负着经营管理国有

资产、实现保值增值的重要责任。航天企业具有技术外溢、保障民生及发展经济的作用，航天干部经营管理着庞大的国有资产，担负发展责任，面临各种风险。因此，在加强航天干部理想信念和党性教育的同时，还应该切实提高其经营管理及风险防控的本领，确保航天企业高质量发展、发挥更大作用。

二　集团公司下属部分企业教育培训的创新做法

为加强航天人才教育培训的针对性及实效性，集团公司下属企业继承良好传统，创新方式方法，勇于落地实践，在不同层次人员的教育培训中，取得了诸多成果，提供了案例参考。

（一）一院：分阶段、有针对性地提高员工能力

新员工初入航天，具有较强的可塑性，为了帮助新员工快速适应工作环境，挖掘自身潜能，航天一院设计了分阶段具有针对性的培养计划，将干部培训分成新任期、提升期、成熟期和挑战期四个时期，各时期各有侧重。新任期，即参加工作 1 年内的新员工，以“老带新”为主要方式，通过集中培训、职业化塑造、考核评价、岗位培养四个阶段，规定新员工下厂实习和互派实习等主要做法，以实现“贯穿一条主线，分为四个阶段，完成五个模块，实现三个转变”的培训目标。对于工作 2~3 年的员工，视为提升期培养阶段，即依托教材，以员工学堂、青年论坛、型号模拟论证等为有效载体，以强化员工岗位应知应会知识和设计经验的学习。对于成熟期员工，即有 4~5 年工作经验的员工，则以创新基金课题研究、骨干培训班、技术交流、专家讲坛等为平台载体，强化横向学习，提高系统思维能力和解决问题的能力。对于挑战期员工，即工作 5 年以上员工，更加注重组织其参加有目标有计划的对外交流，拓宽专业视野，拓展深度，同时注重多岗位历练交流。四个时期循序渐进的培养，使员工快速成长为能够独当一面的业务骨干。

（二）五院：以高质量党建引领员工教育培训

近年来，航天发射任务显著增加，保证按计划高质量交付任务，对五院员工的能力提出了更高的要求。在此背景下，五院以高质量党建引领高质量发展，将党建工作与生产经营融合，开展了一系列党建主题教育培训活动，采取了一系列创新方法，例如，建立“党建工作坊”，探索解决基层党建工作中遇到的重点难点问题；将各基层党委分组，组内成员结合实际，合力健全完善共享机制，开展多渠道、多层次、多形式的互动交流活动，共同形成高质量的理论研究成果，共同打造党建工作品牌，真正促进党建工作水平大幅度提升；将党史学习教育与弘扬传承航天精神有机融合，组织各基层单位开展“宣讲航天精神，点燃航天梦想”主题实践活动等。通过培训，培育“头雁”、打造“雁阵”、形成“雁群效应”，凝聚并联党、群两个动力引擎的强大能量，积极应对经营管理及科研生产的新要求、新课题、新挑战，进一步助推五院高质量发展。

（三）八院：发挥领导及专家的人才带动作用

企业教育培训的根本目的是提高员工绩效。航天具有“师带徒”的优良传统，可以有效帮助年轻员工快速成长。近年来，八院策划并开展航天人才科学作风培养工程，邀请航天领导及专家，为员工讲解发展战略及航天精神，指导员工前进方向，激发员工奋斗豪情。在此基础上，以课题组为基本单元，充分发挥专家带动作用，通过集智攻关、技术攻关、专业培训、团队合作等方式，帮助青年科技力量尽快成长为业务骨干。同时创新评价方式，做到目标明确、标准清晰、管理有序，有效促进教育培训成果转化。

（四）九院：丰富具有参与感的培训形式

为全面提升共青团干部的整体素质，更好地服务科研生产，九院举办团干部专题培训班。为了避免理论教学的单一培训模式，采用专题教学、分组研讨、红色教育、一线参观、团干部论坛等五个环节，内容丰富、形式多样。例如，在红军长征突破湘江烈士纪念碑园，学员宣读入党誓词，向革命先辈鞠躬默哀、敬献花篮，亲身体会长征精神；在桂林航天公司一线生产车间，学员亲身感受到航天事业的分工协作与一脉相承的航天精神；在团干部论坛上，学员分享学习收获，在思维的碰撞中，开拓了思维，收获了真知灼见。多元化的培训，提高了学员的参与感、激发了学员的学习热情，促使学员进一步坚定了履职尽责的信念。

（五）长城公司：基于培训体系开展干部培训

长城公司面对复杂严峻的外部环境，连续两年开展中层干部能力提升培训。培训内容依据国际交流中心研发的航天企业中层干部培训体系，从胜任能力模型及通用素质体系中，依据重要性及紧迫性程度，选取具有针对性的能力项或素质项作为重点培训内容，例如，国际安全形势分析、战略管理、企业风险管控等，采用讲授、案例分析、小组研讨等多种形式，帮助学员在课堂上解决工作中遇到的困惑及问题。培训后，组织学员撰写培训总结，促进学员思考培训成果转化路径，助推长城公司逆势而上，保持高质量发展。

三　集团公司下属部分企业教育培训中存在的主要问题

集团公司下属企业在功能定位、业务分工、人员结构等方面有所差异，导致在干部教育培训工作的理念及方法上亦有差别。课题组通过调研及分析，发现部分企业存在一些共性问题，对干部教育培训的针对性及实效性产生不利影响，应当引起重视。

（一）组织力度较“软”

部分航天企业领导对干部教育培训工作的重要性认识不到位，在教育培训过程中缺少主动性、积极性，甚至采取应付、得过且过的态度。例如，虽然上级系统部署了干部年度教育培训计划，但部分企业对上级精神难以全面领会，在执行上不到位或形式化；部分部门领导认为干部教育培训工作与己无关，是组织部门的工作，对如何组织本部门的干部教育培训活动没有明确的规划，多是靠上级部门的“推”才能“动”。

（二）教育理念较“旧”

有效的方式是干部教育培训取得良好效果的重要条件，部分企业开展教育培训手段单一，缺乏创新，互动性不强，仍然采取“上面讲，下面听”的传统形式，造成课堂气氛沉闷、学员听不进去。特别是部分理想信念课程教学方法较为单调，缺乏实践性，仅仅停留在理论宣传层面，忽视了社会实践的重要作用，得不到预期的培训效果。

（三）内容设置较“粗”

部分航天企业没有很好地区分不同层次干部教育培训的需求，对同一层次不同岗位、不同年龄干部的能力素质和实际需求缺乏科学系统的分析，没有做到因材施教、“对症下药”，致使教育培训的针对性和实效性受到一定程度的影响；没有依据群体的共同特性，有针对性地安排教育培训内容，体现在学习内容不够体系化，缺乏理论支撑，对干部教育培训的总体要求、目标定位、阶段任务等缺乏系统性规划，上下一般粗，左右一个样。

（四）言之无物较“虚”

部分航天企业干部教育培训缺乏理论支撑，对实践的指导性不强。有的讲得很热闹，但事后很难想起当时的主题和内容；有的仅是简单复述政策，缺少深刻剖析，无法给干部深层次的启示；有的理论性过强，缺乏生动案例，晦涩难懂。甚至有的企业为完成上级部门要求，片面追求完成任务，做表面文章，出现以通用的内容应对特殊的培训需求，导致针对性减弱。

（五）形式手段较“单”

部分航天企业对干部教育培训采用单一的、僵化的模式，难以形成个性化、具象化的认知和体验，体现在集中面授多、体验教学少，理论感强、时代感弱。随着世情、国情、党情的变化，联系时代发展和干部内心感受不够，培训效果打折扣，雨过地皮湿，难于触及灵魂。

（六）资源配置较“散”

培训资源未能充分整合，没有充分利用和有效配置航天企业本地教育培训资源，更没有把各方面资源有机整合。教育培训资源积累不足，影响了干部教育培训多元化的可能性；由于外部输入较少，培训方法、培训内容等方面不适应干部能力发展的要求，仅是浅尝辄止，缺乏深入研究。

（七）考评机制较“弱”

部分航天企业缺乏有力的教育培训质量评价和约束激励机制，尚未建立系统、严格、具有可操作性的检查、督促、考核及奖惩制度，以及具有针对性的量化考核细则，导致对干部的教育培训情况难以实现行之有效的监督及考评。此外，缺乏有效的培训评估手段，教育培训存在“上课激动、课后感动、回来不动”的现象。

四 加强航天干部教育培训针对性及实效性的策略及建议

课题组以习近平总书记关于航天强国建设系列重要讲话精神为根本遵循，以服务集团公司“高质量、高效率、高效益”发展目标为基本理念，总结航天干部教育培训成功经验，对标通用电气、惠普、伟创力等国际企业，以及中广核、中国兵器工业集团、中海油等央企的优秀教育培训方法，针对航天干部教育培训中存在的主要问题，提出加强干部教育培训针对性及实效性的策略及建议。

（一）由“低”变“高”，坚持把强化理想信念摆到教育培训首位

习近平总书记对坚定理想信念作出一系列的指示，他提出坚定的理想信

念关乎我们的站位、眼界、心胸，是共产党人永葆政治本色的基石。贯彻落实总书记的重要指示，必须克服航天干部教育培训中存在的低层次、低格调的现象，坚持高起点、高格调，把强化党员干部理想信念作为首要任务。一是坚持政治理论培训首位的原则，紧贴形势精选讲题，充分挖掘关于马克思主义理论研究的优势资源，强化政治理论武装工作。在各级各类干部培训班中，重点开设新时代中国特色社会主义理论体系系列课程，通过专业教学、读书自学、交流研讨等方式，使理论教育让人听得进、记得牢、想得深。二是将开放思维、战略眼光融入干部教育培训的全过程。航天干部的思维和决策事关航天企业的发展，领导干部是总揽全局、掌控全局的决策者和指挥者，必须及时了解国际国内形势，学习最近的中央文件精神和决策部署，及时更新发展理念及方法，才能紧跟形势，在观念上不落伍、行动上不迟缓。三是理想信念教育要抓好落实。不仅要组织党员干部学政治、学理论、学时事，还要学经济、学科技、学法律，同时要根据航天企业战略定位和新时期发展思路，组织学习与航天发展紧密相关的新理念、新政策、新路径，既培育党性，又提升能力。

（二）由“远”及“近”，充分利用好自身的红色教育资源

集团公司拥有丰富的红色教育资源，如上海的钱学森图书馆、青海的原子城和酒泉、太原、西昌卫星发射中心等，在航天干部教育培训中应该“远”“近”结合，尤其是善于利用好自身资源开展好“两弹一星”精神和载人航天精神教育培训，面向军工、央企、科研院校、企事业单位、社会团体党员干部等，以爱国主义教育、航天精神教育、自主创新教育为核心，以航天教学基地为载体，建设干部现场教育培训资源库，打造集研发、培训、咨询、服务于一体的精品教育培训项目。其中，在“学什么”方面，一是学精神，重温航天事业从无到有、自主创新的艰难历程；二是学境界，激发“祖国利益高于一切”的爱国主义情怀；三是学方法，掌握系统工程方法，以及把“成功当信仰”的质量文化；四是学作风，树立求真务实、自主创新、自信自强、百折不挠的发展意识。进一步地，以实物、实景、实例、实

事为载体，听当事人或相关人员讲述史实，将平面的、静止的历史转化为立体的、鲜活的形象，开发出一批形式多样、内容丰富、意义深刻的干部教育培训体验课程，让航天干部在教育培训中进一步坚定理想信念。

（三）由“虚”转“实”，确保干部教育培训内容能用实用管用

解决好理论脱离实际问题，首先要深入开展航天干部教育培训需求调研，探索建立反映培训需求的动态反馈机制，既要满足党的事业对航天干部素质的新要求，又要满足新时代对不同类型、不同岗位干部的差异化的需求，切实做到党的事业需要什么就培训什么、航天事业发展需要什么就培训什么、干部成长需要什么就培训什么等。一是在制订培训计划前，通过座谈访谈、问卷调查等方式对干部个体进行充分调研，了解干部的培训需求，特别是把干部关注的热点难点问题转化为培训课程。具体来说，以提高干部不同发展阶段的能力素质为重点，设计培训课程体系。二是到相关部门实地调研，征求主管领导意见，了解部门培训需求，论证现有培训项目的必要性和可行性，适时调整培训项目，以实现组织需求、岗位需求和个人需求的有机统一。三是打造国际化教育培训项目。筛选引入境外优质的教育培训资源，以开阔航天干部视野、提高国际化经营能力，如在疫情防控措施允许的前提下，围绕集团公司的中心工作，一方面实施“走出去”培训，选送优秀干部到航天事业发达国家学习先进发展理念及方法；另一方面实施“引进来”培训，邀请外国高级专家举办专题讲座。通过“走出去”“引进来”相结合的形式，帮助航天干部认清形势、学习进步。

（四）由“僵”变“活”，积极改进干部教育培训模式及方式方法

航天干部教育培训需要认真研究航天干部成长规律，把握各级各类干部的能力素质模型和周期性特点，要从模式僵化、方法呆板向“灵活”和“创新”转变，在“新”字上做文章，提高培训方式的有效性。首先，加强研究式教学，将研究问题贯穿于教学全过程。坚持统分结合，将学员分成小组，给予课题任务，强化调研分享。各课题组既有共同学习目标，又有所

侧重地思考、研究，从而实现了整体教学目标和专题调研计划的同步推进。培训过程不光是获取知识技能的过程，而且能够成为激发干部学习能力、实践能力和创新能力的过程。其次，强化开放式教学，教师是一线工作者，教材是他们的实践经验，课堂是他们的实践场地，从而使培训课程的说服力和立体感得到有效提升。例如，参访切合航天发展需要的知名企业，包括华为、阿里巴巴、海康威视等。参访活动坚持前瞻思维，精心谋划，追踪前沿，实地考察，努力实现理论与实践、参观与研讨、总结与反思、传统与创新相结合，帮助干部开阔视野、明确方向、增强信心，领略优秀企业蒸蒸日上的发展态势和优秀文化，提升干部对高质量发展的紧迫感及责任感。最后，尝试模拟化教学，如对于媒体沟通、应急处置这类实操性、专业性较强的人员培训，积极与拥有情景模拟室的院校联合，让干部可以身临其境，有效实现从感性体验到理性思考的教学过程，进一步调动干部学习的积极性、主动性。

（五）由“窄”拓“宽”，在教育培训形式上做到“四个结合”

航天干部教育培训从过去“一言堂”“满堂灌”的单一方式，向现场教学、研讨教学、观摩教学等多元方式转变。具体体现为“四个结合”的特点。一是培训时间长短结合。在坚持进行中长期脱产培训的基础上，继续不定期开展短时快捷的讲座、沙龙、报告会。二是教育地点内外结合。将集团公司党校作为理论培训主阵地的同时，积极与其他优质院校联合，提高办学质量，不断拓展航天干部教育培训基地。三是培训方法新旧结合。既坚持课堂教学、在职自学等传统教育培训模式，又积极适应信息技术进步，探索网络培训、VR 培训、AR 培训等先进的教学形式，采用案例式、模拟式、体验式等教学方法，提高学习效率，增加学习趣味，增强学习效果。四是师资专兼结合。根据不同的教育内容，通过多种渠道，与来自系统内部及外部的优秀师资保持联系，建立健全集团公司优质师资库，为全面提高干部能力提供智力支持。

（六）由“粗”变“精”，精心筹划干部教育培训的准备工作

改变过去粗放的策划方式，做到精心设置班次，从过去大一统的干部培训向分层分类的精细化培训转变。具体来说，根据培训对象的类型和级别，将干部教育培训分层分类，如从层次上，分为局级干部培训、处级干部培训、基层干部培训及后备干部培训等；从类型上，分为党校培训、轮流培训和专题培训等。这些培训班的级别不同、类型不同，在具体的培训方案设计上也有所不同，例如，对于后备干部，重在素质能力的全面培养，主要采取分层不分类的原则；对于某一行业领域知识的专题班，主要采取分类不分层的原则；对于某些重大专题培训，比如学习党的最新理论及政策的“一把手”班，则采取既分类又分层的原则。这样，通过总结不同层次、不同类型的培训班设计的经验，趋利避害，努力打造功能更加完备、结构更加合理、效果更加显著的培训事业新格局。同时，将教育培训项目设计由以计划性轮训为主转变为以量身定制的专题培训为主，紧密围绕需要解决的重大理论与实践问题，积极开办专题化教学班，提高现实针对性，增强学习实效性。

（七）由“软”变“硬”，加大对干部教育培训工作的考核力度

为使航天干部教育培训由“软指标”真正变为“硬任务”，必须进一步加强干部教育培训的各项考评。一是建立教师质量评价优胜劣汰机制。坚持用教学效果说话，无论教师名气多大、职务多高，都要接受听课学员的评分反馈，保持一定的淘汰率。二是建立干部教育培训监督机制。制订详细的干部教育培训计划，科学安排教育培训活动，切实保障教育培训经费及时到位，缓解工学矛盾。进一步地，加强对干部教育培训情况的督促检查，做到培训有内容、阶段有小结、全程有检查。要采取“听、查、议、看”的方式，及时发现和研究解决干部学习中遇到的各种问题，使教育培训工作深入人心。三是建立干部教育培训成果考核机制。中长期培训结束后，根据实际情况要求干部考试或撰写总结等，将考试成绩及总结质量作为评先选优的主

要依据。同时，充分利用集团公司党校平台，建立教育培训实践活动述学、考学、评学长效机制，激发干部投身学习实践的积极性和主动性。四是完善干部教育培训联动机制。将干部教育培训列入集团公司人才建设考核的重要内容，建立重点干部培训档案库，主要包括干部参加培训、在职自学、学历教育等内容，把教育培训考核结果作为干部提拔使用的重要依据。

综上所述，加强航天干部教育培训的针对性及有效性是一项长期的系统工程，需要在错综复杂的外部环境下，锚定航天强国建设目标，科学构建航天人才培训体系，不断迭代干部培训资源库，激发干部主动参与教育培训的积极性，真正发挥干部教育培训在助推航天强国建设中的重要作用。

参考文献

《航天科技五院以新形式、新方法推进党史学习教育走深走实侧记》，《中国航天报》2021 年 12 月 3 日。

方振邦、徐东华：《战略性人力资源管理》，中国人民大学出版社，2010。

［美］雷蒙德 · A. 诺伊：《雇员培训与开发》（第 3 版），徐芳译，中国人民大学出版社，2007。

［美］斯蒂芬 · P. 罗宾斯、蒂莫西 · A. 贾奇：《组织行为学》（第 14 版），孙健敏、李原、黄小勇译，中国人民大学出版社，2012。

B.16

教练技术在中国石化教育培训中的应用

中国石化集团公司党校课题组 *

摘　要： 通过分析教练技术助推成人教育培训迁移的具体路径，介绍了教练技术在中国石化教育培训中的实践模式——个体教练“八步法”、团体教练“四部曲”和延展教练“三板斧”三种，阐释了教练技术在实践过程中常见的两类问题，提出了注重核心理念深化理解和强化需求导向持续发展两种应对策略，未来可借助教练技术强化成人学习过程中学与用的结合，通过构建培训生态圈、将教练技术本土化等方式，拓展教练模式在成人教育培训中的应用。

关键词： 教练技术　学用转化　团队教练　教育培训

教练技术（Coaching Technologies）是一种问题解决取向、结果导向、结构化的助人技术，主要通过设置具体目标，促进学习者产生有效学习行为，通过反馈和体验的方式促进被教练者学习能力的提升和自我成长。教练

* 中国石化集团公司党校课题组成员：于森，中国石化集团公司党校（石油化工管理干部学院）管理培训部（党建培训部）主任助理，助理研究员，主要研究方向为教育培训、心理学、教练技术；王彩霞，中国石化集团公司党校（石油化工管理干部学院）高级经济师，主要研究方向为企业管理、市场营销、领导力；李晓洁，中国石化集团公司党校（石油化工管理干部学院）党委组织部（人力资源部）部长（主任），高级经济师，主要研究方向为人力资源管理；王黎云，中国石化集团公司党校（石油化工管理干部学院）高级经济师，主要研究方向为教育学、学习发展、企业培训；骆红，中国石化集团公司党校（石油化工管理干部学院）高级经济师，主要研究方向为应用心理学、人才培训；贾晓萌，中国石化集团公司党校（石油化工管理干部学院）国际化经营培训部副主任，高级经济师，主要研究方向为学习发展、国际化人才培训、跨文化管理；林骞，中国石化集团公司党校（石油化工管理干部学院）原副院长，教授级政工师，主要研究方向为企业管理、人力资源、教练技术。

技术的公式“绩效=潜能-扰”，表明了其核心理念是相信每个人都是自己的问题的最佳解决者，每个人都有解决问题的能力。其理念决定了教练与领导力、个人和组织工作绩效间的直接关系。目前，教练技术已被广泛应用在领导力培养与提升、个人或团队绩效提升等领域。因此，对于企业，教练技术是创建“学习型组织”和落实调适性领导力的有效工具；之于个人，它是可以激发个人潜能和创造佳绩的有效办法。

一 教练技术助推成人教育培训迁移的具体路径

成人培训的最终目的是实现培训迁移。这种迁移是指在培训中学习到的知识、所获得的技能、习得的态度，能够应用在工作场所，并且在培训结束后仍然能够保持一段时间。教练技术通过经验、体验、意愿和行为四种路径，助力成人培训实现培训迁移的最终目标。

一是经验路径。教练技术的基本原理是基于被教练者原有的经验认知，通过深度发掘以往的正面的、积极的、成功的经验，梳理分析当前具备的条件资源，进一步找到解决问题的新途径、新路径、新方法。将原有的经验进行归纳和提炼，进行催化，这与成人教育培训的核心和目标高度契合。二是体验路径。教练技术关注学员内在感受和个人体验，借助于结构化问题推动被教练者的内在思考，从价值观层面发掘内在成长动机，通过视觉化的手段方式，进一步找到学员的真实意愿和乐意付出个人时间、精力和资源的方向，强化自我提升的内在愿望和信心。三是意愿路径。教练技术是针对个人内心最想突破的方面，一定程度上帮助学员在自己愿意并且能够提升的方面设置目标，是面向自己，在可控范围内，自己愿意去为之付出努力的事情。关于目标方面，教练技术一般不过分强调外在要求，更加遵从学员的个人期待和主观愿望，考虑个人的资源能力，找到与自己实际情况相匹配的目标。四是行为路径。行动是衡量学习效果的重要维度。教练技术可以帮助被教练者确立具体的、可衡量的目标和行动策略，进一步推动学与用的关联转化，强化培训效果。

二　教练技术在中国石化教育培训中的实践模式

中国石化集团公司党校（石油化工管理干部学院）自2014年起致力于对教练技术的跟踪研究和推动实践，成立了教练团队，积累了大量的实践案例和实践经验。累计进行328人次321小时的教练。借助经典教练模型，结合教练技术一系列工具方法，逐渐形成了针对性强、场景使用灵活的具有特色化和个性化的教练技术应用模式。具体通过个体教练、团体教练和延展教练三种方式，助推成人教育学用转化。

（一）个体教练“八步法”

个体教练，又称为“一对一教练”，即由一名教练与一名学员进行对话，主要针对培训班学员个性化需求设计。在个体教练实践过程中，通过“八步法”推动学员学习行为改变。

“八步法”聚焦建立行为改变的长效机制。通过导学、教练过程、制定计划、落实措施、反馈落实情况、建议完善措施、实践行动、总结八个步骤形成完整的反思、计划、行动、完善的全流程。

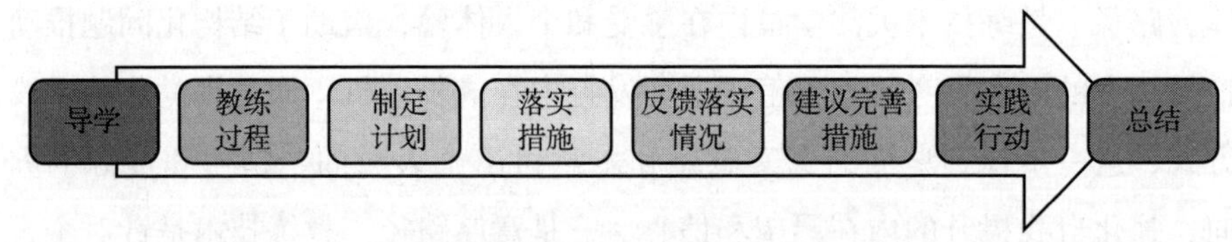

图1　个体教练“八步法”具体流程

导学的目的是深化学员了解教练活动的原理及活动要求。从学习特点和知识转化的特点出发，介绍教练技术的基本原理，明确教练过程原则和活动内容，提出教练过程中行为准则与纪律要求，做好学员心理建设。教练过程，主要是基于GROW模型，运用教练技术的系列问题，帮助学员寻找内心真正想要实现的目标，最大限度地激发学员寻找可用于实现目标的各种行动方案。制定计划环节，学员将教练过程具体化，依据提出的目标制定具体、可衡量、有时间节点、现实可行的行动措施，形成行动计划表。落实措施是指学员落实行动计划，时间周期根据项目需要确定，在实施过程中检验行动效果，调整行动方案。反馈落实情况这一过程需要学员对比行动计划，向教练反馈回顾反思并梳理已落实的行动措施与取得的阶段性成果、新增加的行动措施及阶段性成果、未落实的行动措施和原因，以及典型事例，形成行动落实反馈表。建议完善措施，是指每位教练需要根据每位学员的行动落实反馈情况，给出下一步行动的建议和指导。实践行动需要学员用 3 个月时间在工作岗位上践行行动计划，推动措施落地。总结，教练与学员回顾教练过程、目标和行动措施的实践过程，进一步反思和提升。

（二）团体教练“四部曲”

因为个体教练受到时间和人数的限制，所以将个体教练演化为团队教练，将传统的教练模式转化为由一名教练同时与团队成员进行对话的新模式，即“一对多”的教练模式。

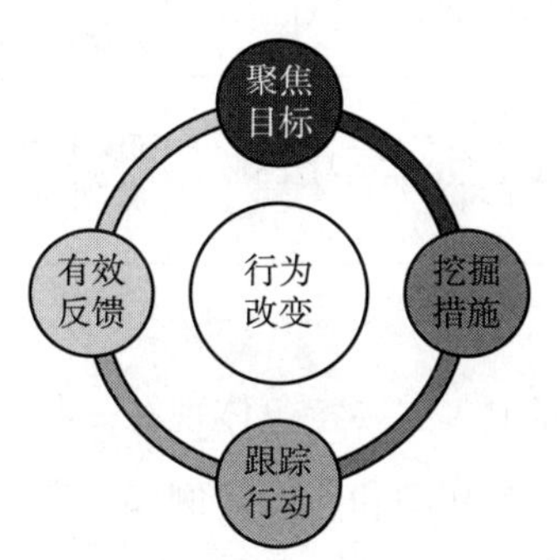

图 2　团体教练“四部曲”具体流程

团体教练采用“四部曲”——聚焦目标、挖掘措施、跟踪行动与有效反馈。其中，聚焦目标要通过有效的问题，找到学员个人提升意愿和目标，结合学员个性化的需求，同时需要考虑团队整体共同的学习目标。挖掘措施是在聚焦目标的前提下，团队成员打破思维平静，多角度找到举措，尽可能多地找到不同的举措，其间可以采用“团队列名”等方式，最后聚焦可行的举措上，并形成行动计划。跟踪行动是跟踪团队成员在培训结束的行动落实情况。有效反馈环节与个体教练类似，主要是指学员反馈行动落实情况，查验哪些行动得到实施，哪些行动没有得到实现，原因是什么，新增加了哪些行动。

表1　团体教练实施阶段和实施内容

阶段 时期	第一阶段(培训初期)	第二阶段(培训后期)
前期	了解学员情况,3~4人一组,随机分组	梳理第一阶段被教练者行动落实情况、遇到的困难与问题,以备教练过程
中期 聚焦目标 挖掘措施	采用一对多的对话形式,在中期同被教练者们完成四个步骤: ①设定本次培训的学习目标或期待; ②反思当前工作中遇到的困难和挑战; ③找到通过本次学习可以解决工作难题具体可行的措施和对策; ④制定在培训期间的行动计划	采用一对多的深入对话形式,完成以下四个步骤: ①设定培训结束回到原岗位后的目标; ②反思回到工作岗位后实现目标过程中可能遇到的困难和挑战; ③找到通过本次培训或借助其他方式方法能够解决上述困难和挑战的具体可行的措施和对策; ④制定回到工作岗位后的行动计划
后期 跟踪行动 有效反馈	阶段性反思总结,行动落实与反馈	追踪回到工作岗位后行动计划落实情况,并进行进一步的教练与反馈

在团队教练对话过程中，主要特色体现在一些具体环节设置过程中，如团体内和团体间被教练者的互动和支持。例如，通过个人画像的方式，强化学员间的深入交流和自我认知，深化彼此倾听的内在感受，形成能量场域。通过借助空椅子技术、个人的反思与省察，加深个人对问题解决路径方式方法的探寻和思考。在教练的指导下，团队中的各位学员形成内部的彼此支持，将培训内容融入个人工作，将培训思考融入个人规划，将行动计划融入个人行为。对比传统教练模式，该模式进一步强化了学与用之间的关联效果，进一步助推了成人教育的学用转化，进一步促进了团队成员间彼此支

持，放大了互帮互助的内在效果和作用。例如，某位从事技术管理工作的被教练者在一次团体教练结束后，感受到了内部成员给予他的力量和帮助。由于该学员从事的是技术管理工作，团队成员中有从事人力资源工作的，虽然培训中安排了有关课程和知识，但是他领会并不深刻，受到团队成员的启发，他准备回去后借助人力资源管理的方式对技术管理进行改进，三个月后，通过追踪回访发现，该行为见到成效。这个案例也说明了“多对一”的教练模式本身也为学员提供了知识和学用转化的场景环境。

（三）延展教练“三板斧”

除个体教练和团体教练外，党校（学院）深化探索教练在成人教育培训中的其他应用。基于教练技术的基本原理，借助于教练技术关注学习者特质、学习体验与经验的催化整合基本理念，发现不仅可将教练技术延展用于培训项目提升学员学用转化效能，还可以借助教练技术优化培训实施过程、改善评估方式、强化学用转化和跟踪反馈。

一是优化培训实施过程。成果导向是教练基本理念之一，培训说明与引导应建立成果导向的理念。在培训说明环节，将培训内容、要求及最终成果作出清晰交代。培训内容说明要基于学员学习的角度，明确每门课程要达成的目标与带给学员的帮助是什么，内容要与个人提升建立关联；培训成果要视觉化，在学员脑海中建立起清晰的图像，越清晰，学员动力越足，越容易进入项目设计的轨道运行，越容易实现培训目标。

二是改善培训评估方式。评估目的是改善项目与课程设计、组织实施，教练式问题不限定学员思考问题的范围，去除限制，放开范围，收获新的意见与建议。可通过“这次培训你印象最深的是什么”“你最喜欢的三门课程是什么”“你最大的收获是什么”“如果有下一次学习机会，你希望学习什么”等类似开放式问题提问，从个人感受体会的角度切入，不限定范围，不简单通过分数来得出结论，采用座谈会、问卷调查、个别访谈相结合的方式进行意见与建议的收集，以更准确把握学员的真实体验、培训收获与改进建议。

三是强化学用转化与跟踪反馈。理想的教练技术推动学用转化模式是“三段式跟踪反馈”：培训开始，应用教练技术确立个人学习目标与行动计划，学习目标的确立以学员个人期待为主，行动计划的制定以学员看到与理解的教学安排内容与时间为依据；培训中期，在学员学习一段时间，深入了解学习内容后，第二次使用教练技术帮助学员梳理阶段性学习收获，根据实际学习感受体会，进一步查验学习目标与行动计划的进展情况，作出细化与适当调整，修改完善行动计划；培训即将结束时，第三次使用教练技术帮助学员系统梳理学习收获，并就学习收获如何在工作中体现细化行动计划，并在一定周期后反馈行动计划执行情况。反馈时可对学员学习的延后效果进行跟踪，了解学以致用情况，一定程度上实现跟踪评估。

三　教练技术在实践应用中常见问题与应对策略

教练技术在实践过程中普遍会遇到一些共性问题，对于这些问题，我们尝试给出答案，供参考探索。

（一）形散而神不散，注重核心理念深化理解

吃透核心理念，比模仿形式更为重要。回顾中国石化应用教练的历程，开始阶段基本上是按照相关的理论按部就班与学员交流，确保教练流程的完整性，无法关注到被教练对象的反应和感受，因此效果并不理想，但随着通过回归到核心理念和教练本质层面调整教练策略和方法，最终实现了效果跃升。具体可概括为以下几个方面。

一是关于教练问题的设计。对于在教练过程中使用的问题，应充分考虑被教练对象的常规互动习惯。管理者大多更擅长或习惯理性问题的思考和互动，不习惯感性类问题。在感性问题中，希望寻求标准答案。为解决上述问题，可在引入介绍时从原理上说明教练的目的是要帮助个人拓展个人思路，加入部分问题的回应和理解。对于学员表述的情境，尽可能关注学员回答的内容和情绪，避免沉浸在原始的框架中。

二是关于教练过程的原则。教练过程需要遵守原则，但同时更应该尊重学员现有语言和行为互动模式，更本质体现教练尊重的理念，不再把行为规则当成不可改变的规条。例如，对于不建议不评价的要求，团体教练中被教练者彼此间的建议或者评价可能会带来适度张力，如果在信任关系建立的基础上，一定程度能够拓展被教练者理解和看待问题的视角。

三是关于教练结果的呈现。教练结果最终集中书面呈现在行动计划和行动反馈上，会导致行动计划不够具象化。针对这一问题，教练团队提出了目标要符合 SMART 原则，并在行动计划表上标识出该原则。提问过程也用不同的维度和具象化问题，进一步验证目标是否符合有关原则。比如，实现后是什么画面？希望多长时间实现目标？

（二）理论联系实际，强化需求导向持续发展

在教练技术的探索应用道路上，应该时刻坚持认识路径和工作方法同步。认识到什么程度就实践应用到什么程度，不同的实践尝试在一定程度上能够深化教练者的认识。把教练的实际效果作为学习契机，将复盘讨论作为总结提升的有效途径，用问题分析促进提升新观念和工具方法的学习。

一方面，要坚持教练应用与组织需求同步。教练是否能有效实施在很大程度上取决于组织或者项目的需求。组织层面和教学层面，对于教练的理解程度在一定程度上能够影响教练作用发挥。因此需要教练者找到与培训成果转化的有关主题，将教练技术适当切入教学环节，以达到效果。同时在应用过程中，应及时与组织者沟通确认明确教练的目标非常重要。

另一方面，要坚持教练应用与学员需求同步。教练是否有效实施直接取决于学员对教练的需求程度。结合学员接受教练理念和方法的实际情况，教练过程中根据学员意愿度不同的现状，确立不同的目标，实施不同的策略；同时，涉及的共性问题，比如，学员不适应问题的提问方法，不知道在问什么或者在寻找期待的答案等情况，及时复盘讨论，持续调整完善，归纳梳理出一系列方法，形成与学员需求匹配的教练流程和工具库。

四　拓展教练模式对成人教育培训的思考与展望

（一）教练技术促进成人培训学习效用的思考

当前，在企业培训或成人教育过程中，除了要关注成人学习发展的规律外，还要找准培训的主题，重视培训的内容，丰富培训的形式。培训并不是课程的拼凑，而是持续优化迭代的过程，要将培训转化为实际的商业结果。与此同时，培训的结束意味着学习的开始，将培训所学真正地用到实际工作中。如果“学与用”之间的链条断裂，那么培训学习将成为毫无意义的事情。教练技术通过采取各种教练形式和技术，基于各种模型，基于成人学习发展规律，追踪每个人的行动计划，关注后评估，真正关注学习者行为模式和心智模式的改变，而这种看到行为改变的培训和成人学习才是有价值的。

（二）关于教练技术模式拓展应用的未来展望

结合教练技术的实际应用情况发现存在两个方面的问题。一方面，培训生态圈的建立需要进一步完善。当前仅有学员参与了有关培训，但推动教练技术力量微弱，难以形成链式反应。因此，需要对学员的直线经理和业务部门的主管，与培训生态圈建立关联度较高的有关人员进行专业化、系统化的教练式辅导。基于改变认知、改变态度、改变行为的模式，进一步为教练技术的发展提供滋养和土壤。另一方面，在实际应用方面，教练技术依然停留在引用国外教练技术的传统模式，难以根植于当前国内企业的发展，因此，在技术形式方面都亟待进行本土化。针对这一问题，未来可对教练技术的传统模式进行创新、加以完善。可以通过进一步强化团队成员的彼此支撑，开发新技术，完善评估和行动计划，进而实现生态化和全流程的推广应用。

参考文献

王彩霞：《浅析教练技术在企业培训中的应用途径》，《石油化工管理干部学院学报》2019 年第 21 期。

于淼：《教练技术助推成人教育学用转化途径》，《管理观察》2019 年第 4 期。

Zeus P.，Skiffington S.，The coaching at work toolkit：A complete guide to techniques and practices，McGraw-Hill Companies，2002。

罗伊·波洛克：《将培训转化为商业结果——学习发展项目的 6Ds 法则》（第 3 版），电子工业出版社，2017。

B.17
企业管理人员培训现状分析与改进有效路径探究

王 瑱　孙 超*

摘　要： 企业管理人员是实现企业目标的强大力量，当其潜能被充分地调动和体现时才能实现价值最大化。本文通过分析企业管理人员的培训现状，发现企业管理人员培训的需求呈现持续增长的态势，但是企业普遍缺乏对培训需求的调查和分析，培训模式单一，对管理人员培训的长期效果无法评估。解决管理人员培训问题的有效路径，一是优化培训需求的设计与分析，二是构建“训战一体化”的培训模式，三是建立培训效果评估的长期追踪机制。本文认为，企业管理人员培训未来需要重点考虑两个方面的工作，一是基于不同层级的胜任力模型来搭建管理人员的课程体系，二是建立管理者的培训资源体系，为提高企业管理人员的能力素质开辟新路径。

关键词： 管理人员　培训工作　培训模式

一　企业管理人员培训的意义与内容

（一）培训的意义

在当今 VUCA 时代，我国经济发展模式正在转型升级，经济发展处于

* 王瑱，中国人才研究会副秘书长，北京市朝阳区职业培训发展促进会会长；孙超，中国职业经理人协会副会长。

新常态阶段，业态迎来了以互联网、物联网、AI、云计算为代表的新技术，引领着多产业的发展。在新经济、新业务、新模式的不断冲击下，企业经营面临转型发展、创新发展、全面发展的局势，促使企业在引入资本、人才配置、技术创新、业务拓展等方面进行壁垒突破式的改革。企业管理人员作为改革的驱动者，必定会对其管理理念、管理方法、眼界视野、品德修养等方面提出更高层级的要求。

全球顶尖的人力资源管理咨询机构美世咨询公司（MERCER）发布的《2019-2020中国企业学习与发展现状与趋势调研报告》提出，2017~2019年，58%的企业平均年度学习总预算在50万元以上。大多数规模达到5000人及以上的企业，培训学习预算在100万元以上。数据结果显示，企业培训的预算与企业规模呈现明显正相关关系。从需求侧而言，国内企业对培训的重视度逐渐提高，通常规模大、销售额高的企业开展培训的意愿更强，且大部分企业管理人员对培训需求更加迫切。

根据《中国企业管理培训行业市场前景及投资机会研究报告》的数据，2016年我国企业管理培训行业市场规模约2180亿元，2020年进一步增长至4070亿元，2021年市场规模将达4757亿元，如图1所示。

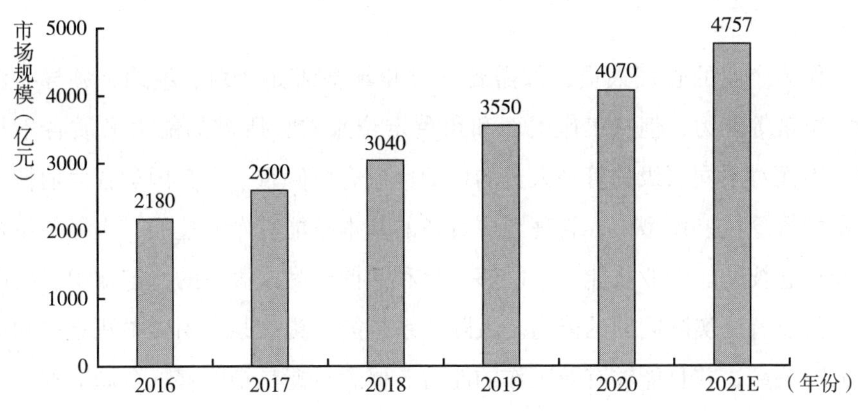

图1　2016~2021年中国企业管理培训行业市场规模及预测

从2016~2021年中国企业管理培训行业市场规模数据来看，企业管理者对培训的需求不断增长，整体呈现平稳增长的趋势。这一趋势背后的原因有两方面：一方面是受到国家政策方面的支持，国家政府机关和各主管机关出台了一系列的产业政策，对培训强化扶持；另一方面是产业升级转型的推动，企业管理人员通过培训提升各方面的能力这样才能更好地面对复杂的环境。

（二）培训内容

在组织能力和人才资源的双重竞争下，管理人才逐渐成为当前经济模式下最具价值的资源，无论是金字塔尖的高层管理岗位，还是腰部的中层关键岗位、基底的基层管理岗位，对企业管理人员培训的需求都将持续增长。由于企业规模大小不一，部分管理层级的人员较少，单独开展培训工作的成本相对较高，有些企业可能会忽略分层培训的重要性。其实不同层级的管理人员所需通用的能力素质要求并不相同，针对管理层级开展管理人员的培训工作是取得成效的关键路径之一。企业管理人员的培训工作是一项长远且系统的工程，通过有效分层的培训可以最大限度地提高管理人员现在和将来的工作产出，打造管理人员继任梯队，为企业和管理者创造组织与管理人员的双赢局面，共同实现健康发展的目标。

作为企业的管理人员，都需要学习和具备诸如计划、组织、领导、沟通、决策等能力，但从工作层面和角色定位来看，所需的能力素质各不相同，因而对不同层级的管理人员的培训也应有所侧重。在美国学者罗伯特·库茨的管理技能模型中，管理者应具备的基本技能有专业技能、人际关系技能和概念技能。专业技能是指能够了解和掌握产品或服务的特定知识、程序和工具以解决实际问题的能力。人际关系技能是指在某个团体中建立起和谐的人际关系，并且能够有效工作的能力。概念技能是指能够从全局上理解组织的目标、洞察组织与其环境之间联系的能力。各层级管理人员技能的最优化组合如表1所示。

表 1　罗伯特·库茨的管理技能模型

层级	专业技能	人际关系技能	概念技能
高层管理人员	1	2	3
中层管理人员	1	3	2
基层管理人员	3	2	1

注：技能的重要程度为 1<2<3。

由表 1 可知，对于高层管理人员来说，最重要的是概念技能，中层管理人员则是人际关系技能，基层管理人员是专业技能。高层管理人员是企业经营战略的决策者，是决定企业发展方向的重要因素，也是决定企业能否在长远的道路上做大做强的关键。高层管理人员注重的是战略管理的概念能力，对行业趋势变化、市场机制变革等方面都必须具备敏锐的洞察能力，才能制定出适合企业自身长远发展的战略发展方向。中层管理人员是企业经营管理的中坚力量，既是高层管理人员命令的执行者，同时也是基层管理人员的领导者，兼具战略执行和监督战略实施的重要角色。因为中层管理人员在企业中处于管理层级中的中间部分，起着承上启下的作用，在人际关系的沟通方面必须具备多向性，既要充分理解高层管理人员传达的信息，也要懂得和基层管理人员的沟通，同时学会协调各种对内对外的合作关系等人际关系。基层管理人员则是对执行工作的落实，并将具体的工作分配给下属，对其现场工作进行直接指挥和监督，保证各项任务的平稳进行，必须具备目标计划管理、专业问题解决等能力。

二　企业管理人员培训现状与问题

（一）缺乏对培训需求的调查和分析

培训需求的分析是在培训活动的前期规划中进行的，培训部门使用不同的方法和技术，整体分析组织和成员的目标、知识、能力等方面的内容，据此明晰培训的必要性。培训需求分析是培训工作的基础，同时也是培训目标确定、培训计划制定和实施的先决条件，根据真实需求制定培训内容和选择合适的培训方式是至关重要的环节。

然而在实际中，对企业管理人员的培训工作出现培训与需求脱节的情况，培训部门在对不同管理层级进行开放式需求调查中并未针对管理层级的差异和岗位需求进行设计，需求调查信息不全面、分析不够深入。多数企业为了节省成本一般会将需求点都集中在所有层级管理人员的通用能力上，并没有对不同层级的管理人员开展针对性的需求调查，从而造成本层级管理者最需要的或者是希望的培训内容却被忽略，薄弱能力没能得到有效提升。

目前，在很多企业里，高层级领导的选拔一般将参与高级培训并获得结业证书作为条件之一。对于其中一部分人员来说，培训是职位向上发展的阶梯。培训需求缺乏系统的分析导致并非每个管理者都能够拥有定期参与培训的机会，越是高层级的管理者参加的培训就越多，因而培训对于部分人员来说就成为可望而不可即的香饽饽。

（二）培训模式单一

培训部门选择合适企业管理人员培训模式是达到培训目标的关键，需要考虑课程本身的内容属性、受训者的特性（接受水平和群体偏好）、企业条件是否具备、过去的培训形式实施经验和教训。

当前企业对管理人员的培训方式，以“填鸭式”讲授的封闭培训为主，从整体上看，老师授课是一种单向“灌输式”的培训模式，无法与现实的工作环境相适应，管理者无法及时反馈信息，导致培训的应用效果较差，影响管理人员的学习热情。这种传统的培训方式虽然具有效率高、成本低的优点，但同时也存在理论化严重、枯燥单一的缺点。在师资方面，由于缺乏深度和广度，通常会出现培训市场的名人效应，聘请了某位名师授课，授课时虽是热闹，但有效性不佳。培训仅仅停留于表面，深入开展的程度不够，企业管理人员多数是为了完成培训任务去被动接受培训，造成培训效果不佳。

此外，企业的培训部门对成人学习的特征缺乏深入的研究，忽视了成人具有经验学习、带有问题学习、自我需要选择性学习等特征，在组织实施中“一刀切”，培训不注重差异化、个性化服务，不注重企业管理者学习规律的研究。

（三）管理人员培训的长期效果无法评估

管理人员培训后的效果评估是管理人员在完成培训之后对培训计划和目标是否达到效果进行评估的过程，重点在于对管理人员的行为、绩效两方面的培训成果进行评估，其中一个量化标准就是投资回报率，但是对企业管理人员培训可能不会在短期内发挥作用，带来的收益也不是直接可以得到体现的。面对高成本的培训，企业不愿意进行大量的投资，这将会对企业未来的发展产生不利的影响，管理者的长效培训机制有待改进和完善。

培训工作是基于长期战略规划下进行的一种活动，而不是一种临时性的活动。大多数公司通常只是培训后随即进行效果评估和反馈，采用的方式也比较单一，有些企业仅用调查问卷作为唯一的评估手段，问卷反馈的维度有限，评判标准不全面。有些企业则会加上随堂考试的形式来评估培训效果，对实际工作并没有太大的帮助，使得培训评估只是走个流程，形成漂亮的报表汇报给上级，实际上对问题的解决并没有太大的帮助。对管理人员培训后的未来绩效改进的情况无法落实，对学习层面和行为层面没有合理的追踪考核机制，无法对培训的长期效果进行评估。同时，许多企业缺乏对员工进行能力测评的科学方法，与培训成效之间没有建立有效的关联，同时也缺乏相应的制度和措施来切实地跟踪长期培训的成效。

三　解决企业管理人员培训问题的有效路径

（一）优化培训需求的设计与分析

培训需求的分析是评估培训成效的关键一环，是做好培训工作的基础性工作。培训需求分析的主体具有多样性，客体具有多层次性，分析的方法也具有多样性。可以从以下几个方面进行管理人员的培训需求分析。一方面，从企业层面进行分析。企业层面的组织需求分析是通过将企业的战略目标分解到高层、中层、基层管理人员的行动目标上，以实现企业目标的主要驱动力等为切入点，找出问题的根源。另一方面，从个体层面进行分析。管理人员是培训的对象，同时也是培训的中心。需求分析不仅要从横向的业务序列层级进行分析，还得从纵向的角度进行层级分类，交叉组合才能更具有针对性和实效性。

通过对管理人员能力与岗位需求、岗位绩效目标的差距和薄弱的环节进行广而深的分析后，确定各层级管理人员的培训目标，针对各层级人员的独特培训目标来制定方案。对于科学的评价工具和分析手段要积极引入，加强对能力要求的评估，建立一个得到各方信任和认同的能力评估系统。

（二）构建“训战一体化”的培训模式

以提高培训的针对性和实效性为出发点，真正改变了以课堂教学和脱产培训为主的传统培训方式。根据不同的培训目标和内容，采用不同的培训模式，可以达到不同的培训效果，从而丰富企业管理者的培训模式、提高管理者的学习热情，达到最佳的培训效果。

基层管理者是构成企业经营的基础单元和组织，通过培训提高其能力素质有利于企业成长。基层管理者具有数量多、分布广泛、年龄较小、资历较浅等特征，可以选择定期的“喷灌成长”的培训模式，在企业的年度、半年度或季度开展基层管理人员培训会，以会促赛的培训模式可以激发大家参与培训的积极性。培训会上传播企业文化与规章制度，对个人技能与日常管理工作等方面进行相关的培训。培训过后可以组织技能实战比赛，通过模拟演练的方式加强培训的效果。一方面，可以使他们对公司的整体战略和目标有明确的认识，并逐步提高对公司长期服务的忠诚度；而另一方面，则是让他们提高工作技巧，提高生产力。

中层管理者是公司经营的中坚力量，其培训成效直接关系到公司经营的成长速度和健康度。通过培训与学习提高中层管理人员的综合管理素养，增强其对组织的向心力和内功力。针对中层管理者可以采用行动培训模式，根据现实情况，结合实际工作，组织专门的学习培训班，通过接受知识、激发创意、寻求解决方案、解决问题、凝练知识的完整行动过程，让中层管理人员在培训的同时解决现实工作中遇到的实际问题，有效地将能力和问题的解决结合起来。推行“教练型”培训，在实践中对基层管理者进行指导，实现企业精神和职业能力的有效传承，增强中坚力量。

高层管理人员是企业最高的领导层，所需的能力素质也是最高的。他们的自我管理与成长和企业培训后的总体成效影响企业的发展。对于高层管理人员的培训可以采用“走出去”的培训模式，参加行业高峰论坛、年会等活动了解行业动态，拓宽本行业生态和竞争格局的战略视野。企业的长远发展与全国乃至全球的经济变化紧密相关，高层管理者的培训可以通过互派互访、项目嵌入等培训模式，与战略合作伙伴共同推动企业合作和人才培养，并与国外的职业培训机构建立广泛、持续、有效的合作关系。

（三）构建培训后效果评估的长期追踪机制

培训成效是企业培训工作的结晶，对中层管理人员的培训必须要进行有效评估。培训前、培训中、培训后对企业进行系统的评估和分析，可以帮助企业收集和确认反馈的信息，制定培训目标，不断修改培训方案，提高培训工作的效果。其中，培训后的长期效果评估是培训工作成效的一个重要体现，对受训的管理者进行长期观察和追踪，从而确保每一位管理人员在培训后的具体工作得到改进。

管理人员培训后的长期追踪机制应当与公司的可持续性发展和长期战略目标相互一致，围绕企业发展战略和高质量发展要求，聚焦高层、中层和底层管理人员的培训重点，对培训长期效果追踪，建立行之有效的机制。不仅要保留对培训的满意度评价、书面测验的传统方式，培训部门还要通过走访、组织学习研讨会、建立培训故事文化墙等方式，让受训的管理人员评价培训对个人能力的提升度、实际工作的支持度。精准评估培训后的应用效果，培训结束后的两个月至半年的时间，使用五级量表评价法，建立精确的评价标准进行评价。让各层级管理人员既能达到自身发展的目标，又能对培训成果进行检验。注重对培训效果的长期追踪与评估，明晰培训后的改进效果，与工作绩效、评优评先、岗位晋升等激励机制相结合，从而强化培训效果。对于不足的地方，有针对性开展回训，加大考核力度，即培即考，直到达到培训目标。

四　企业管理人员未来培训的新启发

企业管理者的培训是为企业管理人员开展的一种能力素质、工作绩效的提升项目，对组织具有重大贡献价值而实施的有计划、有系统的培养和训练活动。基层管理人员、中层管理人员和高层管理人员管理层级的知识水平基础、理解接收能力等方面存在较大的差异，要提高企业各层级管理人员的能力必须注意层级性特点，按照不同层级等级，结合需求调研结果来制定差异化的培训方案。

企业管理人员的未来培训开展工作思路有以下两点。一是基于不同层级的胜任力模型来搭建管理人员的课程体系。胜任力模型在人力资源管理中有着广泛的应用，是一种新型的人力资源评价工具。对于管理人员的培训，可以胜任力模型为培训整体设计的标准，稳步推进管理人员的培训工作，协助企业提升对管理者培训的效果。二是建立管理者的培训资源体系。企业按照自身特点，从内部讲师队伍、培训课程体系设计、培训资料库、培训档案四个方面开展培训资源体系建设，建立数量充足、功能完备的培训资料数据库，配备先进、实用的培训设施，建立健全信息化管理平台和高效的网络在线学习平台，为企业的数字化培训升级赋能。

五　结语

培训工作是一个系统工程，企业管理者的培训要立足于当前的实际，着眼于人员的长远培养发展，坚持以目标、问题、结果为导向。在实践中，持续加强各层级管理者的培训，从而不断提升管理人员培训的成效性和满意度，驱动组织和个体的不断进步，使组织和个体达到双重发展。同时，坚持以提高企业管理人员的能力和素质为重心，在培训模式、培训机制、培训制度和培训方法上进行改革与创新，建立符合企业经营管理的要求、充满活力并具有中国特色的企业管理人员培训体系，持续加强培训的实效性，要培养一批有远见、有业绩、有能力、有素质、有作风的管理人才。

参考文献

Lhooo：《企业培训，起风时》，多鲸资本，2021 年 10 月 10 日，http：//www.djcapital. net/nd. jsp？ id=489&groupId=-1。

马广奇、张欢：《构建成长期企业中高层管理人员培训体系》，《人力资源》2021 年第 12 期。

宋志豪：《企业中层管理人员培训中存在的问题及对策》，《企业改革与管理》2019 年第 14 期。

徐华：《企业管理人员培训思路探讨》，《人才资源开发》2021 年第 19 期。

周冰封、徐东、高宏洁：《员工培训需求调查存在的问题及对策》，《人力资源管理》2014 年第 3 期。

周俊：《国有企业管理人员培训问题研究》，《科技与企业》2012 年第 21 期。

B.18
校企合作共建新时代专业技术人员继续教育新模式

魏 青　黎方军　杨顺祥*

摘　要： 成都大学继续教育学院是四川省、成都市专业技术人员继续教育基地，采用校企合作方式共建成都大学专业技术人员继续教育在线网络培训平台。通过调研寻求出路、合作共建平台，保证质量优先，主动对接各区市县人社局培训需求，推行专业与精细化运维，守住规范底线，贴近国家战略，助推区域经济和社会发展，紧跟社会热点，主动服务社会，成功地实现了专业技术人员继续教育的质量目标，体现了专业的人做专业的事才能提质增效，校企合作强强联手才能做大做强，规范运行、用心服务才能行稳致远。2019年6月至2022年6月，完成近28万人次专业技术人员的线上培训，为四川省、成都市专业技术人员继续教育作出了显著贡献。

关键词： 校企合作　专业技术人员　继续教育　线上培训　新模式

从2019年6月开始，成都大学继续教育学院与北京爱迪科森教育科技股份有限公司合作搭建专业技术人员继续教育网络培训平台。网络培训平台运行规范、运作灵活、运转高效，在较短时间内破解了成都大学专业技术人

---

* 魏青，成都大学继续教育学院院长，教授，主要研究方向为教育基本原理；黎方军，成都大学继续教育学院副院长，主要研究方向为非学历继续教育；杨顺祥，成都大学继续教育学院培训中心副主任，主要研究方向为非学历继续教育。

员继续教育网络培训平台建设、运维服务等多年来面临的困境，并取得了专业技术人员继续教育网络培训参训学员近 28 万人次的良好业绩。

一　背景

成都大学继续教育学院是四川省、成都市专业技术人员继续教育基地，网络继续教育是做好专业技术人员继续教育的有效渠道和途径，大势所趋，势在必行。

（一）开展专业技术人员网络继续教育培训的优势

1. 学校资源优势突出

成都大学为四川省和成都市共建、成都市重点建设综合性大学。学校创建于 1978 年，是改革开放后首批地方城市主办的全日制普通本科院校。学校实行省市共建、以市为主的办学体制，是第 31 届世界大学生夏季运动会运动员村承办大学。学校历经多次合校，办学历史可追溯至 1906 年的公立四川优级选科师范学堂和 1911 年的公立四川省城女子师范学堂，现拥有有百年历史的三级甲等综合附属医院、国家级抗生素研发基地四川抗生素工业研究所，具有学士、硕士学位授予权，设有博士后实践基地，是教育部“卓越工程师教育培养计划”高校、教育部国防教育特色高校、教育部“双万计划”一流本科专业建设点立项单位、四川省博士建设单位递进培育计划“优先培育”类建设单位。

2. 学科专业齐全

成都大学现有 10 个学科门类——艺术学、文学、管理学、教育学、经济学、法学、工学、医学、理学、农学；62 个本科专业；9 个硕士学位授权一级学科；16 个硕士专业学位授权类别；博士后创新实践基地；国家级一流专业建设点 15 个、省级一流专业建设点 12 个。食品科学与工程、自动化、机械设计制造及其自动化、临床医学通过教育部专业认证。

3. 师资力量雄厚

成都大学现有专任教师1600余人，其中正高职称230人，副高职称500余人，博士700余人；学校特聘中国工程院院士樊代明为名誉校长，有国家杰青、长江学者、享受国务院政府特殊津贴专家等20余人，有“天府万人计划”杰出科学家、省学术和技术带头人、省突出贡献优秀专家、省“千人计划”专家等80余人，特聘两院院士3人、欧洲科学与艺术院院士2人，特聘长江学者、国家杰青等20余人，特聘高端外国专家近30人，特聘研究员（副研究员）100余人。

4. 课程开发潜力巨大

学校有国家级一流课程3门、省级一流课程26门、省级“课程思政”示范课程9门、省级创新创业教育示范课程7门、省级应用型示范课程9门、省级精品课程38门。

（二）自建专业技术人员网络培训平台的短板

成都大学继续教育学院一直想开发与建设自己的网络培训平台，曾经做了很多调研、考察，都无果而终。究其原因，一方面，资金投入较大，学校即使支持开发工作，但办理程序较多，启动过程缓慢，建设周期较长；另一方面，涉及校园网络安全的评估、技术运维及服务、专业人员的引进等因素，仅靠继续教育学院是做不到的。诸多因素实实在在地制约着高质量网络培训平台的开发与建设。一直以来，学院都是根据不同的需求，利用一些小型在线学习平台开展线上培训，远远无法满足四川省、成都市千百万专业技术人员的网络继续教育需求。

二　做法

（一）调研，寻求出路

2019年，成都大学继续教育学院通过参会了解到北京爱迪科森教育科技股份有限公司“模块化合作共建”模式，可以贴合学校实际情况，按照四川省人社厅、成都市人社局要求提供在线学习系统、课程内容、运营等全方位的服务，并且以结果为导向，完全按照学校规划、市场需求进行灵活调整来满足培训要求。学院迅速作出判断：校企合作才是行之有效的专业技术人员继续教育网络培训平台的新模式。

（二）合作，共建平台

北京爱迪科森教育科技股份有限公司拥有完全自主研发的学习云平台，采用阿里云的 ECS 虚拟机进行部署，平台随用随建、快速定制。用户学习流程简单、可用性高，支持微信、支付宝和银联付费，学习过程全记录，支持学习数据多维度分析，课程文件采用 CDN 分发技术，支持百万级用户同时观看。基于互联网的在线培训学习云平台，管理端可操作性强，流程清晰，功能全面，模块独立运行，完全满足客户培训需求和学员学习结果的反馈，并从安全角度多重把控，保证信息准确性和安全性，具备三级信息安全等级等资质条件，突出了在线培训企业的专业性。

结合专业技术人员继续教育培训项目的实际情况，各市、区县的实际需求，经过慎重考虑后 2019 年 6 月 26 日双方签订了“成都大学、北京爱迪科森教育科技股份有限公司合作框架协议书”和“成都大学、北京爱迪科森教育科技股份有限公司培训平台合作运营协议”，共同建立了成都大学专业技术人员继续教育网络学习系统，组建了专门管理团队来实施平台建设的各项工作。成都大学继续教育学院院长亲自主抓，副院长具体分管，培训中心副主任担任项目专员落实各项具体工作，以保证学校在校企合作中的主导作用。北京爱迪科森教育科技股份有限公司组建了专业的技术团队、客服团队、运营团队，由总经理挂帅领导，西部片区经理负责联络协调。北京爱迪科森教育科技股份有限公司为成都大学提供的服务，解决了学校在技术、客服、运营等方面相对不擅长的问题。

（三）择优，保证质量优先

利用平台优势，结合四川省人社厅、成都市人社局对课程内容的要求，成都大学继续教育学院遴选了众多权威的师资，涵盖中共中央党校（国家行政学院）、中央政策研究室、中央党史和文献研究院、中国社会科学院、中国人事科学研究院、中国农业科学院、中国纪检监察学院、国家发改委、文化和旅游部、生态环境部、中国政法大学、中国水利水电科学研究院、国务院发展研究中心、北京大学、清华大学、中国人民大学、成都大学等单位的专家学者，设计制作了涵盖财经管理、农林牧渔等 38 个学科门类的 10 万余门网络课程，保证了各行各业专业技术人员的学习需求得以满足、学习质量得以保障。

（四）落地，主动对接各区市县人社局培训需求

一是听取各区市县人社局建议，迅速完善，增补个性化科目，满足各区市县专技人员的学习需求，如时事政治、城市管理、法治法规、食品安全等宽范围的公益性课程需要，以达到特色化培训效果。

二是根据各区市县人社局工作需要，及时提供专技学习的数据统计，为各区市县人社局掌控本区域专技人员学习情况提供依据，受到各区市县人社局好评。

（五）服务，推行专业与精细化运维

全天候、多层次、全方位的热情周到服务，能及时收集、分析、解决学员提出的各种学习疑难问题，一方面，帮助学员按时完成继续教育学习任务；另一方面，听取并采纳学员提出的合理化建议，不断提高服务水平和培训质量。

（六）规范，守住底线

严格按成都市人社局关于专技人员继续教育要求，设定在线学习流程，保证学员学够学时、按要求参加并通过考核方能取得结业证书。

专业技术人员学习费用全部由成都大学进行收取，严格按相关规定执行，杜绝任何违规收费行为。

三　成效

（一）快速建成成都大学专业技术人员继续教育网络培训平台并投入使用

双方达成合作意向后，一周制作完成平台操作指南，一个月办妥校企合作手续，三周完成区市县人社部门工作对接并正式启动平台运营培训，接受学员注册、登录、缴费、学习、考试、打印结业证书业务，规范、快捷、高效。

（二）成功实现了专业技术人员继续教育的质量目标

1. 贴近国家战略，助推区域经济和社会发展

三年来，面向成都市各区市县组织开设了“人工智能与健康”“5G”“信息安全”“成渝地区双城经济建设政策解读”“国省《‘十四五’规划纲要》全面解析”“《民法典》解读及法治思维能力建设”“量子信息”“集成电路技术科普”“践行新发展理念的公园城市示范区建设”“乡村振兴”“区块链”等公需科目和“建筑工程”“市政管理”“机械工程”等专业科目，70多个行业20多万人次的学员受益。

2. 紧跟社会热点，主动服务社会

2019~2021年为成都市各区市县提供了“法律法规”“生态环保”“智慧城建”“食品安全”“新冠病毒防控安全”“依法治国与依法行政”等公益科目，惠及人次近6万。

（三）成为成都市专业技术人员继续教育的推荐网络培训平台

主动接受人社主管部门的评估，并被评为成都市专业技术人员继续教育合格基地；成为成都市2019年度、2020年度、2021年度开展专业技术人员继续教育工作排名第一的承办单位；成为成都市完成专业技术人员培训人次数最多的网络培训平台。

四 启示

（一）专业的人做专业的事才能提质增效

成都大学和北京爱迪科森教育科技股份有限公司合作是真正意义上的校企合作，校企双方各自发挥自己的优势，在高校品牌、市场拓展、课程研发、平台运维等方面实现强强联合，形成专业技术人员继续教育事业共同体，在服务好专业技术人员、服务好各行各业、服务好经济社会发展的同时，实现校企各自的最大价值。

（二）校企合作，强强联手才能做大做强

校企合作，找到有实力的专业合作伙伴是成功的核心与关键。高校的品牌、师资、校园文化等资源和企业管理运转的灵活性及高效率优势互补，才能助力达到事半功倍的效果。强强合作，才能做强做大，实现双赢的共同目标。

（三）规范运行，用心服务才能行稳致远

进入新时代，法律更健全，规矩更重要，规范运行是前提。一方面，严格按照教育部、省市相关政策推进校企合作的相关工作，在规范的轨道上开展各项业务；另一方面，将“用户体验”作为网络平台服务的宗旨，精细管理，用心服务，科学运维，这样才能获得良好的社会认同，赢得参训学员的良好口碑，达成期待中的培训业绩，行稳致远。

参考文献

蒋士会、谢清理：《国家级专业技术人员继续教育基地建设问题审视与路径选择》，

《成人教育》2020年第12期。

李媛媛:《西方继续教育培训经验对我国专业技术人才培训的启示》,《继续教育研究》2021年第7期。

吴斌、张峰、高庆元:《国家继续教育基地建设管理与创新实践——以中南大学“国家专业技术人员继续教育基地”为例》,《继续教育研究》2022年第7期。

B.19

干部终身教育培训模式探索

——上海市干部培训中心“双休日专题讲座”的创新实践

上海市干部培训中心

摘　要： 为进一步做好干部终身教育培训工作，推进学习型社会建设，本文以上海市干部培训中心品牌项目“双休日专题讲座”为例，梳理了其在干部教育培训的组织运行模式、需求调研机制、设计甄选模式、协同合作方式及过程管理措施等方面的经验做法。面向未来，提出了守正创新、服务战略、技术赋能、区域合作等思路，以供参考。

关键词： 干部教育培训　终身教育　双休日专题讲座

上海市干部培训中心（以下简称“中心”）隶属于上海市人力资源和社会保障局，承担全市公务员、事业单位干部、对口支援地区干部及人社系统干部的培训任务，是上海干部教育培训的重要阵地之一。双休日专题讲座（以下简称“讲座”）是为落实中共中央组织部关于大规模培训干部要求，贯彻市委、市政府加快上海人才队伍建设要求，由上海市委组织部（市公务员局）、市人力资源和社会保障局主办，由中心具体承办的大型综合类干部学习平台。学员以上海市公务员为主，部分事业单位和企业领导干部共同参与。2013 年，讲座被列为上海市推进学习型社会建设与终身教育的创新项目。本文将以讲座为研究对象，梳理其在干部终身教育方面的经验做法与新技术背景下的发展设想，对研究提升干部综合素养具有参考价值。

一 发展历程[①]

为满足广大干部拓宽工作视野、更新知识、陶冶情操、提高素养以及终身学习的需要，讲座自2003年开办以来，已成功举办559场，已先后有300余名党政高级领导、著名专家学者、社会知名人士以及其他领域思想者亲临讲坛，本市公务员、企事业单位领导干部等近103万人次听讲。

（一）应运而生，开设干部培训实用课堂

2003年，为进一步加强以能力建设为核心的公务员培训工作，切实提高公务员的实际工作能力，讲座以“实用能力专题培训”起步，通过实用知识和技能学习，提升上海公务员的职业能力，开设公文写作、政策评估、调研方法、规划制订方法、涉外礼仪等20多门课程。公务员根据自身需要在三年内完成10场培训专题，可获得统一颁发的公务员双休日专题培训证书，该证书作为单位考核干部培训的依据之一。

（二）由需创新，开辟干部培训综合平台

自2007年以来，为适应干部素质能力建设的需要，讲座积极推进培训模式的创新，提高干部教育培训的针对性与实效性，将“实用能力专题培训”更名为“双休日专题讲座”。党的十八大以后，为进一步科学把握新时代新形势对干部能力提升的新要求，讲座紧紧围绕中国特色社会主义经济建设、政治建设、文化建设、社会建设、生态文明建设“五位一体”的总体布局，培训重点从实用知识培训转向综合能力拓展，每年至少开设10场专题；培训方式由规定必修转向自我选修，满足学员个性化学习的需求；培训师资从立足本市转为面向全国，凝聚和形成了一支阵容强大的讲座专家团队。

① 本部分数据来源于本单位统计数据。

（三）因势转型，开辟干部培训全新模式

随着数字技术的快速发展，讲座从单一线下听讲模式向一定规模线下听讲与大规模线上直播相结合模式转型。学习者突破时空限制，通过网络享受在线教育服务，实现主动学习、随时学习、终身学习。此次转型充分发挥传统媒体和新媒体融合发展的综合优势，不断扩大干部覆盖范围。经统计，2019 年参加学员为 11387 人次；2020 年参加学员为 62630 人次，同比增长 450%；2021 年参加学员为 73796 人次，同比增长 17.8%。便捷的学习条件进一步强化干部终身学习的理念，助推干部终身教育不断往深处走、往实处走。

当前，讲座兼顾满足各年龄段干部学习需求。根据 2021 年数据，30～39 岁学员占 34.93%，40～49 岁学员占 30.36%，50 岁以上学员占 22.3%。同时，讲座积累了一批有 10 余年学习经历的忠实听众，他们见证了讲座的成长和发展。

二　经验做法

讲座始终以“高质量教育培训干部、高水平服务国家战略和上海发展”为工作目标，坚持“围绕中心，服务大局”的工作原则，围绕突出“国际视野、中国特色、上海特点”的工作思路，探索形成特色鲜明、行之有效的经验做法。

（一）建立健全“上下联动、内外协同”的组织运行模式，凝聚培训合力

多年来，讲座对干部终身教育培训模式开展有益探索，推动形成“上下高效联动、内外深度协同”的组织运行模式。

一是积极争取上级主管部门支持，形成长效机制。讲座积极服务上海经济社会发展大局，主动融入干部教育培训事业与人事人才工作发展。中心定

期向上海市委组织部（市公务员局）、上海市人力资源和社会保障局汇报讲座进展，使上级领导及时了解中心干部培训工作重点，从而加强对讲座的指导与支持。讲座被纳入每年度上海市公务员培训计划，实现干部教育培训常态化、全覆盖。

二是主动寻求各委办局协作配合，发挥纽带作用。讲座构建市、区、基层单位三级联动推进机制，各层级单位配备讲座联络员，协助做好宣传与报名工作。当前，讲座受众涵盖八大系统，涉及监察司法、财政经济、科教文卫、城市建设、民族宗教、外事、农业农村及社会建设等条线 350 余家参训单位，并不断探索和完善学习成果在单位培训考核的认定工作。

三是不断强化培训专业能力建设，提高服务能级。中心坚持“培训管理者先行”理念，围绕培训管理者的专业化服务能力，编制“讲座标准化流程”。定期开展内训，聚焦理论学习、调查研究、数据分析、组织策划、统筹管理、写作与表达、专题开发与课题研究能力，更精准帮助培训学员全面发展，提升讲座培训服务质量。

（二）探索形成“紧贴组织、满足学员”的需求调研机制，明确培训主题

讲座始终坚持以“组织需求、岗位需求、学员需求”三者结合为导向，健全完善需求调研机制。

一是将组织需求放在首位，在选题上服务于党和国家的大政方针，根据中央、市委重要精神和上级主管部门要求，主动了解每年公务员培训计划与方向，有针对性地设置讲座专题。立足当前形势，聚焦社会热点，专题内容常办常新，帮助干部拓展全局视野。例如，在庆祝中国共产党成立 100 周年大会之后，第一时间邀请天津大学马克思主义学院院长、党史学习教育中央宣讲团成员颜晓峰解读总书记“七一”重要讲话精神。在党的十九届六中全会召开后，邀请中共中央党校（国家行政学院）一级教授、中央党校专家工作室领衔专家韩庆祥围绕《从重大成就、

历史经验看两个确立、强国复兴——十九届六中全会〈决议〉精神解读》作专题报告。

二是聚焦岗位需求，旨在提高公务员履职能力和综合素养，定期开展联络员座谈会，及时掌握各系统岗位特点和能力需求，统筹兼顾，精心设置专题，夯实围绕中心、服务大局的能力。例如，为提高领导干部法治素养和依法行政能力，邀请中国法学会副会长王利明深度解读《民法典》；紧扣城市治理能力现代化建设，邀请上海市政府副秘书长、市城运中心主任徐惠丽分享超大城市精细化治理的经验做法。

三是将学员需求调研贯穿培训全过程，倾听学员声音，为自主学习的学员服务，同时服务于学员的自主学习。通过每半年学员座谈会与问卷调查相结合形式，开展需求反馈调研。2021 年抽样调查结果表明，大多数学员认为讲座内容对自身工作具有指导作用，既有理论高度，又有实践深度。其中，77.42%的受访者认为通过讲座帮助提升科学发展能力与沟通协调能力，70.97%的受访者认为通过讲座提高了改革创新能力，67.74%的受访者认为通过讲座提高了调查研究能力与行政领导能力①。

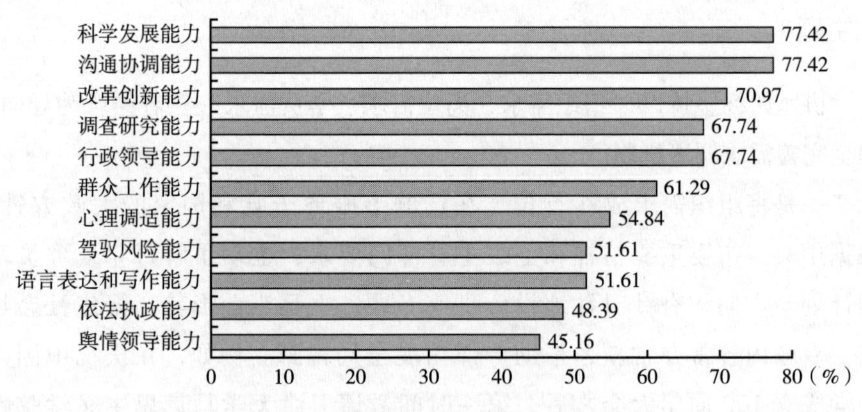

图 1　学员受训后能力提升比例情况

① 本部分数据来源于本单位统计数据，特此说明。

（三）构建完善“立足高端，与时俱进”的设计甄选模式，提升培训实效

讲座将干部终身教育培训视为一项系统工程和长期任务，强化系统思维，注重顶层设计，集聚多方智慧，形成“始终立足高端，不断与时俱进”的设计甄选模式。

一是始终保持权威高端的嘉宾团队，以确保讲座的高水平、高标准、高质量。在师资甄选上，讲座坚持权威度与影响力，邀请国内外党政领导干部、顶尖专家学者和社会知名人士担任主讲嘉宾。一方面，立足上海，依托人才与科技集聚的区域效应，聚焦重点学科优势资源，在全市范围内遴选嘉宾，如在经济领域邀请上海经济学家陆铭分析“十四五”时期上海城市群与都市圈发展。另一方面，面向全国，满足外向型学习需求，始终关注前沿动态，在全国范围内寻找嘉宾，如在国际问题领域邀请中联部原副部长于洪君分析阿富汗问题与中国外交形势。同时，突出同行举荐，坚持内行人讲内行话，针对专业领域，适时组织专家座谈会，邀请相关专家学者推荐师资，如在科技领域推荐邀请中国工程院院士王坚分享城市数字化转型的实践创新。

二是注重时效性，结合重要时间节点，邀请嘉宾讲授党课的创新理论、国家最新政策研究等。例如，党的十九届五中全会召开后，邀请全国政协十三届常委、中财办原副主任杨伟民分享学习体会；为响应习近平总书记提出的“讲好中国故事”，邀请外交部原副部长傅莹讲授《改进我们的国际传播》；围绕中国自由贸易区建设，邀请中国国际经济交流中心副理事长黄奇帆讲解自贸区的战略意义和重点任务。

三是在授课方式上，坚持一切从实际效果出发，根据不同专题内容，采用贴近实际、符合特色、灵活多样的形式。讲座从单一的嘉宾演讲形式逐步发展到边评边讲、边演边讲或多人同台对话方式。例如，浦东开发开放 30 周年之际，邀请浦东开发开放亲历者、建设者、领导者，中共十六届中央委员、国务院新闻办原主任赵启正同志，以实景对话方式，讲述浦东新区奋勇

拼搏、敢闯敢试、敢为人先的故事，带领干部们回望历史、不忘初心，激发干事创业的激情和热情。在建党百年之际，在上海音乐学院开展讲座，邀请国家一级作曲家、上海歌剧院原副院长李瑞祥以讲座与音乐赏析相结合的形式，带领学员回望、感悟中国共产党的百年征程。在上海天文馆落成之际，邀请上海科技馆副馆长忻歌与上海科技馆天文研究中心主任林清讲述天文馆建设背后的故事、诺贝尔奖与天文学热点知识，带领线上与线下学员实地遨游宇宙星辰。

（四）深化创新“资源共享、互助共赢”的协同合作方式，扩大平台优势

讲座致力寻求干部终身教育培训的“同行者”，推崇合作共赢，不断夯实协同成长的土壤，积极打造干部培训“朋友圈”。

一是主动投身上海学习型城市建设，寻求与同类干部教育机构合作，实现各方智力资源整合与培训经验共享，不断扩大受众面和影响力。例如，与中国浦东干部学院中浦讲堂、上海市委党校新时代讲坛、上海院士中心院士专家论坛等实现师资共享、协同办讲。

二是积极推动干部培训资源共建共享、信息互联互通，主动加强与各行业主管部门协作，发挥行业优势，通力开发讲座专题。目前已初步形成跨界协同、互助共赢的长效合作机制。例如，与上海市委宣传部合作开展习近平总书记“七一”重要讲话精神解读专题讲座，与上海市经信委合作开展人工智能专题讲座，与上海市商务委合作开展中国国际进口博览会专题讲座，与上海市体育局合作开展建设国际体育城市专题讲座。尤其在人文艺术类专题设计上，融合特色单位的专业优势与特色资源，开发了在上海大剧院、上海歌剧院、上海科技馆等实地的观赏性讲座，着力提升学员“沉浸式体验”。

（五）强化落实“技术跟踪、总结评估”的过程管理措施，深耕培训品牌

中心在遵循干部教育规律的基础上，注重不断提高宣传工作水平，科学

做好复盘分析，深入开展总结评估，深耕细作打造培训品牌。

一是广泛借力传统媒体和新媒体，通过中心官方网站、“干部培训”微信公众号等自有平台做好学员管理与维护，利用跨区域实时连线与云互动直播等技术手段，持续输出优质宣传内容。每年度经讲座嘉宾同意，将讲座内容汇编成册，以文字形式供干部二次学习使用。

二是定期对工作整体复盘，通过技术支撑、跟踪诊断与归纳总结，为来年讲座课程规划形成完整逻辑链。一是做好定量分析与定性分析。在定量分析上，充分运用中心自有线上学习平台，对学习数据进行实时归类、比较和分析，形成讲座数据分析报告；在定性分析上，以讲座体验为重点，抽样采访学员，进一步掌握学员的学习感受，提升培训精细化管理水平。二是做好全面分析与专项分析。讲座不仅注重对干部队伍情况的整体把握，还关注对全市各大类系统干部的专项分析，形成各系统干部、各类别干部、城郊区干部等专项分析材料，增强培训工作针对性。

三是为避免培训评估滞后，中心建立项目督导机制，及时发现并有效解决问题，实现对讲座的全过程监管。由中心班子成员组成“走流程”团队，前期通过重点关注、政策解读、随机访谈、结果反馈等模块的培训，为督导工作做好充分准备。在讲座项目启动后，“走流程”团队下沉一线，对课程筹备、学员组织、场地安全、设施设备等情况做全面了解，提出优化完善意见，为讲座团队找准改进方向，实现干部教育培训提质增效。

三　下一步设想

当前，干部培训的内外部环境、各方面条件发生深刻变化。新时代，提高培训质量是提高人才质量的重要手段，是落实人才强国战略的重要步骤。讲座将主动回应新形势与新要求，坚持深化探索，不断推动干部终身教育培训高质量发展。

（一）突出思想引领，更好地唱响主旋律

守正创新是做好新时代党的宣传思想工作的必然要求。讲座始终站在全局和战略高度想问题、办事情，将党的创新理论、知识结构优化、能力素养提升贯穿干部成长全过程。坚持马克思主义在意识形态领域的指导地位，坚持不懈用习近平新时代中国特色社会主义思想凝心铸魂，通过讲座引导广大干部真学真懂真信真用，做党的创新理论的坚定信仰者和忠实实践者。筑牢意识形态主阵地，甄选“政治要强、情怀要深、思维要新、视野要广、自律要严、人格要正”的主讲嘉宾。大力弘扬伟大建党精神，彰显城市精神品格，发挥干部终身教育在软实力建设中的独特作用，努力推动线上线下讲座共同发力，促进国际交流，邀请国内外知名专家学者开展云端论坛，向世界讲好、宣传好上海故事、中国故事，凸显讲座展形象、聚智慧、拓视野的特色。

（二）突出重大战略，更好地服务新发展

坚持把服务国家战略、服务上海发展作为干部教育培训和举办“双休日专题讲座”的首要任务。主题设计、师资甄选等方面，将更加紧密贴合国家和上海经济社会事业发展需要，努力为上海干部准确领会中央精神、科学把握客观实际、自觉承担光荣使命、推动改革纵深发展提供智力支持。讲座将紧紧围绕总书记亲自交给上海的三项新重大任务，赋予浦东打造社会主义现代化建设引领区的历史重任，聚焦服务上海改革开放、经济高质量发展、实践全过程人民民主、推进国际文化大都市建设、创造高品质城市生活、促进经济社会发展全面绿色转型服务等方面思考谋划未来发展和具体工作，对照总书记对干部提出的七种能力要求，进一步深化干部学员的综合能力提升，推动树立终身学习理念的学习型社会加快建设。

（三）突出创新发展，更好地运用新技术

积极迎接、主动抓住科技革命和产业变革带来的历史机遇，深化与新技

术的深度融合。聚焦数字赋能培训，进一步盘活教学资源，实现项目从严管理可量化、学习资源可视化、培训特色具象化。进一步开发讲座直播课堂等线上学习方式，提前布局未来发展新赛道，建立示范性应用场景，开设干部培训虚拟讲座，探索建设元宇宙教育平台，发掘更多数字化学习资源，支持学员以数字化身份参与听讲互动，运用数字技术将培训资源供给与干部实际需求精准对接，提升干部教育培训的针对性，打造干部线上培训升级版，通过与主流媒体和社交新媒体的共建共享，让更多优质知识性内容更好地连接和服务学员。

（四）突出区域联动，更好地扩大影响力

强化区域联动将为聚合要素资源、提升服务能级，开拓战略发展空间。讲座将深耕重点区域，更加积极主动地扩大讲座的受益面和影响范围，努力实现与自贸区（新片区）、张江科学城、长三角生态绿色一体化发展示范区、虹桥商务区、五大新城等上海重点发展地区的同频共振，有针对性地开发更多教育培训资源，为原来由于线下办讲地点距离远而无法亲身现场体验讲座魅力的干部提供高质量的精神大餐。讲座将更加主动地服务长三角区域，拓展与苏、浙、皖等地高校科研院所和干部教育培训机构的互学互鉴、协作联合，促进培训资源共享，整合区域优势，共同打造长三角区域干部教育培训新高地。同时，充分发挥立足上海的地理区位优势，更加积极地承担对口支援地区、中西部地区，乃至服务全国的相关培训任务，充分运用互联网技术拓宽输出渠道，将讲座资源传达给合作省份和地区的干部，推动优质终身学习资源在全国范围内实现更有效流动和更大范围共享，努力为全国干部教育培训事业发展作出应有的更大贡献。

参考文献

胡银根、游红、李寒：《终身教育背景下干部培训教学法探讨》，《中国教育技术装

备》2016 年第 6 期。

孟湘来：《终身学习视角下干部教育培训策略研究》，《天津电大学报》2021 年第2 期。

上海市教育委员会、上海市学习型社会建设与终身教育促进委员会办公室：《上海市终身教育发展“十四五”规划》，上海市人民政府网站，2022 年 1 月 26 日，https：//www. shanghai. gov. cn/gwk/search/content/17055c3b4cbd4309899602bab62b04ab。

B.20

退役军人创业教育培训现状与优化建议*

许 远 马夕婷 陈峥嵘**

摘 要： 国家对退役军人安置工作高度重视，将新时代退役军人就业创业工作定位为事关国家发展、稳定的方向性、根本性、战略性重大问题。然而，由于退役军人的心理特性和身份特质，他们在创业中会面临各种主客观的挑战和问题，需要通过高质量、常态化、有针对性的创业教育培训来为有意愿进行创业的退役军人提供帮扶和指导。目前，我国已经建立起比较完善的退役军人教育培训政策体系并且在全国各地取得了相应的成效，但是由于缺乏配套的实施细则和保障措施在实践中依旧存在缺乏过渡、内容陈旧、主体单一、针对性有效性较低等问题，因此需进一步做好顶层设计，完善监管和保障机制，建立分层分级的长效培训制度，充分整合社会资源，建立多主体的培训体系，从而全面提升退役军人创业教育培训的质量，促进其高质量的就业创业。

关键词： 退役军人 创业培训 政策演进 优化对策

退役军人，指退出现役的军人（含转业军人、复员军人、退伍军人

* 基金项目：退役军人事务部就业创业司 2021 年委托项目“鼓励退役军人创业带动就业政策研究”。

** 许远，人力资源和社会保障部职业技能鉴定中心编审，主要研究方向为技工教育、职业教育；马夕婷，北京师范大学教育学部研究生，主要研究方向为比较教育、教育心理学；陈峥嵘，福建省退役军人事务厅思想权益处处长，退役军人服务中心主任，主要研究方向为退役军人培训。

等），是建设中国特色社会主义的重要力量。近一段时间来，国家把稳就业摆在“六稳”（稳就业、稳金融、稳外贸、稳外资、稳投资、稳预期）之首，作出实施就业优先政策的决策部署，并将退役军人列为解决就业问题的重点保障群体。尽管国家高度重视，但由于各种现实因素，军人退役后依旧很难迅速适应身份转变，很难及时应对新兴行业的要求和市场的不断变化。因此，需要明晰退役军人创业中的症结根本所在，对相关政策进行进一步的细化和完善，进一步提升退役军人创业教育培训质量，真正为退役军人的就业创业赋能增效。

一　退役军人创业现状与挑战

（一）我国退役军人基本情况

就业是最大的民生，也是经济发展最基本的支撑。近一段时间以来，人力资源和社会保障部门通过保障就业来保障民生、提高人民福祉，对退役军人创业的帮扶已经成为促进青年高质量就业的重点工作任务之一。随着新一轮军队改革方案的实施，近几年，每年都有大批官兵退役，干部退役的比例有所增加。其中选择提前退休、自谋职业和自主择业的人员占较大比重①。由于党和国家对于退役军人安置工作的高度重视，退役军人的就业选择面越来越广，据解放军报报道某特战旅即将退役的150名士兵（其中14%服役期在12年以上）中选择政策性安置就业的占到8%，选择招聘就业的占48%，而计划创业的占到38%②。可见，随着我国经济发展进入新常态，越来越多的军人选择在退役后参与到“大众创业、万众创新”的大潮中，积极探索创业之路。

① 薛亚：《新时代做好我国退役军人管理保障工作初探》，《国防》2018年第8期。

② 《路在何方　退役士兵就业创业情况调查》，人民网，2017年12月5日，http：//military. people. com. cn /n1/ 2017/ 1205/c1011-29686641. html。

（二）退役军人创业面临的困境与挑战

军旅生涯塑造了军人意志坚忍、责任感强等优秀道德品质，但是长期的军旅生涯也使得军人离开部队后要重新适应社会和职场生活，因此，退役军人的心理适应、专业匹配度、技能素质与产业转型升级矛盾等问题需要持续关注。

1. 专业与行业的结构性矛盾明显

退役军人过去从事的专业难以与当前的就业市场对接。除了医疗、通信、炊事专业以外，大部分军工特殊专业和工作内容的退役军人在谋求新的职业时面临难题。军人在部队中受到的长期军事训练和专业能力提升并不能立刻转化为创业中的助益，反而这种精益求精的单一型专业训练会使得退役军人难以胜任创业环节中复杂多变的复合型任务。尽管这些退役军人有足够的资历、阅历、担当和能力，却受限于年龄、学历等客观因素难以找到合适的岗位。目前经济发展面临需求收缩、供给冲击、预期转弱三重压力，对退役军人创业的消极影响不容忽视。并且当前大多数企业为退伍军人提供的都是一些简单、单调和重复性的非技术性工作，岗位薪资以及发展空间非常有限①，限制了退伍军人的行业和职业选择。在创业时完全抛弃过去的军旅经验对退伍军人的创业就业热情以及自身发展带来了消极的影响。

2. 能力结构与新兴行业需求存在差距

由于我国征兵年龄条件的影响，我国大多数退役军人知识结构比较单一，并且由于他们在部队中主要进行军事训练和注重军事素质的提升，因此和新兴行业的技能需求之间存在差距②。长久的军旅生活导致他们对创业的相关流程理解不够深入，这使得退役军人没办法充分利用帮扶政策和各项人脉资源，缺乏对市场行情的基本判断，从而在新兴产业、新的市场中感到无所适从的彷徨和担忧。因此，他们更容易受到资金、知识、技能等因素的影

---

① 冯斌：《退役军人就业创业的困境与对策》，《人才资源开发》2021 年第 13 期。

② 王鑫：《浅析退役军人就业创业的困境及对策》，《中国军转民》2021 年第 19 期。

响，难以进入科技含量高的高端实体项目。创业领域往往局限于个体工商户或小微企业，难以形成一定规模，缺乏核心竞争力，可持续发展前景堪忧①。

3. 心理准备不足

军人是一个稳定性很高、荣誉感很强的职业，然而当他们褪下“光环”回归职场生活时，无法适应在二次就业时面临的种种困境，从而在心理上形成巨大落差②。退役军人需要适应身份转变，完成军旅文化到社会文化的重塑，经历职业选择与筛选的阵痛。许多军人在退伍前通过自己的努力获得了组织的提拔和认可，取得了一定的社会地位。很多人一时半会难以适应这种变化，从而出现就业压力增多、求职倦怠等问题。这种对未来的压力以及对就业竞争的担忧导致退役军人不敢轻易地尝试自主就业创业。即使他们选择了自主创业，往往容易出于经济压力和自我价值等多种原因，迫切地希望尽快在新的领域内打造一番天地，因此他们很难理性地对各个创业项目进行评估和筛选，没有形成成熟的商业运作模式，管理、经营和营销模式就盲目地进入陌生的商业领域，没有足够抵御风险的意识和能力，因此创业项目往往后继乏力。

二　退役军人创业培训政策演进与重要意义

（一）退役军人教育培训政策演进

退役军人安置一直是国家关注的重点话题。1994 年，国务院、中央军委首次提出通过“供需见面、双向选择、保底安置”的方法安排士兵退役安置工作，鼓励和引导退役士兵自谋职业。2001 年《军队转业干部安置暂行办法》提出结合计划分配与自主择业的安置手段。2011 年《退役士兵安

① 冯斌：《退役军人就业创业的困境与对策》，《人才资源开发》2021 年第 13 期。

② 杨玉冰：《退役军人群体精神价值与心理特质优势重塑研究》，《中共石家庄市委党校学报》2022 年第 3 期。

置条例》指出要建立以扶持自主就业为主的安置制度。李克强总理2015年在政府工作报告中提出“大众创业、万众创新”的号召，随后财政部和其他部委陆续对退役军人实施了包括税收优惠在内的多种扶持政策。习近平总书记高度重视退役军人安置工作，将新时代退役军人就业创业工作作为方向性、根本性、战略性的重大问题，为做好退役军人工作指明了方向、提供了根本遵循。2018年，退役军人事务部正式成立，标志着我国退役军人权益保障和退役安置工作进入了全新的发展阶段。2022年，李克强在人力资源和社会保障部中国就业培训技术指导中心考察时指出要进一步推动青年群体实现更高质量、更充分就业、体面劳动，退役军人正是其中的重要组成部分。

随着国家对退役军人的就业支持力度不断加大，目前我国已形成较为完善的退役军人就业创业支持政策体系，退役军人创业培训是应退役军人自主择业政策的出台应运而生的，体现了党和国家对军转干部的关怀和厚爱。2011年11月，国务院、中央军委颁布实施了《退役士兵安置条例》，国家建立了城乡一体的以扶持就业为主，自主就业、安排工作、退休、供养等多种方式相结合的退役士兵安置制度。该条例颁布施行以来，国家层面出台了多个配套政策文件，包括退役士兵档案移交审核、安排工作、职业教育和技能培训以及伤病残接收安置流程等，形成了比较明晰的政策规定。省级层面出台相关配套政策文件140多个，完善了扶持退役士兵创业就业优惠政策，加强了退役士兵职业教育和技能培训工作，有效保证了国家政策有效落实。2014年1月，民政部、财政部、原总参谋部联合印发《关于加强和改进退役士兵教育培训工作的通知》，对退役士兵参加教育培训的方式、内容及管理等作了详细规定，全面推进退役士兵的教育培训工作。同日，教育部印发《关于进一步落实好退役士兵就读中等职业学校和高等学校相关政策的通知》，明确了退役士兵就读中等职业学校和高等学校的相关政策。2019年5月，教育部等6部门联合印发《高职扩招专项工作实施方案》，再次明确支持高职院校招收退役士兵。至此，灵活的职业培训与稳定的中高等职业教育成为推进退役士兵教育培训的两大重要抓手，在促进退役军人就业工作中发挥着重要作用。2020 年《中华人民共和国退役军人保障法》中强调，以提高就业质量为导向，紧密围绕社会需求，为退役军人提供有特色、精细化、针对性强的培训服务。建立学历教育和职业技能培训并行并举的退役军人教育培训体系，建立退役军人教育培训协调机制，统筹规划退役军人教育培训工作。2021 年 9 月，退役军人事务部等 7 部门联合发布《关于全面做好退役士兵教育培训工作的指导意见》，指出要建立包括适应性培训、职业技能培训、学历教育和终身学习的教育培训体系，为退役军人适应社会、提升自我、创新创业提供了全方位的保障，营造支持和服务退役军人教育培训的良好环境，为退役军人就业创业打下了坚实基础。

（二）退役军人创业教育培训的重要意义

国家高度重视退役军人的安置工作，建立安置制度，完善政策体系，为退役军人的创业就业创设了有利的政策环境。例如，退役军人事务部编制适合退役军人就业职业目录，开发公益岗位托底帮扶，大力支持退役军人创新创业。退役军人事务部举办首届全国退役军人创业创新大赛，为退役军人创业项目提供导师培训、创业孵化、贷款授信等支持。国家大力推进高等学校单列计划、单独招考退役军人，教育培训学费减免、助学金发放等具体优惠措施；教育部、人力资源和社会保障部大力协作，将促进退役军人学历教育和职业技能提升纳入专项行动。尽管国家高度重视退役军人的就业和创业问题，但是由于退役军人本身的能力、经验限制以及心理特质的影响，退役军人在就业和创业的过程中会碰到来自各个方面的限制和困境。而创业培训涵盖适应性培训、职业技能培训、文化素质教育等多维度的内容，能够面向整个退役军人群体，尽可能满足不同年龄层次、不同学历背景、不同职级阅历的退役军人的需求。形式灵活多样、内容丰富翔实的教育培训不仅能够覆盖退役军人创业就业的全过程，有助于有意愿投身创业的退役军人解决心理适应、自我认知问题，提前做好创业前的心理准备，做好人生的规划，完成社会角色的转变；而且能够提供给退役军人创新创业的理论支撑和方法工具，帮助退役军人深入理解典型行业的特征，端正对职场的认识，加深对新时代行业变迁的趋势研究，从而帮助退役军人理性科学地规划职业生涯，科学选择创业项目；还能够有针对性地补充文化知识、职业能力和实用专业技能，帮助退役军人进一步提升创新创业能力，为学历提升和职业发展打下坚实的基础。

因此，在解决退役军人创业困境时要坚持以退伍军人心理特质和需求为基础，以习近平新时代中国特色社会主义思想为指导，全面贯彻党的十九大和党的十九届二中、三中、四中、五中全会精神，坚持政府主导、社会支持的原则。充分尊重退役军人的心理特质和职业需求，做好宣传引导和教育培训工作，促进退役军人的高质量创业就业。

三　退役军人创业培训的成效与不足

（一）创业教育培训的措施与成效

国家对退役军人创业就业问题高度关注，形成了较为完善的政策体系。并且中央和地方不断推动政策落地，真正发挥政策的实效，为退役军人创业就业赋能增效。目前，我国退役军人普遍较年轻，他们对新生事物的接受能力较强，但由于征兵年龄条件的限制，知识储备量不足，退役军人专业技术有限，缺乏就业竞争力。大多数退役军人都对通过培训取得更好的就业和收入表现出了较为迫切的需求。他们迫切地希望从教育培训中接受与就业密切相关的实用型技能培训从而促进自己的职业发展，提高实际动手操作能力。因此，提高退役军人就业质量，就应当加强新技能的培训。

为此，退役军人事务部不断落实教育培训政策，推动落实退役士兵教育培训，目前已经有 52.6 万人次参加了退役军人事务部举办的组织适应性培训，技能培训 82.1 万人次，高职定向扩招 80 万人，并且举办了多届退役军人创业创新大赛，鼓励退役军人积极参与创新创业活动，投身到乡村振兴之中，目前已有 1.3 万家初创企业逾 4 万名退役军人参加①。此外，

① 李龙伊：《帮助 226 万名退役军人实现就业》，《人民日报》2022 年 5 月 6 日。

各地政府集思广益，充分挖掘地域特点和地区资源为退役军人的创业事业添砖加瓦。例如，江苏省2021年发布的《关于全省退役军人保障工作情况的调研报告》中明确指出要构建就业创业扶持机制，开展实用技能培训和新技术培训、搭建就业创业平台，鼓励退役军人自主就业创业，为退役军人就业创业提供优质服务创造有利条件。江苏省退役军人事务厅以退役军人教育培训为抓手，将退役士兵教育培训调整为适应性培训、创业培训、职业技能培训、学历教育和个性化培训5种模式。统筹开发退役士兵专项公益性岗位，并为退役士兵提供各项就业、创业、培训补贴，出台退役军人就业创业资金管理办法，全面助力退役军人的就业创业①。山东结合新职业要求以学制招生模式开展退役军人教育培训，例如山东济南步云航空培训公司举办的无人机技术培训，深受退役军人欢迎，充分释放新职业的劳动魅力，激发退役军人的劳动兴趣，实现“体面劳动”。目前全国帮扶鼓励退役军人就业创业已蔚然成风，相关教育培训的规模和质量逐年稳定提升，越来越多的退役军人受益，越来越多的退役军人成功完成军人到企业家的身份转变，并且尽可能地回馈到退役军人就业创业帮扶工作当中，成果斐然。

（二）目前创业教育培训存在的不足

创业是一项复杂的实践活动，需要退役军人对已有的资源进行优化整合，通过运营、组织、推理和判断等方式最终创造出经济和社会价值。这个过程非常复杂，需要创业者不仅具备基本的知识技能还应有魄力有胆识能够找准目标，创新出有价值的成果。然而实际上，许多退役军人创业心理实际的职业能力准备不足，因此对其进行必要的教育培训就成了帮扶退役军人创业就业的重要环节。然而由于相关政策缺少配套的细则和保障措施，现实培训活动中仍然存在诸如缺乏过渡、针对性有效性较低等问题。

---

① 《助力退役军人“转身立业”，这个省——为就业蓄力 为创业赋能》，中华人民共和国退役军人事务部网站，2021年12月30日，https：//www.mva.gov.cn/sy/zzxc/202112/t20211230_ 54856.html。

1. 教育培训缺乏过渡和衔接

退役军人在退役后要经历一系列心理适应和身份转变的阵痛，由于年龄、学历的限制本身缺乏对职业市场的了解以及就业创业的基本技能。因此，应当在拟退役转业之时就对其进行有针对性的培训，帮助退役军人尽快做好心理衔接，开始为未来的就业创业做好准备，为其身份和心理过渡打下坚实的基础。然而，许多部队政治机关组织的退役前培训依旧以组织纪律、法律法规为主，忽视了必要的择业指导和专业技能培训，这导致大多数的退役军人并没有做好身份变更的心理准备，不利于退役军人的心理健康，还会使后续的培训效果大打折扣。除此之外，由于缺乏教育培训的顶层设计和常态化机制，大多数教育培训内容散乱重复，适应性培训、职业技能培训和创业教育培训之间缺乏衔接和逻辑，没有形成系统的教育培训长效机制，导致培训时间安排较为随意，从而削弱了教育培训的效果，打击了退役军人参与培训的积极性。

2. 教育培训主体和方式较为单一

由于缺乏政府、企业以及相关专家的有效指导和规范保障，各地普遍出现培训资源缺乏统筹规划、优质资源承训机制不健全的问题，导致各地的培训的课程大纲、教材内容差距较大。这些内容往往更新缓慢，无法跟上瞬息万变的职业市场变化，缺乏针对新技术新技能的有效内容。目前，退役军人培训承训单位主要是民办培训机构，部分民营培训机构，因缺乏资金投入，新技能新职业的实训设施设备难以保障，师资力量不足，整体质量难以保证。并且这些教育培训手段比较单一，还停留在宣讲、听课等式，缺乏专业机构单位的参与和指导，不能充分地利用各界力量为退役军人提供观摩、实训等更为灵活和直接的培训方式。因此，从目前看，退役军人的培训办学主体、规模、内容、形式、资源，都还不能适应要求。

3. 培训的针对性和有效性还有待于提高

对于退役军人来说，“创业”是一个全新的领域，研究显示，半数以上的创业退役军人认为，创业过程中遇到的最大问题就是没有好的创业方向和项目，并且经验不够、缺乏社会关系。而对于自主择业退役军人来说，创业

受到很多经验、技能、资金等限制，成功率低。因此需要在心理适应培训、职业技能培训的基础上增加创业教育。职业技能培训能够提供给退役军人在职场中必备的知识和技能，而创业教育能够帮助退役军人通过学习，了解创业；通过体验，成为具有创业品质、精神和能力的人；通过实践，成为经营企业的创业者。[①] 另外，目前相关部门对退役军人创业信息采集不全面、不及时，难以及时感知市场变化和退役军人亟待解决的问题，导致培训不具有针对性。现有的一些培训机构提供的专业培训资源有限，针对新职业、新技术、新技能培训仍在起步阶段，很多培训机构仍然在提供老旧的专业，无法吸引退役军人的目光，在一定程度上影响了培训的效果。

四　优化退役军人创业教育培训策略

由于目前还缺乏教育培训政策的配套细化解读和保障措施，所以各地的创业教育培训内容陈旧，主体和形式单一，培训的针对性和有效性还有待提高。因此要进一步做好顶层设计，建立长效机制和多主体的教育培训体系，实现退役军人创业创新能力的全面提升。

（一）做好顶层设计，健全保障及监督机制

1. 做好分级分类培训的顶层设计

开展退役军人创业培训需要各级政府做好顶层设计，在现有政策的基础上制定具体的实施方案并制定相应的监督保障措施。首先要进一步细化退役军人教育培训的培养方案和相关要求，根据退役军人服役年限、职务、学历基础、能力素质，确定多元化学历教育和职业培训方案，对创业教育培训课程大纲、形式等具体内容进一步规范，从而增强退役军人教育培训的针对性和实效性。

2. 健全保障机制和监督机制

针对各地教育培训水平参差不齐、资源落后的问题，要进一步健全经费

① 黄瑶：《美国高校创业教育课程研究》，《亚太教育》2016 年第 12 期。

保障机制，由政府牵头进一步扩大资助对象，放宽资助条件，提升经费标准，从而满足所有退役军人接受学历教育和职业技能培训的需求。要建立考核评估和检查制度，定期组织退役军人职业技能培训政策落地情况的专项督查，加强对退役军人教育培训基地的考核、评估和指导，对相应的培训机构的内容和质量进行审查，将培训合格率、职业资格证书获取率、推荐就业率等作为考核评估的一项重要指标，及时纠正和解决基层反映的突出问题，确保相关政策得以落实。

（二）建立退役军人教育培训分层分类长效机制

为促进退役军人高质量充分就业创业，需要以适应性培训为基础，构建多层次、多样化的教育培训体系，健全现役军人与退役军人教育培训相互衔接、技能培训与学历教育相互补充的教育培训机制，全方位提升退役军人综合素质和市场竞争力。

1. 抓住心理适应的关键时期

要充分尊重退役军人的心理特征和身份特质，抓住心理过渡期进行适应性的认知培训和技能培训，根据退役军人的不同年龄组成、学历层次系统性地规划不同阶段的培训内容，从心理准备、创业技能、权益保障等多维角度帮助退役军人重新定位自己的社会角色，完成身份转变和心理适应。

2. 开展有针对性的职业技能培训

地方转业和就业要求具备的专业技能大多严格遵从国家的职业标准，而长久的军旅生涯导致他们缺乏相应的职业技能，所以需要开展有针对性的职业技能培训，使退役军人掌握基本的理论知识，具备独立的实践操作能力，以适应社会需求、达到就业目的。

3. 普及创业知识，开展创业创新教育

创业教育有利于弘扬创业创新精神，能够最大限度地帮助退役军人做好创业准备，有利于退役军人正确看待创业意义，提升创业技能，提高创业风险防范能力。结合最新经济形势和市场的特点，加深退役军人对新时代行业变迁的趋势的认识，做好创业风险投资政策解释宣传，利用精准服务推送平

台，向退役军人发送防范违法违规侵权行为等相关指导信息，赋能他们最基础的商业逻辑思维，增强退役军人对机会风险的理性认识，提高其防范风险的能力。

4. 建立继续教育机制

为了保障培训的常态化和有效性可以建立为期 2~3 年的退伍军人继续教育服务体系，为参加培训的退役军人提供相应的资格证书、培训，鼓励和支持退役军人参加普通高等学历教育；把学历教育和职业技能培训作为退役军人适应社会、融入社会、贡献社会的突破点和生长点。并且对退役军人接受培训的情况进行如实记录和信息化管理，从而有助于做好退役前、退役后、创业过程中等不同阶段教育培训的衔接工作。

（三）建立多主体多形式培训体系，形成良好社会氛围

目前的教育培训主体单一、内容陈旧、形式简单，因此要逐步建立起培训主体多元化、培训模式多样化、培训内容多层次，能够有效覆盖创业创新全过程的培训体系，全面提高培训质量，为退役军人就业创业增效赋能。

1. 充分整合社会资源

在退役军人自主创业方面，依托专业培训机构和大学科技园、众创空间、网络平台等，对有创业意愿的退役军人开展退役后适应期的培训和选择期的培训及选项后跟踪就业岗位适岗辅助和创业项目赋能培训。拓展就业渠道，加大企业招用和内培力度，对接退役军人就业的新职业目录，与企业达成合作从而提高退役军人服务保障以及特殊岗位等招录退役军人的比例；同时充分发挥各地的企业、商/协会、拥军机构的协作作用，实施“万企连万兵，万兵变万企”计划，依托企业内部孵化，使就创一体化。

2. 树立创业典型，建立导师制度

建立退伍军人创业创新导师制度，吸纳拥有丰富经验和创业创新资源的企业家、职业经理人、电商辅导员、天使投资人、专家学者和创业创新

带头人担任辅导导师或组成辅导团队、辅导工作室，组建高素质、专业化、规模化、制度化的专职或兼职退役军人创业创新导师队伍和专家顾问团，为退役军人提供专业的创业创新辅导。另外，可以加快建立退役军人创业创新绩效评价机制，不断推进“全国退役军人就业合作企业光荣榜”“全国退役军人创业光荣榜”遴选推荐工作，创办退伍军人创新创业大赛，与社会、高校联动，营造积极进取的创新创业氛围，充分发挥模范带头作用。

3. 依托职业院校、技工院校开展“三新”项目培训

加强职业院校、技工院校对退役军人创业培训的引导作用，依托职业院校、技工院校的专业设置、教学理念、科学的教学方法和专业的师资力量，积极开展以就业为导向的“三新”项目培训，紧盯科技发展和技术进步，适应产业升级要求，围绕数字制造业、现代服务业、战略性新兴产业、现代农业和传统工艺技艺领域的专业开发“三新”培训项目，构建适应性培训、学历教育、职业技能培训和终身培训“四位一体”的退役军人教育培训体系，努力适应退役军人新技术、新技能培训的要求。

五　结语

退役军人是建设中国特色社会主义的重要力量，退役军人创业对退役军人创造幸福生活和我国经济的发展有着非常重要的意义。目前，我国已经形成了较为完善的政策体系。中央和地方不断推动政策落地，真正发挥政策的实效，为退役军人创业就业赋能增效。除此之外，各地政府集思广益，充分挖掘地域特点和地区资源为退役军人的创业事业添砖加瓦。因此应当以习近平新时代中国特色社会主义思想为指导，紧紧围绕退役军人创业创新实际需要，把积极支持退役军人创业创新作为出发点和落脚点，充分尊重退役军人的心理特质和职业需求，做好顶层设计，健全保障及反馈机制，建立退役军人教育培训分层分类长效机制和多主体的教育体系，充分满足有意愿创业创新退役军人的指导与服务需求。

参考文献

《路在何方　退役士兵就业创业情况调查》，人民网，2017 年 12 月 5 日，http：//military. people. com. cn /n1/ 2017/ 1205/c1011-29686641. html。

《助力退役军人“转身立业”，这个省——为就业蓄力　为创业赋能》，中华人民共和国退役军人事务部网站，2021 年 12 月 30 日，https：//www. mva. gov. cn/sy/zzxc/202112/t20211230_ 54856. html。

冯斌：《退役军人就业创业的困境与对策》，《人才资源开发》2021 年第 13 期。

黄瑶：《美国高校创业教育课程研究》，《亚太教育》2016 年第 12 期。

李龙伊：《帮助 226 万名退役军人实现就业》，《人民日报》2022 年 5 月 6 日。

田加知、林岚：《退役军人就业创业培训现状与策略优化》，《就业与保障》2022 年第 1 期。

王鑫：《浅析退役军人就业创业的困境及对策》，《中国军转民》2021 年第 19 期。

薛亚：《新时代做好我国退役军人管理保障工作初探》，《国防》2018 年第 8 期。

B.21

京剧艺术人员培训的实践与思考

吕荣能*

摘　要： 师徒式培训、项目式培训和分类式培训是京剧艺术人员培训的主要实践方式，这些培训方式各有优缺点，在京剧艺术人才队伍建设中发挥了重要作用。推动京剧艺术繁荣发展，在京剧艺术人员培训方面，要注重创新能力培训，要分别从院团、被培训人、培训人、主管部门及行业组织几个方面共同优化培训环境；要注重全员性培训，制定全员性人员培训规划，合理分配培训资源，全面提升各个层次、各个岗位演职人员的职业技能；要注重综合知识培训，把打牢综合知识基础作为长远之计和固本之策；要重视培训效果评估，多维度、全面、客观评估培训效果，确保持续提升京剧从业人员整体素质。

关键词： 京剧艺术人员　师徒式培训　项目式培训　分类式培训

京剧艺术人员一般10岁左右就开始学习京剧艺术、从事京剧艺术工作，职业生涯比普通行业长，培训投资收益率高。多年来，各京剧院团尊重京剧艺术创作演出规律和京剧人才队伍成长规律，采取师徒式培训、项目式培训、分类式培训等多种培训方式，紧密结合京剧艺术创作演出实际，逐步摸索出一条符合京剧艺术人员特点、具有京剧行业特色的京剧艺术人员培训之路。

* 吕荣能，云南省京剧院党政综合办公室副主任，人力资源管理师（经济师），主要研究方向为人力资源管理。

一　京剧艺术人员培训的实践

京剧艺术人员的培训主要有师徒式培训、项目式培训、分类式培训等方式。

（一）师徒式培训

京剧艺术的专业性要求非常高，在文学、表演、音乐、舞台美术等各个方面都有一套规范化的艺术表现形式。单从京剧表演方面来看，就形成了规范的京剧表演程式。京剧表演程式是根据京剧舞台艺术的特点和规律，把生活中的语言和动作提炼加工后形成的规范化表演方式，是京剧表演中用来表现人物的艺术手段。京剧表演的程式化首先表现在“四功五法”上，“四功五法”是京剧演员必须具备的最基本的程式化技艺。“四功”即唱、念、做、打，“五法”即手、眼、身、法、步。京剧表演强调唱、念、做、打的基本功和表演技巧，并且每一个动作都是由手、眼、身、法、步五体同步协作完成，同时它们又各有各的规范，且京剧表演流派多、专业多，每个流派、每个专业、每个剧目对京剧表演程式都有不同的要求，所以师徒式培训成为京剧从业人员培训的主要方式之一。①

师徒式培训是京剧从业人员最原始、最基础的培训方式。“拜师学艺”自京剧形成初期就作为京剧从业人员培训的主要方式而存在至今，一般由中青年京剧从业人员提出培训需求计划，与心仪的德高望重的京剧“名角”沟通达成一致共识，举行拜师仪式正式确立师徒关系，开展一对一高端定制培训，培训结束后进行汇报演出来评估培训效果。徒弟站在巨人的肩膀上，不仅可以在较短时间内实现专业能力提升，而且还享受到师傅的平台和资源。师傅通过培训把自己的技艺传承下去，同时取得相应报酬。当然学艺不精的徒弟也会影响师傅的形象，所以师傅在选择徒弟方面也要精挑细选。一

① 金惠刚：《浅谈京剧的程式》，《戏剧之家》2015 年第 11 期。

个徒弟叩拜多位师父很正常，梅兰芳青年时先后拜吴菱仙、叶春善、陈德霖、乔蕙兰、李寿山、陈嘉梁、路三宝、王瑶卿为师。一位师父收下很多徒弟也并非新鲜事，尤其是名师，梅兰芳纪念馆展厅面墙上写满了徒弟的名字，彪炳史册，其他名家也同样如此。名家大师是活字典、传宝人，一代代京剧人正是通过师徒结对、口传身授，将一招一式、一字一腔传承下来，这种培训方式既能很好地师承保护流派特点，又能培养和锻炼青年京剧艺术从业人员，是弘扬京剧艺术的有效途径。近年来，京剧界也出现了组团拜师，即一位师父在一个仪式上同时收下数位、十数位甚至数十位徒弟的情况，较好地保障了京剧作为非物质文化遗产的传承。

同时，师徒式培训也存在一定的局限性。成本高、受训人次少。以一个或几个剧目为培训内容，模仿的多、创新的少，限制了京剧艺术继续向前发展。普遍的师徒关系加重了本就存在派系之分的小圈子分化，加深了全行业仅 9122 名从业人员的内卷化程度，[①] 不利于行业的良性健康发展。

（二）项目式培训

以完成某一演出项目为依托，通过“以工带训”的方式进行人员培训，项目组成员特别是青年人员既是学徒，又是参与项目的工作人员，坚持边学习、边演出、边总结，及时总结经验、把握规律，不断提高工作质量和水平。

学习培训贯穿剧目创作的始终。在“一棵菜”精神的指引下，以高质量完成演出任务为目标，京剧从业人员无论角色大小都有较强的集体荣誉感和学习自主性。项目初期自主学习。在剧目设立初期，主要演员及主创人员自主提前学习、背词、揣摩人物，在自主学习过程中经常采取查阅资料、请教前辈、创作采风等方式进行学习，为高质量完成工作任务打牢基础。项目中期合作学习。剧目排练、演出中，根据导演要求，中青年演职人员虚心向

---

① 国家统计局：《中国统计年鉴（2021）》，国家统计局网站，http：//www.stats.gov.cn/tjsj/ndsj/2021/indexch.htm。

导演、本专业前辈等请教学习，演员间、乐队间、舞美间、演员乐队舞美相互间通过互相学习、互相配合，逐步修改完善个人艺术呈现，以达到整个剧目的和谐完美。项目后期探究学习。剧目演出结束后，组织由京剧行业专家组成的艺术指导委员会对演出剧目及剧目中各角色、岗位进行点评，提出修改、完善意见，剧目组成员根据艺术指导委员会点评意见、演出效果、观众反应等，再进行打磨提升，如此往复。

AB 角人员培训。对于创作排练剧目特别是创作排练重点剧目方面同一角色实行 AB 角制，即：A 角为角色第一人选；B 角为角色第二人选，主要以培养为目的，也不排除 B 角超越 A 角的可能；在创作排练中 A 角、B 角同时进行创作、训练，A 角、B 角相互学习、取长补短、同台竞技，既避免了“1 角 1 人”因临时无法完成工作而给集体带来的风险，也大力培养和训练了人才队伍。

柔性培训。因京剧行业从业人数总量小，京剧编剧、导演从业人数更少，名编剧、名导演更是屈指可数，以至于各京剧院团创排剧目都有外请名编剧、名导演的情况。这种柔性人才引进方式，让演职人员为院团演职人员近距离向名编剧、名导演请教学习提供了便利，名家大师的专业水平和良好德行容易感染到演职人员，为演职人员艺术追求树立了良好的标杆。

同时，项目式培训存在参与创作剧目人员少、受训人数不多，学习不系统、不全面，中老年演职人员指导“留有一手”、不愿倾囊相授，部分演职人员“躺平”的现象。

（三）分类式培训

按照不同年龄结构、行当专业、天赋和院团需要进行分类式培训。

全方面、多层次助力中青年演职人员成长成才。青年演职人员的培训采取基本功训练方式进行，除集体排练、演出外，青年演职人员自主加强专业知识学习和训练，例如，演员持续训练“四功五法”，演奏员持续开展演奏训练等。优秀中青年演职人员采取“请进来、送出去”的方式开展“拜名师、学名戏”活动。优秀京剧人才以交流演出方式与其他院团、戏曲学校开展“院院”“院校”人才交流演出联合培养活动，扩大演职人员交流面，带动演职人员业务素质的提升。

精细化按行当专业进行培训。充分利用各类人力资源做好“传帮带”，充分发挥中老年优秀京剧人才“传帮带”作用，中老年京剧人才与青年人员间形成“一对一”“一对多”“多对一”的培养模式，助力青年人员快速提升技术技能。

根据天赋和院团需要进行人员培训。对于较好完成本职工作又热爱学习或个人职业生涯规划发生改变的，根据院团需要，在考虑个人意愿的情况下给予提供培训或转岗后再进行培训。对于不能胜任现岗位的人员进行培训，培训后仍不胜任本岗位工作或在本专业天赋较差的人员转岗至其他岗位，转岗后再进行新岗位岗前培训。

分类式培训让培训更加精准、科学，但也存在部分专业职业生涯黄金期短、学习的广度不够、受训人数不多、缺乏效果评估等问题。

二　对京剧艺术人员培训的思考

为更好传承和弘扬中华优秀传统文化发挥国粹京剧艺术中国文化符号作用，除上述培训方式外，还迫切需要进一步加大人力资本投入，更加注重创新能力培训、全员性培训、综合知识培训和培训效果评估，走好京剧艺术人员培训之路，为京剧艺术的繁荣发展提供坚实的人才支撑。

（一）注重创新能力培训

不断创新是京剧艺术发展的必由之路。京剧形成和发展的历史也是京剧艺术不断创新、与时俱进的历史，在它200多年的演变史中，从徽班、汉调二黄西皮到吸收梆子、昆曲再到改良新戏、时装和古装新戏一直到现代戏，京剧创造出日益丰富的表演手段和日益增强的舞台表现力。[①] 在继承传统的

① 廖奔：《论地方戏》，《戏剧艺术》2011年第4期。

基础上创新，使京剧艺术精益求精、花开更艳，需要分别从院团、被培训人、培训人、主管部门及行业组织几个方面共同来优化培训环境，让从业人员真正在各类培训中学到艺术绝活，让人才第一资源更好地激活创新第一动力，引领这门古老的艺术在新的历史条件下发扬光大。

院团方面，一是定期开展人才盘点。看现有人力资源状况能否实现院团战略目标？存在哪些短板、弱项？制订人员培训长远规划，指导演职人员确立与院团创新性高质量发展相一致的个人职业生涯规划，并对有必要进行培训的人员进行科学、精准的培训。二是全面进行培训需求分析。了解哪些人员希望得到培训？哪些人员需要培训？以院团整体培训计划为主，适当考虑个人培训意愿，争取院团培训规划与个人培训需求的结合，实现院团整体人力资源得到开辟与创新、个人得到进步的双赢局面。三是精准制订培训计划。明确培训谁？培训什么内容？谁来培训？什么时候培训？采取什么方式培训？在人员方面，有意识让不同流派、不同专业被培训人和培训人组合在一起，实现人员“破冰”、艺术融合发展；在培训的内容上，有意识加入其他流派、其他行当的经典艺术呈现形式，实现相互学习借鉴、博采众长。四是精心组织各项培训，制定方案、组织人员、筹备培训所需课件等，通过集体学习、个人自学、座谈研讨、指导等方式为京剧传承创新把脉支着。五是客观评估培训成效。通过观察、问卷调查、座谈、汇报演出、多维度评估等方式收集院团和受训者从培训中获得的收益情况，为后续培训的组织实施提供经验和教训。六是营造创新氛围。鼓励演职人员多创新、出精品，为古为今用、推陈出新、敢闯敢干的人员撑腰鼓劲。

被培训人方面，要对自己进行 SWOT 分析，客观认识自己的优势、劣势、机会和威胁，准确定位自己，制订切实可行的职业生涯规划及个人能力素质提升培训计划。从思想上打破剧种桎梏、流派桎梏、行当桎梏，杜绝“圈子”主义，学习借鉴其他剧种、其他行当等艺术形式的优秀成果，博采众长、兼收并蓄，为己所用，努力实现艺术突破。充分利用新媒体、“以工代训”等方式持续加强自主学习，养成终身学习习惯，开辟思路，勇于创新，持续提升个人综合能力。积极争取多拜名师、多学名戏，积极争取参加各类培训活动，多和专家学者、领导同事等人员交流、探讨，多向他人学习，积极为京剧的繁荣发展作出贡献。

培训人方面，“授人以鱼不如授人以渔”，培训不仅要使受训人掌握知识，熟练一招一式、一字一腔，还要促进受训人的智力、意志、情感的发展，培养受训人员的创造力，挖掘受训人员的潜力，让受训人员对京剧艺术的把握从被动到主动、从模仿到创作。培训人要在解放思想、艺无止境、艺德艺风等方面为受训人树立表率作用，勇于扛起传承京剧艺术的责任，坚持有教无类、因材施教的原则，通过举办传承班等多种形式，广结门徒，倾囊相授，充分发挥“名师传艺”的作用，让京剧行业的明天更加群星灿烂。

主管部门及行业组织方面，要加强行业培训规划，组织系列行业培训活动，持续提升行业从业人员素质，推动行业实现创新性跨越式发展。加强行业指导，出台针对“拜名师、学名戏”的实施办法及奖励措施，为名家大师多教授学员、多培养人才提供政策环境，让有意愿教学的专家桃李满门，让渴望提升的青年演职人员学有所教。加强行业监管，规范行业培训活动，规避“天价培训”“虚假培训”和“圈子”文化，营造风清气正的培训环境。

（二）注重全员性培训

京剧艺术是角儿的艺术，但角儿不是唱独角戏，一台完整的演出一定是台前幕后集体合作的成果。一个院团除了要有头牌名角支撑外，还得有行当齐全、素质过硬的京剧班底，注重全员性培训，制订全员性人员培训规划，合理分配培训资源，全面提升各个层次、各个岗位演职人员的职业技能，形成人人乐于学习、人人都在学习、比学赶超的良好学习氛围，培养造就一支迅速适应和满足院团长远发展需要的高素质人才队伍。

优秀人才方面，要牢固树立精益求精、艺无止境、勇攀艺术“高峰”的人生追求，担当起京剧艺术传承保护与发展复兴的使命，发挥好示范带头作用，多创作生产出思想精深、艺术精湛、制作精良的京剧舞台艺术作品，不断推动京剧艺术繁荣发展。要在“传帮带”上积极发挥作用，不留“私货”，将“十八般武艺”倾囊相授，精心指点“一招一式、一字一腔”，打通“任督”二脉，使其掌握各类武功秘籍，既要授人以鱼，又要授之以渔。

普通人员方面，要立足本职找差距，加强学习补短板，争当“跳起来摘桃子”的人，以等不起的紧迫感、慢不得的责任感、坐不住的危机感时时学习、处处学习、边学边干、边干边学，自我加压、负重前行，敢闯敢试、敢为人先，挑战自我、超越自我，靠不断地学习和实践，用持续的培训和奋斗，为自己早日成为人才而努力奋斗，实现个人成长与京剧事业发展的共生共荣。

（三）注重综合知识培训

“基础不牢，地动山摇”，因行业的特殊性，京剧从业人员过早专一学习京剧艺术某一专业技能，减少了对其他综合知识的涉猎，存在学历普遍较低、综合素质普遍不高、“文化人不懂文化”的现象，制约了京剧艺术的高质量发展。必须把打牢综合知识基础作为长远之计和固本之策，要持续扩大从业人员认知范围，全面提升京剧从业人员综合素质，让每个京剧从业人员都具备较高的专业技术水平和中等偏上的综合能力，为京剧行业的繁荣发展提供智力支撑。

以剧目为中心，持续扩大认知半径。以剧目传承、创作为中心，深入学习剧目故事原型所涉及的政治、经济、文化等历史背景知识，客观分析饰演人物原型形象、揣摩饰演人物性格，完全和角色融为一体，用京剧艺术形式完美呈现饰演角色。

以京剧艺术为中心，持续扩大认知范围。除深入学习本行当专业技能和理论知识外，还要学习本行当以外的文艺相关知识，持续提升文艺素养。学习京剧相关其他专业知识，例如，演员学习其他流派、其他行当表演方式，学习各京剧伴奏器乐，学习舞美设计，学习编剧写作，学习导演等，提升对京剧各岗位的认知水平，让各岗位实现无缝衔接。融会贯通各个流派、各个行当、各个剧种的艺术精华，推动京剧艺术不断推陈出新。学习京剧行业历史沿革、各流派艺术特色、优秀剧目、名家大师、行业动态等，不断提升对行业的认知水平。学习文学相关知识，从中华五千年灿烂文化中汲取营养，坚定文化自信，为传承好“国粹”京剧艺术奠定基础。学习各种表演形式，集众家之长，让京剧这门古老的艺术在新时代绽放新光彩。

紧跟时代步伐，做与时俱进的京剧从业人员。认真学习贯彻习近平总书记关于文化、文艺工作的重要论述，认真学习践行社会主义核心价值观，逐步提升京剧行业从业人员的学历水平，全面提升思想道德修养和科学文化素养，自觉承担起举旗帜、聚民心、育新人、兴文化、展形象的使命任务，全面提升公共文化服务供给能力。

（四）注重培训效果评估

培训效果评估既是上一培训周期的总结，又是下一培训周期的开始，结合京剧行业实际，从受训者培训后演出效果方面进行重点评估；从受训者自己，受训者的师傅、同事、领导、专家和观众等多维度、全面、客观对培训效果进行评估。实现京剧从业人员培训与开发的闭环管理，来持续提升京剧从业人员整体素质。

演出效果评估。通过“拜名师、学名戏”等培训方式的效果评估主要采取汇报演出的方式进行，被培训人培训结束后及时组织开展汇报演出，及时组织有关专家对演出进行评价并反馈给相关人员。将评价结果作为培训人、被培训人及院团后续培训与开发的重要依据。持续总结、分析培训经验，为完善后续培训与开发提供宝贵经验。

多维度进行培训效果评估。培训人才培训得好不好？培训内容适不适用？有多大培训效果？被培训人最有发言权，要及时倾听被培训人对培训的意见建议，让培训科学、精准、有效开展。师傅最了解徒弟从自己身上学到多少东西，师傅对培训的评价也至关重要。行业专家的评价更客观、指导性更强，要虚心听取专家的意见建议。受训者的领导、同事容易发现受训者培训前后的变化及培训成果转化情况，是评估培训是否有实效的重要考评指标。观众的满意度是培训的最终目标，通过持续地学习、培训，为丰富人民精神世界作出更大贡献。

参考文献

金惠刚：《浅谈京剧的程式》，《戏剧之家》2015 年第 11 期。

李萍：《少儿京剧培训初探》，《剧影月报》2011 年第 6 期。

廖奔：《论地方戏》，《戏剧艺术》2011 年第 4 期。

B.22

坚持技工教育就业优先导向

佟亚丽　范 巍*

摘　要： 本文首先论述了以就业优先为导向是技工教育的初衷与本质属性，是新时期改革发展的必然方向，是满足企业人才需求的有效途径，是践行“制造强国”责任的历史使命，是践行“就业优先”国家战略的基本要求；而后提出优化技工院校毕业生就业创业服务要帮助学生树立职业的长远规划、建立不断完善的就业服务体系、做好求职就业过程的心理辅导、引导毕业生到企业进行就业实习、鼓励学生参与各类型的创业活动，最后提出，要不断完善以就业优先为导向的技工教育质量评价体系，对校内教育包括学校教育、教师教学、学生质量以及校外教育进行评价。

关键词： 技工教育　就业优先　就业创业服务　质量评价体系

2022年4月20日，十三届全国人大常委会第三十四次会议表决通过了新修订的《职业教育法》。新《职业教育法》于2022年5月1日起施行，新修订的《职业教育法》首次明确职业教育与普通教育具有同等重要地位，将促进就业创业明确为职业教育的重要目标。技工教育是职业教育的重要组成部分，坚持服务产业发展和学生就业创业为办学导向，承担着为经济社会发展培养高素质技能人才的重要任务。办好技工教育，要坚持就业优先导向，优化毕业生就业创业服务，在教育质量评价中突出就业导向。

---

* 佟亚丽，中国人事科学研究院企业管理研究室副研究员；范巍，中国人事科学研究院企业管理研究室主任、研究员。

一　坚持技工教育就业优先导向

（一）以就业优先为导向是技工教育的办学初衷与本质属性

就业是技工教育的办学初衷，从新中国成立初期到改革开放，技工教育始终有计划地开展着企业职工的入职培训和在职职工的技能提升培训，改革开放后随着《劳动法》和《劳动合同法》的实施，在国有企业改革的各个历史时期，技工教育又承担着聘用员工的上岗培训、在岗培训、转岗培训、下岗职工再就业培训乃至在职员工的技能鉴定培训以及社会求职人员的职业技能培训等艰巨任务。

目前，从促就业和保就业的角度看，技工教育通常有三种人才培养模式。第一种是工学一体培养模式。一般采取订单招生、冠名培养，即入校即入企，毕业即就业。技工学校技能培训是入职企业就业的前端，而企业就业则是学校技能教育的终端，技工教育推进“校企双制”模式，校企双方共同培养企业所需的技能人才。第二种是职业技能提升培训，分为两大类型：一类是先上岗后培训，即企业在岗人员（包括企业转岗培训和下岗职工再就业培训）的职业技能提升培训；另一类是先培训后上岗，即社会求职人员的职业技能培训。第三种是企业新型学徒制培养模式。2018 年 10 月，人力资源和社会保障部、财政部共同制定印发《关于全面推行企业新型学徒制的意见》，以“招工即招生、入企即入校、企校双师联合培养”为主要内容的企业新型学徒制①在全国普遍推开。先招工后招生，先入企后入校，入企即入校，就业即上学，校企双制，共同培养。通过企校合作、工学交替方式，组织企业技能岗位新招用和转岗等人员参加企业新型学徒培训，促进企

① 佟亚丽：《专家解读〈职业技能提升行动方案（2019-2021 年）〉职业　技能提升的有效途径——全面推行新型学徒制》，《职业》2019 年第 23 期。

业技能人才培养[①]。企业新型学徒制是一种先有就业岗位后有学籍的技工学制教育模式，学员具有企业职工和学校学生双重身份，也是技工教育的一种技能人才培养的创新模式。由此可见，技工教育的三种技能人才培养模式都与就业紧密相连、密不可分，它是就业工作不可或缺的有机组成部分，就业是技工教育的本质属性。技工教育就其本质而言，必须以就业为导向，培养企业岗位需求的从业者，使受教育者不但具有某一岗位的就业竞争力，而且具有适应环境变化的能力，具有在职业生涯的各个阶段都能继续学习技能和知识的能力。

技工教育之所以能够在历经几十年的市场化改革和经济转型中体现出顽强生命力和充满发展活力，并不断发展壮大，其根本原因就是它适应了市场需求，选择了一条直接推进就业的正确发展道路。技工教育的过去、现在体现了推进就业的初衷，将来技工教育直接推进就业的职能作用也都不会改变。

（二）以就业优先为导向是技工教育新时期改革发展的必然方向

以往技工教育一定程度上存在针对性不强、有效性不足的问题，专业设置、课程体系、培训内容与就业关联性不强，与实际需要相脱节的问题。大部分技工院校所采用的仍然是以教师宣讲为主的课堂式教学，师生之间缺乏交流和互动，调动不了学生学习的积极性和主动性。一些技工院校教师对专业技术的掌握和创新还不够专业，教学仅仅停留在课本之上。同时，学校的办学条件也受到了一定的条件限制，缺少有效的教习平台，缺少与企业的合作和对接，不能更好地让学生得到全面的技术指导。学生的实际操作能力也不强，难以适应市场的需要。

要解决这些难题，需要充分发挥企业主体作用，通过企业导师带徒方式，采取工学一体化教学培训方式，使职工培训切实围绕企业生产实际和岗位需

---

① 佟亚丽：《专家解读〈职业技能提升行动方案（2019~2021 年）〉职业　技能提升的有效途径——全面推行新型学徒制》，《职业》2019 年第 23 期。

求开展，有效提高职业培训的针对性和有效性，保障培训质量和效果①。

以就业为导向的人才培养模式，就是以提高学生职场竞争力为目标，以市场对人才素质的需求为出发点，建立与就业需求相适应的教学体系模式。企业用人需要和毕业生就业需要都得到满足，向社会用人企业提供合格的技能型人才是新时期技工院校改革发展的方向。

（三）以就业优先为导向是技工教育满足企业人才需求的有效途径

技工教育自始以来，就与制造业和服务业的发展紧密相连，在国民经济不同的历史发展时期，技工院校培养目标虽然有所调整，但定位非常准确，就是培养满足经济建设和企业生产实际需求的一线技能劳动者，为企业输送中级技工和高技能人才。

现阶段我国的制造业从工业 2.0 阶段，逐步升级到 3.0 阶段、4.0 阶段，有着逐渐向高层次转变的趋势。然而，目前，在我国经济转型升级的特殊时期，多个阶段的工业发展水平和生产能力并存，因此，对传统制造类技能人才仍有着持续需求，满足企业对多层次技能人才需求是加快工业化进程的基本保障。

随着 5G、人工智能、物联网等新技术的产生和广泛应用，智能化生产线上需要大批熟悉生产线运行的系统集成工程师和设备运维技师，各行各业以创新型、技能型为主的人才需求随之加大。现代经济社会发展走向，促进企业转型升级、创新发展。产业结构转型升级，也就影响着技能人才需求不断增加。

技工院校特别是技师学院，应打通技术与技能的边界，培养跨职业、跨岗位的复合型技术技能人才，为各类智能制造生产线培养符合要求的技能人才。随着人工智能、工业互联网、大数据等技术的快速发展和广泛应用，智能制造技术日臻成熟，产品的融合性创新特点越发明显，生产现场的技能替

① 佟亚丽：《专家解读〈职业技能提升行动方案（2019~2021 年）〉职业　技能提升的有效途径——全面推行新型学徒制》，《职业》2019 年第 23 期。

代和技能融合趋势正在改变一线工人的工作方式和工作内容，这要求技工院校必须尽快改善专业结构、加快培养智能制造领域高技能人才。

在发展壮大战略性新兴产业过程中，要增强技工院校培养新职业领域创新型高技能人才的能力。要围绕战略性新兴产业中新产品试制、新工艺规划、新系统集成和新生产线运维等用人需求，着力培养以数字技能和创新能力为基础的新型技能人才。

配合数字中国战略，技工院校应不断增加数字经济高技能人才的有效供给。应将数字技能的学习和训练作为技工院校各专业的基础教学内容，提升技工院校学生的数字素养。大力发展与数字消费、数字社会、数字治理、数字乡村等相适应的服务专业，培养在数字经济背景下具有创新创业能力的新型服务业人才。

（四）以就业优先为导向是技工教育履行“制造强国”责任的历史使命

制造业是立国之本、强国之基。改革开放以来我国工业长期保持较快增长，制造业产值在世界中的份额持续扩大。尽管我国制造业规模较大，但实力不强，成为我国综合国力水平和国际竞争力提升的一大瓶颈。

党的十八大以来，我国加速产业转型升级，在传统制造业向先进制造业转型升级过程中面临着制造业高技能人才的短缺问题，高技能人才数量不足，特别是青年高技能人才的匮乏会导致未来先进制造业发展后备力量不足，不仅会严重影响国家工业化进程和传统制造业的转型升级，而且会影响到国家制造业的创新活力，降低可持续发展的动力，应该引起各方的高度关注。

当前，不断壮大实体经济、推动制造业转型升级、发展现代服务业，逐步成为世界各国促进经济发展的重要举措，今天，全球都在注重以技术工人、产业工人为逻辑起点的新一轮产业革命和产业发展，因此，技术工人是支撑我国制造业加速向智能化、数字化、绿色化转型，实现从中国制造升级为中国创造的重要基础，对推动经济社会高质量发展具有重要的支撑作用。

伴随着传统制造向智能制造的转变，党的十九大绘就了制造强国的宏伟蓝图，从“制造大国”迈向“制造强国”，需要培养大批高技能人才，我国制造业对技能人才又产生了更高的需求。习近平总书记指出，作为一个制造业大国，我们的人才基础应该是技工，要大力培育支撑中国制造、中国创造的高技能人才队伍，[①] 其重要途径就是大力发展现代技工教育。发展现代技工教育是我国由制造业大国向制造业强国转变的时代诉求。我国要实现由制造业的规模大向制造业的实力强的转变，必须加快发展技工教育。培养造就一支高素质的技术技能人才队伍是建设制造强国的根本保障。

如今，社会各界对发展技工教育的重要性认识不断提高。新时代技工教育就要担负起历史使命，要突出制造业特色，增加制造业办学规模，为制造强国培养更多高技能人才，进一步增强制造业国际竞争力。

（五）以就业为导向是技工教育践行“就业优先”国家战略的基本要求

技工教育是国民教育事业的重要组成部分，是社会发展的动力，把更多人力资源变成市场需要的高价值、高素养的人才资源，实现可持续发展是技工教育促进就业的一大重点。

在经济发展新常态下，在调整产业结构、消除过剩产能和处置“僵尸企业”过程中，会有一些行业的部分职工难以适应转岗要求，面临结构性或摩擦性失业的问题。与此同时，随着产业结构的调整以及智能制造的更广泛应用，有些劳动者缺乏技能的更新，难免面临失去就业岗位的危机。此外，农村转移劳动力由于缺乏工作技能和精准的岗位信息等因素，面临就业困境。

党的十八大提出“实施就业优先”战略和“更加积极的就业”政策，从战略的高度提出要积极推动实现更高质量的就业。国家的“十四五”规

---

① 张立新：《发展技工教育是时代的呼唤》，《人民日报》2017 年 7 月 13 日。

划明确提出要实施就业优先战略，全面提升劳动者就业创业能力。因此，我们要将技工教育发展作为重要抓手，加大资金投入，不断改善技工院校的办学条件，深化校企合作，更好地提升技工院校的办学水平，加强教育培训与就业的“对接”，进一步提高学生的职业能力和就业质量；要推进“就业优先”战略，要把弘扬和培育工匠精神贯穿技工教育全过程，鼓励走技能成才、技能就业之路，加快培养高素质的技术技能人才，塑造中国制造和中国创造的优势。

二　优化技工院校毕业生就业创业服务

（一）帮助学生树立职业的长远规划

结合自身的知识结构和技能特长，在充分尊重自己兴趣爱好的前提下对将来从事的工作进行慎重选择和长远规划。积极引导毕业生转变传统就业观念，找准职业定位，调整择业心态和择业目标。广泛宣传就业形势和相关政策，引导技工院校毕业生到企业一线岗位就业，投身于强企兴国的伟业之中，在就业岗位上实现自己的人生价值。

（二）建立不断完善的就业服务体系

就业指导，就是为毕业生就业提供咨询、指导及帮助的过程，一方面，利用专业的测评系统对学生进行职业素质测验和心理测评，了解其职业性向和人格特性与社会现实的匹配度，针对自身的优势进行职业生涯规划，引导学生思考就业意向，培养学生的职业意识，协助其认识职业、选择专业，少走弯路；另一方面，帮助毕业生掌握求职择业的方法和技巧，让用人单位更好地、更全面地了解求职者的基本情况，从而获得良好的就业机会。

建立完善的就业服务体系，就是要根据市场需求和职业标准，开设职业意识训练、职业指导、创业指导等系列课程，以职业能力为重点，以岗位需求为主线，开展多种形式的就业指导和求职演练活动，提升学生的就业能力，并进一步通过开展一对一服务，持续为离校未就业毕业生提供就业帮助，力争使每名离校未就业毕业生都获得一对一政策宣传、岗位推荐、就业帮扶等服务。

（三）做好求职就业过程的心理辅导

针对就业中出现的种种心理问题进行及时解压与调适，帮助缓解求职焦虑等心理问题，提高自我调适能力，学会调整个人情绪，正确对待求职中可能遇到的困难和挫折，提高心理承受能力。帮助学生从自身实际情况出发，正确认识和了解自己，增强就业信心，正确面对压力，有效地排除各种不健康的心理，保持积极乐观向上的情绪和积极的择业就业心态。

（四）引导毕业生到企业进行就业见习

学校应主动对接企业，通过与更多企业合作，进一步扩展就业见习渠道，实施就业见习计划，引导毕业生到企业进行就业见习。通过学期实习、在岗实习等形式，学生通过亲身感受，熟悉企业生产的流程，特别是企业对员工岗位技能的要求。为学生搭建近距离接触企业家或用人企业的平台，使其深入感受企业文化，捕捉在实习企业就业的机会。同时也让企业了解学生思想和行为表现，通过企业与学生的双向选择，实现人岗匹配，促使企业与实习的毕业生签订实现招收入职的劳动合同。

（五）鼓励学生参与各类型的创业活动

通过设置创业基金、项目合作等方式，引导技工学校的学生进行自主创业，以自主创业实现就业，提高生存能力，增强适应能力，激发创业精神和创新能力，充分发挥他们的自身特长，使其在创业中实现自我价值。

总之，技工教育学校要强化责任担当，密切协调配合，做到促就业举措应出尽出、就业服务能优尽优。进一步优化就业服务、提高服务精准度。

三　不断完善以就业优先为导向的技工教育质量评价体系

对教育质量和效果进行科学评价，其质量评价体系，既是教育成果的验证器，也是教育改革的矫正器。因此，建立科学的就业导向质量评价体系，可以实事求是地评价教育教学质量，起到导向、激励、改进教育教学作用，从而促进技工教育教学更快更健康地发展。

教育质量评价体系应由校内教育质量评价和校外教育质量评价组成。

（一）校内教育质量评价

校内教育质量的评价应该从影响教育质量的因素出发，考虑以下三个维度。

1. 对学校教育质量的评价

对学校教育质量评价主要包括课程体系、课程内容、培训方式、实习实训条件、教育环境等方面。主要是看是否坚持以就业为导向、以就业率和就业质量为目标，从企业对人才素质的需求出发，建立与就业市场需求相适应的教学体系模式。

一是完善课程体系。通过深化校企合作，推动培训内容与企业岗位需求相对接，通过深化工学一体化课程教学改革，推动实操实训与生产实际相对接。实践证明，技工教育一体化课程是确保教学内容与生产现场相衔接的有效途径，应持续加快一体化课程开发并实现动态优化。加大技工院校一体化课程的开发力度，扩大专业覆盖范围，建立课程更新迭代机制，以适应产业变革的需要，使技能人才培养与就业和产业发展需求相吻合。

二是完善课程内容。专业技能课程的设置以及课程内容应联系生产时劳动实际和社会实践，突出应用性和实践性。明确培养内容主要包括专业知识、操作技能、安全生产规范和职业素养，特别是工匠精神的培育[①]。加强职业技能、通用职业素质等综合性培训，将职业道德、职业规范、工匠精神、质量意识、法律意识和相关法律法规、安全环保和健康卫生等内容贯穿技能培训全过程[②]。

三是完善培训方式。技工教育高度重视实践和实训教学环节。注重在学中干、在干中学的技工教育特色。主要采取工学一体化教学培训方式，积极应用“互联网+”、职业培训包等培训模式[③]。鼓励建设互联网培训平台。实施“以企业典型工作任务为载体的学习情境”教学方法，教学场地由教室转向“车间”，边教学、边演练、边实践，使技能人才能力更贴近生产实际，减少技能人才适岗时间，人才培养见效快[④]。

四是完善实习实训条件。技工院校要积极联合企业共建教学工厂，建设培育一批产教融合实训基地，与企业共同开发与实际工作岗位零对接的工作任务，促使理论教学与实践教学结合，全面提升学生的就业能力，使学生与就业岗位无缝对接。

五是完善教育环境。应营造良好的教育环境，包括先进的教学理念、办学特色、价值观念、凝聚力、学校参与社会交流的程度、校企合作机制、和谐的人际关系和师生关系等。

2. 对教师教学质量的评价

教师是教学活动的主体，对教学质量和教学效果有着非常重要的影响。教师教学质量评价要以教学目标为依据，通过制定一系列的评价指标，运用

---

① 佟亚丽：《专家解读〈职业技能提升行动方案（2019~2021年）〉职业　技能提升的有效途径——全面推行新型学徒制》，《职业》2019年第23期。

② 《职业技能提升的有效途径——全面推行新型学徒制》，人力资源和社会保障部网站，2019年6月10日，http://www.mohrss.gov.cn/SYrlzyhshbzb/dongtaixinwen/buneiyaowen/rsxw/202009/t20200923_390278.html。

③ 《职业技能提升的有效途径——全面推行新型学徒制》，人力资源和社会保障部网站，2019年6月10日，http://www.mohrss.gov.cn/SYrlzyhshbzb/dongtaixinwen/buneiyaowen/rsxw/202009/t20200923_390278.html。

④ 佟亚丽：《专家解读〈职业技能提升行动方案（2019~2021年）〉职业　技能提升的有效途径——全面推行新型学徒制》，《职业》2019年第23期。

有效的技术手段和方法，在系统、全面地收集信息并对信息进行汇总分析的基础上，对教师教学活动的全过程及其结果进行测评，以达到提高教学质量的目的。

教师评价包括教师的教学态度、备课情况、教学的方式方法、教学效果等。教师的师德、责任心、敬业精神都会极大地影响教学过程和教学质量。要促进教师队伍提升专业能力，特别是要加强教师的数字化教学技能开发。指导技工院校教师运用数字化学习工具，开发和利用各类数字媒体，用于技工教育的课程设计与教材开发，提升技工教育资源的数字化水平。

学校须将学生评价纳入对教师执教水平、是否有实践经验以及技能掌握程度等教育质量方面的评价体系，通过开座谈会、发放评价表、发放测量表、建立意见箱等方式，开展学生评教活动。

3. 学生质量的评价

学生是教育的主体，教学的质量和结果最终体现在培养的学生上，因此技工院校应建立较为全面的评价机制，在注重学生专业知识和技能培养的同时，还要注重学生道德评价，通过对学生的德、能、勤等方面进行细化考核，引导其不但要具有技能操作能力，还要做到恪守职业规范、做到遵规守纪。

以“制造强国”为目标，企业对人才的综合素质提出了更高的要求，需要在工匠数量和工匠质量上实现提升，为此，应当对技工教育提供更多的关注与支持，将创造能力、责任意识、工匠精神注入技工教育之中。

（二）校外教育质量评价

目前建立的教育教学评价体系侧重在校内，忽视了校外教育质量评价体系的构建。虽然现在采用的是毕业生跟踪调查表、满意度调查表等，是学校教育教学质量的一个反馈，但其实效性没有运行机制的保证，往往只能作为教育实施的一个参考性意见和建议。

以就业率为核心对技工教育质量和效果进行科学评价，是检验技工教育以就业优先为导向的人才培养模式的重要方式，对技工院校而言，用人单位对毕业生的满意度调查是非常重要的。目前，有些评估机构将就业率、就业薪资、社会声誉、用人单位反馈等作为重点考核指标，还加入就业薪资、社会声誉和用人单位反馈等指标。

总之，技工教育的质量评价是动态管理的首要条件，也是保证和提高培养质量的重要措施。要重视过程的评价，也要重视结果的评价，强调形成性评价和终结性评价。定性评价与定量评价相结合要以统计学原理为手段，坚持定量与定性相结合，科学化、规范化、多元化构建质量监控和评价体系。

参考文献

晋晓磊：《坚持发展以就业为导向的技工教育》，《中国培训》2022 年第 8 期。

佟亚丽：《专家解读〈职业技能提升行动方案（2019-2021 年）〉职业技能提升的有效途径——全面推行新型学徒制》，《职业》2019 年第 23 期。

王在勤：《技工教育以就业为导向学生职业素养培养的思考》，《现代企业教育》2014 年第 20 期。

张立新：《发展技工教育是时代的呼唤》，《人民日报》2017 年 7 月 13 日。

B.23

校企合作促发展 产教融合育英才

——基于临沂市技工院校校企合作培养技能人才的研究

郝风伦*

摘 要： 产教融合、校企合作是职业教育办学的基本模式和显著特点，是培养高素质技术技能人才的内在需要，也是办好职业教育的关键所在。本文在对相关概念简要解析的基础上，结合国家各部委及省市相关政策，以临沂市技工院校为例分析了校企合作培养技能人才的经验做法及存在的问题，并结合实际问题提出校企合作模式的创新路径，以期能为建立新型的校企合作教育模式、实现校企优势互补、共同培养技能人才、更好满足区域经济与企业发展提供一定的参考。

关键词： 校企合作 产教融合 技能人才

职业教育具有重要的地位，为经济社会发展提供了人才等方面的支撑，尤其是改革开放以来，现代职业教育体系框架已经全面建成，为社会培养了大批的技术技能人才。本文立足于临沂市当地区域经济发展，以山东交通技师学院构建“产教融合、校企合作”的人才培养模式为例，深入研究基于技工院校与企业合作的有效模式和机制，旨在寻找突破口，促进职业教育走出技能型人才培养的困境，营造校企良性互动的运行环境，促进院校与用人单位、学生与就业岗位零距离对接，更好地服务于区域经济与企业发展的需求。

* 郝风伦，山东交通技师学院副院长。

一　临沂市校企合作的政策背景

2014年6月，第七次全国职业教育工作会议召开，习近平总书记作出重要批示，强调了职业教育的重要性，要求要“坚持产教融合、校企合作，坚持工学结合、知行合一”。新时代新要求，党的十九大报告对校企合作等相关内容提出新的要求，要求完善职业教育和培训体系，深化产教融合、校企合作。2021年4月第八次全国职业教育大会召开，大会上传达了习近平对职业教育工作作出的新指示，要求深化产教融合、校企合作，深入推进育人方式、办学模式、管理体制、保障机制改革。

校企合作的“订单式”人才培养模式直面企业需要，直接满足企业对技术技能人才的需要。而“产教融合、校企合作”是职业教育办学的基本模式和显著特点，是办好职业教育的关键所在。

近年来，产教融合、校企合作工作得到了各级党委政府的高度重视，从中央到地方层层出台了一系列促进技工教育发展的政策措施。2018年，教育部、人社部等6部门联合下发《关于印发〈职业学校校企合作促进办法〉的通知》，临沂市人社局制定了《临沂市人力资源和社会保障局关于加强全市技工院校校企合作工作的通知》，临沂市出台的《临沂市提质培优建设职业教育创新发展高地实施方案》也对产教融合提供了明确的政策支持。

临沂市积极探索实践以政府主导、部门筑台、校企（产教）作为的“1+1+N”模式，为产教融合、校企合作提质赋能，打造了一把校企命运共同体的“金钥匙”。2021年4月，由临沂市人民政府主办、临沂市教育局等部门联合承办的“临沂市首届人才供需见面会暨校企合作洽谈会”在临沂人才学术交流中心成功举办，释放出加快职业教育发展、赋能产教融合、助力校企合作的强大信号。300余家企业参与，3000余人现场参会观展，完成覆盖200余个专业方向和1.5万个就业岗位和人才培养需求对接，签订67项产教融合和校企合作战略合作协议，达成100余项校企命运共同体合作意向。

2021 年 5 月，临沂市根据《国务院办公厅关于深化产教融合的若干意见》和《山东省职业学校校企合作促进办法》，结合临沂市实际，制定了《临沂市推进校企合作以技术赋能企业专项行动方案》，指出以市场和社会需求为校企共谋发展的着力点，在专业建设、人才培养、课程改革、实习实训、技术服务等方面开展全方位、多渠道、宽口径、深层次的合作。

二　临沂市校企合作中存在的主要问题

（一）政校企合作面不广，缺乏合作深度

政校企合作主要集中在顶岗实习等较低层次方面的合作，订单式培养、工学交替、双主体办学、现代学徒制、校企共建实训基地模式合作项目很少，顶岗、跟岗实习模式比较单一。企业参与积极性不高，合作关系不紧密，合作内容、合作层次都受到很大限制。

（二）企业积极性不高

在校企合作中，企业的作用较大，为自身培养未来的技术人员或员工的主体责任大，但由于我国职业教育发展还不够成熟，还处于初期发展阶段，企业不能较好地表达意愿，条件还不够成熟。部分企业缺乏战略宏观发展思想，缺乏社会责任感，参与职业教育的内在动力不足；同时，相关组织管理不健全，缺少相关必要的标准或规范，院校与企业之间的关系也缺少相关制度的保证，没有长效机制，在人才培养、课程开发、专业建设等相关环节中，企业主动性弱，多数处于被动状态中，存在院校“一头热”的现象，最终使该项目合作不深入、浮于表面。

（三）双师型教师培养瓶颈问题还未解决

技工院校教师很难长时间到企业实践并担任实职，企业也不愿意将关键

技术岗位交给技工院校教师，企业培养教师的作用无法有效发挥。企业也不愿意长期无偿将技术人员派到学校为学生进行技术岗位培训。

（四）经费不能得到有效的保障

目前，产教融合、校企合作要求较全面、系统，深度的科研、实训平台建设需要大量资金，部分职业院校建设实训区域等经费保障较可观，但各地不均衡，有些职业院校经费仅能保障正常普通教学开展，深度开展校企合作经费难以保障，有些职业院校只能利用现有的场地或资源进行初步的合作，深度融合共培人才的水平达不到。同时，政府对企业深度参与职业教育相关具体政策落地程度不高，例如税费、信贷优惠政策等。

三　临沂市技工院校校企合作的创新做法

（一）临沂市技工院校校企合作典型做法

临沂市现有技工院校 7 所，其中技师学院 4 所、高级技工学校 1 所、普通技工学校 2 所，截至 2021 年底，全市技工院校在校生 4.9 万人，年招生人数达到 1.8 万人，毕业生 1.33 万人，就业率稳定在 98.9%以上，在全市形成了以技师学院为龙头、高级技校为骨干、普通技工学校为基础的技工教育技能人才培养体系。近年来，在临沂市委、市政府的正确领导下，临沂市技工教育工作继续深入落实上级对产教融合、校企合作的要求，以服务技工院校促进就业为宗旨，以促进教学质量提升为中心，多措并举，推动临沂市技工教育工作再上新台阶、实现新的跨越。

1. 强化特色名校建设，打造品牌技工院校

临沂市 4 所技师学院均为国家级重点技工学校，其中，山东交通技师学院是省技工教育特色名校，同时是国家级高技能人才培训基地、世界技能大赛原型制作项目与重型车辆维修项目中国集训基地、工业设计项目山东省集训基地，依托智能制造对外培训及实训能力，获批工业数字化技术

省级公共实训基地，新能源汽车检测与维修专业被省人社厅认定为第一批省技工教育优质专业群；临沂市技师学院被省人社厅认定为省技工教育优质校，同样是国家级高技能人才培训基地、中央财政支持的职业教育实训基地、世界技能大赛山东省集训基地；鲁南技师学院被评为国家中等职业教育改革发展示范学校，烹饪专业群被省人社厅认定为省技工教育优质专业群；山东煤炭技师学院是国家二级安全技术培训中心、全国首批煤炭行业实训基地。

2. 着眼市场需求育才，大力优化专业布局

支持特色、优势专业发展，限制取消落后、过剩专业，形成面向市场、着眼发展、优胜劣汰的专业设置调整机制。紧贴市场需求开设机械加工、电工电子、商贸物流、木业加工、建筑、矿业开采、汽车技术等专业，积极满足社会对技能人才的需求。紧贴临沂市木业产业转型升级发展需求，临沂市技师学院等 3 所技师学院增设了木材加工专业，鲁南技师学院积极开展木材加工专业一体化教学，建设了木业专业实训基地，为临沂市木业产业转型升级培养专业技能人才。

3. 广泛开展校企合作，推动产教融合发展

近年来，临沂市着眼技工院校高质量发展，积极探索技工院校发展新模式，出台了《临沂市人力资源和社会保障局关于加强全市技工院校校企合作工作的通知》，支持技工院校实施产教融合校企合作新模式。工作中，积极发挥人社部门职能作用，指导技工院校与企业建立校企合作关系，将校企合作作为学校办学水平评价的指标之一。鼓励支持职业学校面向社会提供有偿服务，开展有偿服务及校企合作所得收入、校办产业年度利润等收入可用于单位绩效工资发放。鼓励支持开展校企合作一体化示范学校的企业，对成效突出，在企业新型学徒制培训、国家技能大师工作室申报、齐鲁技能大师工作站申报以及市级高技能人才平台建设等方面给予政策倾斜，切实促进校企合作深入开展。

4. 不断完善培养机制，拓宽人才成长渠道

临沂市技工院校不断完善技能人才培养、选拔、激励机制，加快技能人

才培养，在国家、省等各项技能大赛中取得了优异成绩，近两年共有442名师生获得省级及以上表彰奖励。坚持以企业用工需求为导向，以贴近生产一线为前提，以企校协同共育为路径，积极推动企业新型学徒制试点，2019~2021年，临沂市共35家企业5000余名职工参加了新型学徒制培训。支持职业院校（技工院校）开展补贴性职业技能培训，将职业院校（技工院校）纳入全市职业技能提升行动培训机构目录进行管理，鼓励其对在校符合条件学生和失业人员、农民工等社会各类就业重点群体开展培训，2021年至今共开展补贴性技能培训777人次。

（二）临沂市技工院校校企合作主要经验

临沂市各级各类职业院校不断探索深化产教融合、校企合作的新途径，实践领域出现了大量校企合作的成功案例。其中，山东交通技师学院与企业共同设立山重建机班、企业新型学徒联合培养班，鲁南技师学院成立了临沂市技工院校首家化工职业教育集团，临沂市技师学院与企业共同设立了鲁南制药班、临工班等。

特别是位于临沂市的山东交通技师学院，作为全省为数不多的交通类技工院校，是临沂市专门培养交通类人才的技师学院，学校创办于1975年，隶属山东省交通运输厅，是一所以培养交通行业技能人才为主，集短期培训、技能鉴定、驾驶培训于一体的综合性国办全日制技师学院。设汽车学院、智能制造学院、商学院、交通工程学院、基础部等教学部门，开设汽车维修、数控加工、无人机、现代物流、幼儿教育、公路施工与养护等近40个专业。被评为全国文明单位、国家高技能人才培训基地、世界技能大赛中国集训基地、全国一体化课程教学改革试点“机电设备安装与维修”专业牵头院校、山东省教学质量优秀单位、山东省技工教育特色名校、山东省教育系统先进集体、山东省技工教育先进集体等，获得“富民兴鲁劳动奖状”。

多年来，山东交通技师学院坚持“立足交通、特色办学、适应市场、服务就业”的办学理念，服务区域经济社会发展和全省交通运输行业转型升级，实行招生与企业用人相结合、教学与生产实际相结合，实行订单式培养，始终本着“培训为经济建设服务，为劳动就业服务”的办学宗旨，构建了“产教融合、校企合作”的人才培养模式，办学水平和人才培养质量不断提高。

山东交通技师学院为毕业学生实习和安排就业提供优质服务；此外，为更好地满足毕业生的就业需要，该校不断优化专业设置，完善优势专业，发展新兴专业，重组交叉专业，提高技工教育与社会、市场就业的契合度。截至 2021 年底，在校生数达 14000 余人，年招生 4000 余人，每年向社会输送技能人才 3000 余人。同时，该校还是国家高技能人才培训基地，每年的培训人数总量都保持在 2000~3000 人。

四　进一步开展产教融合校企合作的建议

（一）创新体制机制，搭建产教融合、校企合作发展平台

1. 强化校企合作顶层设计

职业院校和企业根据市（县）区域产业规划、学校发展和行业企业需求等，制订合作规划，建立适应开展校企合作的教育教学组织和管理制度，明确相关机构和人员，改革教学内容和方式方法，健全质量评价制度。在对学校考核时，将校企合作作为衡量职业学校办学水平的重要指标之一，围绕学校定位、专业设置、招生计划、教学评价、教师配备、项目支持、学校评价、人员考核等方面设置考核指标，支持合作成效明显的学校或专业优先参与各类职业教育项目。

2. 强化校企合作制度保障

严格落实省、市职教高地建设相关政策，对符合相关校企合作政策的企业、机构给予税收减免等优惠政策，加快职业院校五项办学自主权和“双师型”教师队伍建设实施方案落地，推动职业院校 20%兼职教师政策实施，鼓励更多社会资源参与校企合作。

3. 深化职教集团品牌建设

做实职业教育集团的职能和作用，建立职业教育集团动态调整机制，深入打造具有示范引领作用的骨干职教集团，鼓励建立以资本为纽带、以专业为支撑的紧密型职教集团。继续扩大全市职教集团数量，逐步覆盖全市“十优产业”和优势专业，将牵头开展本专业、行业领域内校企合作工作纳入职教集团年度工作任务，牵头学校发挥关键作用，定期组织开展校企合作对接活动，确保校企合作项目不断增加、内容不断深入、模式不断丰富。定期征集重点企业技术技能人才需求，组织职业院校进行对接交流，延长补强产业链，形成专业发展带动产业升级、产业升级反哺专业建设的良好局面，快速实现校企双向赋能。

（二）深化合作内容，多维度促进校企深度融合

采取引企入校、校企共建等多种方式的校企合作模式即共创培养模式、共同招生招工、共商专业规划、共议课程开发、共组师资队伍、共建实训基地、共搭管理平台、共评培养质量。每个专业至少与 3 家企业建立稳定的合作关系，力争实现学习过程与工作过程同步，实现校企互利双赢。

1. 共创培养模式

人才培养模式，通常是在一定的教育理念指导下，依据人才的培养目标以及培养的规格，采用一定的方法或策略来实现培养目标的一种集合。目标定位和专业设置是各类职业教育改革功的关键，只有目标定位准确，符合经济社会发展的需要以及趋势，专业设置遵循国家相关设置标准，能够得到企业、行业等相关专家的认可，才能确保培养计划的有效性，有针对性地进行相关专业的人才培养。而其重要的途径就是校企合作，一方面，通过对企业相应岗位的调研，明确岗位的技术技能要求。另一方面，可聘请企业的高级工程技术和管理人员参与制定高技能人才培训的专业建设方案。

2. 共同招生招工

落实双主体育人制度，深化校企协同育人，全面推进企业新型学徒制工作，实行招生招工一体化、学生学徒双重身份，落实“校企一体、工学交

替、双师育徒、岗位成才”的工作机制，形成企业切实参与人才培养全过程的现代学徒制教学运行管理制度和质量监控保障体系。

3. 共商专业规划

面向高新技术岗位和新的生产方式变革，把握好专业群课程体系与产业链、企业岗位群的对接，进行顶层设计。借助校企合作平台，积极引导院校，尤其是企业，坚持深入合作参与专业建设、课程开发等，积极共同研究某一产业或行业领域的具体岗位结构以及技能要求，合力形成访谈及调研材料，最终共同商定职业院校专业建设相关规划。

4. 共议课程开发

学校聘请企业实践专家，通过实践专家访谈会提取其成长历程中的典型工作任务以及代表性工作任务，将代表性工作任务转化为学习任务，基于真实的生产环境，按照课程开发技术路径，与企业专家共同完成课程相关体系、标准及资源等方面内容的制定或开发，使课程内容体现工作过程与最新技术，使学生技能符合职业岗位的最新要求。

5. 共组师资队伍

采取“请进来、走出去”的策略，加强教师队伍与企业行业专家的交流，建立高水平、高技能的专家型教师队伍。校企共建教师综合实践研修基地（工作站）和兼职教师特聘制度，共同打造“双师型”教师队伍。遴选、建设教师企业实践基地（工作站），完善兼职教师资源库，深化教师企业实践工作，将教师企业实践和兼职教师聘用融合对接，制订年度教师企业实践计划，将企业典型工作任务转换为学校试点专业的教学内容，力争达到校企共创培养模式、共组师资队伍等效果，完善教师定期交流机制。大力落实专业教师赴企业研修制度，务实提升双师素质，设立兼职教师特聘岗，优化双师队伍结构。

6. 共建实训基地

以场地、设备、技术、材料等作为投入要素，合作共建兼具实践教学功能和生产服务功能的大师工作室、校内外实践基地、产业学院等场所，实现责权利明晰、互惠互利、协作共赢。鼓励校企合作共建实习实训基地和创业实训基地，强化基地管理，提升基地育人质量和运行效率。充分发挥公共实训基地的综合平台作用和“技能实训、技能培训、技能鉴定、技能大赛”四项职能，统筹培训资源，提升综合利用效率，面向在校学生、企业职工、城乡劳动者提供广覆盖、多层次的职业技能培训，通过培训资源共享提供相关服务。

7. 共搭管理平台

强化专业建设指导委员会，发挥临沂市专业建设指导委员会及临沂职业教育学会各专业指导委员会的力量，积极吸纳企业加入共建专业设置委员会和专业指导委员会，规范议事规则，对接产业需求，论证专业建设及人才培养方案，形成专业与课程校企共建机制，制定专业建设目标和规划，每年定期评估人才培养质量，并进一步优化人才培养方案，形成校企双向全过程管理机制，构建完善的、相互协调的、校企双育人的办学模式体系。

规范顶岗实习管理，全面落实教育部、人社部等 5 部门印发的《职业院校学生实习管理规定》，逐步形成完善的顶岗实习系列制度，切实保障学生半年高质量顶岗实习。在有条件的专业探索分段实施顶岗实习和提前顶岗实习，切实解决现有顶岗实习模式下的学生管理和教学管理问题，集中顶岗实习率达到 80%以上，力争达到 100%。

8. 共评培养质量

强调人才的培养质量既要由学校来评价，更要由企业来评判。一是在校企共同制定培养标准的基础上，重视评价主体多元化和评价方法的多样性，重点检验人才适用度。针对人才培养质量评价，形成多元评价机制。以 COMET 评价体系为蓝本，共同构建人才培养质量评价体系，对专业建设质量、学生综合职业能力等进行测评。结合“行业性”和“职业性”的要求建立并推行职业技能等级制度，由企业、社会培训评价组织或鉴定所（站）实施认定工作。二是加强毕业生质量跟踪调查，定期进行企业调研、走访毕业生/家长、召开毕业生座谈会、进行线上问卷等，从毕业生就业率、专业对口就业率、稳定就业率、就业后的待遇水平以及用人单位满意度等方面来衡量各层级技能人才的培养与就业质量。

（三）加强教育教学改革，保障产教融合、校企合作落到实处

深入开展相关专业工学结合人才培养模式改革，确保行业企业参与专业建设和专业调整、专业实践教学比例达到总课时的50%以上。大力推进“做中学做中教”、育训结合，深化创新创业教育改革，促进学以致用、用以促学、学用相长。

职业院校要发挥自身优势，充分利用一体化人才培养模式，在职业技能培训工作中发挥专业优势，组织开展职业技能培训。借助校企合作平台，积极发挥双方优势，校内与校外培训、实训结合，如共建技能大师工作站、企业培训工作站等，将企业的真实的工作内容进一步归纳总结，提取典型工作任务，制定企业定制化培训实训方案，开展企业新型学徒制、企业急需或紧缺职业（工种）培训等，并在培训中结合就业岗位的技能要求，不断完善师资建设、课程标准、教学资源等内容。

（四）培养工匠精神，打造深度合作文化载体

围绕政府、行业、企业和学校的共同目标，促进政、行、企、校深度合作、融合发展，可以更好地创新育人模式，通过定期举办“校企文化周”“工匠讲坛”，校企共同承办各级技能大赛等多种形式，打造突出工匠精神的职业教育特色校园文化，做到校企协同大思政育人，更好地打通教育链、人才链和产业链发展中的“三对接”，服务区域经济建设，实现互利共赢。

参考文献

编辑部：《2014年职业教育10件大事》，《中国职业技术教育》2015年第1期。

《国务院关于印发国家职业教育改革实施方案的通知》，中华人民共和国中央人民政府网站，2019年2月13日，http：//www.gov.cn/zhengce/content/2019-02/13/content_5365341.htm？trs=1。

李惠峰、文云：《“产教融合，校企一体化合作办学”的探索与实践》，《中国职业

技术教育》2015 年第 25 期。

梅华平、李玉梅、盛继群：《产教融合背景下应用型本科机械类专业人才培养模式研究》，《决策探索》（中）2018 年第 9 期。

王靖：《新时代工匠精神的价值内涵与大学生职业精神的塑造》，《中国高等教育》2019 年第 3 期。

王茂元、窦君英：《校企紧密合作培养技能人才》，《中国职业技术教育》2011 年第 19 期。

王禹：《试论产教融合、校企合作机制创新》，《文教资料》2020 年第 12 期。

《习近平对职业教育工作作出重要指示强调　加快构建现代职业教育体系　培养更多高素质技术技能人才能工巧匠大国工匠》，中华人民共和国教育部网站，2021 年 4 月 13 日，http：//www. moe. gov. cn/jyb_ xwfb/s6052/moe_ 838/202104/t20210413_ 526123. html。

姚兴禄、方明：《中职汽修专业“双循环”育人模式的实践探索》，《职业教育》（中旬刊）2022 年第 1 期。

叶国庆：《校企合作培养高技能人才》，《中国校外教育》2012 年第 4 期。

于鹤：《我国高等职业教育人才培养政策研究（1978-2020）——基于政策文本的分析》，东北师范大学硕士学位论文，2021。

培训技术篇

Training Technology Reports

B.24

中国企业数字化学习转型现状与趋势

胡 丽　崔连斌*

摘　要： 本文采取定性与定量相结合的研究方法，搜集了大量符合当下中国企业真实情况的数据，并进行了分析与总结。调研对象和研究结论主要源自培训行业内的从业者和实践者，符合行业内部的真实情况，对企业培训数字化学习转型有一定借鉴意义。研究发现，在2021年中国企业数字化学习转型中，企业数字化学习成为必然趋势和新常态，在后疫情时代，企业将不会放弃已有的数字化学习，反而会更加系统地构建合适的线上线下深度融合的学习系统；企业缺乏对数字化学习专家的培养及数字化学习团队的建设；数字化学习转型成功的关键是内容资源、培训运营、质量评估等三个体系的建设；企业数字化学习平台要想成功，就必须以学员为中心进行移动化设计，移动学习平台将是企业未来使用频率最高的数字

* 胡丽，中国中小企业协会人才建设工作委员会执行主任，安迪曼咨询联合创始人兼总裁；崔连斌，中国中小企业协会人才建设工作委员会主任，安迪曼咨询联合创始人兼首席技术官。

化学习工具。

关键词： 数字化学习　在线学习　数字化学习转型　培训

一　调研方法与数据来源

在2021年的中国培训行业研究中，笔者对调研采用的问卷内容、访谈提纲、文本分析及标杆体系的研究都进行了大量的调整，以便能更具体地聚焦在与“企业数字化转型”对应的“企业学习数字化转型”上。同时，我们也保留了历年来行业研究中对企业培训和培训供应商的现状研究，并将之与其他“数字化”方面的数据结合起来，深入解读与分析，以期能为业内带来更有效的关键数据、关键洞察和应用指导。

（一）调研方法选择

1. 在线问卷调研

本次研究沿用了多年培训行业研究使用的调研问卷方式，旨在全面了解全国不同规模、不同行业类别的企业在数字化学习转型方面的现状与趋势。从2021年10月7日至2022年2月18日，历时近5个月，在此期间，笔者通过各个渠道，如微信群、“培训江湖”公众号、小安学堂App、电子邮件邀请、二维码扫描填写等方式向企业管理者和培训管理从业者发放调研问卷并收集数据，共收回701份调研问卷。对调研问卷进行数据清洗，并且通过统计软件SPSS进行了3轮的因素分析（Factor Analysis）后，共计筛选出有效填写的问卷418份。

2. 企业深度访谈

从2021年10月开始，研究人员通过线上会议及面谈的形式，与全国各地不同规模、不同行业的企业管理者以及企业培训管理者开展面对面的深度访谈，每一次访谈时长至少1个小时，有30多家企业受访参与，且均为企业的培训管理者或企业高管人员。通过访谈不同地区、不同规模的代表性企业，进一步补充且完善了调研问卷本身所固有的不足与短板。

3. 文献综述研究

“数字中国”近几年已经成为大众耳熟能详的概念，《中华人民共和国国民经济和社会发展第十四个五年规划和2035年远景目标纲要》中的第五篇就是“加快数字化发展，建设数字中国”。其中从经济产业、社会民生、政府管理及生态建设几个维度阐述了中国要进行数字变革的大趋势。对于经济产业的数字化来说，企业的数字化无疑是促进新产业新业态新模式发展的基本单元。因此，数字化转型也成为企业转型和创新的白热化赛道。然而，根据调查，全球企业进行数字化转型的成功率只有20%，失败率高达80%，即便是精通数字技术的行业，例如高科技、媒体和电信，成功率也不超过20%。传统行业的数字化转型，如石油、天然气、汽车和制药等，成功率则更低，仅在4%~11%。

与此相对应，企业内部的培训部门，或者说广义上所谓的企业内部学习与发展职能在其中又扮演着什么样的角色？企业数字化学习的定义是什么？涵盖哪些因素？有什么样的建构方法和转型方法参考？这些方法能否帮助企业实现数字化转型的关键挑战？为解决这些疑问，本次研究对“企业数字化学习”专题进行了大量的文献研究和对标研究，针对美国与欧洲等国外企业的数字化学习理论研究和实践案例进行了分析。参考的国内外文献包含但不仅限于安迪曼咨询出版的历年中国培训行业研究报告（2012~2022年）、美国培训杂志出版的年度行业研究报告、国家统计局出版的年鉴、国内外期刊的相关主题研究以及相关书籍等。

（二）调研参与企业及人员背景信息

1. 调研问卷参与者地域分布

从调研问卷的类别信息及区域来看，本次调研能够基本反映中国培训行业的整体情况。参与调研者78.9%是企业方代表，14.1%是培训供应商，6.9%为自由讲师或顾问，综合来说，对培训实践的首要领域——企业培训的研究更加深入；同时，企业方代表中培训管理者占比为82.4%，这意味着本次研究的视角与培训管理者的职能关联性强，可帮助培训管理者更好地通过研究结果联系到自身企业所面临的问题和挑战。而地区分布反映了地域培训从业人员的活跃程度，与经济发展水平呈正相关，在一定程度上也反映了培训市场的成熟度（见图1）。

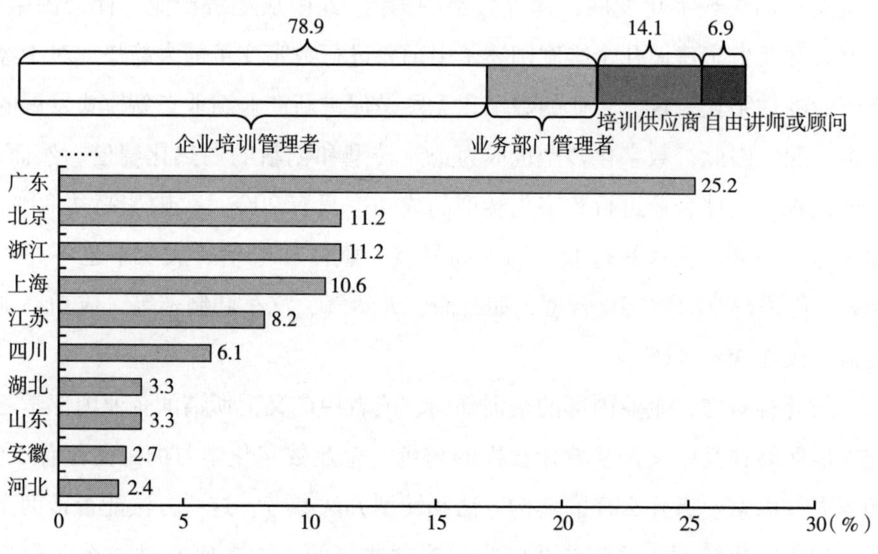

图1　2021～2022年中国培训行业研究调研对象类别及地区信息

2. 参与调研的企业

参与调研的企业背景信息包括企业类型、企业所属行业、企业发展阶段、企业方人员的角色、企业方人员在培训与发展领域的工作时长、工作经验和教育状况（见图2）。

在参与调研的企业中，首先，民营企业和国有企业的占比最大，与对应类型的企业在国民经济中都占有较大比重的情况相符合；其次，参与程度较高的行业为制造业，专业服务业，科技、媒体与电信行业，公共部门参与程度较低。这在一定程度上说明培训从业者的数量、活跃度以及培训成熟度与我国推动制造业提质增效、加快专业服务业发展、推进科技创新的势头相符；再次，企业规模按员工总数分为八个等级，既有利于呈现同一规模的企业的培训

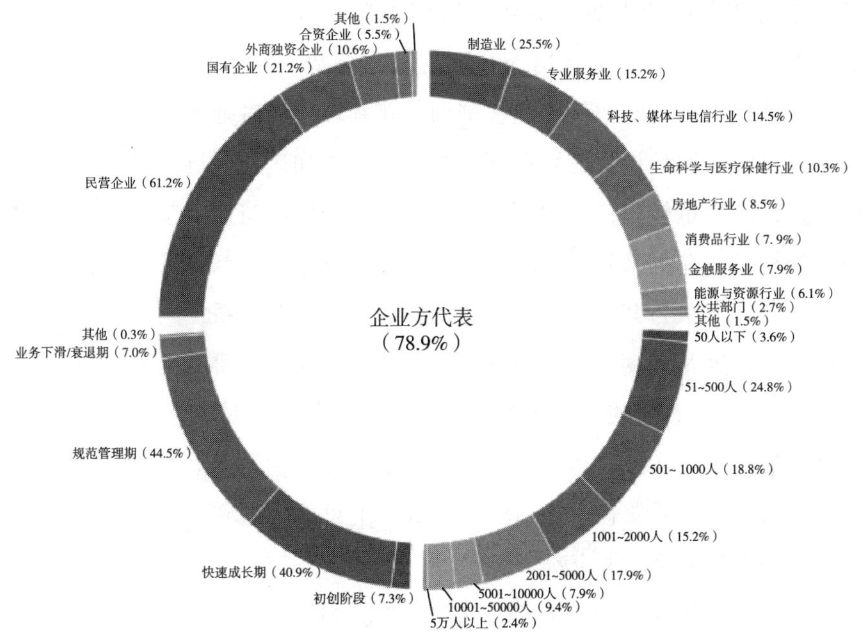

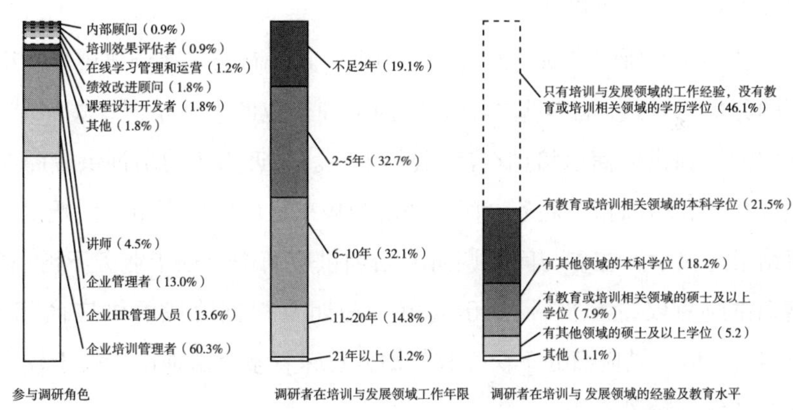

图 2　2021~2022 中国培训行业研究调研企业及其代表背景信息

方面的共性，也可以呈现企业规模扩大中培训方面的动态发展；最后，我们将参与问卷调研的企业按照发展阶段分为初创阶段、快速成长期、规范管理期和业务下滑/衰退期，以确保本次研究收集到的数据能够覆盖企业的各发展阶段。

在参与调研的企业方代表中，培训管理者（培训专员、主管、经理、总监或大学校长）更加关注培训行业现状与趋势，企业人事相关人员参与培训工作的仍占据一定比例，而在培训专业领域中，讲师比例较大，其次是绩效改进顾问、课程设计开发者和在线学习管理和运营人员，内部顾问和培训效果评估者数量较少；本次研究中企业代表于培训与发展领域的工作年限分布较为均衡，总的来看，59.6%的企业方代表都有5年以上的培训工作经验，由于工作年限与其对培训工作的认知度呈正相关关系，因此这一样本分布确保了在广度及深度上的代表性和可参考性；根据调研，很多培训从业者（46.1%）并没有教育或培训相关领域的学历学位，相对于学历教育，培训与发展领域的工作实践对培训工作者有着更重要的意义，但同时，也侧面反映了培训从业者在系统性的专业学习和成长上可能将遇到一定的挑战。

3. 参与调研的培训供应商

参与调研的供应商背景信息包括供应商所处地区、组织类型、服务区域、发展介绍、供应商代表的任职情况、供应商在培训与发展领域的工作年限及教育状况（见图3）。

在参与调研的供应商及自由讲师中，其分布与本次调研中培训市场成熟度的分析相一致，能够基本反映中国培训行业的整体情况；调研结果表明，我国的培训供应商以培训/咨询公司为主。将近1/3的培训供应商在全国各地区都开展培训相关业务，而在华南和华东地区的培训市场活跃度较高。调研结果还显示，在参与问卷调研的培训供应商中，处于业务下滑/衰退期的培训供应商仅占6.8%，处于规范管理期及初创阶段的供应商相差不大，28.4%的培训供应商处于快速成长期，意味着整个培训市场处于较为良性的上升及发展阶段。

参与调研的供应商代表覆盖了培训供应商的员工、培训公司的负责人、培训公司的讲师/顾问、全职讲师/顾问和自由讲师/顾问以及3.4%的其他职务人员。不同职务人员的参与能够保证数据的代表性，也能确保分析结果的全面性和科学性。由于培训从业者的工作年限在一定程度上可以代表其在培训领域的专业度，本次参与问卷调研的培训供应商代表也同样

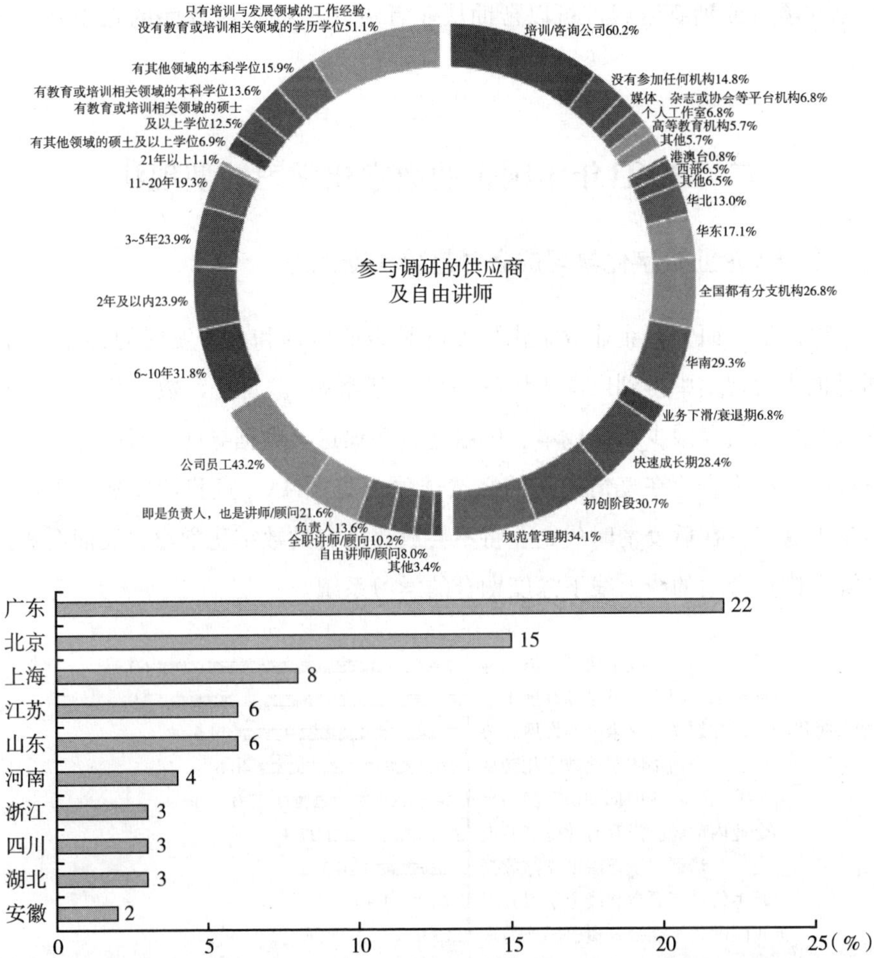

参与调研的供应商及自由讲师

只有培训与发展领域的工作经验，没有教育或培训相关领域的学历学位51.1%
有其他领域的本科学位15.9%
有教育或培训相关领域的本科学位13.6%
有教育或培训相关领域的硕士及以上学位12.5%
有其他领域的硕士及以上学位6.9%
21年以上1.1%
11~20年19.3%
3~5年23.9%
2年及以内23.9%
6~10年31.8%
公司员工43.2%
即是负责人，也是讲师/顾问21.6%
负责人13.6%
全职讲师/顾问10.2%
自由讲师/顾问8.0%
其他3.4%
培训/咨询公司60.2%
没有参加任何机构14.8%
媒体、杂志或协会等平台机构6.8%
个人工作室6.8%
高等教育机构5.7%
其他5.7%
港澳台0.8%
西部6.5%
其他6.5%
华北13.0%
华东17.1%
全国都有分支机构26.8%
华南29.3%
业务下滑/衰退期6.8%
快速成长期28.4%
初创阶段30.7%
规范管理期34.1%

地区	（%）
广东	22
北京	15
上海	8
江苏	6
山东	6
河南	4
浙江	3
四川	3
湖北	3
安徽	2

图 3　2021～2022 年中国培训行业研究调研供应商及其代表背景信息

覆盖了各个工作年限的不同阶段，且具有 5 年以上工作年限的从业者比例超过 50%，可确保数据的全面性和代表性。同时，在参与问卷调研的供应商代表中，我们发现 51.1%的人员只有培训与发展领域的工作经验，没有教育或培训相关领域的学历学位，这与企业方从业者（46.1%）的数据较为相近，从中可体现中国培训行业的从业者整体都是以实践为导向，大多是在工作中逐步学习专业知识，提炼自身经验。科学、系统性的专业能力学习的项目或训练营或许可以帮助从业者更好地补足这方面的知识及技能缺口。

二 2021年中国企业数字化学习转型现状

（一）企业数字化学习成必然趋势和新常态

根据本次研究，企业数字化学习既是企业培训和人才发展的必然趋势，同时也成为现实中得到广泛应用的一种“新常态”。首先，数字化学习这种形式本身以其受限少、低成本、广触达、多渠道、数据导向、战略导向几个特点已经成为企业在疫情期间的必然选项（见图4）。且我们发现，无论疫情是否稳定，在后疫情时代企业将不会放弃已有的数字化学习，反而会更加系统地构建合适的线上线下深度融合的学习系统。

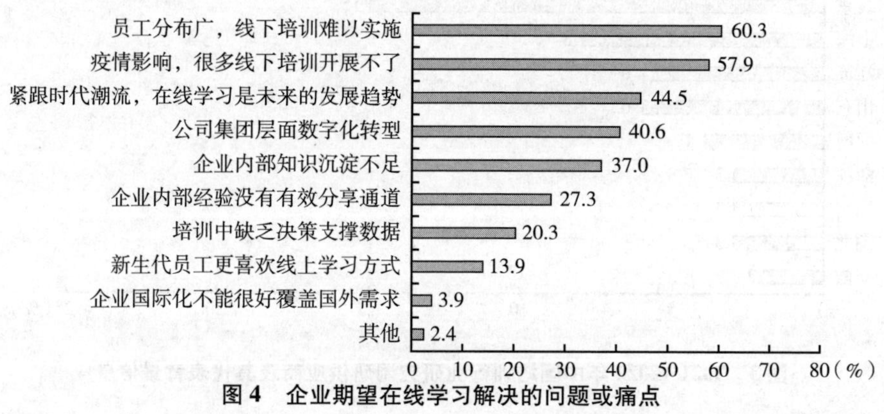

图4 企业期望在线学习解决的问题或痛点

这一趋势体现在企业的培训预算分配上，企业培训及赋能中心的升级和转型要求上以及企业内部当前线上线下处于加速融合的状态上。2021年，中国企业人均线上学习时长为28.6小时，占企业总人均学习时长的45%。未来，随着数字技术和智能技术的进步，企业的数字化学习将进一步融合到工作流中，最终实现自驱型和启发式的学习模式，进入成熟的数字化学习的第三阶段。而企业采用数字化学习模式当下的核心目标聚焦在提升培训效率和效能上，企业当前希望解决的诸多痛点，比如线下培训实施困难、增加培训的渠道和降低培训成本等，在本质上都是借助新技术和新解决方案来提升培训的效率和效能。

（二）企业数字化学习资源投放盲区：数字化学习团队建设

企业对数字化学习进行的资源投放通常围绕预算规划、投入方向和重点人群三个方面。本次调研发现，尽管企业强调要大力发展在线学习和数字化学习，但对数字化学习投入的人均成本较低。2021 年，48.2%的企业在数字化学习方面的人均预算在 500 元及以下，约占企业培训人均预算（1834.6 元）的 27%。这意味着 2021 年企业的数字化学习在成本投入不足企业培训整体预算投入三成的情况下成功覆盖了近一半的培训（45%），充分说明数字化学习确实有如上所说的“成本低、触达广、效率高”的优点，能够有效降低企业学习与培训的成本（见图 5、图 6）。

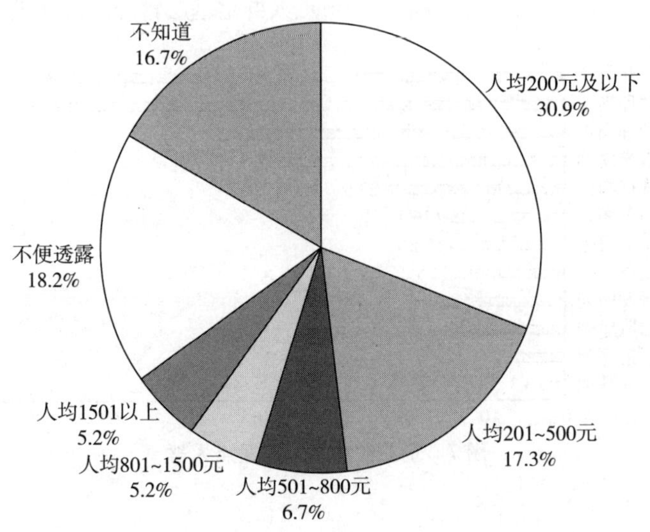

图 5　2021 年企业在线学习人均预算范围

关于数字化学习投入的重点方向，国内企业的数字化学习还处于以大力开发内容为主、开发平台工具为辅的阶段，说明我们仍然处在数字化学习的

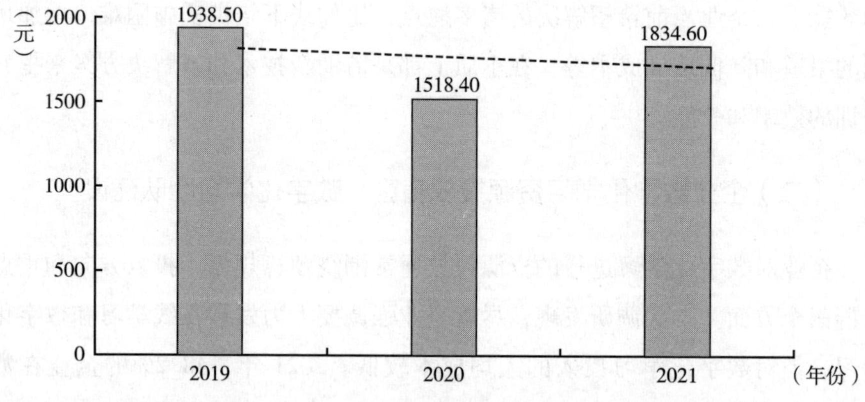

图 6　2019～2021 年中国企业培训人均预算

起步阶段。相较于美国已经开始更关注于学员的使用体验和学习成效而言，国内企业的数字化学习重心仍然是开发数字化学习资源。关于数字化学习投入的重点人群，集中性则非常明显，调研结果显示，77.9%的企业在线学习的重点人群是新员工，67.3%的企业在线学习的重点人群是基层管理岗位（见图 7）。

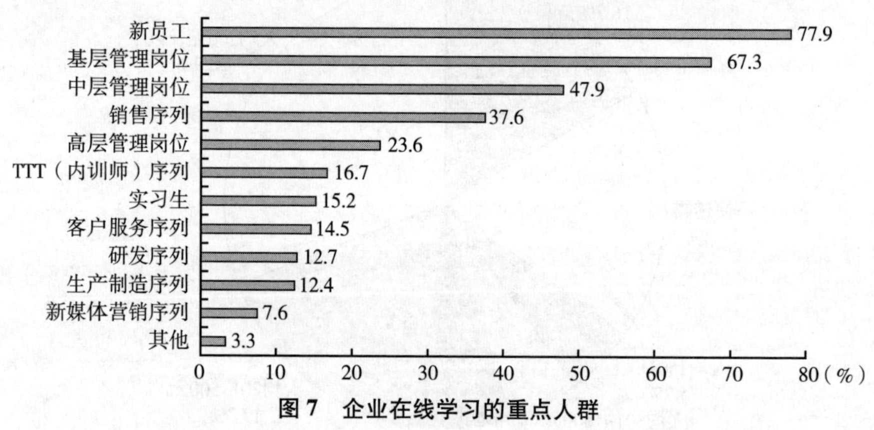

图 7　企业在线学习的重点人群

此外，在分析企业数字化学习新常态当下的核心目标及资源投放时，我们发现，企业在对数字化学习进行投入时具有一个关键的盲区，那就是数字化学习专家的培养及数字化学习团队的建设。对于企业未来的数字化学习转型来说，数字化学习团队建设的重要性非常高，甚至常常会影响到最后的成败，但41.8%的企业都没有组建数字化学习团队（见图8）。数字化学习团队是负责学习平台搭建与维护、数字化学习内容资源建设、数字化学习项目运营等关键职责的团队。大量企业在数字化学习转型的起步阶段选择让原有的企业培训专员或技术人员来兼职相关职能，但长期来看，这样的做法没有办法确保数字化学习在组织内部的推广、普及、见效及稳定运行。这些人员有必要针对这一职能加强相关的专业技能，同时组成服务团队，以便推动企业内部数字化学习转型升级。

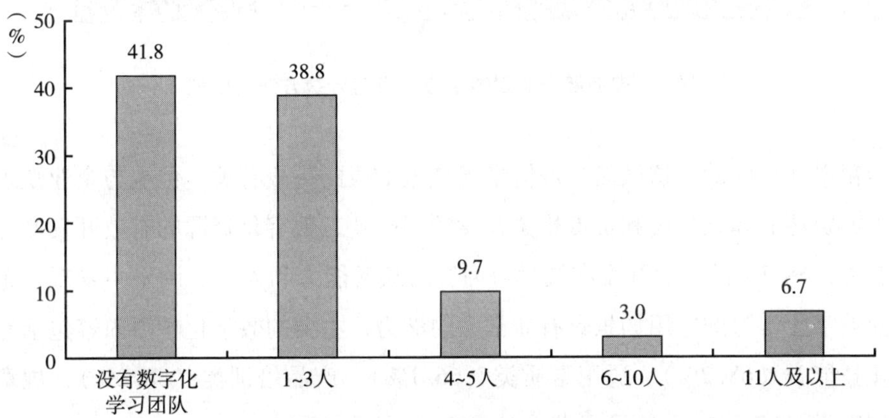

图8　参与问卷调研企业在线学习团队规模

（三）数字化学习转型成功：内容资源建设、培训运营体系、质量评估体系

在安迪曼企业赋能中心建设与升级方法论模型中，内容资源体系与培训运营体系、质量评估体系共同构成了支撑企业赋能中心的三个体系，这三个体系的成熟度在很大程度上决定了企业的培训和人才发展职能是不是真的能上接企业的战略，下接企业的人才培养队伍（含数字化学习团队）和数字化学习平台，支撑人才供应链的建设（见图9）。

因此，本调研中分别对企业数字化转型在这三大体系上的成熟度进行了研究。在对企业数字化学习内容资源建设情况的研究中，我们发现尽管内容已经成为大部分企业眼中的焦点，但企业对数字化学习内容的开发仍然是较

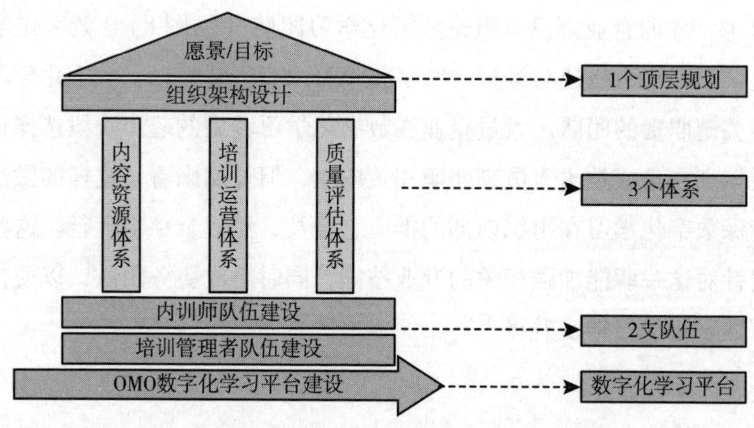

图 9　安迪曼企业赋能中心建设与升级方法论模型

为粗糙和无序的，这虽然与疫情带来被迫上线的挑战有关，但也与企业缺乏内容资源的体系建设和负责相关开发的团队缺乏数字化资源的有效开发能力有关，68.5%的企业开发在线学习内容时缺乏能力和人手。调研中发现，企业数字化学习的应用场景具有非常大的潜力，主要的数字化学习内容包括专业技能类（68.2%）、通用素质类（66.1%）、产品培训类（58.2%）、规章制度类（57.9%）、领导力类（42.1%）（见图 10）。

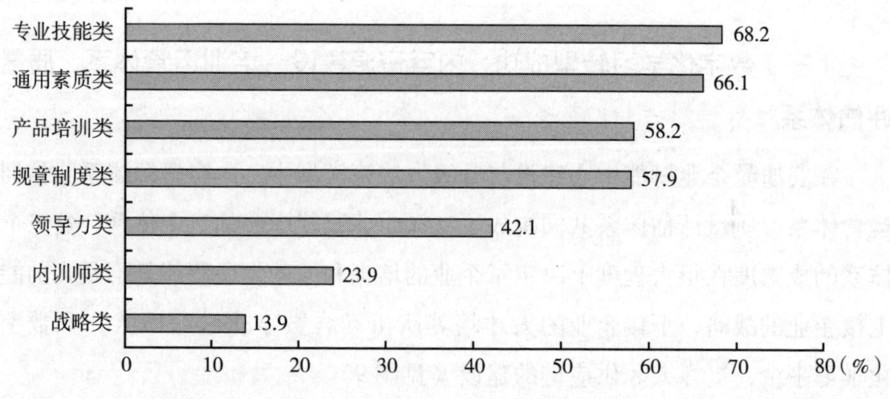

图 10　企业目前拥有的在线学习内容

通过对新员工和基层管理岗等数字化学习的重点投入对象群体进行调研访谈，我们发现数字化学习的应用场景在企业中是动态发展的。随着这种新学习方式横向的普及和推广，企业内部的应用人群将逐步扩大，而随着对新学习方式纵向的内容开发及将复杂内容转化成数字化学习的可行性逐渐提高，数字化学习的应用场景将获得持续的延展，综合为学员带来更好的交互设计、学习体验和学习效果。

影响数字化学习运营的三个关键因素是学员、内容与平台。与内容资源体系中的“内容”不同，此处的内容聚焦在内容的应用方式、应用流程及其产生的效果上，与内容的开发有一定的区别。企业当下的数字化运营很明显处于起步阶段，根据我们对运营阶段的划分，大量企业处于使用技术工具的数字化转型预备期。企业在运营推广数字化学习中面临的最主要的阻碍是员工使用在线学习的积极性不高（64. 5%）（见图 11），目前大量企业尝试解决这一主要问题的方式是推送学习任务（必修课）（70. 3%）及规定一定量的学时或学分（52. 4%）。本次调研建议企业从三个维度出发，来升级自身的数字化学习运营：一是数字化学习运营队伍建设，二是数字化学习价值呈现，三是数字化学习文化建设。

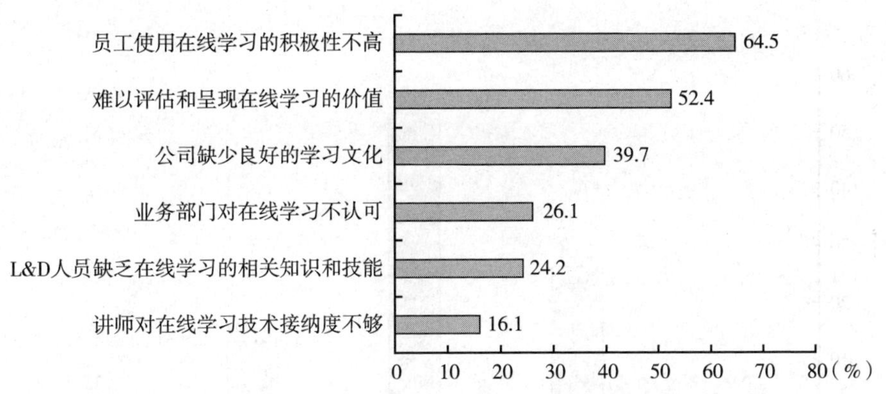

图 11　企业在在线学习运营推广方面遇到的阻碍

效果评估对于任何学习来说都是必需的，数字化学习也不例外。本次调研除了对企业整体的培训满意度进行了研究之外，也对企业数字化学习的满意度进行了更深入的研究。调研显示，2021 年，仅有 4.8%的企业非常满意整体培训效果，相比 2020 年（1.9%）培训满意度回升明显，达到了与 2019 年持平的状态。而 2021 年很满意数字化学习整体效果的企业占比则为 3.6%，比整体培训效果的满意度低，这意味着数字化学习的效果还需要进一步的提升（见图 12、图 13）。

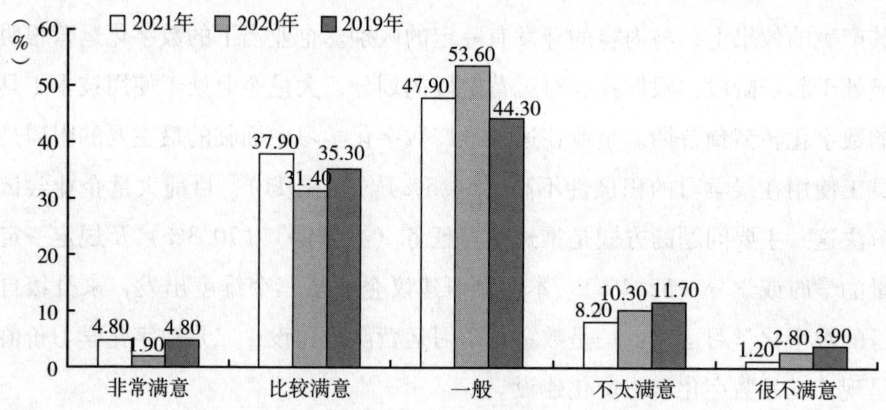

图 12　2019~2021 年中国企业对整体培训效果的满意程度

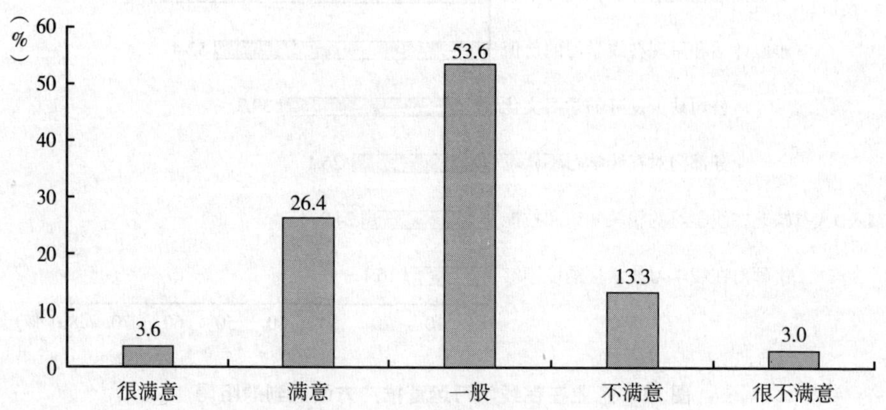

图 13　2021 年中国企业对数字化学习整体效果的满意程度

（四）数字化学习平台：以学员为中心的移动化设计

数字化学习本身得益于技术进步的加持，而企业本身的数字化转型也要求其内部的培训和人才培养必须跟上转型的步调。因此，我们认为对于企业来说，数字化学习平台是一种刚需，当然，这并不意味着企业必须拥有一个独立于企业本身系统之外的平台，企业也可通过技术手段将自己原本的学习管理系统或知识管理系统进行迭代升级，甚至与业务系统进行融合，打造能无缝与组织内部工作场景紧密相连的学习场景。这也是我们认为数字化学习平台在发展中能够达到的一种状态，且这种状态能更有益于真正地实施数字化学习和随需而变学习。从数字化学习平台的管理端来说，自主开发和外部采购各有千秋，实际占比也较为相近，外部采购、租用账号为 27.0%，内部自主开发为 21.2%（见图 14）。从数字化学习平台的使用端来说，移动端和 PC 端也具有各自的优势，31.2%的企业员工是以移动端为主、PC 端为辅；27.9%的企业员工则是以 PC 端为主、移动端为辅。

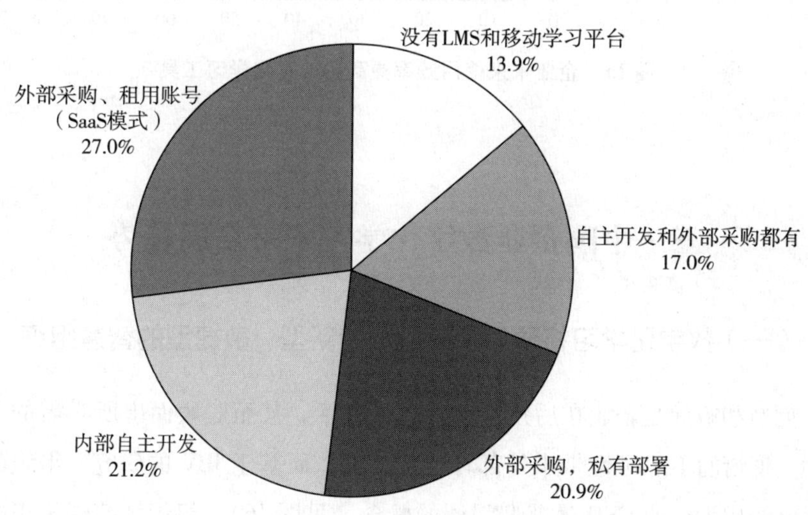

图 14　企业学习管理系统或移动学习平台的来源

调研显示，移动学习平台将是企业未来使用频率最高的数字化学习工具（63%）（见图 15）。这意味着企业在未来开发数字化学习平台时，除了培训管理者普遍关注的自身使用的培训管理系统外，还需要密切关注学员的使用和体验。这一点容易成为数字化学习平台搭建的盲区，尤其在当前许多企业认为自己运营的难点在于平台/工具无法提供足够的功能上，运营人员数量少而且平台的管理难度大。企业需要在追求更多的平台功能、管理能力提升时回归到这些功能和管理能力服务的对象群体，即学员本身的体验上来。

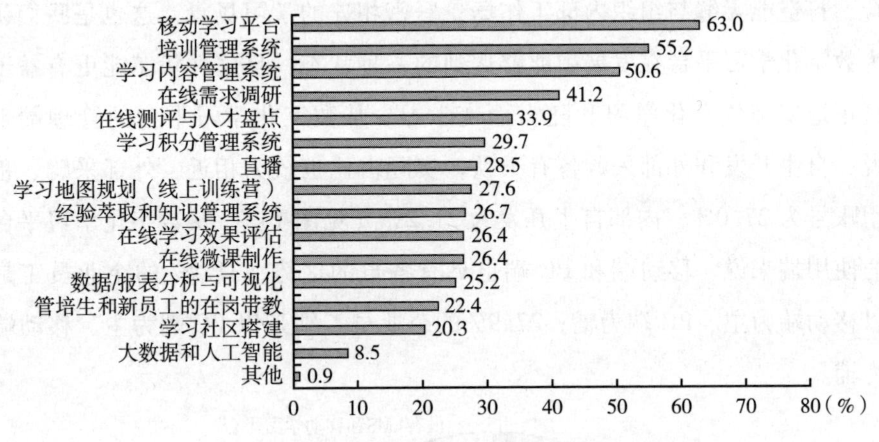

图 15　企业未来使用频率更高的数字化学习工具

三　中国企业数字化学习未来发展趋势

（一）数字化学习将助力企业打造创新型、敏捷型的智慧组织

创新和敏捷是企业在后疫情时代保证存活，甚至脱颖而出所必需的关键特性。疫情的不确定性带来外部环境的动荡，而基于 IBV 的研究，组织的敏捷性已经成为企业 CEO 最普遍强调的概念（见图 16）。组织敏捷性指组织在受到竞争压力、政府要求和外部事件驱动时快速作出反应、调整对策并且不影响组织发展势头的能力。受访 CEO 认识到，无论是受到竞争压力、政府要

求还是外部事件的驱动，组织必须有目的地为变化做好准备，这一点彰显出前所未有的重要性；同时，还必须部署能够快速作出调整的基础架构。

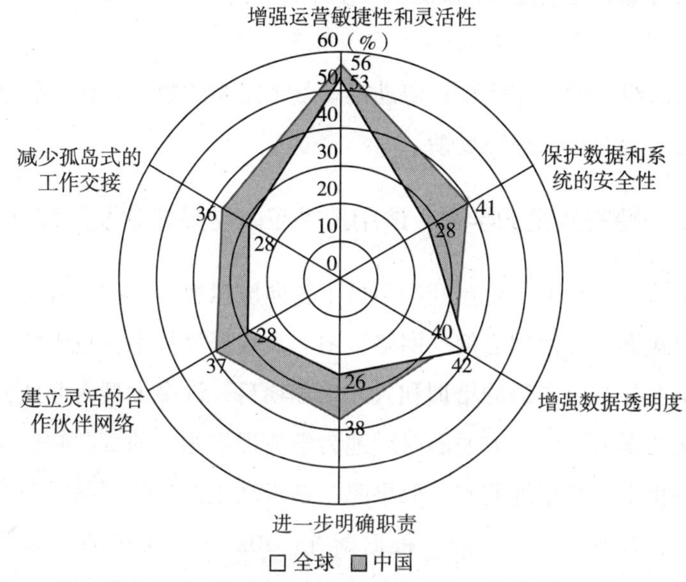

图 16　2021 年 CEO 调研报告

资料来源：IBM 商业价值研究院《2021 年 CEO 调研报告》。

从目前来看，混合式职场就是一种提升组织敏捷性的重点途径，即通过培养能保证远程生产力的员工队伍，来保障企业关键职能的稳定发挥，尽可能地在动荡的环境中保持竞争力和创新力。创新更不必说，不管是通过颠覆式的创新为企业开拓新的市场或是客户群体，还是采用渐进式的创新来迭代更出色的客户体验，延长产品或服务的生命周期，增强既有市场及客户群体的可持续性发展，在逐渐激烈的市场竞争中，企业在创新上只会进入速度更快的赛道。

数字化学习，则是帮助组织进行创新型和敏捷型转型时不可或缺的助推器，其主要作用体现在如下方面。

①升级组织的学习模式，快速精准地培养关键的创新人才。

②随时随地通过远程赋能员工团队，提升组织战略落地及调整的敏捷度。

③嵌入组织的工作流程，协助推动整个组织的数字化转型，实时监控人员的行为改变并提供追踪反馈。

（二）随需而变的学习，适用技术应以学员体验及工作嵌入为准绳

在疫情的影响下，企业开始不得不转向虚拟教学、在线教学、碎片化学习、混合式学习等使用通信、网络、AI、大数据等数字化技术的方式来辅助开展甚至主导开展内部的培训和人才培养项目，许多大型企业还开发或采购了数字化的学习平台，方便随时随地为学员提供相应的资源和信息，但是这样的数字化学习真正地起到了效果吗？是否真正地达到了随需而变的学习这样的终极目标呢？显然没有。根据调查，2021 年，53%的培训领域相关从业人士认为虚拟及数字化的培训项目比起线下面对面的培训项目来说效果更差，这一数字在 2020 年时甚至还没有那么高（51%）。

对于数字化学习来说，如果想要达到“随时随地，随需而变”这样成本最低、投入最少但效能最高的状态，还需要很长一段时间的打磨。但是市面上的平台越来越多，技术迭代越来越快，企业和培训部门都面临着要拿着有限的资源去匹配未来不断升级需求这样的挑战。这时候，如何选择合适的“适用技术”尤为重要，那么，在确定“适用技术”时，最值得参考的指标是什么呢？我们建议的考量维度应着重强调两个方面：学员体验（learner experience）及工作嵌入（workflow integration）。

针对企业培训部门的调查显示，在培训管理者最希望改善的项目因素中，排名第一的就是高质量的学员体验（34%），与后续的第二和第三提到的培训投入（17%）及增加数字化元素（17%）相比遥遥领先。47%的培训管理者还想把各种课堂及工作坊改成学习旅程。而另一份全球数字化学习成熟度模型研究中，学员及学习体验的得分并未达到标准线（51 分，59 分，

单项满分值 100 分）。数字化学习可以为随需而变的学习的达成提供更加快捷便利的技术手段，但如果在转型时“重技术，轻学员”，将导致学员无法适应新的学习情境和学习方式，反而降低学习效果，影响习得结果的迁移率和行为转化率。其次，工作嵌入也是另一个需要着重考量的要素，由于数字化学习的驱动主体对学员的倾向性明显，在进行转型时，除了着重关注学员的参与度、社交互动、阶段性辅导、担责号召之外，数字化学习的工作嵌入也成为培训转型成败的关键。随需而变的学习既可以是讲师主导的，也可以是由学员自身主动安排的。如果无法恰当地嵌入工作流中，则会阻碍学员学习的主动性和参与度，导致经过精心设计和开发的平台和资源成为几乎无效的投入，工作嵌入相当于是帮助员工及时、高效、准确地获取内容资源的有效渠道。

（三）混合式职场的潜力有待挖掘，将是未来数字化学习设计关注的要点

在新冠疫情的冲击下，全球大量企业被迫开始接受远程办公，进入混合工作模式。在被迫接受混合工作模式后，数据证实员工的生产力仍然保持在较高的水平，但同时员工也损失了一些办公室办公的优势，比如线下社交、互动协作等。虽然技术能够在一定程度上令沟通更加便利，却无法取代职场文化中线下交流和沟通的体验，也无法像真正的线下链接个人与个人、个人与团队及个人与组织。然而，不能否认的是，远程办公的灵活性和自治度还是令很多员工对工作情境的要求发生了变化。

据调查，73%的员工希望能保留远程办公的选项，67%的员工则希望在远程工作时增加线下互动的机会。在美国，68%的企业执行官认为员工应该至少一周到办公室上班 3 次。而数据显示，在中国，45%的中国企业正在开放远程办公机会，高于亚太地区平均水平（41%）。

大量数据表明，混合式职场具有巨大的潜力，而随着企业数字化转型程度的加深，未来通过数字化技术来实现相对稳定、管理成熟混合式职场是很有可能实现的。在这样的情况下，我们需要关注采用混合工作模式的员工对

工作和发展的需求。缺少线下互动和社交可能导致员工对企业的归属感下降。

根据调研，采用混合工作模式的员工最为关注的几项企业要素包括职业培养与发展、远程办公天数的灵活选择、办公室中的灵活办公空间及远程办公的明确期望等。其中，排在首位的就是职业培养与发展，但为适应新的混合式职场，员工肯定需要具备支撑这种办公模式的新知识、新技能及新思维理念，也就是说，混合式职场的工作模式所衍生出来的对员工能力的要求、工作效果的标准以及成功画像都在变化。

从培训与人才发展的角度出发，企业如何帮助员工建构和具备混合式职场办公所需要的员工能力和素养就是未来需要持续关注和强调的重点，此外，还包括其他条件的支撑，比如，远程协同的具体机制、远程协同工作产出的要求及评估标准、工作质量的保障机制等，都是围绕员工混合式办公所需具备的能力素养要求而来。因此，企业未来的数字化学习项目的设计中还应该考量员工的工作模式，将混合式办公及对应的员工群体的培养也作为重点关注对象。

（四）两大转型激发企业对培训的价值认同，同时发掘培训市场潜力

2021 年以来，由于疫情的反复，培训领域持续受到影响。根据 CSTD 人才发展平台在 2022 年发布的《2022 中国企业培训市场前景分析报告》，2021 年有 42.8%的从业者均认为培训整体市场情况较差，面临诸多挑战，培训供应商对市场的信心同样创近年新低。但是企业的培训预算却保持着较大的潜力，仍未被完全激发（见图 17）。海外的培训市场同样面临着类似的近况，在 2020 年经过疫情冲击，企业在 2020 年的培训预算基本与 2019 年持平，但到 2021 年实现了逆势增长。

一方面，在于企业在近两年向数字化学习转型时投入了必要的成本，另一方面，则是充分成熟的供应商市场及时为企业提供了能满足其人才培养需求的解决方案。中国的培训市场潜力将在未来供应商数字化成熟度和为企业

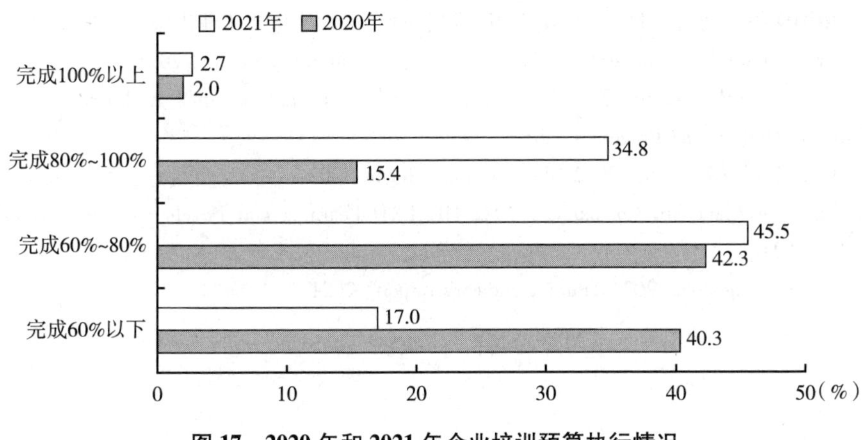

图 17　2020 年和 2021 年企业培训预算执行情况

解决实际问题的能力提升后得到更充分的激发。

两大转型中第一个转型是培训部门的职能转型，从关注知识、技能的提升到关注人才发展，甚至组织发展。第二个重要转型则是本次研究一直在强调的重心——数字化转型，以及企业数字化转型下的数字化学习转型。这是培训部门未来创造和凸显自身价值的一个关键方向。无论是企业内部的学习组织还是市场外部的供应商，都需要尽快投入转型，在相对控制成本的前提下，尽可能地提升人才培养效率，提升培训交付的效能，促进业务结果的达成，以此激发企业对培训价值的认同。

参考文献

焦丽芸、刘晓峥：《企业数字化学习转型创新思考》，《北京石油管理干部学院学报》2021 年第 5 期。

CSTD：《2022 中国企业培训市场前景分析报告》，中国人才发展平台网站，2021 年 12 月 30 日，http：//www. cstd. cn/web/trainingTrendsDetails？ id=387。

中国就业培训技术指导中心、阿里钉钉：《新职业在线学习平台发展报告》，人力资源和社会保障部网站，2020 年 7 月 23 日，http：//www. mohrss. gov. cn/SYrlzyhshbzb/dongtaixinwen/buneiyaowen/rsxw/202009/t20200923_ 391181. html。

中国网络空间研究院：《中国互联网发展报告 2021》，电子工业出版社，2021。

CrossKnowledge, The 2021 Global Digital Learning Maturity Report, 2021.

Forrester, Reinventing Workflows Power Your Digital Transformation And Drive Greater Impact By Modernizing Processes, 2020.

O. C. Tanner Institute. 2022 Global Culture Report, 2021.

The Ken Blanchard Companies, 2022 HR/L&D Learning and Development in a Hybrid World, 2021.

Trainingmag. com. 2021 Training Industry Report, 2021.

B.25

2021年中国企业场景化培训模式研究的现状及趋势

——基于内容分析法对2021年中国知网期刊论文数据的分析

李　政*

摘　要： 体验经济、知识经济促进了人力资源管理理念的发展，也助推了培训模式的变革。本研究基于2021年中国知网期刊论文数据库有关“场景化培训模式研究”的727篇论文，采用内容分析法对“场景化培训模式研究”的现状及趋势进行分析。首先从研究维度展开类目构建、编码统计，并结合编码结果对2021年中国企业场景化培训模式研究的内容进行了回顾。其次通过“场景化培训模式研究”的“教学设计”、“场景技术”、“学习测评”、“培训开发”、“培训转化”、“知识管理”和“培训体系”这7个研究维度统计分析后，发现2021年中国企业场景化培训模式研究的三大发展趋势，即培训体系成为场景化培训开发管理的基础，教学设计成为场景化培训项目开发的核心，知识管理成为场景化培训项目开发的前提。

关键词： 培训管理模式　场景化培训　知识管理

对内以员工为中心、对外以用户为中心的企业管理场景化发展已是不争的事实，培训场景化视角已经成为企业管理场景化研究的重要方向。随

* 李政，山东海尔智家公司培训师。

着科学技术、教育理论和管理模式的迭代，场景化培训模式作为知识解决方案被广泛应用于企业管理中，受到众多学者的关注。由于培训管理是管理学和教育学的交叉学科，不同学者从不同的视角进行了研究，尚未形成系统的观点和理论。本研究通过采用内容分析法对 2021 年中国知网期刊论文数据库有关“场景化培训模式研究”的论文进行分析，梳理当下场景化培训模式的研究现状。借此探讨场景化培训的概念和模式趋势，以期有利于后续研究，为我国企业培训的发展提供理论支持，推动我国企业培训事业的发展。

一　内容分析:“场景化培训模式研究”样本论文的数据来源与研究方法

（一）样本论文的选取

学术期刊具有较强的时效性，便于研究者了解学术前沿、把握学科动态，通过以 2021 年中国知网期刊论文数据库有关“场景化培训模式研究”的 727 篇论文为样本进行内容的量化分析，可以系统地揭示 2021 年中国企业场景化培训模式研究的现状及趋势。

（二）研究偏好的编码过程

首先，把中国企业场景化培训模式按照管理实践分为“场景培训”、“情景培训”、“训战”、“模拟培训”、“仿真培训”、“虚拟培训”和“数字培训”7 个培训模式。这 7 类模式是不同企业在管理实践中常见的模式选择，用于适应企业战略承接和业务支持。其次，通过对论文进行编码记录（见表 1）和分析，对 7 类模式进行词组数据统计（见表 2）。这 7 个相关词组也代表了不同学者在研究场景化培训模式中的不同研究偏好，以期通过定量的方式揭示国内场景化培训在 2021 年的整体概貌。

表 1　场景化培训模式研究论文的编码、指标取值及说明

论文编码	指标取值及说明
A1 论文名称	据实填写
A3 发表时间	据实填写
A4 研究类型	1=教学设计;2=场景技术;3=学习测评;4=培训开发;5=培训转化;6=知识管理;7=培训体系

表 2　基于“场景化培训模式研究”7 个相关词组获取的数据

单位：篇，次

相关词组编码	论文数	总被引数	总下载数	篇均被引数	篇均下载数
B1 场景培训	28	44	7542	1. 57	269. 36
B2 情景培训	111	30	11057	0. 27	99. 61
B3 训战	12	4	2762	0. 33	230. 17
B4 模拟培训	265	58	16368	0. 29	81. 84
B5 仿真培训	129	67	12911	0. 52	100. 09
B6 虚拟培训	108	51	11333	0. 47	104. 94
B7 数字化培训	74	40	14906	0. 54	201. 43

注：数据统计截至 2022 年 5 月 8 日。

（三）研究维度的编码过程

首先，在中国知网期刊论文数据库按照对场景化培训模式的研究偏好分为“场景培训”、“情景培训”、“训战”、“模拟培训”、“仿真培训”、“虚拟培训”和“数字化培训”7 个相关词组进行关键词、摘要检索（见表 3）。这 7 类维度是统一企业在管理实践中进行培训开发的 7 个建设维度，用于企业场景化培训体系的搭建和运营。

其次，采用内容分析法处理检索出的 727 篇论文样本，对 727 篇论文的“场景化培训模式研究”的内容进行分析。根据场景化培训模式的研究方向，我们将场景化培训模式研究维度操作化为 7 个指标，并对 727 篇论文相关信息进行编码，把相关资料转化为相应指标，形成 7 份编码单。

表 3　场景化培训模式的 7 个研究维度编码

研究维度	说明
C1 教学设计	1=教学技术;2=教学工具
C2 场景技术	1=VR/AR;2=线上学习系统
C3 学习测评	1=教学评价;2=评价工具
C4 培训开发	1=培训项目;2=培训需求
C5 培训转化	1=培训实践;2=培训应用
C6 知识管理	1=知识;2=能力;3=技能
C7 培训体系	1=模式;2=思维;3=方法

（四）编码数据的分析方法

首先对编码后的数据进行预处理，把每项指标里的每个选项作为 1 个单独变量，若 1 篇论文的研究内容里包含此选项则记为 1，否则记为 0，用以对数据进行频数分析。

其次对内容进行 7 个研究偏好分析，采用关注度百分比和贡献度百分比表示。

关注度百分比是指 7 类研究维度在 7 类研究偏好中的比率，计算公式为：关注度百分比=单一研究维度数/单一研究偏好总数，表示学者在某一研究偏好中对某一研究维度的关注程度。贡献度百分比是指在某一 7 类研究维度中，单一研究偏好占七类研究偏好总数的比率，计算公式为：贡献度百分比=单一研究维度数/研究维度总数，表示某一研究偏好对某一研究维度的研究贡献度。

二　内容分析：场景化培训模式的研究结果

（一）2021年中国企业场景化培训模式中7类研究维度的现状

企业的培训管理在践行为学员创造最佳学习体验的过程中促进了场景化培训模式的发展，场景化培训模式的研究方向是根据企业场景化培训实践发展的需求所决定的，不同的研究维度代表着企业场景化培训模式的价值、重心以及日后将发挥的作用。不同的研究维度根据其自身的不同价值推动企业场景化培训实践工作的开展，也对培训效果有直接影响。根据对所选取的727篇论文样本进行编码分析发现，当前场景化培训模式研究的类别可概括为以下7类研究维度，以下为频数分析结果（见表4）。

表4　7类研究维度研究频率

研究维度	论文样本总数(份)	研究维度论文数(篇)	占比(%)
C1 教学设计	727	356	29.92
C2 场景技术	727	154	12.94
C3 学习测评	727	73	6.13
C4 培训开发	727	148	12.44
C5 培训转化	727	111	9.33
C6 知识管理	727	184	15.46
C7 培训体系	727	164	13.78

从“七类研究维度”的频率统计结果来看，“教学设计”类论文在样本研究贡献中占比最大，为29.92%。排在第二位、第三位的为“知识管理”类占15.46%，“培训体系”类占13.78%。后续的维度数据为：“场景技术”类占12.94%，“培训开发”类占12.44%，“培训转化”类占9.33%，“学习测评”类占6.13%。

从“七类研究维度”的频率统计数据可得，2021年在中国知网期刊论文数据库论文的学者对“教学设计”类、“知识管理”类和“培训体系”类相对侧重。常规认知中场景化培训侧重VR、AR和线上学习系统的“场景技术”类反而排在第四位。表现出在2021年场景化培训模式研究中侧重教学、知识和管理的设计，尤其是教学设计方面。线上学习系统，为培训管理提供了基础的数据分析技术和学习平台支撑的场景技术，一定程度上解决了培训组织效率的问题。但从企业培训的本质上来看，培训能否具备知识解决方案能力，影响着培训的价值。组织效率只是培训效率的一部分，培训系统工具毕竟只是工具，只能通过培训人员的研究形成知识解决方案。当培训系统工具不能解决当下培训痛点问题时，培训系统的迭代和更新也就跟不上培训基层逻辑的发展，比如教学设计。这也是培训管理从事务性角色转变为COE角色的体现。培训从以师资和课程的内容为王转变为以学员的体验内容为王。

（二）2021年中国企业场景化培训模式中不同研究偏好中7类维度研究的现状

1.在“教学设计”的研究中，“情景培训”关注度高，“模拟培训”研究贡献高

从“教学设计”研究频率统计结果（见表5）来看，“情景培训”类关注度百分比最大（79.28%），表现出学者在“情景培训”研究偏好上，对“教学设计”的研究关注程度高。“模拟培训”类论文贡献度百分比最大（45.79%），表现出在“模拟培训”研究偏好上，对“教学设计”的研究贡献度高。

表5 “教学设计”研究频率

单位：篇，%

研究偏好	论文数	“教学设计”研究数	关注度占比	贡献度占比
B1 场景培训	28	7	25.00	1.97
B2 情景培训	111	88	79.28	24.72
B3 训战	12	9	75.00	2.53
B4 模拟培训	265	163	61.51	45.79
B5 仿真培训	129	39	30.23	10.96
B6 虚拟培训	108	38	35.19	10.67
B7 数字化培训	74	12	16.22	3.37

加涅曾在《教学设计原理》中提出：“教学设计是一个系统化（systematic）规划教学系统的过程。”基于现代认知心理学对教师教学能力的假设，按照教学设计五个基本阶段或成分（简称“ADDIE模型”），这也是企业进行场景化培训教学设计常见的工具。教学设计在企业培训中是指为完成培训目标而进行的一系列活动的设计，包括培训目标设置、培训课程与讲师配置、学习场景设置、教学开发和评估转化等。

2. 在“场景技术”的研究中，“场景培训”关注度高，“仿真培训”研究贡献高

从“场景技术”研究频率统计结果（见表6）来看，“场景培训”类关注度百分比最大（71.43%），表现出学者在“场景培训”研究偏好上，对“场景技术”的研究关注程度高。“仿真培训”类论文贡献度百分比最大（40.91%），表现出在“仿真培训”研究偏好上，对“场景技术”的研究贡献度高。

表6　“场景技术”研究频率

单位：篇，%

研究偏好	论文数	“场景技术”研究数	关注度占比	贡献度占比
B1 场景培训	28	20	71.43	12.99
B2 情景培训	111	3	2.70	1.95
B3 训战	12	4	33.33	2.60
B4 模拟培训	265	20	7.55	12.99
B5 仿真培训	129	63	48.84	40.91
B6 虚拟培训	108	35	32.41	22.73
B7 数字化培训	74	9	12.16	5.84

企业培训中的场景技术是指为培训活动所构建的场景设计，既包括现实场景，也包括虚拟场景。现实场景以培训组织场地场景化、教具教材的场景可视化设计为主。虚拟场景以VR/AR构建的虚拟仿真场景为主，日益成熟的计算机科学技术使仿真技术大规模应用，仿真培训由此得到培训界内广泛关注。其中，场景化、智能化、高交互、与外部文件数据相关联的开放式的仿真实训平台软件和场景技术更是以其出色的性价比成为研究的热点。

3. 在“学习测评”的研究中，“训战”关注度高，“模拟培训”研究贡献高

从“学习测评”研究频率统计结果（见表7）来看，“训战”类论文关注度百分比最大（66.67%），表现出学者在“训战”研究偏好上，对“学习测评”的研究关注程度高。“模拟培训”类论文贡献度百分比最大（31.51%），表现出在“模拟培训”研究偏好上，对“学习测评”的研究贡献度高。

表 7 "学习测评"研究频率

单位：篇，%

研究偏好	论文数	"学习测评"研究数	关注度占比	贡献度占比
B1 场景培训	28	3	10. 71	4. 11
B2 情景培训	111	15	13. 51	20. 55
B3 训战	12	8	66. 67	10. 96
B4 模拟培训	265	23	8. 68	31. 51
B5 仿真培训	129	7	5. 43	9. 59
B6 虚拟培训	108	15	13. 89	20. 55
B7 数字化培训	74	2	2. 70	2. 74

企业培训中的学习测评是指培训效果评价，模拟培训和训战结合的场景化培训模式，往往对培训的效果比较看重。比如，销培一体化和质培一体化均在项目设计中把培训的学习测评（事前、事中和事后）与营销指标和服务指标关联。在这种背景下，对学习测评的研究，对训战项目尤为重要。

4. 在"培训开发"的研究中，"训战"关注度高，"情景培训"研究贡献高

从"培训开发"研究频率统计结果（见表 8）来看，"训战"类论文关注度百分比最大（58. 33%），表现出学者在"训战"类研究偏好上，对"培训开发"的研究关注程度高。"情景培训"类论文贡献度百分比最大（39. 86%），表现出在"情景培训"研究偏好上，对"培训开发"的研究贡献度高。

表 8 "培训开发"研究频率

单位：篇，%

研究偏好	论文数	"培训开发"研究数	关注度占比	贡献度占比
B1 场景培训	28	11	39. 29	7. 43
B2 情景培训	111	59	53. 15	39. 86
B3 训战	12	7	58. 33	4. 73
B4 模拟培训	265	39	14. 72	26. 35
B5 仿真培训	129	16	12. 40	10. 81
B6 虚拟培训	108	12	11. 11	8. 11
B7 数字化培训	74	4	5. 41	2. 70

企业培训中的培训开发是指为培训项目设计的开发，就是通过调研、设计、执行和评估等诸多环节，员工学习场景和用户体验场景以“向用户学习”理念设计，是培训开发的双导向。情景培训和训战的培训项目能否满足培训需求，能否满足员工的学习和用户体验，是决定训战项目开发成功与否的直接影响因素。

5. 在“培训转化”的研究中，“场景培训”关注度高，“模拟培训”研究贡献高

从“培训转化”研究频率统计结果（见表9）来看，“场景培训”类论文关注度百分比最大（39.29%），表现出学者在“场景培训”类研究偏好上，对“培训转化”的研究关注程度高。“模拟培训”类论文贡献度百分比最大（36.94%），表现出在“模拟培训”研究偏好上，对“培训转化”的研究贡献度高。

表9 “培训转化”研究频率

单位：篇，%

研究偏好	论文数	“培训转化”研究数	关注度占比	贡献度占比
B1 场景培训	28	11	39.29	9.91
B2 情景培训	111	32	28.83	28.83
B3 训战	12	3	25.00	2.70
B4 模拟培训	265	41	15.47	36.94
B5 仿真培训	129	3	2.33	2.70
B6 虚拟培训	108	17	15.74	15.32
B7 数字化培训	74	4	5.41	3.60

企业培训中的培训转化是指培训成果的转化的过程，培训成果的转化主要是指学员将在培训中所学到的知识、技能或能力以及行为方式运用到实际工作当中去的努力过程。培训转化是衡量情景培训知识解决方案设计有效性的衡量指标，主要关注培训情景是否还原学员的真实场景，它强调的是模拟培训过程与转化结果产出并重原则。

6. 在“知识管理”的研究中，“模拟培训”关注度高，“模拟培训”研究贡献高

从“知识管理”研究频率统计结果（见表10）来看，“模拟培训”类论文关注度百分比最大（43.02%），表现出学者在“模拟培训”研究偏好上，对“知识管理”的研究关注程度高。“模拟培训”类论文贡献度百分比最大（61.96%），表现出在“模拟培训”研究偏好上，对“知识管理”的研究贡献度高。

表10 “知识管理”研究频率

单位：篇，%

研究偏好	论文数	“知识管理”研究数	关注度占比	贡献度占比
B1 场景培训	28	6	21.43	3.26
B2 情景培训	111	25	22.52	13.59
B3 训战	12	2	16.67	1.09
B4 模拟培训	265	114	43.02	61.96
B5 仿真培训	129	2	1.55	1.09
B6 虚拟培训	108	13	12.04	7.07
B7 数字化培训	74	22	29.73	11.96

企业培训中的知识管理是指对知识创造和应用管理的活动。模拟培训中的知识管理主要关注以员工场景学习和用户场景体验为导向的知识萃取与呈现，员工、客户、用户的显性知识、隐性知识、嵌入性知识的场景化和可视化。比如员工成长地图、产品知识地图、数字化知识库等。

7. 在“培训体系”的研究中，“训战”关注度高，“模拟培训”研究贡献高

从“培训体系”研究频率统计结果（见表11）来看，“训战”类论文关注度百分比最大（83.33%），表现出学者在“训战”类研究偏好上，对“知识管理”的研究关注程度高。“模拟培训”类论文贡献度百分比最大（34.76%），表现出在“模拟培训”研究偏好上，对“知识管理”的研究贡献度高。

表 11 “培训体系”研究频率

单位：篇，%

研究偏好	论文数	“培训体系”研究数	关注度占比	贡献度占比
B1 场景培训	28	8	28. 57	4. 88
B2 情景培训	111	39	35. 14	23. 78
B3 训战	12	10	83. 33	6. 10
B4 模拟培训	265	57	21. 51	34. 76
B5 仿真培训	129	2	1. 55	1. 22
B6 虚拟培训	108	40	37. 04	24. 39
B7 数字化培训	74	8	10. 81	4. 88

企业培训中的培训体系是为达成培训目标而设计的总蓝图和指导文件。模拟培训的培训体系主要关注知识解决方案和知识交互平台的建设，引导“向用户学习”，促使培训从事务性工作的“二线”职能部门转为 COE 来研究用户体验，进而快速反应、快速行动。

三 趋势分析：场景化培训模式的发展趋势

（一）场景化培训体系成为培训开发管理的基础

企业场景化培训教学设计体系的构建需立足员工人才发展和用户服务体验的整个系统，企业人才培训与人才发展、业务发展、组织发展深度融合，破解企业人才培训供需脱节的难题。企业场景化人才培训管理模式意味着从学习体验场景和内容研发场景进行建构（见图 1、表 12），提高培训产品用户即学员的体验。

搭建最佳学习体验的前台场景，构建最佳社群体验，以社群实现员工自学习、自驱动和自迭代。构建最佳项目体验，配置培训项目覆盖员工学习需求的全节点。构建最佳学习体验，创人才培训 IP，提高员工学习体验满意度。

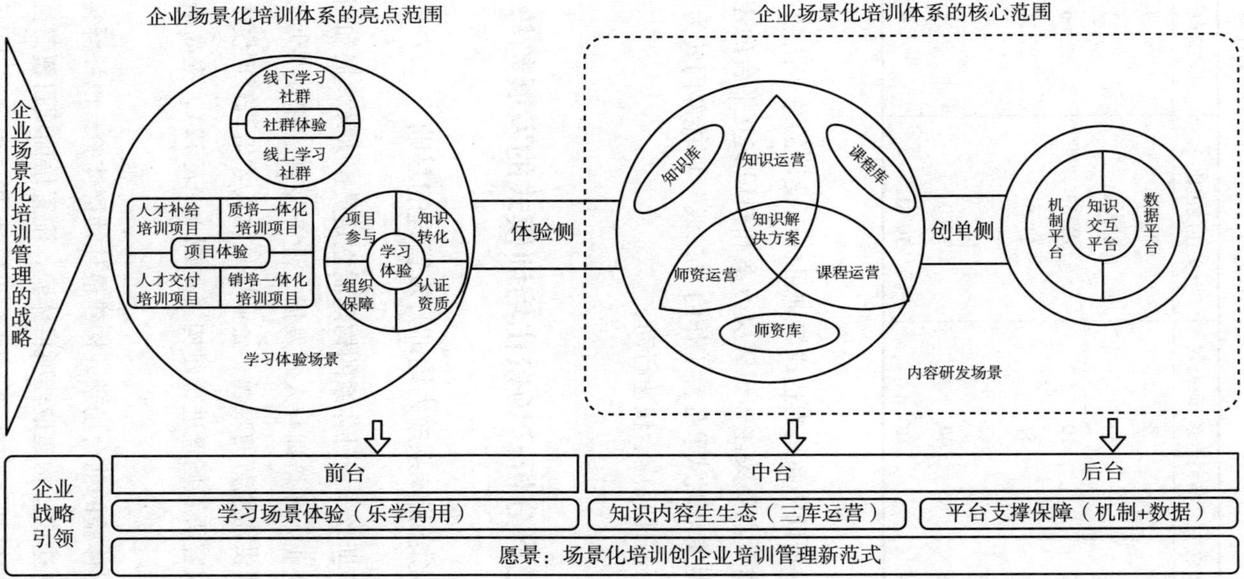

图 1　企业场景化培训体系

表 12　企业场景化培训体系构成要素

场景	需求定位	场景价值目标
内容研发场景	师资管理	以师资库促进内容研发形成知识解决方案
	课程管理	以课程库促进内容研发形成知识解决方案
	知识管理	以知识库促进内容研发形成知识解决方案
	机制平台	以标准化管理促进场景化人才培训规范化
	数据平台	以数字化管理促进场景化人才培训可视化
学习体验场景	社群体验	以社群实现员工自学习、自驱动和自迭代
	项目体验	配置培训项目覆盖员工学习需求的全节点
	学习体验	创人才培训 IP,提高员工学习体验满意度

搭建知识解决方案的中台场景，完善场景化师资管理，以师资库促进内容研发形成知识解决方案。完善场景化课程管理，以课程库促进内容研发形成知识解决方案。完善场景化知识管理，以知识库促进内容研发形成知识解决方案。

搭建知识交互平台的后台场景构建，夯实数据平台，以数字化管理促进场景化人才培训可视化。夯实机制平台，以标准化管理促进场景化人才培训规范化。

（二）场景化教学设计成为培训项目开发的核心

企业场景化培训教学设计是以员工场景学习需求和用户场景体验需求为导向形成的场景化企业培训项目（见图 2、表 13），以此构建的以“人”为中心的培训场景，打造企业的知识解决方案。

企业场景化培训教学设计破解企业教—学—用脱节的难题。企业场景化培训教学设计意味着从学习体验场景和内容研发场景进行建构，提高培训产品用户即学员的体验。

构建员工学习场景，通过人才补给链规培的师资和课程前置，延长校企合作价值链。企业与职业院校一体化育人，进行场景化校企合作。开放人才交付链，实现非线性发展赋能突破传统企业的线性人才管理，通过内部双创

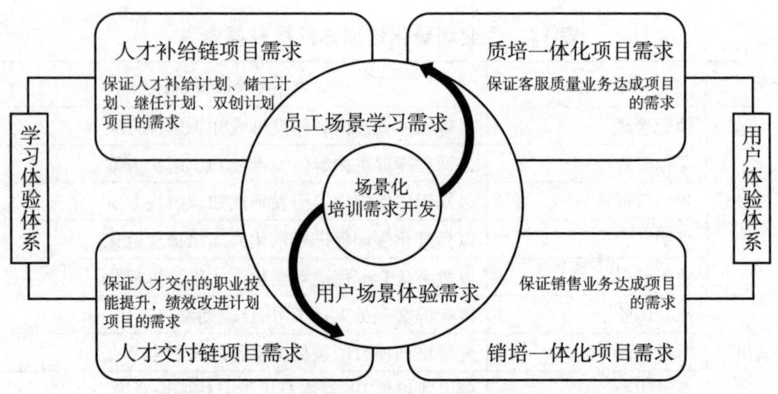

图 2　企业场景化教学设计需求分析模型

赋能，打破内部固有层级，让员工从一个“机械点”变为“创新点”。设计覆盖员工人才发展全过程的企业人才培训项目来激发每个员工的创造活力，实现了全岗位、全职级、全专业的加速赋能。在纵向企业人才培训赋能的基础上，突破岗位发展壁垒，建立跨专业非线性发展体系，加深多元化专业技能人才与专业技术人才评价与融通机制，尊重员工自学习，将个人学习发展与双规培接轨，实现员工发展与企业发展统一。

表 13　企业场景化教学设计需求分析实践要素

需求场景	需求定位	需求定位	培训项目	开发目标
员工学习场景	以企业战略下的员工发展为导向	人才补给链项目需求	入职培训(校招、社招)	实现入职员工的融入和交付
			储干计划	实现各岗位梯队人才储备
			继任计划	实现各岗位梯队人才继任
		人才交付链项目需求	职业技能提升	实现在岗员工技能提升
			绩效改进计划	实现在岗员工绩效改进
用户体验场景	以用户体验下的企业战略为导向	质培一体化项目需求	质培一体化项目	保证质量业务达成
		销培一体化项目需求	销培一体化项目	保证销售业务达成

构建用户体验场景，以用户体验下的企业战略为导向的质培一体化和销培一体化两个方面，实现企业场景化培训教学设计与业务管理的融合发展。在服务质量体系下，培训评估赋予用户体验主要权重。培训评估聚焦用户体验，形成培训认证标准。实现质培数字化系统评估，通过用户交互进行的培训闭环管控，实现质培交互闭环。主动触发形成以用户体验场景为需求的导向，培训的重心从质检中来，质检的重心从培训中来。在销售体系下，培训评估赋予销售指标主要权重。培训评估聚焦行动产出，将销售指标作为培训评估的主要指标，最终实现“知识—技能—行为—业绩”的转化。销售培训体系的定位是快速实现销售指标而进行的培训行动，销售行动作为一场培训行动进行设计，培训资源即销售资源、仿真的课程开发，课程设计的目标与销售行动的阶段性目标相结合，培训课件、教材、讲义与销售话术、道具等融合。

（三）场景化知识管理成为培训项目开发的前提

企业场景化知识管理以员工场景学习需求和用户场景体验需求为导向，是对传统的企业知识管理的发展。不单“以员工为中心”，而是将场景学习的员工和场景体验的用户作为知识开发的双导向，最终形成了“向用户学习”。通过整合“人”的自驱动价值，实现知识和信息的交互（见图 3），促进知识解决方案的达成，最终实现每个“人”的价值（见表 14）。

图 3　场景化培训人单合一培训模式

表 14　场景化培训人单合一培训实践要素

角色	元素	界定	需求/价值
"人"	员工	内部员工	员工在企业的全职业生涯的发展需求
	用户	产品和服务的体验者	用户在产品和服务过程中的体验需求
	客户	代理商/理货商/批发商	客户在产品和服务过程中代理盈利需求
"单"	知识	内外部培训知识(产品知识、服务知识)	内部员工知识库,外部客户和用户知识库
	资源	用户资源(营销资源、创新资源)	围绕知识形成的营销转化和产品创新的资源
	资本	知识和资源的变现	围绕知识形成的营销转化和产品创新的盈利

企业场景化知识管理首先要解决知识开发的问题，其次要解决知识运营的问题。知识开发通过构建员工自学习委员会形成知识型组织，搭建智能知识库促进知识的运营。

员工自发组织成立自学习委员会，实施学习社群的自运营。由员工自发组织的学习团体，用群体文化、管理、行动的规范，推动培训项目的运营。通过塑造群体文化，团结员工营造新型学习型组织氛围，从社群的名称、标识、口号、福利、宣传层面授权员工自组织管理社群，真正实现自驱动。成立社群学习委员、管理员加强员工联络、纪律、激励，赋能群体行动，促使社群的价值实现，提高社群对培训建设的参与度。规范社群的权力、义务和自学习项目和公益来塑造学习型组织文化。

智能知识库促进知识云储存，是企业员工在人才发展和用户体验增值场景中，通过智能知识搜索快速找到知识，比如员工成长地图、产品知识地图等。知识管理包括对知识的全生命周期管理和标准化建设，全生命周期管理涵盖知识生成、知识存储、知识编码、知识转移，知识标准化建设是依据员工学习体验需求进行的场景化知识分类分级。

参考文献

胡萍、赵跃、马晓玥、潘雪萍：《基于内容分析法的 2020 年国际档案学研究回顾》，《档案管理》2021 年第 6 期。

李政：《服务型企业职业教育培训场景化体系建设——以 H 公司为例》，《天津职业大学学报》2022 年第 1 期。

B.26

面向审计的高质量职业技能培训全过程控制方案的研究与实践

张志发*

摘　要： 近年来，政府和企业对职业技能培训越来越重视，与之相关的财政补贴额度和企业付费力度不断增加，同时，审计部门对职业技能培训专项资金的关注度也越来越高。笔者将财政补贴及企业付费类职业技能培训定义为费用支持类培训，并根据费用支持的衡量要素，将费用支持类培训分为“面向过程”和“面向结果”两类。本文从分析“面向过程”的费用支持类培训在高质量实施过程中遇到的难点和常见问题入手，引出了面向审计的高质量职业技能培训全过程控制方案，从而能够为职业技能培训保障本人真学、全程留痕提供了依据，为限制应付式、任务式虚假学习提供了手段，为高效利用政府和企业的支持资金提供了保障，为审计部门审查专项资金提供了条件。

关键词： 面向审计　职业技能培训　全过程控制方案

职业技能培训是全面提升劳动者就业创业能力、缓解就业结构性矛盾的重要举措，是培育经济发展新动能的内在要求。各方在探索推动高质量职业技能培训的实施过程中，取得了突出的成绩，同时，也暴露了一些影响培训质量的问题和矛盾。如何做到职业技能培训全过程管控，避免或限

* 张志发，深圳市企鹅网络科技有限公司创始人、CEO。

制虚假学习行为的发生，已成为当前推动高质量职业技能培训的需求和难点。

一　费用支持类职业技能培训实现高质量发展

政府部门、行业企业、社会组织对职业技能培训的质量要求越来越高。高质量职业技能培训已成为行业共识和社会需要，表现之一就是费用支持类培训的额度在增加、范围在扩大、周期在延长。各级政府部门出台了多项职业技能培训补贴政策，企业也加大了对员工的职业技能培训投入。笔者将财政补贴及企业付费类职业技能培训定义为费用支持类培训，并根据费用支持的衡量要素，将费用支持类培训分为两类：一是根据培训的课程内容、学习者身份、学习者人数、学习时长、线上学习或线下面授等过程要素衡量费用的多少，被称为“面向过程”的费用支持类培训；二是根据培训的学习结果，如是否通过考试、是否拿到等级证书等衡量费用的有无或高低，被称为“面向结果”的费用支持类培训。

（一）政策大力支持财政补贴类职业技能培训高质量发展

自党的十八大以来，职业技能培训工作在党中央、国务院的高度重视下，在各级政府的大力推动下，在社会各方面的积极参与和鼎力支持下，发展活力不断增强，工作取得了积极成效，基本形成了具有中国特色的职业技能培训政策制度体系和运行机制。

《职业技能提升行动方案（2019-2021 年）》指出需成功开展大规模、高质量的职业技能培训专项行动，3 年累计使用资金 1000 多亿元，开展补贴性职业技能培训 8300 多万人次、以工代训 3600 万人。《“十四五”职业技能培训规划》提出，推进技能型社会建设，全面实施技能中国行动，进一步健全完善劳动者终身职业技能培训制度，充分发挥市场在资源配置中的决定性作用，关键就是要千方百计提高职业技能培训质量，真正通过高质量培训促进高质量就业、推动高质量发展。

（二）政策鼓励企业加大高质量职业技能培训的投入

《国务院关于推行终身职业技能培训制度的意见》提出，推进职业技能培训市场化、社会化改革，充分发挥企业主体作用，鼓励支持社会力量参与，大规模开展高质量的职业技能培训，努力培养造就规模宏大的高技能人才队伍和数以亿计的高素质劳动者。新版《中华人民共和国职业教育法》第二条指出，职业教育，包括职业学校教育和职业培训；第九条指出，国家鼓励发展多种层次和形式的职业教育，推进多元办学，支持社会力量广泛、平等参与职业教育。国家发挥企业的重要办学主体作用，推动企业深度参与职业教育，鼓励企业举办高质量职业教育。

另据国家统计局发布的《中国统计年鉴 2021》，中国企业从业人员近 8 亿人，庞大的企业和从业人员数量支撑了企业培训广阔的市场。前瞻产业研究院发布的《中国企业培训市场前瞻与投资战略规划分析报告》指出，2025 年，预计中国企业培训市场规模将突破 9000 亿元。

二　费用支持类职业技能培训实施过程中的难点和存在的问题

费用支持类职业技能培训迅速发展，在取得积极成效的同时，也遇到了一些难点，出现了一些矛盾和问题。

（一）如何判断费用支持类职业技能培训的质量成为难点

随着互联网、云计算、大数据等技术变革对社会各方面的渗透，传统培训模式发生了快速的、大范围的、全流程的变化，同时，面对疫情的长期影响，政府和企业对支持高质量就业以及人才竞争都加大了投入力度。对于政府补贴和企业付费的费用支持类职业技能培训，尤其是“面向过程”的费用支持类职业技能培训，如何对培训全过程进行管控，对培训质量进行合理判断，已成为新难点。

（二）准确评估学员真实的学习意愿是影响培训质量的关键要素之一

学习者的学习愿意是否真实、是否强烈，是影响培训质量的关键要素之一。大量一线职业技能人员除努力勤奋工作外，热切希望提升职业技能水平来增强就业能力、提高收入水平，但通常面临收入相对不高、学习基础相对偏弱、培训支付相对不足的局面，明显地压制了职业技能培训的意愿。我国将支持职业技能培训作为保持就业稳定、缓解结构性就业矛盾的关键举措，作为经济转型升级和高质量发展的重要支撑，及时推出了多项卓有成效的培训类财政补贴政策，企业也加大了对职业技能培训的投入力度，这些培训费用支持相关政策，极大地缓解了前述矛盾，鼓励和支持了大量职业技能从业者提升专业职能水平，鼓励和支持了大量行业上下游的培训机构、师资等加入建设高质量职业技能培训的大潮中，这也是我国当前职业技能培训高质量发展的基础保障。

与此同时，也有一小部分人，满足于从事简单职业工作，对参加职业技能培训的重要性认识不够，认为参加培训占用了工作时间，短期内会影响收入或者减少了休息时间，对学习掌握一门职业技能的内生动力不足；个别企业管理者为了追求生产效益，认为工学存在矛盾，对员工培训存在消极情绪；有些培训科目学习门槛太高、曲高和寡，或者理论性太强，缺乏实践操作，也影响了员工的学习热情。

（三）虚假学习手段多、防控难，影响了职业技能培训质量

个别单位和个人，舍本逐末，将获取培训背后的财政补贴或者完成企业的学习考核任务作为培训学习的主要目标，变成任务式学习、应付式学习，从而引发了各种各样的虚假学习现象。虚假学习行为违背了费用支持类培训的初衷和目标、影响了职业技能培训的整体质量、挤占了有真实学习意愿者的学习机会，应当加以分析研究，并形成相应的解决方案。

1. 学员身份作假的常见手段

学习者本人基于各种原因，试图通过请他人代学的方式，应付相关学习

任务，签到作假是常见的手段。对于线下面授课，代签到是最为常见的他人代学方法。培训组织方对学员的外貌和字迹难以全面掌握，因此对代替签到的行为难以及时准确发现。对于线上培训课，常见的他人代学方法是将登录账号交给他人，从而形成了虚假的学习记录。登录账号容易传播，且无法与本人形成确定的对应关系，因此给线上课程的他人代学提供了跨越时空的作弊途径。

2. 学习过程作假的常见手段

学习者为应付学习任务，试图通过多种方式缩短或逃避学习过程。对于线下面授课，个别学习者会通过迟到、早退、逃课等方式应付学习过程，积累不真实的学习记录。线上学习极大地方便了有真实学习意愿的学习者，同时也极大地方便了虚假学习者，从而产生了花样繁多的学习过程作弊手段。

①挂时长：学习者将学习课件打开处于播放状态后，便放置一边不再理会，直至学习平台自动播放完全部时长的课件，虽然产生了大量的学习数据，但学习者本人并没有真实参与学习。

②拖动播放：拖动播放进度条是视频播放类工具的基本功能，部分学习平台为方便学习者，未关闭拖动播放进度条的功能，被少数有虚假学习需求的人员利用，他们通过拖动播放进度条的方式在极短的时间内完成学习任务，虽然被学习平台记录为完成了学习，但学习过程形同虚设。

③倍速播放：部分老师授课语速较慢，学习平台从提升学习体验的角度出发，提供了1.2~2.0倍的倍速播放选项，也被虚假学习者视为压缩实际学习时长的“小妙招儿”，使学习效果大打折扣。

④并发播放：大部分学习平台为方便学习者随时随地跨终端跨平台学习，未对学习者的学习行为做过多限制，比如同一学习账号可以同时登录多台设备或者同时打开多个学习网页，登录后分别打开不同的学习课程同时进行播放，这样可以在一学时的时长内产生多个学时的学习记录。

⑤代刷软件：一些主流的培训平台，由于发展时间久，积累学员多，影响力大，相应地也被各种费用支持类培训更多地选用。一些别有用心的技术人员结成团伙，专门系统性地分析研究此类主流培训平台的管理漏洞，针对

不同的培训平台分别设计开发了相应的“代刷代学”软件，进行销售牟利，已经形成了一条快速发展的灰色产业链。

3. 常见的学习记录漏洞

部分培训过程未对学习过程和学习结果进行足够细致的记录，也被一些虚假学习者加以利用，通过不同的手段绕过监管，从形式上完成了学习任务。对于线下面授课，常见的错误做法是以签到记录代替学习过程，只要有签到记录，就视同完成了全部学习过程。甚至有的培训组织还可以允许补签到，更有甚者，可以提前将所有课程日历内的签到表一次性完成签到。稍微严格一点的可能会要求拍摄几张现场照片来证明培训的真实性，但也可能发生直接找几张“看上去人数比较多”的其他会议或活动照片来代替的情况。

线上培训课对于学习记录的细致程度和完整程度有着更高的要求。由于大多数商业化的培训平台未对学习记录投入足够的研发资源，学习记录存在不同形式的漏洞，从而被有虚假学习需求人员进行分析和利用。

①记录项缺失：如未记录 IP 地址，无法判断学习者的大致区域，为跨区域代学提供了便利；未记录详细学习痕迹，无法区分重复学习与未重复的有效学习。

②记录匹配错误：如将签到数据直接等同于完成学习任务，将包含重复观看在内的全部时长视同真实有效的学习时长。

③未作有效性判断：如某学习者在一天内产生了 30 多个小时的学习记录，某学习者在同一时刻产生了多条不同课程的学习记录，同一学习者在同一时段内的学习记录中出现不同省份的 IP 地址等。

三　基于全过程控制的职业技能培训质量保障方案

（一）实施职业技能培训全过程控制的重要意义

确保职业技能培训实施全过程的合理性和高效性、真实性和有效性，是保障高质量职业技能培训的基础条件之一。成熟专业的职业技能培训全过程控制方案，既可以提高工作效率、改善学习者体验，又可以达到全过程控制的关键要求、防范虚假学习行为，是保障高质量职业技能培训的重要抓手。

（二）准确评估学习意愿是做好职业技能培训全过程控制的前提

对于学习意愿强烈的学习者，培训全过程控制的意义在于合理性和高效性，实现全过程专业服务；对于学习意愿不足的学习者，培训全过程控制的意义在于规范引导和防范作弊。可以通过学前问卷、对培训内容排名、满意度打分等形式合理判断学习者意愿。由于从合理性和高效性探讨职业技能培训全过程方案的文章比较多，笔者结合多年的 IT 审计经验、项目管理经验、职业技能培训平台服务经验，重点从真实性和有效性的角度来阐述职业技能培训的全过程控制方案。

（三）建立全过程控制方案，防控虚假学习，保障培训质量

本方案从学前、学中、学后三个阶段，以规范培训、防范作弊为目标，分别对线下面授培训和线上远程培训提出了培训全过程控制的解决方案。

1. 学前环节：确保学习者身份真实

确保学习者身份真实是做好培训全过程控制的第一步。

职业技能培训、社区公益培训等为保障培训质量通常会安排大量的操作技能学习环节，采用线下面授的培训形式，为便于传播分享和方便潜在学习者随时随地完成报名，通常采用在线报名的方式，报名同时完成身份验证和身份绑定。目前常规通用的身份验证技术方案已为大多数人所熟悉，操作简单快捷，如人证核验方案（如高铁站自助进站闸机、酒店入住实名核验）、手机号核验方案（手机号已实现实名制认证）、其他具有唯一性的可靠验证机制（如微信身份验证、支付宝身份验证）。培训签到环节采用扫码、扫证、扫脸等形式，除实现传统的签到功能外，还可增加下课签退环节，并且同步采集身份信息（是否本人、是否本课程学员、是否缴纳社保等）、定位信息（可设置超过 200 米签到失败）、时间信息（是否迟到）等，相比传统在签名表签到方式，不仅免去了排队、查找、书写、统计等烦琐的工作，还

能更加快捷方便地实现多维度的管理能力，在提升学习者体验的同时，也减少了人工投入、避免了代签到现象、增强了管理能力。

线上培训课同样在报名环节完成身份验证和身份绑定。需要指出的是，随着移动互联网的发展，线上学习登录验证方式发生了巨大的变化，传统的用户名加密码的登录机制，由于容易忘记或泄漏，且泄漏后难以追踪，已逐步被弱化或淘汰，取而代之的是单次有效、无须记忆、难以复制传播的登录机制，甚至是完全免输入的登录机制，如手机号静默验证、开放平台（如QQ、微信、支付宝）授权验证等。

2. 学中环节：确保全体认真学、过程留痕

学习过程中的管理控制目标主要是在提升学习效率的同时，做到全程留痕，借助技术手段，可以尽量做到轻微打扰或完全静默的管理方式，可以直接限制无孔不入的虚假学习，最大限度地保障学习过程的真实性。

线下面授课：对于已经采用线上报名和扫码等技术方式完成签到的线下面授课，相对比较容易判断学习过程的真实性。但传统的线下面授课存在无法场景再现、无法重复学习的弊端，基本全靠课堂时间内的理解和掌握，对学习者的学习能力要求较高，且对于迟到、早退、代签到、课时缩水等行为难以量化和及时跟踪确认，建议采用同步课堂直播加直播回放的方式，既可以帮助学习者实现重复学习、更好地掌握技能；又可以积累线上学习课程资源，同时对培训全程形成留痕记录。

线上培训课：随时随地的线上培训方式，在方便了师生的同时，也提高了对学习过程真实性和完整性的判断难度。对于已经完成线上报名及实名验证的线上培训课，可以采用多种方式判断和记录有效学习过程。

①学习者在线检测机制：可以采用多种方式判断学习者是否真正参与了学习过程，根据要求的严格程度，可以灵活选择开启不同的技术控制手段。

随机问答检测：在学习者学习期间，随机弹出问题弹窗，问题内容可以是与当前学习内容关联的实时小测验，如果超时没有回答，则视为学习者不在屏幕前，可根据规则将本段学习记录作无效处理。这样既可以帮助学习者掌握知识要点，又可以判断学习者是否在屏幕前真实学习。

随机刷脸检测：在学习者学习期间，学习终端（如手机、电脑）的摄像头随机启动工作，检测学习者是否在画面内，并拍照记录。该方案要求学习终端配备摄像头，并且为了保护学习者的隐私知情权，需要提前在线协议确认，并在检测时给出明显的拍摄提醒，对学习者的学习过程会有轻微的干扰。

全程人脸检测：对于支持全程人脸检测的线上培训平台，学习者在看视频、直播、图文课件以及做题练习期间，学习终端的摄像头始终打开并通过实时 AI 智能判断学习者是否在镜头画面内，当发现不在镜头内则立即或持续一定时长后（如 30 秒或 1 分钟）自动停止内容播放，且不再记录学习时长，自动实现"人离线断"的智能控制。该方案被学习者认可后，无须中途打断学习过程，且能最大限度地保障学习全过程真实有效，但因为全程检测画面，对学习者所处的环境、终端的电量等有一定的要求。

人眼凝视检测：该方案是人脸检测识别的升级版，不仅检测指定人员的面部是否出现在镜头画面内，同时通过实时 AI 智能检测技术判断学习者两眼视线焦点是否在屏幕范围内。当学习者虽然在镜头前，但两眼视线焦点不在屏幕范围内时，立即或持续一定时长后（如 30 秒或 1 分钟）停止学习播放。该方案更加科学有效，但对培训平台的技术研发能力有较高要求。

②学习进度控制机制：对于学习过程真实性有要求的培训课程，可以增加"首次学习不允许快进倍速"的功能，首次学习课程只能按照标准模式播放学习，待完成后，可以自动恢复拖拉进度条或倍速快进功能。

③单点登录控制机制：对于同一学习者，禁止同时多点登录。当发现一个账号处于登录状态时，若其他设备使用该账号再次登录时，可以向前一个登录者发出通知提醒，由其判断是否允许后者登录，后者登录时，前者将被自动退出登录状态，或者允许后者成功登录但同时将前者强制退出。

3. 学后环节：进行数据有效性分析判断

在学员的单次学习或全部学习完成后，学习结果的分析、确定、呈现等环节也是非常重要的虚假学习防控环节。

线下面授课：对于线下面授课，通过对签到数据、签退数据、定位数据、身份验证数据、学习条件判断数据（如社保缴纳情况）、家庭作业、考试测试等进行自动分析，判断整体及个人的签到成功率、出勤率、学习时长、学习成果，对同步课堂直播回放进行随机检查核验，并形成最终的学习报告。

线上培训课：在科学规划和技术开发的支持下，线上培训学习过程可以无感知地采集不同维度的学习数据，可以为学习者、授课者、组织方及管理方提供不同的数据成果。从保障学习过程真实性的角度，可以重点考虑以下几点。

①异常学习行为智能检测机制：线上培训服务平台可从合理的学习行为分析出发，建立智能化学习行为检测模型库，对于明显异常行为可以进行识别标记、作无效学习记录、直接停止学习服务等处理。如登录行为检测，当发现同一个学习者在同一时刻登录不同的终端时，或同一个学习者在较短时间间隔内出现距离较远的异地登录行为（如 10 分钟内出现跨省市登录）时，均可将其纳入异常登录行为模型库；再如学习行为检测，当发现同一时刻产生多个课程的学习记录时，或某一时段内产生超过该时段自然长度的学习记录时，均可将其纳入异常学习行为模型库。

②学习结果综合评估报告：通过对身份核验数据、学习行为数据、学习成果数据等从趋势、占比、分布等角度进行综合分析和评估，自动形成相应的综合评估报告，并给出全面的学习成果报告、学习行为检测报告、培训质量评估报告等结果以供决策参考。

③隐私保护、数据安全及老龄关爱：培训服务平台不可避免地会涉及不同维度的敏感数据，如何做好用户隐私保护及数据安全管理，能否严格遵守《中华人民共和国数据安全法》《中华人民共和国网络安全法》《中华人民共和国民法典》等的相关规定，已成为比业务功能更能决定培训平台命运的关键因素。同时，培训平台能否支持不同的用户群体、业务场景，特别是老龄化群体，也是体现技术人文的重要方面。

四　基于全过程控制的专业化职业技能培训服务平台实践及其价值

职业技能培训服务平台“Q 学友”针对前述问题，提出了高质量职业技能培训全过程管理框架。Q 学友平台通过 2016~2019 年深圳市职业技能培训券项目、2019~2021 年职业技能提升行动项目、2021 年至今的新型学徒制项目、知名企业员工培训全过程服务管理项目等，经过几年的打磨建设，已经具备了 700 余项线下线上培训服务功能，实现了全流程、全场景、全角色的服务能力。在培训全过程控制方面，平台融入了审计思想，经过不断地迭代进化，实现了学前、学中、学后全流程的服务能力和全过程的管制能力，具备了全面保障本人真学、全程留痕、高效服务于审计检验的专业能力，在财政补贴培训、企业付费培训领域建立起了别具特色的技术能力。

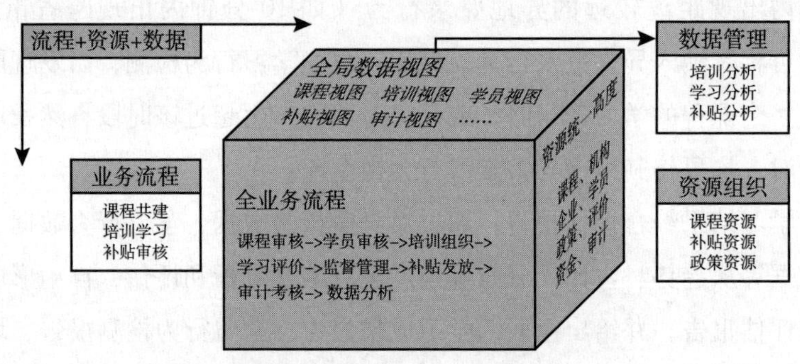

图 1　高质量职业技能培训全过程管理框架

五　高质量职业技能培训任重道远，仍需上下求索

习近平总书记指出，“职业培训前途广阔，大有可为”，高质量职业技能培训任重道远，仍需上下求索。如前所述，保障职业技能培训高质量落地

的要素有多项，做好培训全过程控制是重要途径之一。通过对职业技能培训进行专业的全过程控制，既可以实现培训过程的合理性和高效性，又能保障培训过程的真实性和有效性。特别是对于费用支持类的职业技能培训，既能维护公平的学习环境，使有学习需求的学员享受到实惠，又能使资金使用风险降到最低，使审计有据可依，从而发挥出资金的最大效能。

B.27

基于业务场景敏捷构建学习地图，服务人才培养的体系化和精准化

盛湘　汪焰*

摘　要： 完整、科学的学习地图可以为企业实现人才的体系化培养和精准化培训提供前提和支持。基于业务场景敏捷构建学习地图，需要从“业务”和“资源”两条线着手：业务线着力于突出核心技术，满足和服务于企业主营业务；资源线着力于挖掘企业内部优势资源，实现隐性经验显性化，为业务线提供针对性的资源支撑。

关键词： 学习地图　业务场景　培训规划　课程体系

“学习地图”是指企业从战略目标出发，结合员工个人的职业生涯发展规划，所构建的基于岗位能力要求的员工职业成长路径图，它展示了一个员工在企业中从一名基层员工如何成长为卓越者的学习规划蓝图。完整、科学的学习地图可以为企业实现人才的体系化培养和精准化培训提供前提和支持。

一　常用学习地图构建思路

根据学习地图在企业中针对的主体以及覆盖范围的不同，目前最常用的

* 盛湘，中国石化集团公司党校（石油化工管理干部学院）正高级经济师，国家一级培训师，主要研究方向为人才开发与培训；汪焰，中国石油化工股份有限公司石油勘探开发研究院高级工程师，主要研究方向为人才开发。

研究和构建方式主要有以下两种。一种是从研究对象的成长规律出发。美国心理学家埃里克森与梅尔曾提出了人生发展的“八阶段”理论，认为人生发展的过程可以根据心理成熟度进行划分，这一理论对认识人才成长过程有很大的指导意义。比如，科学家赵红州1979年研究提出了科学创造最佳年龄在25~45岁，峰值为37岁；在知识经济时代，由于科学研究复杂程度提高，最佳创造年龄发生了后移，提出35~45岁的科研人员创造能力处于较高的水平。类似这种基于研究对象成长规律的研究方式既可以覆盖全员，也可以针对组织中部分关键群体。另一种研究路径是从关键岗位出发，从岗位的重要性、业务优先级、岗位人数和岗位稳定度4个维度综合考虑来选取关键岗位，精细刻画岗位职责，以岗位序列来建立课程体系，可逐步建立起横向覆盖各岗位、纵向覆盖各职级的课程体系图谱。

二　VUCA时代对学习地图构建迭代的新要求

VUCA时代，组织环境不断发生变化，千禧一代进入职场后与以往任何一个时期的员工相比，都体现出更加明显的时代特征，组织管理、领导力都在发生质的变化，相比基于群体成长规律构建学习地图，基于岗位构建学习地图明显在稳定性上略胜一筹。

但我们同时也看到，技术进步也在无时无刻或持续、或颠覆性地改变人们的生活。随着国家创新驱动战略的持续推进，当前及未来技术创新的速度都在不断加快。技术进步提高了人们解决问题的能力，面对更复杂的工作任务，如今的工作路径可以变得更科学、更快捷、更多元，这意味着人们需要拓展和掌握更多的知识和技能，这也印证了今天组织对复合型人才的迫切需求。以今天的油气行业为例，都在强调地质工程一体化，若单从岗位角度而言，地质和工程不仅不是一个岗位，甚至是不同的专业板块，即使在工程板块，还要细分领域，再细分岗位。比如仅仅掌握钻井工程技术，但不掌握完井技术、不掌握井筒工艺；仅仅掌握压裂技术，但不掌握压裂液、不掌握压裂设备，都仍然难以解决现场问题。这在很大程度上反映了用基于岗位序列构建的学习地图来指导人才培养，学生学到的知识和技能在实际工作场景中应用程度将会很低，难以解决实际问题，更难以支撑业务。需要强调的是，上述为最大限度解决业务问题需要拓展和掌握更多的知识技能，并不是因为岗位职责率先发生了变化，而是因为技术进步给业务发展带来了更大的挑战，技术进步还带动人们认识事物的能力提升了，员工成长的速度加快了，即使在同样的岗位上，今天与过去相比也展示出了更多元化的技术需求，是这些技术需求在带动或影响着岗位职责的升级迭代，换句话说，是业务发展的需求带动岗位职责的升级。

所以，用传统基于岗位序列构建的学习地图培养人才，可以缩短员工的胜任周期，但与技术创新持续迭代和升级相比，易出现滞后效应；而且，用基于岗位序列构建学习地图指导培训规划，易造成培训纵向条块化相互割裂，不利于相关知识的拓展和连接，难以彻底解决学习和工作脱节这一核心问题，也难以提高员工解决实际问题的能力。况且越是复杂的问题涉及的岗位序列也越多，地图的构建过程自然就慢，显得呆板、笨拙。

三　基于业务场景敏捷构建学习地图

基于业务场景构建学习地图，是基于岗位构建学习地图的迭代升级。以解决实际问题、支撑业务发展为目标，从“业务”和“资源”两条线着手：业务线着力于突出核心技术，满足和服务于企业主营业务；资源线着力于挖掘企业内部优势资源，实现隐性经验显性化，为业务线提供有针对性的资源支撑。具体构建路径可概括为以下“四步走”（见图1）：第一步，从业务线提取核心技术，清晰描述技术要点，梳理知识与技能；第二步，结合业务发展需求，标定并厘清知识与技能等级；第三步，从资源线出发对企业内部的业务专家进行经验萃取，有针对性地开发特色课程；第四步，分级搭建课程体系，完成学习地图构建。

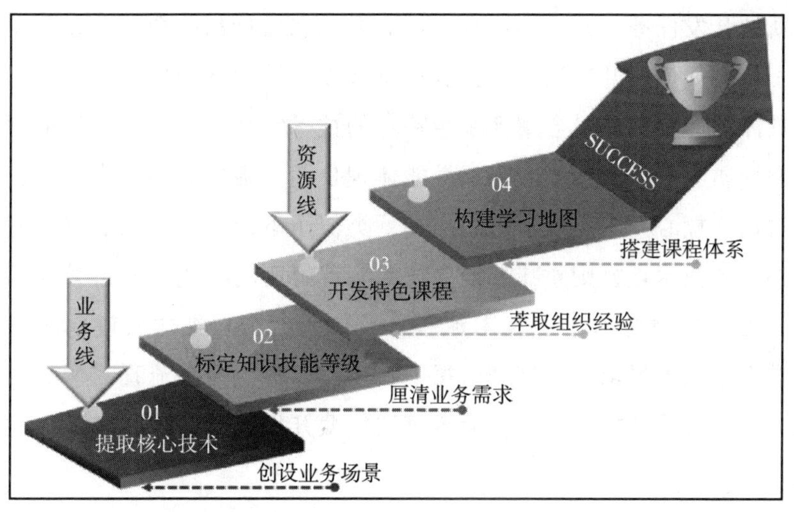

图1 基于业务场景敏捷构建学习地图“四步法”

接下来，本文将以某企业油气勘探开发领域开发地质岗为例，详细介绍学习地图的构建过程。该企业长期以来以前瞻性技术研发和为生产单位提供技术支撑作为主营业务，开发地质是认识油气藏的关键，是油气藏经济有效开发的基础与核心，其研究伴随油气藏开发整个过程。根据该企业业务工作的展开方式，将该企业地质开发划分了碎屑岩油藏、致密油气藏、缝洞型碳酸盐岩油藏、孔隙型碳酸盐岩油气藏、非常规油气藏五个场景，分别对应该企业五大技术支撑区域类型。

（一）创设业务场景，提取核心技术

开发地质作为一门学科，有其基本的技术原理和技术流程。但在实际生产研究中，面对不同的研究对象、不同的地质构造，技术防范的应用、技术标准甚至技术流程都会出现差异。因此，学习地图构建的第一步是创设业务场景，提取不同岩石和油气藏类型下开发地质岗的核心技术，描述技术点，梳理知识与技能，这项工作适合运用工作坊来团队共创。

首先，邀请团队成员回顾过往的工作，或者假设团队在该区域接到一项全新的开发任务，其前端技术交付的形式和质量都符合标准，开发地质岗的工作会如何展开？比如，会从哪里起步？最后会交付什么？中间会做哪些具体的研究工作？会用到哪些特定的技术？这项技术与其他类型油气藏开发地质工作有其独特性吗？最能体现价值、最核心的技术是什么？其次，对这些核心技术点做清晰的描述，类似于下定义。团队能够言简意赅地描述一个技术点，则意味着该项技术有着鲜明的特色和不可替代的存在价值。再次搞清楚科学的技术流程，具体怎么做？细化关键的步骤。最后，在上述技术要求下，梳理出每个技术点、每个技术流程需要具备哪些知识、掌握哪些技能？表1即为致密油气藏开发地质岗核心技术描述的局部展示。

表1　致密油气藏开发地质岗核心技术描述局部展示

核心技术点	技术点描述	技术流程	应具备的知识	应掌握的技能
地层划分对比	利用岩芯、录井、测井和地震资料明确岩石类型，地层纵横向展布特征	①利用岩芯、录井分析岩性特征及岩性组合特征 ②利用岩性、测井曲线特征对地层及小层进行划分对比 ③基于单井分层，结合地震Fenix地层纵横向展布	岩石学 层序地层学基础知识 地震地层学 古生物学	利用廉进行地层划分对比； 应用石文、discovery、petrel等软件和地质综合平台
构造特征	在地层划分的基础上，利用测井地震资料 ……	①单井合成记录标定 ……	构造地质学 大地构造 ……	分析圈闭、断层特征……
……				

（二）厘清业务需求，标定知识技能等级

定级，在传统学习地图的做法中，较多的是以组织架构现有的“岗位级别”作为标尺，比如依据入职年限、职务、职称等划分出“初级”

“中级”“高级”，或者简易地理解为以“人”来定级。基于业务场景做学习地图，定级需要从业务要求出发，业务开展到不同阶段，面对的问题不同，其难易程度、复杂程度对知识和技能的要求是明显不同的。开发地质涵盖地质、测井、地震、油藏工程等多个专业，是否熟练掌握多个专业并能融合应用，直接决定了可以解决什么样的复杂问题。比如，仅懂地质，只能算入门；如果能够将地质与测井很好地结合，就可以解决储层问题；能够将地质、测井、地震很好地结合，就可以解决储层流体的问题；能够将地质、测井、地震与油藏工程多专业很好地结合，就可以牵头编写开发方案、算储量。所以，基于业务场景构建学习地图，要以业务发展的需求、以知识和技能需要掌握的程度来定标尺。对于开发地质岗学习地图的建设，“专业融合度”才是标尺(见图2)。

“初级”：能够融合地质、测井专业，独立开展基础研究工作

“中级”：能够融合地质、测井、地震专业，独立承担主持课题

“高级”：能够融合地质、测井、地震、油藏工程专业，负责项目顶层设计，起到把关和智库作用

图2　以“专业融合度”为标尺的定级说明

如果以传统的“岗位级别”和“人”为标尺，越到“高级”，在组织内就越易出现专家专业的深度和宽度上不相匹配的现象，因为按照目前企业的岗位序列，首席专家、高级专家的岗位级别均位于技术序列的前端，但选聘时都更侧重于某一个专业领域的造诣。而以“专业融合度”为标尺，则恰好说明即使首席专家、高级专家也可以在学习地图中找到进一步学习和发展的路径，这也符合企业未来人才培养和发展的标准。表2就是缝洞型碳酸盐岩油藏小组在明确理解了标尺后，对开发地质岗每一个核心技术点的知识技能进行的等级标定局部展示。

表 2　缝洞型碳酸盐岩油藏开发地质岗知识技能等级

核心技术点	需掌握的知识技能及掌握程度		
	初级	中级	高级
缝洞储集体类型、成因模式及分布特征	①掌握印模法、趋势厚度法等古地貌恢复基本方法与流程 ②掌握岩溶相划分的基本原理，能够应用露头、岩芯、录井、测井和地震资料划分岩溶相带 ……	①掌握古水系刻画及明河、暗河识别及描述方法 ②熟练掌握不同岩溶相带缝洞储集体及充填特征综合描述方法 ……	①能够综合地震储层预测成果、生产动态等资料，对缝洞储集体进行分类评价 ②能够综合应用静、动态资料验证、修改与完善地质模式 ……
断裂带精细解释及控储、控藏作用分析	①掌握不同断裂带剖面特征及构造样式 ……	①能够熟练运用 DSG、Petrel、Paradigm 等软件开展不同级别断裂精细预测 ……	①能够利用方位各向异性开展叠前裂缝预测 ……
……	……	……	……

表 2 的描述方式参考了布鲁姆教育目标分类法，统一表达为“知识技能”+“掌握程度”，即用什么样的工具、方法、软件、平台来解决什么问题。其中，“知识技能”要尽可能细化、立足业务，反映出不同业务场景下区域和岩性的特色。“掌握程度”仅体现增量，即默认较高一级别应当完全具备和掌握较低一级别的知识和技能，在行文上不做重复赘述。

结合表 2 中对知识技能的要求，通过焦点会议制定出符合各业务场景油气藏特色的应知应会课程清单（见表 3）。

表 3　碎屑岩油藏开发地质岗应知应会课程清单局部展示

初级	中级	高级
①常用地层对比方法介绍 ②断层要素及识别方法介绍 ③野外露头描述方法 ④室内岩心沉积特征观察与描述 ……	①陆相沉积地层划分对比方法 ②地震三维层位追踪解释与断层组合分析 ③沉积微相识别与划分方法 ④地球物理储层预测主要方法 ……	①基于构型知识库的单砂体地层对比 ②复杂断块和底辟构造解释方法 ③低幅隐蔽圈闭识别与描述 ④低幅薄砂岩储层预测方法 ……

（三）萃取专家经验，开发特色课程

学习地图建成后，能否落地最关键的因素就是资源。资源匮乏或者资源质量不高，落地后就会出现与建设过程“两张皮”的现象。本着“实用”和“特色”两个基本原则，在梳理出应知应会课程清单后，即可从资源线出发，着手萃取企业内部专家经验，开发具有本企业特色的课程。

业务专家的经验萃取（见图 3）始于业务场景，从挑战、冲突中找关键问题，从解决路径中提取最佳行为，总结提炼成规律、方法论，并在解决新问题的过程中实现知识和技能的迁移。相比之下，对业务专家个人业务经验的萃取，个人访谈会更高效。

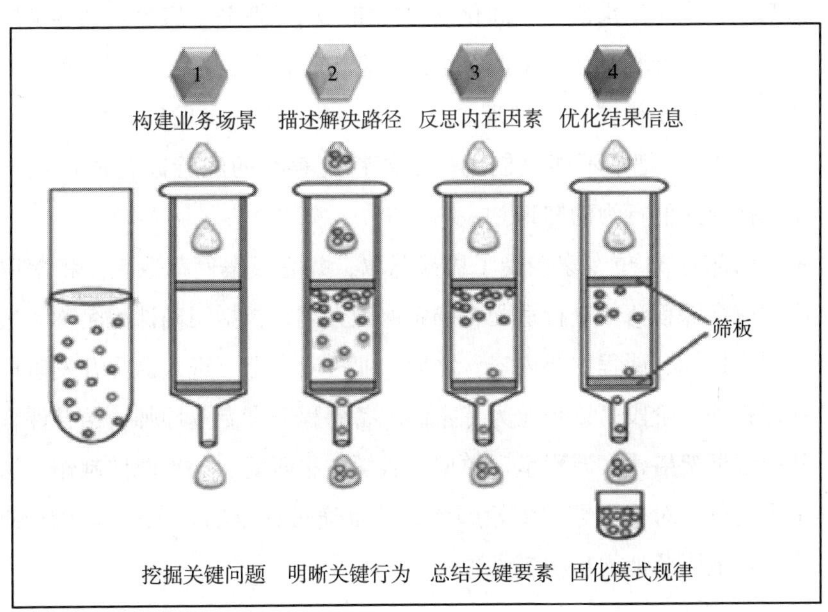

图 3　业务专家经验萃取流程

第一步，构建业务场景，挖掘关键问题。通过询问专家在这项业务中印象最深刻的事情、最创造价值的事情，引导业务专家描述事件的产生背景，

包括当时的组织环境，了解他遇到的困难、挑战、产生的冲突等。目的是帮助业务专家通过回顾亲身经历的事件勾勒业务场景，描述工作任务，挖掘关键问题。

第二步，描述解决路径，明晰关键行为。引导业务专家回顾问题被解决的具体过程，比如采取了哪些办法，开展了哪些攻关，得到了哪些支撑，化解冲突的具体做法等，重点关注那些关键行为的描述。

第三步，反思内在因素，总结关键要素。引导业务专家反思问题解决的过程，反思那些具体行为的背后是什么因素、什么力量在推动？撬动杠杆的突破点在哪里？这些做法可以带到未来去解决类似的问题吗？从而帮助业务专家找到关键要素，比如，具有普遍性、重要性、可复制性的关键环节，或者关键点、易错点、难点等。

第四步，优化结果信息，固化模式规律。引导业务专家思考那些关键要素之间有没有某种联系，并由此总结出一套工作流程，或者发明一种技术模型，抑或提出一个模式、一种理念，深化一个理论？实现从“形而下”上升到“形而上”，把本不能复制的、不能稳定存在的经验固化成可以传授的、用以指导人们行为的知识。

企业内部有33位专家接受了访谈萃取，并完成案例萃取表。将萃取材料与应知应会课程清单进行适配，确定课程大纲，包括明确课程名称、适用对象、课程目标、课程主要内容。之后，业务专家即可进入课程开发阶段。

在课程开发阶段，该企业为专家们配备课程开发专业导师，结合课程大纲，从课程框架搭建、课程呈现类型、教学方法匹配、课程课件制作、课堂教学呈现进行一对一指导和多轮磨课，首批通过评审的特色课程就达到12门，为学习地图落地逐步积累资源。

（四）搭建课程体系，构建学习地图

在进行课程开发的同时，即按照课程6要素（课程名称、课程目标、课程内容、培训方式、培训学时、培训教师）完成不同业务场景下不同等级的课程体系搭建，表4是孔隙型碳酸盐岩油气藏开发地质岗课程体系局部

展示。其中，普适性的课程需要拓展外部师资。图 4 即为该企业开发地质岗学习地图格架模型。

表 4　孔隙型碳酸盐岩油气藏开发地质岗课程体系局部展示

等级	课程名称	课程目标	课程内容	培训方式	培训学时（学时）	培训教师
初级	常用地层对比方法介绍	①掌握常规测井曲线含义 ②能够识别选取区域标志层	①岩性测井曲线的含义 ②标志层地层对比方法	现场教学	2	外部
初级	野外露头及岩芯沉积、储层特征描述方法	①掌握野外露头及岩芯沉积、储层特征描述方法	①野外露头及岩芯沉积、储层特征描述方法	集中讲授	3	内部
初级	……	……	……	……	……	……
中级	碳酸盐岩沉积相描述	①掌握碳酸盐岩沉积相描述	①碳酸盐岩沉积微相划分 ②沉积相图绘制	集中讲授	2	外部
中级	地球物理储层预测主要方法	①掌握地震属性分类 ②掌握地震属性分析技术 ……	①地震数据评价分析 ②常用地震属性基本原理及属性优化分析	集中讲授	8	内部
中级	……	……	……	……	……	……
高级	碳酸盐岩储层沉积模拟方法	①掌握碳酸盐岩沉积相模式 ②会使用沉积模拟工具	①碳酸盐岩沉积相模式 ②掌握碳酸盐岩储层沉积模拟方法	集中讲授	4	内部
高级	碳酸盐岩有利开发目标区优选方法	①掌握碳酸盐岩有利开发目标区优选方法	①碳酸盐岩有利开发目标区优选方法	集中讲授	2	内部
高级	……	……	……	……	……	……

注：表中培训教师一列，“内部”即指前述经过萃取后开发的本企业特色课程，有指定教师；“外部”即指院内未开发该课程，依靠外部师资。

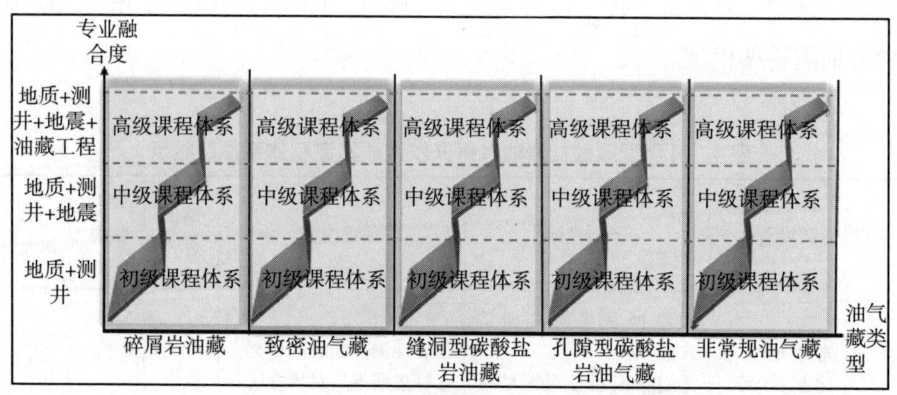

图 4　XXX 企业开发地质岗学习地图格架模型

四　学习地图在组织内的应用

（一）落地到组织内实现地质岗人员的精准培训

建设好的学习地图已经为该企业开发地质岗人才梯队建设提供了体系化的规划和指导。目前，缝洞型碳酸盐岩开发地质岗学习地图已落地人才培养，为企业内部员工开展油藏描述工作提供精准培训，缝洞型碳酸盐岩油气藏开发地质岗地图建设和课程开发团队全程参与了培训项目的开发，并承担授课任务。该企业内部来自开发所、西北中心、华北中心、海外重点项目中心等部门共 41 名员工参与了本次培训。

该企业是一个知识密集型研发企业，员工普遍高学历，多年来新引进员工均为海内外知名院校的博士和硕士，专业基础扎实，业务水平高。在过往的培训中，最突出的问题就是员工个性化需求多，对内容和师资的要求和标准几近苛刻。为真实了解本次培训员工的学习状态和学习效果，更为了促进学用转化，培训项目通过数字化平台分训前、训中和训后对学员个体进行了“以终为始”的设计（见图 5），鼓励学员带着问题参加培训，培训中引导学员学思践悟，培训结束后要求带着解决问题的方案开展工作。

图 5　学员层面的学习设计

培训评估结果显示，学员对本次培训的满意度达到 100%，同学们普遍认为本次培训内容重点突出，针对性强，尤其与实际工作结合紧密；认为授课教师整体水平高，对教学效果非常满意。从统计数据可以看到，有 91.7%的学员反映训前提出的疑难问题已通过培训得到有效解决，训前制定的学习目标完全实现的同学达到 87.5%，表 5 展示了部分示例。

此次培训内容均为本院自有特色技术，师资亦是本院同事，但相比以往，培训的参与度却得到了极大改善。实践证明，以学习地图为指导开发培训方案，定会提升培训的针对性和有效性。实践也进一步证明基于业务场景构建学习地图在有效解决复杂问题方面有着不可替代的优势，从业务线出发满足了技术的快速迭代和复合性，保证了地图的实用性；从资源线出发，实现了对组织内特色技术的沉淀和管理，保证了内容的先进性。

后续该企业还将继续参照开发地质岗学习地图针对页岩油气、致密油气、孔隙型碳酸盐岩、碎屑岩油气藏开发地质岗人员规划和组织系列培训，实现对开发地质岗技术人员的体系化和精准化培养。

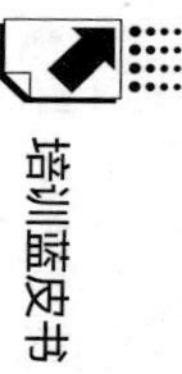

表 5　学员学习目标制定与训后转化计划（局部示例）

姓名	通过本次培训，您希望学会哪些知识？掌握哪些技能？请明确列出3个学习目标	结合当前工作实际，您希望通过本次培训解决什么难题？请明确提出1~3个难题	训前制定的3个学习目标，是否已达到？如果未能完成，原因是什么	训前提出的疑难问题，通过学习是否得到有效解决	训后的转化与应用计划是什么
刘X静	1. 掌握油藏描述的内容和基本方法 2. 掌握裂缝—缝洞型碳酸盐储层分类及预测方法 3. 掌握缝洞型油藏地质建模流程和方法	问题1:如何开展小层对比，流程和方法是什么 问题2:如何基于钻井和地震资料开展储层沉积相研究 问题3:如何进行储层分类	已完全达到	均得到有效解决： 1. 掌握了油藏描述的基本内容和方法 2. 掌握了缝洞型储层的储集体特征和预测方法 3. 学会了缝洞型油藏储量计算方法和储量计算参数的选取	训后3~6个月计划，基于新项目评价开展碎屑岩油藏描述方面的相关工作
王X一	1. 掌握碳酸盐岩裂缝—缝洞储集体分类预测方法，重点关注地球物理方面的相关预测技术 2. 学会缝洞型油藏储量的计算方法，并能自行运用到实际生产项目中 3. 掌握缝洞型油藏三维地质建模技术，并学会相关软件的基本操作流程	问题1:如何通过地球物理手段精确预测小尺度缝洞体 问题2:基于地震静态资料的储量预测如何与生产动态储量更好地匹配 问题3:三维地质建模技术能够解决什么问题？以及适用条件是怎样的	未能完全达成的原因是：涉及开发方面的知识，由于没有专业基础，掌握程度相对较差。	1. 有效解决：地球物理方面的疑惑已得到有效解决。对于地球物理识别缝洞体方面的技术掌握得更加深刻了 2. 基本解决：涉及开发方面的知识已得到初步了解	训后3个月不断复习全部课程，特别是本专业领域之外的知识 3~6个月内学习相关软件操作，能够学会基本流程
吕X平	1. 油藏描述包括的具体内容 2. 精细油藏描述所能解决的问题 3. 缝洞型油藏储量计算方法	问题1:如何进行油藏描述，为新项目评价提供帮助 问题2:如何准确地进行储量计算	已完全达到	问题1:已有效解决 问题2:已了解缝洞型油藏储量计算方法	训后3个月内，对所进行的项目进行较为细致的油藏描述 3~6个月内，将对所开展的油气藏描述部分进行完善并汇报

（二）复制到组织内其他关键岗位的学习地图建设

鉴于当前油气勘探开发的复杂程度，技术人员对跨专业学习和融合应用需求在不断加大，此次开发地质岗学习地图的建设能够为院内其他岗位技术人才拓展开发地质业务知识开辟了横向渠道，可以提供不同等级的资源。本次培训有41.5%的学员从事地球物理、测井、石油地质等工作，从岗位上都属于跨专业学习，但满足开发地质岗人员专业融合度的发展要求。

该企业认为基于业务场景构建学习地图建设过程流程清晰，操作性强，紧扣企业核心业务，是一套可以被复制的、有效的方法论，将快速应用于组织内其他类似关键岗位学习地图的建设和人才培养。

（三）延伸至为组织内关键岗位人才的选拔与使用提供参考

基于业务场景构建学习地图既可以用于规划和培养人才，也可以为选拔和使用人才提供参考。“专业融合度”为不同业务场景下解决问题提供了技术标尺，带有鲜明的技术特色，符合技术型企业人才的选用标准。是否掌握了学习地图中应该掌握的知识、是否具备了学习地图中应该具备的技能，可以为岗位人才选拔提供参考，也可以为类似科研团队组建提供依据。

五　结语

总结下来，该企业基于业务场景构建学习地图的方式敏捷高效，有效地支撑和服务了组织内部关键岗位人才的培养，并展现出以下四个明显的优势。

第一，实用性和指导性强。学习地图建设过程中对工作任务、对技术流程、对技术要点的分析都充分结合了企业业务发展的需求，能够满足复杂场景下对相关专业领域知识和技能的要求，可以为组织内部关键岗位人才梯队建设提供体系化的规划和精准化的指导。用学习地图精准规划人才培养，指导培训项目开发，可以实现即学即用，有效解决业务难题，支撑业务发展。

第二，富有鲜明的企业特色。业务场景来自企业主营业务，建设过程中始终强调突出企业自有核心技术，并通过内部专家经验萃取和课程开发，最大限度挖掘并传承了企业内部优势资源，实现隐性经验显性化、显性成果标准化，为企业实现有效的知识管理找到了最佳路径，也彻底解决了长期以来构建地图和人才培养“两张皮”的现象，打通了地图落地人才培养的“最后一公里”。

第三，在企业内受益面广。以业务场景为载体，能够满足不同业务范围、不同发展阶段员工在横向、纵向上的学习和成长需求；伴随企业内部学习地图建设的完善，可以实现所有员工在同一个时间段，结合本职岗位和当前的业务需求，找到适合自己的学习项目；也可以让每位员工按照专业融合度的要求和成长路径找到持续精进和拓展复合的学习项目，让自己成长为解决复杂问题的高手，成长、成才。

第四，具有敏捷性和可持续性。业务场景具有一定的独立性，随着业务场景的复杂程度或技术更新迭代的速度，无论是面对全新的业务场景，还是某一业务场景下核心技术的局部升级，都可以表现得更加敏捷和高效，也可以实现持续对地图中原有核心技术点、技术流程进行补充或修订。

参考文献

刘璐：《聚焦公司战略目标的青年干部领导力学习地图构建》，《中国电力教育》2022 年第 3 期。

万海鹏、余胜泉、王琦、冯上兵、陈敏：《基于学习认知地图的开放学习者模型研究》，《现代教育技术》2021 年第 4 期。

中国工商银行北京分行：《“学习地图”，为人才培养之路“导航”》，《现代商业银行》2019 年第 23 期。

附　　录

B.28
2021年培训事业大事记

冯惠霞　邢　蓉　柏玉林

1月29日　人力资源和社会保障部发布《关于开展“迎新春　稳岗留工送培训”专项工作的通知》，提出组织企业结合稳岗留工开展培训、实施以工代训、开展线上培训和送技能优质服务。

2月　中共中央宣传部、中共中央组织部发布关于认真组织学习《〈习近平新时代中国特色社会主义思想学习问答〉的通知》，提出各级党组织按照学懂弄通做实的要求，组织全体党员认真读原著、学原文、悟原理，并把《问答》纳入学习计划，作出周密安排，开展多形式、分层次、全覆盖的学习培训。

2月　中共中央印发《关于在全党开展党史学习教育的通知》，就党史学习教育作出部署安排。强调各级党委（党组）要把开展党史学习教育作为一项重大政治任务，要以县处级以上领导干部为重点开展学习教育实践，要发扬马克思主义优良学风。

2月1日　人力资源和社会保障部、财政部发布《关于充分发挥职业技

能提升行动专账资金效能 扎实推进职业技能提升行动的通知》，提出合理确定调整培训补贴标准，提高培训针对性，加大培训补贴资金直补企业工作力度，全面推行中国特色企业新型学徒制，优先使用专账资金，强化培训资金监管，压实专账资金管理使用责任，加强经办服务工作，建立专账资金调剂使用和奖补机制。

2月7日 人力资源和社会保障部发布《关于2021年组织开展职业技能提升行动质量年活动的通知》，计划到2021年底，努力实现全国技能劳动者占就业人员总量的比例达到25%以上，高技能人才占技能劳动者的比例达到30%以上的目标。

2月19日 人力资源和社会保障部办公厅印发《技工院校教材管理工作实施细则》，从工作职责、教材规划、教材编写、教材审核、出版与发行、选用与使用、服务与保障、评价与监督等多方面作出详细规定。

3月 中央军委印发《关于在全军开展党史学习教育的通知》，对全军开展党史学习教育作出部署。要求各级要把开展党史学习教育作为一项重大政治任务，强化政治责任、把好政治关导向关、注重增强实效、营造浓厚氛围，加强统筹指导，科学安排教育内容、时间和组织方式，以强有力的组织领导确保学习教育取得实效。

3月3日 国务院国资委干部教育培训中心（中央党校国资委分校）印发《2021年度培训计划的通知》，围绕“国企党建、国企改革、国企发展、国资监管”四条主线设置班次，聚焦国企改革三年行动、对标世界一流管理提升行动、培育世界一流企业、庆祝建党一百周年重点任务开展专题系列培训。

3月11日 十三届全国人大四次会议通过《中华人民共和国国民经济和社会发展第十四个五年规划和2035年远景目标纲要》。规划要求：加强全民数字技能教育和培训，普及提升公民数字素养；深化产教融合、校企合作，鼓励企业举办高质量职业技术教育，探索中国特色学徒制；深化职普融通，实现职业技术教育与普通教育双向互认、纵向流动；健全终身技能培训制度，持续大规模开展职业技能培训；深入实施职业技能提升行动和重点群体专项培训计划，广泛开展新业态新模式从业人员技能培训；鼓励企业开展岗位技能提升培训；建设一批公共实训基地和产教融合基地，推动培训资源共建共享。

4月1日 人力资源和社会保障部发布《关于组织开展2021年全国行业职业技能竞赛的通知》，组织开展一类职业技能大赛10项、二类职业技能竞赛77项，同时会同有关部门组织开展全国乡村振兴职业技能大赛、全国新职业技能大赛等专项赛事。

4月8日 人力资源和社会保障部办公厅发布《关于开展2021年技工院校师资能力提升活动的通知》，组织开展2期技工院校教学管理人员能力提升班、14期技工院校教师教学能力提升班、4期职业技能提升行动师资能力提升班、3期欠发达地区技工院校师资能力提升班。

4月9日 人力资源和社会保障部办公厅印发《关于深入推进职业技能提升行动 全面推广职业培训券有关工作的通知》，要求已上线地区深入推进职业培训券推广应用，拟上线地区加快推进职业培训券试点上线。计划2022年，面向所有参加政府补贴性职业技能培训的人员发放职业培训券，归集技能培训、职业资格、技能等级等证书信息，逐步累积形成以社保卡为载体的劳动者终身职业技能培训电子档案。

4月12日 全国职业教育大会在京召开。习近平总书记作出重要指示，指出“职业教育前途广阔、大有可为”，要深化产教融合、校企合作，深入推进育人方式、办学模式、管理体制、保障机制改革，建设一批高水平职业院校和专业，加快构建现代职业教育体系，培养更多高素质技术技能人才、能工巧匠、大国工匠。

4月14日 人力资源和社会保障部在福建省龙岩市召开全国职业培训券现场观摩会。会议旨在深入推进职业技能提升行动，总结前期职业培训券试点工作，部署在全国全面推广职业培训券工作。

4月15日 国务院新闻办公室于举行国务院政策例行吹风会，要求全面推广职业培训券。依托电子社保卡加载职业培训券，解决劳动者先行垫付培训费的问题，实现对参培人员合理引导、报名检索、资金监管等服务。

4 月 16 日 人力资源和社会保障部办公厅印发《专业技术人才知识更新工程 2021 年高级研修项目计划》，要求落实研修计划、保证研修质量、组织结业考核、严守财务规定、加强总结宣传。

4 月中旬 人力资源和社会保障部制定《提升全民数字技能工作方案》，聚焦加强全民数字技能教育和培训、普及提升公民数字素养，提出要完善政策措施、加强技工院校人才培养、加强数字技能职业技能培训等措施。文件要求，重点开展人工智能、大数据、云计算等数字技能培训，探索数字化技能培训新模式，编制国家基本职业培训包（指南包、课程包），加大数字技能相关职业培训教材开发力度。

4 月 21 日 上海行动教育科技股份有限公司股票在上海证券交易所上市。作为企业管理教育培训第一股，公司主要提供精品公开课和 OMO 数字化商学院服务。

4 月 28 日至 7 月 28 日 国务院国资委干部教育培训中心和新闻中心共同举办“2021 年国有企业新闻宣传工作网络培训班——新媒体实战训练营”。培训对象为中央企业及地方国资委监管企业领导人员、新闻宣传部门负责人及其他相关工作人员，培训邀请政务新媒体运营专家、新媒体行业领军人物围绕传播新生态中的企业传播、新媒体运维与矩阵管理、央企品牌升级与社交媒体传播实践等内容开展专题讲座。

4 月 30 日 人力资源和社会保障部发布《关于贯彻落实习近平总书记对职业教育工作重要指示精神的通知》，提出加强技能人才队伍建设力度、落实技能人才激励政策、加大对职业教育发展的服务保障，要求全面推行中国特色企业新型学徒制、职业培训券模式、社会化职业技能等级认定。

4 月 30 日 人力资源和社会保障部办公厅印发《关于加强新职业培训工作的通知》，提出加快新职业标准开发、组织开展新职业培训、加强新职业培训基础建设、有序开展新职业评价、强化政策待遇落实。通知要求，大力开展新职业培训特别是数字经济领域人才培养；对于数字技术技能类职业，探索引入现代化手段和方式开展培训；加快新职业培训大纲、培训教材、教学课程、职业培训包等基础资源开发，引导社会力量积极参与。

5月6日至8月6日 国务院国资委干部教育培训中心举办“继承和发扬国企精神，新时代国有企业文化建设”网络培训班。培训班以中央企业及地方国资委监管企业党员干部为培训对象，以建设文化强国、坚定文化自信；百年央企听党话、跟党走，在党的光辉下成长和发展的百年征程；传承国有企业优良传统、赓续国有企业精神血脉；新时代国有企业文化建设工作经验分享四个主题为培训内容开展培训。

5月20~22日 《培训》杂志在深圳召开（第十七届）中国企业培训与发展年会。年会为期三天，设置20个分论坛，聚焦数字化学习、组织发展与改革、领导力发展等10多个议题。

5月24日 人力资源和社会保障部、财政部、教育部发布《关于扩大院校毕业年度毕业生参加职业技能培训有关政策范围的通知》，提出适当扩大职业技能提升行动专账资金补贴覆盖范围、统筹完善补贴性职业技能培训目录管理、推动落实职业院校开展培训的激励政策、加强组织领导。

5月24~28日 国务院国资委干部教育培训中心在北京举办“加强党的领导，完善中国特色现代企业制度”培训班。培训班以中央企业及地方国资委监管企业董事会成员、班子成员及相关部门主要负责人为培训对象，围绕加强党的领导，夯实中国特色现代企业制度建设基础，大力推进管理体系和管理能力现代化等内容，开设相关课程。

5月26~28日 中国航空学会民用飞机运行支持技术分会和上海市航空学会在廊坊举行“2021（第六届）中国民用航空培训产业国际论坛”。

6月7日 《中华人民共和国职业教育法（修订草案）》提请全国人大常委会审议，草案明确规定国家建立健全职业学校教育和职业培训并重，职业教育与普通教育相互融通，初级、中级、高级职业教育有效贯通的现代职业教育体系。

6月8日 人力资源和社会保障部会同财政部、国资委、全国总工会、全国工商联印发《关于全面推行中国特色企业新型学徒制 加强技能人才培养的指导意见》，对培养的对象、模式、目标、主要方式、内容、主体职责作出规定，明确技能人才培养的激励机制和保障措施。新型学徒制培养对象为至少签订1年劳动合同的技能岗位新招用和转岗等人员，培养目标以符合企业岗位需求的中级工、高级工及技师、高级技师为主，培养期限为1~2年，特殊情况可延长到3年。对开展学徒培训的企业，按规定给予职业培训补贴，补贴标准原则上学徒每人每年5000元以上，可定期调整。

6月11日 中国就业培训技术指导中心、人力资源和社会保障部职业技能鉴定中心公示拟发布的《职业信息与培训项目（专业）对应指引》。

6月28日 人力资源和社会保障部、国家乡村振兴局印发《国家乡村振兴重点帮扶地区职业技能提升工程实施方案》，重点支持国家乡村振兴重点帮扶县、西藏自治区、新疆维吾尔自治区和新疆生产建设兵团。计划"十四五"期间，累计开展职业技能培训不少于300万人次，培养5万名左右高级工以上高技能人才和乡村工匠，更好地服务乡村振兴。

6月29日 人力资源和社会保障部印发《人力资源和社会保障事业发展"十四五"规划》。

6月30日 人力资源和社会保障部印发《"技能中国行动"实施方案》，提出健全完善"技能中国"政策制度体系，实施技能提升、技能强企、技能激励、技能合作四大行动，提出20条具体措施。计划"十四五"期间，新增技能人才4000万人以上，技能人才占就业人员比例达到30%，东部省份高技能人才占技能人才比例达到35%，中西部省份高技能人才占技能人才比例在现有基础上提高2~3个百分点。

6月30日至9月30日 国务院国资委干部教育培训中心举办"加强党的领导，完善中国特色现代企业制度"网络培训班，对中央企业及地方国资委监管企业相关人员开设关于加强党的领导，夯实中国特色现代企业制度建设基础，大力推进管理体系和管理能力现代化等内容的相关课程。

7月5日 教育部办公厅印发《关于加强社会成人教育培训管理的通知》，围绕名称使用、招生管理、培训内容、师资团队、培训模式、经费管理和安全管理等十个方面加强对社会成人教育培训机构的管理，推动加强行业自律。

7月13日 钉钉推出"新职业在线学习平台3.0版"。

7 月 16 日　国家发展改革委办公厅、教育部办公厅印发《关于产教融合型企业和产教融合试点城市名单的通知》，要求各地发展改革和教育部门要发挥国家产教融合型企业和国家产教融合试点城市的示范引领作用，要指导和组织本地区国家产教融合型企业和国家产教融合试点城市，优化完善、深入落实产教融合整体工作方案，进一步细化工作任务，推动落实到位。

7 月 19 日至 10 月 30 日　国务院国资委干部教育培训中心举办学习贯彻习近平总书记“七一”重要讲话精神网络培训班。培训班针对中央企业及地方国资委监管企业党员干部，围绕习近平总书记“七一”重要讲话精神，深刻领会“以史为鉴、开创未来”根本要求，发扬伟大建党精神等内容，开设相关课程。

7 月 26 日至 8 月 13 日　国务院国资委干部教育培训中心在北京举办“第四期中央企业高级法律管理人员履职能力”“培训班，邀请最高人民法院、最高人民检察院、国务院有关部委等相关部门领导，中央党校、北京大学、中国人民大学、中国政法大学等高校专家教授以及中央企业总法律顾问，仲裁机构、律师协会知名律师等主讲，对中央企业集团及所属企业现任或拟任法律工作主管领导、总法律顾问、法律事务部门负责人（正、副职）开展关于法律基础知识、企业法治建设实务、法律事务高管履职能力等主题的培训。

9 月 2 日　人力资源和社会保障部、财政部发布《关于拓宽职业技能培训资金使用范围　提升使用效能的通知》，要求加大职业技能提升行动专账资金统筹使用工作力度、进一步扩大职业培训补贴政策覆盖范围、加强新职业培训、强化职业培训补贴政策执行落实和培训质量和资金监管力度、进一步加强职业培训基础工作。

9 月 15 日　人力资源和社会保障部、财政部、工业和信息化部、科技部、教育部、中国科学院印发《专业技术人才知识更新工程实施方案》，在新一代信息技术、生物技术、新能源、新材料、高端装备、新能源汽车、绿色环保以及航空航天、海洋装备等战略性新兴产业领域，开展大规模知识更新继续教育，每年培训 100 万名高层次、急需紧缺和骨干专业技术人才；依托高等院校、科研院所、大型企业现有施教机构，建设一批国家级专业技术人员继续教育基地。

9月24~28日 国务院国资委干部教育培训中心与北京丝路国际产能合作促进中心在北京合作举办“深化国企改革，高质量推进产业布局优化和结构调整”培训班，培训主要内容包括：中央企业深入实施国企改革三年行动；强化战略规划引领，优化调整布局结构；“十四五””规划政策解读；“十四五”国家产业布局形势及分析；“十四五”国家区域政策和区域经济发展；“十四五”国家科技发展规划；中央企业典型做法和经验案例分享。

9月29日 人力资源和社会保障部办公厅、工业和信息化部办公厅颁布《关于集成电路工程技术人员等7个国家职业技术技能标准的通知》，公布集成电路、人工智能、物联网、云计算、工业互联网、虚拟现实工程技术人员和数字化管理师等7个数字技术技能新职业国家标准，为相关人才培训服务规范发展提供依据。

10月 中共中央办公厅、国务院办公厅印发了《关于推动现代职业教育高质量发展的意见》，提出强化职业教育类型特色、完善产教融合办学体制、创新校企合作办学机制、深化教育教学改革、打造中国特色职业教育品牌，要求到2025年，职业教育类型特色更加鲜明，现代职业教育体系基本建成，职业本科教育招生规模不低于高等职业教育招生规模的10%；到2035年，职业教育整体水平进入世界前列，技能型社会基本建成。

10月8日 人力资源和社会保障部办公厅印发《专业技术人才知识更新工程数字技术工程师培育项目实施办法》，计划2021~2030年，围绕人工智能、物联网、大数据、云计算、数字化管理、智能制造、工业互联网、虚拟现实、区块链、集成电路等数字技术技能领域，每年培养培训数字技术技能人员8万人左右，培育壮大高水平数字技术工程师队伍。

10月11日 教育部、财政部、人力资源和社会保障部、退役军人事务部和中央军委政治工作部、训练管理部、国防动员部近日联合印发《关于全面做好退役士兵教育培训工作的指导意见》，提出面向退役军士和退役义务兵，建立包括适应性培训、职业技能培训、学历教育和终身学习的教育培训体系。

10 月 15 日 国家新闻出版署、人力资源和社会保障部发布关于《新闻专业技术人员继续教育暂行规定（征求意见稿）》公开征求意见的通知。

10 月 18~22 日 国务院国资委干部教育培训中心在北京举办 2021 年国有企业私募股权基金培训班。本次培训对象包括中央企业战略规划、产业投资、产融结合等相关部门负责人和重点投资管理、资产管理，产业发展基金及基金管理公司领导人员；地方国有重点企业分管领导及战略规划、产业投资、产融结合等相关部门负责人和重点投资管理、资产管理，产业发展基金及基金管理公司领导人员。培训围绕政策解读、行业前沿、投资实践、交流研讨四个模块开展。

10 月 25 日至 2022 年 3 月 18 日 国务院国资委干部教育培训中心举办国有企业助力乡村振兴网络培训班。培训班以中央企业及所属企业、地方国资委及其监管企业负责该项工作的领导人员、相关工作人员及企业派驻帮扶地干部等人为培训对象，围绕《中共中央国务院关于全面推进乡村振兴加快农业农村现代化的意见》政策解读，针对国资央企助力乡村振兴责任要求及方式方法等内容开设相关课程。

11 月 “2021 年中国（海南）-柬埔寨热带农业技术培训班香蕉标准化生产技术培训班”通过远程视频连线的方式在海南和柬埔寨拉开帷幕。在为期一周的培训中，来自中国热带农业科学院的专家们通过视频方式，讲授了香蕉等水果的发展前景、病虫害防治技术、采后保鲜等内容。

11 月 5 日 人力资源和社会保障部发布《技工教育“十四五”规划》，提出“十四五”期间技工教育发展的总体要求，明确主要目标和重点任务，推动技工教育高质量发展；计划到 2025 年，技工院校在校生规模超过 360 万人、毕业生就业率高于 97%，基本形成技工教育体系更加完善、布局更加合理、特色更加突出、技能人才培养规模和质量更加契合经济社会发展需要的良好局面。

11 月 5 日 美国詹姆斯敦基金会网站发表题为《中国职业教育工坊寻

求加强与非洲合作》的文章，称在“一带一路”倡议下，鲁班工坊等教育和发展项目投资以及其他技术和职业教育与培训投资仍将是中国海外援助的重要组成部分。

11月19~20日 以“开放、合作、共赢——共同构建人类技能共同体”为主题的2021年“一带一路”职业教育国际研讨会，以线上线下相结合的形式，在北京、深圳两地连线开启。会议会聚了来自36个国家和地区的政府部门、院校机构、行业企业800余名领导嘉宾、专家学者齐聚“云端”，共商职业教育在服务“一带一路”和人类命运共同体建设中的使命与担当，凝聚广泛共识，会议发布了《“一带一路”沿线国家职业教育概览》《“一带一路”职业教育发展报告》。

11月22日 习近平总书记在中国—东盟建立对话关系30周年纪念峰会上指出，中方愿同东盟加强职业教育、学历互认等合作，增加中国—东盟菁英奖学金名额，开展青年营等活动。

11月23日 人力资源和社会保障部办公厅发布《关于组建技工教育和职业培训教学指导委员会的通知》，提出以国家职业分类和技工院校专业分类为依据，分批组建若干个教指委，各教指委下设若干个工作组。教指委委员由技工院校、行业企业、高等院校、教研机构、职业培训机构等单位的专家组成。

11月29日 习近平总书记在中非合作论坛第八届部长级会议开幕式上发表主旨演讲，提出实施“未来非洲——中非职业教育合作计划”，开展“非洲留学生就业直通车”活动。继续同非洲国家合作设立“鲁班工坊”，鼓励在非中国企业为当地提供不少于80万个就业岗位。

11月29日至2022年6月30日 国务院国资委干部教育培训中心与新闻中心共同举办2021年第二期国有企业新闻宣传工作网络培训班——短视频运营专题培训。培训班邀请中央主流媒体、短视频生产机构、短视频平台公司的相关专业人员，围绕选题策划、内容生产和运营实践对中央企业及地方国资委监管企业领导人员、新闻宣传部门负责人及短视频运营相关工作人员开展专题授课。

12 月 15 日 人力资源和社会保障部、教育部、国家发展改革委、财政部联合印发《"十四五"职业技能培训规划》，提出了"十四五"时期加强职业技能培训工作的指导思想、基本原则、主要目标、重点任务和保障措施；计划到 2025 年，实现终身职业技能培训制度更加完善，共建共享职业技能培训体系更加健全，创新型、应用型、技能型人才队伍不断发展壮大，职业技能培训服务更加有效等目标；要求"十四五"时期开展补贴性职业技能培训 7500 万人次以上，其中农民工参加职业技能培训 3000 万人次以上，新增取得职业资格证书或职业技能等级证书的人员达到 4000 万人次以上，其中新增高技能人才 800 万人次以上，新增公共实训基地 200 个。这是我国首次编制的国家级职业技能培训五年专项规划，充分体现了党中央、国务院对职业技能培训工作的高度重视，将对推进"十四五"时期健全终身职业技能培训体系，提高劳动者就业创业能力，促进就业和经济发展起到重要的推进作用。

12 月 17 日 人力资源和社会保障部办公厅发布《关于公布国家级（康养）高技能人才培训基地名单的通知》，确定江苏省常州技师学院、杭州第一技师学院、河南医药健康技师学院、云南技师学院、商洛市康养技能人才公共培训中心（商洛市技工学校）5 家单位为国家级（康养）高技能人才培训基地（有效期为五年）。

12 月 17~18 日 培博会（深圳）会展服务有限公司主办"2021 第十届国际培训产品博览会"，开启了学习技术专场、在线教育专场、讲师论坛专场以及人才发展专场四大专题平行分会场，通过博览交易、主旨演讲、研讨分享等形式，集中展示全球培训行业新趋势、新产品、新技术，多层次，多维度地开展全球智慧碰撞和交流，致力于让全球好的产品找到好的通路。

12 月 31 日 技工院校工作成果丰硕。2021 年，全国技工院校招生约 162 万，再创近年新高；47 所技工院校纳入教育强国推进工程；1.2 万余名技工院校校长、教师参加研修和能力提升活动；出版技工教育规划教材 200 余种；印发一批国家技能人才培养标准及一体化课程规范（试行）；为 326 万技工院校学生落实免学费、助学金政策，4604 名学生享受中职国家奖学金，200 名学生享受劳动出版"技能雏鹰"奖（助）学金。

Abstract

Annual Report on the Development of Training in China (*2022*) is the second book of the Blue Book of Training series. This book inherits the content, structure and style of Blue Book of Training 2021, from the perspective of the education and training of party and government cadres, training of enterprise managers, continuing education of professional and technical personnel, vocational skills training and other industries and training theories, technologies and practices, and based on various training practices and data in 2021, it provides a categorization and summary analysis of the development of China's training industry in terms of policies, systems and system construction, as well as theoretical, technological and practical innovations. The book is divided into seven parts, including general report, sub report, special report, local and regional report, practice and exploration report, training technology report and chronicle of events. There are 27 research reports and one chronicle of events.

The general report, China Training Business Development Report 2021, analyzes and summarizes the new progress in the fields of education and training for party and government cadres, training for corporate managers, continuing education for professional and technical personnel, and vocational skills training in China. It finds that in 2021, China's training policies continue to improve, new progress is made in system construction, there are new developments in continuing education for professional and technical personnel and vocational skills training, various new training technologies are innovatively applied, the digitalization process of training is accelerated, and investment, financing and exhibition activities in the training industry remain active. According to the report, there are some new development trends in the training industry, including: vocational education training becomes a new windfall in the training industry, digital technology engineer training and evaluation ushers in a new model, digital transformation of corporate training becomes an important development direction, teaching scenario construction and experience continues to upgrade, and metaverse becomes a new high ground for training technology layout.

The sub-report "Report on the Development of Vocational Skills Training in China in 2021" systematically analyzes the development of vocational skills training in China in 2021, and finds that the vocational skills upgrading action has exceeded all tasks, the 14th Five-Year Plan with distinct levels and focus has been frequently introduced, the Internet + vocational skills training has achieved new breakthroughs, the new apprenticeship system for enterprises with Chinese characteristics has been comprehensively implemented, the national digital skills upgrading action has been accelerated, and the new vocational training adapted to new industries and new employment patterns has been improved and enriched. The report recommends that we should be led by the relevant planning, enhance the overall, systematic and coordinated policy initiatives, actively update and improve vocational skills standards, accelerate the construction of vocational skills training system, and gradually improve the evaluation and supervision mechanism.

The sub-report "China Continuing Medical Education Development Report 2021" summarizes and analyzes the new progress of China's continuing medical education in 2021 in terms of policies and systems, training targets, training practices, and development research, etc. The report finds that China's continuing medical education policies and systems continue to improve, the total number oftraining targets grows year by year, the training of national continuing medical education programs steadily advances, specialty capacity building is strengthened, and central financial funds play an important role in the continuing education of health and health personnel. The report recommends optimizing the top-level design, reforming and innovating the management mode of continuing medical education; deepening the supply-side reform, scientifically planning and guiding the construction of continuing medical education resources; strengthening information management and services, and building and improving the information management system and learning resource base of continuing medical education.

The sub report "2021 – 2022 China Science and Technology Training Innovation Development Report" analyzes the development of China's science and technology training from January 2021 to August 2022 and finds that China's science and technology training policy and system continues to improve, the scale effect of training is significantly enhanced, and the characteristics of regional innovation development gradually emerge. The report recommends to raise awareness and strengthen theoretical research on science and technology training practice; to transform ideas and build a refined service mechanism for science and technology training practice; to invest more resources and improve the infrastructure of science and technology training practice; and to actively explore and expand the market impact of science and technology training practice.

The third part is a special report. The two special reports focus on the Knowledge Renewal Project for Professional and Technical Talents and online learning in enterprises in the context of the COVID epidemic respectively. They systematically summarize and evaluate the ten-year implementation of the Knowledge Renewal Project for Professional and Technical Talents in China, and analyze the online learning status and development trend of enterprises, especially large state-owned enterprises, in the context of the epidemic.

The fourth part is local and regional report. The six reports focus on the continuing education of professional and technical personnel in Tianjin and Shanghai, vocational skills training in Jiangsu Province, staff training of public institutions in Hunan Province, public welfare training for artificial intelligence in Shenzhen, and training for technology transfer personnel in eastern China, analyzing the relevant training situation in the corresponding regions, summarizing achievements, experiences and problems, and putting forward corresponding countermeasures and suggestions.

The fifth part is practice and exploration report, with 11 reports in total. China Construction Bank, Bank of China, Sinopec, China Aerospace Science and Technology International Exchange Center, Chengdu University, Shanghai Cadre Training Center, Linyi Human Resources and Social Security Bureau and other units introduced their distinctive training practices, conducted in-depth research on relevant issues in training innovation exploration, and provided valuable reference for enterprises and institutions to carry out human resources development and training innovation.

The sixth part is training technology report. Four reports focus on digital learning transformation of enterprises, scenario-based training model of Chinese enterprises, the whole process control of vocational skills training, and the agile construction of learning map based on business scenarios, respectively, and studied and explored the innovative application of some technologies and methods in training.

The seventh part is a chronicle of events. The chronicle of events contains major events in 2021in China in terms of education and training of party and government cadres, training of enterprise managers, continuing education of professional and technical personnel, and vocational skills training.

Keywords: Training Industry; Training Policy; Training Practice; Training Technology

Contents

I General Report

Abstract: In 2021, China's training industry is developing steadily in the midst of regulation. In the fields of education and training of party and government cadres, training of enterprise managers, continuing education of professional and technical personnel, and vocational skills training, training policies have been improved and new progress has been made in system construction. Continuing education for professional and technical personnel and vocational skills training have new momentum, various new training technologies have been innovatively applied, the digitalization process of training has accelerated, and investment, financing and exhibition activities in the training industry remain active. From the training practice in 2021, it can be seen that vocational education training has become a new wind in the training industry, the training and evaluation of digital technical engineers ushered in a new model, the digital transformation of enterprise training has become an important development direction, the construction of teaching scenarios and the continuous upgrading of experience, and the meta universe has become a new highland of training technology layout.

Keywords: Training Industry; Training Policy; Training Practice; Training Technology

Ⅱ Sub Reports

B.2 China Vocational Skills Training Development Report 2021

Abstract: The year 2021 is a milestone year in the history of the Party and the country, vocational skills training work in a steady progress while strengthening top-level planning, and actively improve quality and efficiency. The annual work of vocational skills training has maintained a steady increase, the vocational skills upgrading action has exceeded all the tasks, the blueprint of the 14th Five-Year Plan with distinct levels and focus has been introduced frequently, the Internet+ vocational skills training has achieved a new breakthrough, the new apprenticeship system of enterprises with Chinese characteristics has been implemented comprehensively, and the national digital skills upgrading action has been accelerated. The new vocational training adapted to new industries and new employment patterns has been improved and enriched. Facing the 14th Five-Year Plan, vocational skills training, as an important tool to enhance vocational skills, is urgently needed to speed up the adaptation of technological progress and industrial upgrading to the new requirements of workers' skill quality, actively respond to the structural employment contradiction and the contradiction between supply and demand for training, continuously improve the relevance, accuracy and effectiveness of vocational skills, and comprehensively promote workers' ability of employment and entrepreneurship should be improved. Based on this, the study proposed to strengthen the integrity, systematic and coordination of policy initiatives under the leadership of planning, actively update and improve vocational skills standards, accelerate the construction of vocational skills training system, and gradually improve the evaluation and supervision mechanism, in order to lay a good foundation for the smooth promotion of vocational skills training.

Keywords: Vocational Skills; Training; Highly Skilled Talents

B.3 Report on the Development of CME in China 2021

Yang Aiping, *Tai Cheng* , *Ma Xinming*, *Ju Bo and Xi Biao* / 044

Abstract: This paper focuses on summarizing and analyzing the new progress of China's continuing medical education (CME) in 2021 in terms of policies and systems, training objects, training practices, development research. Based on this, it analyzes the development status of China's continuing medical education, discusses the development trend, puts forward countermeasures and suggestions, and provides reference for the further development and innovation of China's continuing medical education. The report argues that to further develop continuing medical education in China, it is necessary to optimize the top-level design and reform and innovate the management mode of continuing medical education. To deepen the supply-side reform, scientific planning should guide the construction of continuing medical education resources. To strengthen information management and services, build and improve the informantion management system and learning resource base for continuing education.

Keywords: Continuing Medical Education; Medical Staff; Health Technicians; Verifiable Self-study

B.4 China Science and Technology Training Innovation Development Report 2021-2022

Cheng Yaoyao, *Chen Xiugao*, *Wu Qingyun and Gu Lingli* / 065

Abstract: Scientific and technological training serves scientific and technological talents to drive innovation, assist the high-quality development of the scientific and technological industry, and provide intellectual support for achieving high-level scientific and technological self-reliance. Based on public information from 36 official websites of ministries, provincial science and technology departments and science and technology committees of municipalities directly under the Central Government, the report compares the development of science and technology training in China from January 2021 to August 2022, showing the innovative development results of science andtechnology training in terms of policy formulation, development scale, regional characteristics and improvement of scientific literacy of the whole population, and summarizes the characteristics of the development trend of science and technology training. At the same time, in order to further promote the development of science and technology training to institutionalization, precision, diversification and systematization, and to help the 14th Five-Year Plan development to start well, the development suggestions such as transforming development ideas and increasing resource allocation are put forward to provide decision-making reference for further expanding the scale of science and technology training, improving the effectiveness of science and technology training, and perfecting the science and technology training system.

Keywords: Scientific and Technological Training; Training Management; Scientific and Technological Innovation Management

Ⅲ Special Reports

Abstract: The report aims to summarize and assess the implementation of the Professional Technical Knowledge Updating Project in China from 2011 to 2020.

The report analyzes the overall situation of the project implementation and the effectiveness achieved, studies the experience of the project implementation and some typical cases, sorts out the problems and shortcomings of the project implementation, and puts forward the policy recommendations for the next step of the project promotion and implementation. The report recommends that the organization continue to implement a new round of Professional Technical Knowledge Updating Project, high-quality training of high-level talent, urgent shortage of talent, professional and technical personnel, and constantly improve the modernization of continuing education courses and teaching materials system, the formation of a consistent, extensive coverage of the national network of continuing education training work pattern, support and encourage the development of multiform, multi-level continuing education external interaction. The report has important reference significance for localities, departments, enterprises and institutions to carry out the work of updating the knowledge of professional and technical personnel.

Keywords: Professional and Technical Talents; Knowledge Updating Project; Advanced Training Program; Continuing Education Base

Abstract: The traditional offline training in the context of the COVID epidemic has suffered a serious setback, and the rigid demand for corporate training has given rise to the trend of accelerating the ubiquity of online learning on mobile, and online learning providers need to start improving their competitive advantages in terms of product development, operation management and value-added services.

Keywords: Ubiquitous Learning; Smart Learning; Technology Empowerment; Operations Management; Value Added Services

Ⅳ The Place and Region Reports

Abstract: Tianjin as the earliest continuing education legislation city, in 1989, the first in the country promulgated the *Tianjin professional and technical personnel continuing education regulations.* In recent years, the Tianjin Municipal Bureau of Human Resources and Social Security conscientiously implement the spirit of the central government and the municipal party committee's deployment, adhere to political leadership, promote knowledge updating, focus on the overall promotion, improve the carrier platform, precise measures, classification and stratification to promote continuing education system is increasingly perfect, the relevance, effectiveness and attractiveness of continuing education for professional and technical personnel to further enhance. In 2021, 12000 high-level, urgently needed professional and technical talents were trained, which provided a strong support for the high-quality development of Tianjin.

Keywords: Professional and Technical Talents; Continuing Education; Knowledge Update

B.8 Report on Public Needs Training on Innovative Knowledge for Professional and Technical Talents in Shanghai

Yu Miao, Gu Lingli, Pan Xiaoyan and Lei Fengli / 141

Abstract: Professional and technical talents are the first resource of talents, and knowledge updating and ability quality improvement are important factors for talents to lead the driving development. This paper takes the training of innovative knowledge public subjects for professional and technical talents in Shanghai as an example, systematically compares the training history, content and curriculum in the past 12 years, focuses on analyzing the changes of training quantity and structure and social effects, and researches and puts forward the ideas and countermeasures to promote the knowledge updating of professional and technical talents. The study finds that the overall training of public subjects of innovation knowledge presents such trend characteristics as large scale and wide range of trainees, diversification of trainees' units, increase of training demand of non-public enterprises, optimization of trainees' age, education and title structure, and upgrading of training-enabled innovation and entrepreneurship effect. This paper suggests that to improve the training of public subjects of innovation knowledge, it is still necessary to further enhance the inter-departmental cooperation, focus on the main line of professional and technical talents' ability and quality improvement, highlight the characteristics of "new theory, new knowledge, new technology and new method", strengthen the evaluation of training effect, and promote the training of "platform + base, online + offline, short-term + long-term" integration innovation.

Keywords: Professional and Technical Talents; Continuing Education; Innovative Knowledge; Training in Public Subjects

Abstract: Jiangsu province actively responded to the major decision-making and deployment of the state parliament. It served the overall situation of the economic and social development, insisted on the employment preference, and large-scale training of professional skills. It had made certain achievements in the system of training of professional skills, the construction of the media, the change of the mode, the improvement of the quality and effect, and the brand building, and opened a new chapter of professional ability construction. At the same time, it has created Jiangsu characteristics in the areas of new apprenticeship training, vocational skills level recognition and vocational skills work informationization. The future still requires continuous efforts in the social atmosphere, policy system, training quality, service capacity, evaluation and assessment, etc. , to accelerate the creation of a new skilled personnel supply system that is compatible with high-quality development.

Keywords: Vocational Skills Training; New Enterprise Apprenticeship System; Skill Level Recognition

Abstract: Public institutions are the major departments in our country to provide public services. They gather outstanding talents from all walks of life, and are the backbone to push forward scientific and technological innovations and the development of high-quality social economy. In order to cultivate a high-quality professional staff team of public institutions, Hunan Province has taken the lead in

deploying the training work for staff of public institutions in the country with the goal of building a high-quality professional staff team of institutions by breaking through the training of staff of public institutions. This article introduced the basic situation and work effects of the comprehensive training for the staff of public institutions in Hunan province. With the actual work practice, it summarized some basic practices and experiences such as making rules, carrying out the open training for all the staff in the whole region, publicly selecting high-quality training organizations, using information to strengthen the overall management, and so on, in order to provide some reference for the training of the staff of public institutions all over the country.

Keywords: Public Institution; Personnel Training; Open Training

B.11 Shenzhen Artificial Intelligence Public Welfare Training Development Report

Fan Congming, Lv Gang and Xu Sheng / 179

Abstract: This paper mainly analyzes the development of AI industry and the current situation of AI talent shortage and training in Shenzhen, and summarizes the main experiences of Shenzhen in conducting public welfare AI vocational skills training, including conducting project research, developing AI training courses according to needs, forming and optimizing the faculty, and striving to improve the training effect. The report recommends that government coordination and guidance should be adhered to, a strong unit should be responsible for project implementation, and training should be learner-centered and application-oriented, taking into account the needs of talents at all levels and creating a three-dimensional curriculum training system. The report argues that while addressing the current shortage of AI industry talent, it is also important to keep an eye on the development of AI technology to train talent in advance, establish a real-time feedback mechanism for AI industry development data, provide a broader coverage of all-age AI public welfare training and actively reserve "future technologies".

Keywords: Artificial Intelligence; Industry; Talent Training; Public Welfare; Professional Skills

B.12 Exploration and Practice of the National Eastern Tech-Transfer Center in Training Technology Transfer Talents

Abstract: In order to implement the *Law of the People's Republic of China on Promoting the Transformation of Scientific and Technological Achievements* and to cultivate a group of professional technology transfer talents in line with China's development, the National Eastern Tech-Transfer Center, as the first batch of national technology transfer talents training bases recorded by the Ministry of Science and Technology, has gradually built up a four-in-one training and cultivation system of "base, syllabus, teaching materials and teachers" after more than five years of exploration and practice. After more than five years of exploration and practice, it has gradually built up a four-in-one national technology transfer talent training system of "base, curriculum, teaching materials and teachers" and formed a training and cultivation model with distinctive characteristics, which has achieved certain results in the construction of its own training system and in promoting technology transfer career development, empowering technology transfer in Yangtze River Delta and central and western cities, and promoting the transfer and transformation of scientific and technological achievements. Based on its own exploration and experience, this paper suggests that the training of technology transfer talents should be oriented by the demand for industrial capacity enhancement, fully integrated with various factor markets, distinguish career basis and professional division of labor, and meet the demand of the whole society for sustainable development of talents.

Keywords: Technology Transfer; Training Empowerment; Regional Innovations

V Practice and Exploration Reports

Abstract: As a corporate institution of higher learning founded by China Construction Bank (CCB), CCB Learning Center has always been guided by Xi Jinping Thought on Socialism with Chinese Characteristics for a New Era and the Party's policy of vocational education and training and integration of industry and education, serving society, strategy and employees, and building a new humanistic element system and development model mechanism. The innovative practice of "CCB Learning" makes education and training work the core force to incubate innovation and lead the future development of enterprises. The series of actions of "production, learning, research, application" close to the actual practice have effectively responded to the needs of many parties, provided a platform for the deep integration of industry and education between CCB and universities, made efforts in promoting the collaborative education of industry and education, inclusive financial education, innovative education and training service supply, and effectively promoted the formation of a pattern of coordinated integration of education and industry, and a benign interactive development.

Keywords: CCB Learning; Education and Training; Industry Education Integration Action

B.14 Practice and Exploration on the Construction of Enterprise Digital Intelligent Learning Platform

—Take BOC's Cloud Platform for Example

Liu Yongtao, Liu Xiang, Wei Zhao and Lu Jing / 216

Abstract: In the context of industrial digitization, online learning has become an important way for enterprises to carry out education and training. With the vigorous development of intelligent Internet technology, the demand for enterprise talent training and the training of new generation employees has been upgraded, which puts forward higher requirements for the digitalization, intelligence and scenario construction of enterprise learning platform. Taking the "BOC Research" (Bank of China Research) cloud platform construction practice as an example, this paper introduces the construction ideas, operation, main functions, existing problems and the next upgrade plan of the Bank of China's training and learning platform, explores how to build a smart learning landscape under the "big platform, big operation" mode with the help of intelligent technology, and provides a reference for enterprises to effectively promote the intelligent development of the learning platform and the transformation of training data and intelligence under the impact of the epidemic.

Keywords: Enterprise Training; Learning Platform; Digital Intelligence; Boc's Cloud Platform

B.15 Study on the Strategy of Strengthening the Targeted and Effective Education and Training of Aerospace Cadres

Rong Xiaohui, Zhou Xiang and Yu Muhan / 230

Abstract: The aerospace cadres are the core force to promote the construction of a powerful aerospace country. Education and training are an important means to ensure the growth of the aerospace cadre team. Strengthening the pertinence and effectiveness of education and training is the only way to achieve the goal of high-quality aerospace cadre training. Based on the research and summary of the successful experience of aerospace talent education and training, this paper analyzes and refines the common problems in the cadre education and training work of aerospace enterprises. According to the theory of adult learning and the reality of aerospace development, this paper puts forward strategies and suggestions to strengthen the pertinence and effectiveness of aerospace cadre education and training, so as to provide a reference for better playing the important role of cadre education and training in the construction of aerospace power.

Keywords: Aerospace Cadres; Education and Training; Training Effectiveness

B.16 Application of Coaching Technology in Sinopec Education and Training

Research Group of the Party School of Sinopec Group / 242

Abstract: Through analyzing the specific path of the transfer of coaching technology to promote adult education and training, this paper introduces the practice mode of coaching technology in Sinopec's education and training—three practice modes of individual coaching "eight steps", group coaching "four steps" and extended coaching "three axes", and explains two kinds of common problems in the practice of coaching technology. This paper explained two types of common problems in the practice of coaching technology, put forward two response strategies of focusing on the core concept to deepen understanding and strengthening demand-oriented sustainable development, and finally reflected on how to expand the coaching mode in adult education and training.

Keywords: Coaching Techniques; Transformation of Learning and Application; Team Coaching; Education and Training

Abstract: Enterprise managers are a powerful force to achieve corporate goals, and their value can be maximized when their potential is fully mobilized and reflected. In this paper, we analyze the current training situation of enterprise managers and find that the demand of enterprise managers' training is growing continuously, but the enterprises generally lack the investigation and analysis of training demand, and the training mode is single, and the long-term effect of managers' training cannot be evaluated. Three effective paths to solving managerial training problems, the first is to optimize the design and analysis of training needs, the second is to build a training mode of "training and warfare integration", and the third is to establish a long-term tracking mechanism. In this paper, we believe that the future training of managers needs to focus on two aspects, the first is to build a curriculum system for managers based on the competency model of different levels, and the second is to establish a training resource system for managers, so as to open up new paths for improving the competence of managers in enterprises.

Keywords: Managers; Training; Training Mode

Abstract: The College of Continuing Education of Chengdu University is a continuing education base for professional and technical personnel in Sichuan Province and Chengdu City. It has established an online training platform for professional and technical personnel of Chengdu University through university-enterprise collaboration. Through investigation and research, we seek a way out and cooperate to build a platform to ensure quality first, actively meet the training needs of the human resources and social security bureaus of all districts, cities and counties, promote professional and refined operation and maintenance, keep the bottom line of standardization, close to the national strategy, boost regional economic and social development, closely follow social hot spots, actively serve the society, and successfully achieve the quality goal of continuing education for professional and technical personnel. It reflects that professional people do professional things to improve quality and efficiency, university-enterprise collaboration is strong to be bigger and stronger, and standardized operation and service can be stable and far-reaching. From June 2019 to June 2022, more than 280000 person times of online training for professional and technical personnel were completed, making significant contributions to the continuing education of professional and technical personnel in Sichuan Province and Chengdu City.

Keywords: University-enterprise Collaboration; Professional and Technical Personnel; Continuing Education; Online Training; New Mode

B.19 Exploring the Training Mode of Cadre Lifelong Education

—Innovative Practice of "Weekend Special Lecture" of Shanghai Cadre Training Center

Shanghai Cadre Training Center / 270

Abstract: In order to further improve the lifelong education and training of cadres and promote the construction of a learning society, this paper takes the brand project of Shanghai Cadre Training Center, "Weekend Special Lecture", as an example, to sort out its experience and practices in the organization and operation mode, demand research mechanism, design selection mode, collaborative cooperation mode and process management measures of cadre education and training. Facing the future, we put forward such ideas as honest innovation, service strategy, technology empowerment and regional cooperation for reference.

Keywords: Cadre Education and Training; Lifelong Education; Weekend Special Lecture

Abstract: The country attaches great importance to the placement of veterans and positions the employment and entrepreneurship work of veterans in the new era as a major issue of directional, fundamental and strategic importance to the development and stability of the country. However, due to the psychological characteristics and identity traits of veterans, they will face various subjective and objective challenges and problems in entrepreneurship, which requires high-quality, regular and targeted entrepreneurship education and training to provide assistance and guidance for veterans who are willing to start their own business. At present, China has established a relatively complete policy system for the education and training of veterans and has achieved corresponding results throughout the country. However, due to the lack of supporting implementation rules and safeguards, there are still problems in practice, such as lack of transition, outdated content, single subject, and low targeted effectiveness. Therefore, it is necessary to further improve top-level design, improve the supervision and security mechanism, and establish a layered and hierarchical long-term training system, fully integrate social resources and establish a multi subject training system, so as to comprehensively improve the quality of entrepreneurship education and training for veterans and promote their high-quality employment and entrepreneurship.

Keywords: Veterans; Entrepreneurship Training; Policy Evolution; Optimization Measures

Abstract: Master-apprentice training, project-based training and classification-based training are the main practical ways of training Peking opera art personnel. These training methods have their own advantages and disadvantages and play an important role in the construction of Peking opera art personnel. To promote the prosperous development of Peking opera art, in the training of Peking opera art personnel, we should focus on innovative ability training, and optimize the training environment from several aspects, including the institution, the trained person, the trainer, the competent department and the industry organization. We should focus on full training, develop full personnel training planning, reasonably allocate training resources, and comprehensively improve the professional skills of performers at all levels and in all positions. We also should focus on comprehensive and focus on comprehensive knowledge training, to lay a solid foundation of comprehensive knowledge as a long-term plan and a solid strategy. To pay attention to the assessment of training effects, multi-dimensional, comprehensive and objective assessment of training effects, to ensure the continuous improvement of the overall quality of Peking Opera practitioners.

Keywords: Peking Opera Artists; Master-apprentice Training; Project-based Training; Classification-based Training

Abstract: This paper first discusses that employment priority is the original intention and essential attribute of technician education, the inevitable direction of reform and development in the new era, an effective way to meet the needs of enterprise talents, the historical mission of fulfilling the responsibility of "manufacturing strong country", and the basic requirement of implementing the national strategy of "employment priority"; then proposes that to optimize employment and entrepreneurship services for graduates of technical colleges should help students establish long-term career planning, establish a constantly improved employment service system, provide psychological guidance in the process of job hunting and employment, guide graduates to go to enterprises for employment practice, and encourage students to participate in various types of entrepreneurial activities. Finally, the paper proposes that the quality evaluation system of technical education guided by employment priority should be constantly improved, including school education, teaching, students' quality and extracurricular education shall be evaluated.

Keywords: Technician Education; Employment Priority; Employment and Entrepreneurship Services; Quality Evaluation System

Abstract: The integration of industry and education and university-enterprise collaboration are the basic mode and significant characteristics of vocational education, the internal needs of training high－quality technical and skilled personnel, and the key to running vocational education well. Based on a brief analysis of relevant concepts, this paper analyzes the experience and problems of university－enterprise collaboration in cultivating technical talented people in technical colleges and universities in Linyi, taking national ministries and provincial and municipal policies as examples. The paper also proposes the innovative path of university－enterprise collaboration model in order to provide some reference for establishing a new education model of university－enterprise collaboration, realizing the complementary advantages of schools and enterprises, cultivating technical talented people together, and better meeting the development of regional economy and enterprises.

Keywords: University－enterprise Collaboration; Integration of Production and Education; Skilled Talents

Ⅵ Training Technology Reports

Abstract: This study adopts a combination of qualitative and quantitative research methods, collects a large amount of data in line with the real situation of Chinese enterprises at present, and conducts analysis and summary. The research subjects and research findings are mainly derived from practitioners and practitioners within the training industry, which are in line with the real situation within the industry and have certain implications for the digital learning transformation of enterprise training. The study found that in the digital learning transformation of Chinese enterprises in 2021, digital learning of enterprises has become an inevitable trend and a new normal, and enterprises will not give up their existing digital learning in the post－epidemic era, but will instead more systematically build a suitable online and offline deeply integrated learning system; enterprises lack the training of digital learning experts and the construction of digital learning teams; the key to successful digital learning transformation is the construction of three systems, such as content resources, training operations, and quality assessment; for an enterprise's digital learning platform to be successful, it must be designed to be learner-centered and mobile, and the mobile learning platform will be the most frequently used digital learning tool for enterprises in the future.

Keywords: Digital Learning; Online Learning; Digital Learning Transformation; Training

Abstract: Experience economy and knowledge economy have promoted the development of the concept of human resource management, and also boosted the reform of the training model. Based on the sample of 727 papers about "Research on Scene Training Mode" published in the journal paper database of CNKI (China National Knowledge Infrastructure) in 2021, this study uses content analysis to analyze the current situation and trend of "Research on Scene Training Mode". First, the category construction and coding statistics are carried out from the research dimension, and the status quo of the research on Chinese enterprise scenario training mode in 2021 is reviewed based on the coding results. Second, through the statistical analysis of the seven research dimensions of "teaching design", "scenario technology", "learning evaluation", "training development", "training transformation", "knowledge management" and "training system" of the "scenario based training model research". Study founds that the three major development trends of China's enterprise scenario based training model research in 2021, which are training system becomes the foundation of scenario based training development management, teaching design has become the core of scenario training project development, and knowledge management has become the premise of scenario training project development.

Keywords: Training Management Mode; Scene Training; Knowledge Management

B.26 Audit Oriented High-quality Vocational Skills Training Research and Practice of Whole Process Control Scheme

Zhang Zhifa / 368

Abstract: In recent years, the government and enterprises have paid more and more attention to vocational skills training, and the amount of financial subsidies and enterprise payments related to it have been increasing. At the same time, the audit department has paid more and more attention to the special funds for vocational skills training. The author defines financial subsidy and enterprise paid vocational skills training as cost support training, and divides cost support training into two categories, namely "process oriented" and "result oriented", according to the measurement elements of cost support. Starting from the analysis of the difficulties and common problems encountered in the high-quality implementation of the "process oriented" cost support training, this paper introduces the whole process control scheme of high-quality vocational skills training for audit, which can provide a basis for the vocational skills training to ensure that person really learn and leave marks in the whole process, and provide a means to limit the coping and task-based false learning, It provides guarantee for efficient use of government and enterprise support funds, and provides conditions for audit departments to review special funds.

Keywords: Audit Oriented; High Quality Vocational Skills Training; Whole Process Control Scheme

B.27 Agilely Build Learning Maps based on Business Scenarios to Serve the Systematization and Precision of Talent Training

Sheng Xiang, *Wang Yan* / 380

Abstract: A complete and scientific learning map can provide premise and support for enterprises to achieve systematic training and precise training of talents. Building a learning map based on business scenarios needs to start from two lines: "business" and "resources": the business line focuses on highlighting core technologies to meet and serve the main business of the enterprise. The resource line focuses on tapping the internal superior resources of the enterprise, making the implicit experience explicit, and providing targeted resource support for the business line.

Keywords: Learning Map; Business Scenarios; Training Planning; Curriculum system

皮书

智库成果出版与传播平台

✧ 皮书定义 ✧

皮书是对中国与世界发展状况和热点问题进行年度监测，以专业的角度、专家的视野和实证研究方法，针对某一领域或区域现状与发展态势展开分析和预测，具备前沿性、原创性、实证性、连续性、时效性等特点的公开出版物，由一系列权威研究报告组成。

✧ 皮书作者 ✧

皮书系列报告作者以国内外一流研究机构、知名高校等重点智库的研究人员为主，多为相关领域一流专家学者，他们的观点代表了当下学界对中国与世界的现实和未来最高水平的解读与分析。截至 2022 年底，皮书研创机构逾千家，报告作者累计超过 10 万人。

✧ 皮书荣誉 ✧

皮书作为中国社会科学院基础理论研究与应用对策研究融合发展的代表性成果，不仅是哲学社会科学工作者服务中国特色社会主义现代化建设的重要成果，更是助力中国特色新型智库建设、构建中国特色哲学社会科学“三大体系”的重要平台。皮书系列先后被列入“十二五”“十三五”“十四五”时期国家重点出版物出版专项规划项目；2013~2023 年，重点皮书列入中国社会科学院国家哲学社会科学创新工程项目。

皮书网

（网址：www.pishu.cn）

发布皮书研创资讯，传播皮书精彩内容
引领皮书出版潮流，打造皮书服务平台

栏目设置

◆关于皮书

何谓皮书、皮书分类、皮书大事记、
皮书荣誉、皮书出版第一人、皮书编辑部

◆最新资讯

通知公告、新闻动态、媒体聚焦、
网站专题、视频直播、下载专区

◆皮书研创

皮书规范、皮书选题、皮书出版、
皮书研究、研创团队

◆皮书评奖评价

指标体系、皮书评价、皮书评奖

◆皮书研究院理事会

理事会章程、理事单位、个人理事、高级研究员、理事会秘书处、入会指南

所获荣誉

◆2008 年、2011 年、2014 年，皮书网均在全国新闻出版业网站荣誉评选中获得“最具商业价值网站”称号；

◆2012 年,获得“出版业网站百强”称号。

网库合一

2014年，皮书网与皮书数据库端口合一，实现资源共享，搭建智库成果融合创新平台。

皮书网

“皮书说”
微信公众号

皮书微博

中国社会发展数据库（下设 12 个专题子库）

紧扣人口、政治、外交、法律、教育、医疗卫生、资源环境等 12 个社会发展领域的前沿和热点，全面整合专业著作、智库报告、学术资讯、调研数据等类型资源，帮助用户追踪中国社会发展动态、研究社会发展战略与政策、了解社会热点问题、分析社会发展趋势。

中国经济发展数据库（下设 12 专题子库）

内容涵盖宏观经济、产业经济、工业经济、农业经济、财政金融、房地产经济、城市经济、商业贸易等12个重点经济领域，为把握经济运行态势、洞察经济发展规律、研判经济发展趋势、进行经济调控决策提供参考和依据。

中国行业发展数据库（下设 17 个专题子库）

以中国国民经济行业分类为依据，覆盖金融业、旅游业、交通运输业、能源矿产业、制造业等 100 多个行业，跟踪分析国民经济相关行业市场运行状况和政策导向，汇集行业发展前沿资讯，为投资、从业及各种经济决策提供理论支撑和实践指导。

中国区域发展数据库（下设 4 个专题子库）

对中国特定区域内的经济、社会、文化等领域现状与发展情况进行深度分析和预测，涉及省级行政区、城市群、城市、农村等不同维度，研究层级至县及县以下行政区，为学者研究地方经济社会宏观态势、经验模式、发展案例提供支撑，为地方政府决策提供参考。

中国文化传媒数据库（下设 18 个专题子库）

内容覆盖文化产业、新闻传播、电影娱乐、文学艺术、群众文化、图书情报等 18 个重点研究领域，聚焦文化传媒领域发展前沿、热点话题、行业实践，服务用户的教学科研、文化投资、企业规划等需要。

世界经济与国际关系数据库（下设 6 个专题子库）

整合世界经济、国际政治、世界文化与科技、全球性问题、国际组织与国际法、区域研究 6 大领域研究成果，对世界经济形势、国际形势进行连续性深度分析，对年度热点问题进行专题解读，为研判全球发展趋势提供事实和数据支持。

法律声明